APRESENTAÇÃO

O PROGRAMA DO LIVRO TEXTO (PLT) é um programa institucional da Anhanguera Educacional que oferece aos seus alunos os livros de alta qualidade de que necessitam para a sua formação profissional, por preços mais baixos que os do mercado livreiro convencional.

Os títulos oferecidos no PROGRAMA são reconhecidos no cenário acadêmico e provêm das grandes editoras, nacionais e internacionais, assinados pelos melhores autores. O PLT foi criado para fazer frente às necessidades didático-pedagógicas dos nossos cursos e é uma exclusividade da Anhanguera Educacional.

Criado em 2005 com o objetivo de ampliar a qualidade dos nossos serviços, o PLT garante aos alunos a posse e o uso do livro didático, contribuindo assim para uma melhora nos seus processos de aprendizagem, eliminando as práticas ineficientes dos rascunhos e cópias ilegais, além de sistematizar a aquisição do conhecimento. O professor, nesse contexto, atua como mediador e facilitador da aprendizagem significativa.

Entre 2005 e 2011 foram oferecidos aos alunos da Anhanguera Educacional mais de 4,7 milhões de exemplares em 630 edições de títulos de todas as áreas do conhecimento. Para 2013 projeta-se oferecer mais 1,8 milhões de exemplares, abrangendo cerca de 70 novos títulos.

O PLT contribui diretamente com a missão de formar profissionais capacitados a enfrentar os desafios que terão pela frente em suas carreiras e nos seus projetos de vida.

Boa leitura e boa aprendizagem!

Prof. Antonio Carbonari Netto
Fundador e Presidente do Conselho de
Administração da Anhanguera Educacional

1ª edição — 2004
2ª edição — 2008
3ª edição — 2010
4ª edição — 2011

ANHANGUERA EDUCACIONAL
PROGRAMA DO LIVRO-TEXTO

CURSO BÁSICO DE SEGURANÇA E HIGIENE OCUPACIONAL

Tuffi Messias Saliba

4ª edição

LTr®

ANHANGUERA

EDITORA LTDA.

Rua Jaguaribe, 571
CEP 01224-001
São Paulo, SP — Brasil

Fone (11) 2167-1101

Julho, 2011

Versão impressa — LTr 4428.2 — ISBN: 978-85-361-1785-0
Versão impressa — PLT n. 210 / LTr 4562.8 — ISBN: 978-85-361-1785-0
Versão digital — LTr 7207.3 — ISBN: 978-85-361-1918-2

Dados Internacionais de Catalogação na Publicação (CIP)
(Câmara Brasileira do Livro, SP, Brasil)

Saliba, Tuffi Messias
Curso básico de segurança e higiene ocupacional / Tuffi Messias Saliba. — 4. ed. — São Paulo : LTr, 2011.

Bibliografia.

1. Higiene do trabalho — Brasil 2. Medicina do trabalho — Brasil 3. Segurança do trabalho I. Título.

11-06640 CDU-34:331.82(81)

Índice para catálogo sistemático:

1. Brasil : Higiene e segurança do trabalho : Direito do trabalho 34:331.82(81)
2. Brasil : Segurança e higiene do trabalho : Direito do trabalho 34:331.82(81)

SUMÁRIO

CAPÍTULO I
INTRODUÇÃO AO ESTUDO DE SEGURANÇA, HIGIENE E SAÚDE DOS TRABALHADORES

CAPÍTULO II
ACIDENTE DO TRABALHO

CAPÍTULO III
SEGURANÇA DO TRABALHO

CAPÍTULO IV
HIGIENE OCUPACIONAL

CAPÍTULO V
VENTILAÇÃO INDUSTRIAL

CAPÍTULO VI
SERVIÇO ESPECIALIZADO EM ENGENHARIA DE SEGURANÇA E MEDICINA DO TRABALHO (SESMT) E COMISSÃO INTERNA DE PREVENÇÃO DE ACIDENTES (CIPA)

CAPÍTULO VII
EQUIPAMENTO DE PROTEÇÃO INDIVIDUAL (EPI)

CAPÍTULO VIII
ERGONOMIA

CAPÍTULO X
PROGRAMAS DE SEGURANÇA E SAÚDE DO TRABALHO

CAPÍTULO I

INTRODUÇÃO AO ESTUDO DE SEGURANÇA, HIGIENE E SAÚDE DOS TRABALHADORES

I — BREVE HISTÓRICO

Até o início da Revolução Industrial existem poucos relatos sobre acidentes e doenças provenientes do trabalho, pois, nesse período, predominava o trabalho escravo e manual. Com o advento da máquina a vapor, a produtividade aumentou e o trabalhador passou a viver em um ambiente de trabalho agressivo, ocasionado por diversos fatores, entre eles, a força motriz, a divisão de tarefas e a concentração de várias pessoas em um mesmo estabelecimento. Nesse contexto, os riscos de acidentes e doenças originadas do trabalho começaram a surgir com rapidez.

A Revolução Industrial veio alterar o cenário e gerar novos e graves problemas. O incremento da produção em série deixou à mostra a fragilidade do homem na competição desleal com a máquina. Ao lado dos lucros crescentes e da expansão capitalista aumentavam paradoxalmente a miséria, o número de doentes e mutilados, de órfãos e viúvas, nos sombrios ambientes de trabalho.(1)

As condições de trabalho precárias somadas às jornadas de trabalho excessivas (15 a 16 horas diárias) provocaram reações por parte do proletariado, desencadeando vários movimentos sociais que influenciaram os políticos e legisladores a introduzir medidas legais. Assim, em 1833, o parlamento inglês decretou a "lei das fábricas", que proibia o trabalho noturno aos menores de 18 anos e limitava a jornada de trabalho em 12 horas por dia e 69 semanais.

As primeiras leis de acidente do trabalho surgiram na Alemanha, em 1884, estendendo-se logo a vários países da Europa, até chegar ao Brasil por meio do Decreto Legislativo n. 3.724, de 15.1.1919.

Com a criação da OIT (Organização Internacional do Trabalho) pelo Tratado de Versailles, as normas sobre proteção à saúde e integridade física do trabalhador ganharam força, contribuindo bastante na prevenção de

---

(1) OLIVEIRA, Sebastião Geraldo de. *Proteção jurídica à saúde do trabalhador.* 3. ed. rev., atual. e ampl. São Paulo: LTr, 2001. p. 60 e 61.

acidentes e doenças do trabalho. As convenções da OIT ratificadas pelo Brasil incorporam-se à legislação interna do país; essas convenções são as seguintes:

— Convenção n. 103 — amparo à maternidade.

— Convenção n. 115 — proteção contra as radiações ionizantes.

— Convenção n. 127 — peso máximo das cargas.

— Convenção n. 134 — prevenção de acidentes de trabalho dos marítimos.

— Convenção n. 136 — proteção contra os riscos de intoxicação provocados pelo benzeno.

— Convenção n. 139 — prevenção e controle de riscos profissionais causados por substâncias ou agentes cancerígenos.

— Convenção n. 148 — proteção dos trabalhadores contra os riscos devidos à contaminação do ar, ao ruído e às vibrações no local de trabalho.

— Convenção n. 152 — segurança e higiene nos trabalhos portuários.

— Convenção n. 155 — segurança e saúde dos trabalhadores e do meio ambiente de trabalho.

— Convenção n. 159 — reabilitação profissional e emprego de pessoas deficientes.

— Convenção n. 161 — os serviços de saúde no trabalho.

— Convenção n. 162 — utilização do asbesto com segurança.

— Convenção n. 163 — proteção da saúde e assistência médica aos trabalhadores marítimos.

— Convenção n. 167 — segurança e saúde na construção.

— Convenção n. 170 — segurança na utilização de produtos químicos no trabalho.

— Convenção n. 182 — proibição das piores formas de trabalho infantil e ação imediata para sua eliminação.

No Brasil, a higiene e a segurança do trabalho foram elevadas à hierarquia constitucional em 1946 (art. 154, VIII).

Em 1977, a Lei n. 6.514, regulamentada pela Portaria n. 3.214/78, deu nova redação ao capítulo V, da CLT, avançando nas exigências prevencionistas.

A Constituição Federal, promulgada em 1988, também ampliou os dispositivos relativos à matéria, entre os quais, destacamos:

"Art. 7º São direitos dos trabalhadores urbanos e rurais, além de outros que visem à melhoria de sua condição social:

XXII — redução dos riscos inerentes ao trabalho, por meio de normas de saúde, higiene e segurança;

XXIII — adicional de remuneração para as atividades penosas, insalubres ou perigosas, na forma da lei;

XXVIII — seguro contra acidentes de trabalho, a cargo do empregador, sem excluir a indenização a que este está obrigado, quando incorrer em dolo ou culpa."

II — SEGURANÇA DO TRABALHO

A segurança do trabalho é a ciência que atua na prevenção dos acidentes do trabalho decorrentes dos fatores de risco operacionais. Sob o ponto de vista legal, acidente do trabalho é o que ocorre pelo exercício do trabalho a serviço da empresa, provocando lesão corporal ou perturbação funcional que cause a morte ou a perda ou redução, permanente ou temporária, da capacidade para o trabalho (art. 19 da Lei n. 8.213/91). Esse é um conceito em sentido restrito, pois a Lei n. 8.213/91 estabeleceu outras hipóteses que se equiparam ao acidente do trabalho, como, por exemplo, ato de sabotagem, acidente de trajeto, entre outros.

Do ponto de vista prevencionista, o acidente do trabalho é o mais abrangente, pois engloba também os quase-acidentes e os acidentes que não provocam lesões, mas perda de tempo ou danos materiais.

Nos locais de trabalho existem inúmeras situações de risco passíveis de provocar acidentes do trabalho. Logo, a análise de fatores de risco em todas as tarefas e nas operações do processo é fundamental para a prevenção.

Entre os fatores de risco que provocam acidentes do trabalho, destacam-se:

Eletricidade, máquinas e equipamentos, incêndios, armazenamento e transporte de materiais, manuseio de produtos perigosos, ferramentas manuais, etc. Esses fatores serão estudados em capítulos específicos que compõem esta obra.

III — HIGIENE OCUPACIONAL

A definição do estudo do ambiente de trabalho e a prevenção das doenças dele originadas são objetos da higiene ocupacional, da higiene industrial e da higiene do trabalho.

O termo Higiene Ocupacional foi proferido internacionalmente para definir o campo de atuação dessa ciência, após conclusões extraídas durante a Conferência Internacional de Luxemburgo, ocorrida de 16 a 21 de junho de 1986. O evento contou com a participação de representantes da Comunidade

Econômica Europeia (CEC), da Organização Mundial da Saúde (OMS), da Comissão Internacional de Saúde Ocupacional (ICOH) e da *American Conference of Governmental Industrial Hygienists* (ACGIH).[(2)]

Entre as definições conhecidas e mais amplamente difundidas, podemos citar:

- A definição dada pela *American Industrial Hygiene Association* (AIHA), segundo a qual a Higiene Industrial é "ciência que trata da antecipação, do reconhecimento, da avaliação e do controle dos riscos originados nos locais de trabalho e que podem prejudicar a saúde e o bem-estar dos trabalhadores, tendo em vista também o possível impacto nas comunidades vizinhas e no meio ambiente".
- O conceito preconizado por *Olishifski*: a Higiene Ocupacional é definida como "aquela ciência e arte devotada à antecipação, ao reconhecimento, à avaliação e ao controle dos fatores de risco ou estresses ambientais originados no — ou a partir do — local de trabalho, os quais podem causar doenças, prejudicar a saúde e o bem-estar, ou causar significante desconforto sobre os trabalhadores ou entre os cidadãos de uma comunidade".
- A definição da *American Conference of Governmental Industrial Hygienists* (ACGIH): "ciência e arte do reconhecimento, avaliação e controle de fatores ou tensões ambientais originados do — ou no — local de trabalho e que podem causar doenças, prejuízos para a saúde e bem-estar, desconforto e ineficiência significativos entre os trabalhadores ou entre os cidadãos da comunidade".

O termo higiene ocupacional, que abrange a modalidade industrial, é considerado o mais amplo pelos órgãos especializados, incluindo a FUNDACENTRO, razão pela qual sua utilização tem sido preferida. No entanto, a nosso ver, o termo higiene do trabalho poderá ser igualmente aplicado, pois contempla — além do trabalho subordinado (empregos) — os trabalhos autônomo, avulso, estatutário, etc.

A higiene ocupacional é a ciência que atua no campo da saúde ocupacional, por meio da antecipação, do reconhecimento, da avaliação e do controle dos riscos físicos, químicos e biológicos originados nos locais de trabalho e passíveis de produzir danos à saúde dos trabalhadores, observando-se também seu impacto no meio ambiente. Os riscos físicos são: ruído, calor, vibração, radiação ionizante, radiação não ionizante, frio. Os agentes químicos são: gases, vapores, poeira, fumo, névoas, neblinas. Os agentes biológicos são: bactérias, fungos, etc. No capítulo específico sobre conceitos de higiene ocupacional, esses riscos serão analisados detalhadamente.

---

(2) *Introdução à higiene ocupacional*. São Paulo: Fundacentro, 2001.

IV — ERGONOMIA

A ergonomia cuida da adaptação das condições de trabalho às características psicofisiológicas dos trabalhadores, de modo a proporcionar o máximo de conforto, segurança e eficiência no desempenho.

Entre as condições de trabalho destacam-se: levantamento, transporte e descarga de materiais, mobiliário, condições ambientais de conforto e a organização do trabalho (subitem 17.1.2 da NR-17).

V — MEDICINA DO TRABALHO

A medicina do trabalho é fundamental no campo da saúde ocupacional e complementa todos os meios prevencionistas, especialmente a higiene ocupacional. A eficiência do reconhecimento, a avaliação e o controle dos agentes físicos, químicos e biológicos somente serão alcançados com a participação da medicina do trabalho, por intermédio dos profissionais de saúde (médico, enfermeiro, auxiliar do trabalho, entre outros). As medidas preventivas de medicina do trabalho estão previstas nos arts. 168 e 169 da CLT e regulamentadas pela NR-7 da Portaria n. 3.214/78.

VI — VENTILAÇÃO INDUSTRIAL

A ventilação industrial é fundamental no controle dos agentes químicos (poeira, gases, vapores, etc.) e para o conforto dos ambientes de trabalho, especialmente o térmico.

A aplicação dessa medida constitui uma das ferramentas mais eficientes na prevenção dos fatores de risco precitados. Além disso, a ventilação industrial contribui também para o controle dos poluentes, de forma a evitar a contaminação do meio ambiente.

VII — EQUIPAMENTOS DE PROTEÇÃO INDIVIDUAL

Os EPIs constituem medida de controle de grande aplicação no controle de risco, especialmente o coletivo, seja durante sua execução ou mesmo quando ele não puder ser aplicado. Ademais, constituem medida imprescindível nas situações de emergência.

VIII — COMISSÃO INTERNA DE PREVENÇÃO DE ACIDENTES (CIPA)

A Comissão Interna de Prevenção de Acidentes tem como objetivo a prevenção de acidentes e doenças decorrentes do trabalho, de modo a tornar compatível permanentemente o trabalho com a preservação da vida e a promoção da saúde do trabalhador (subitem 5.1 da NR-4).

A CIPA é obrigatória nas empresas privadas, públicas, nas sociedades de economia mista, nos órgãos da administração direta e indireta, nas instituições beneficentes, em cooperativas, bem como em outras instituições que admitam trabalhadores como empregados. Sua composição (número de representantes) depende do número de empregados no estabelecimento e do ramo de atividade.

IX — SERVIÇOS ESPECIALIZADOS EM ENGENHARIA DE SEGURANÇA E MEDICINA DO TRABALHO (SESMT)

Os Serviços Especializados em Engenharia de Segurança e Medicina do Trabalho são obrigatórios nas empresas privadas, públicas, nos órgãos públicos da administração direta e indireta e nas sedes dos poderes legisladores e judiciários que possuam empregados regidos pela CLT — Consolidação das Leis do Trabalho (NR-4).

Esses serviços são executados por uma equipe de profissionais composta por engenheiro de segurança do trabalho, médico do trabalho, técnico de segurança do trabalho, enfermeiro e auxiliar de enfermagem do trabalho. O número de profissionais que compõem a equipe varia conforme o grau de risco e o número de empregados do estabelecimento.

X — PROGRAMAS DE SEGURANÇA, SAÚDE E GESTÃO DE RISCOS

Atualmente, programas que buscam o gerenciamento mais amplo dos fatores de riscos ocupacionais, do meio ambiente e da qualidade de vida estão sendo implantados pelas empresas e regulamentados pela legislação.

Entre esses programas destacam-se o PPRA (Programa de Prevenção dos Riscos Ambientais), PCMSO (Programa de Controle Médico de Saúde Ocupacional), PCMAT (Programa de Condição e Meio Ambiente de Trabalho na Indústria da Construção Civil), PGR (Programa de Gerenciamento de Risco na Indústria de Mineração), PCA (Programa de Conservação Auditiva) e PPR (Programa de Proteção Respiratória).

Além desses, dois outros programas têm sido bastante adotados no Brasil, que são o Gerenciamento de Saúde e Segurança da norma britânica BS-8800 e a OSHA 18001. Tais normas contêm orientações sobre o gerenciamento de saúde e segurança ocupacionais, auxiliando a integração do atendimento à política e aos objetivos prevencionistas com o sistema global de gerência e administração da empresa.

CAPÍTULO II

ACIDENTE DO TRABALHO

I — CONSIDERAÇÕES GERAIS

O art. 7º da Constituição da República dispõe:

São direitos dos trabalhadores urbanos e rurais, além de outros que visem à melhoria de sua condição social:

(...)

XXVIII — seguro contra acidentes de trabalho, a cargo do empregador, sem excluir a indenização a que este está obrigado, quando incorrer em dolo ou culpa.

O seguro de acidente do trabalho está regulamentado no art. 22 da Lei n. 8.212/91, que estabelece a contribuição a cargo da empresa, destinada à Seguridade Social, para o financiamento dos benefícios em razão do grau de incidência de incapacidade laborativa decorrente dos riscos ambientais do trabalho. As alíquotas incidem sobre o total das remunerações pagas ou creditadas, no decorrer do mês, aos segurados empregados e trabalhadores avulsos, nos seguintes percentuais:

a) 1% (um por cento) para as empresas em cuja atividade preponderante o risco de acidentes do trabalho seja considerado leve;

b) 2% (dois por cento) para as empresas em cuja atividade preponderante esse risco seja considerado médio;

c) 3% (três por cento) para as empresas em cuja atividade preponderante esse risco seja considerado grave.

Posteriormente à Lei n. 9.732, de 11.12.98, o benefício da aposentadoria especial será, se financiado com os recursos provenientes da referida contribuição, acrescido de doze, nove ou seis pontos percentuais, conforme a atividade exercida pelo segurado a serviço da empresa permita a concessão de aposentadoria especial após 15, 20 ou 25 anos de contribuição, respectivamente.

Mais tarde, o Decreto n. 6.042, de 12.2.2007, acrescentou o art. 202-A do Decreto n. 3.048/99, Fator Acidentário de Prevenção (FAP), que poderá reduzir as alíquotas do seguro de acidente do trabalho até cinquenta por cento ou poderão ser aumentadas em até cem por cento, em razão do desempenho da empresa em relação à sua respectiva atividade, no tocante à prevenção de acidentes e doenças de trabalho.

Com relação à indenização cumulativa a cargo do empregador, a Constituição define a responsabilidade subjetiva, devendo ser comprovado dolo ou culpa (negligência, imprudência ou imperícia) do empregador.

II — ACIDENTE DO TRABALHO — LEI N. 8.213/91

2.1. Conceito legal

Para fins de concessão de benefícios da previdência, o acidente do trabalho é aquele que ocorre no exercício do trabalho a serviço da empresa, provocando lesão corporal ou perturbação funcional que cause a morte ou a perda ou redução, permanente ou temporária, da capacidade para o trabalho (art. 19 da Lei n. 8.213/91). Portanto, somente os acidentes que provocam lesão no empregado a serviço da empresa são considerados pela referida lei para fins de benefício da Previdência Social. Do ponto de vista prevencionista, todos os acidentes, independentemente de causar lesão, devem ser considerados para fins estatísticos e de investigação das causas.

A doença do trabalho ou profissional equipara-se ao acidente do trabalho para fins legais. O art. 19 da Lei n. 8.213/91 define a doença profissional como aquela produzida ou desencadeada no exercício do trabalho peculiar em determinada atividade e constante da respectiva relação elaborada pelo Ministério do Trabalho e da Previdência Social, enquanto doença do trabalho é aquela adquirida ou desencadeada em função de condições especiais em que o trabalho é realizado e com ele se relacione diretamente. A relação das doenças do trabalho ou profissionais em função dos agentes patogênicos e da atividade desenvolvida encontra-se no anexo II do Decreto n. 3.048/99. Não são consideradas doenças do trabalho ou profissionais:

— a doença degenerativa;

— inerente a grupo etário;

— a que não produza incapacidade laborativa;

— a doença endêmica adquirida por segurado habitante de região em que ela se desenvolva, salvo comprovação de que é resultante de exposição ou contato direto determinado pela natureza do trabalho.

A Lei n. 8.213/91 elenca ainda várias situações consideradas acidentes do trabalho para fins de concessão de benefícios. Essas hipóteses evidenciam a responsabilidade objetiva dos acidentes do trabalho, isto é, sem culpa do empregador. Essas situações, de acordo com o art. 21 da referida lei, são:

a) o acidente ligado ao trabalho que, embora não tenha sido a causa única, haja contribuído diretamente para a morte do segurado, para redução ou perda da sua capacidade para o trabalho ou produzido lesão que exija atenção médica para a sua recuperação;

b) o acidente sofrido pelo segurado no local e no horário de trabalho, em consequência de:

— ato de agressão, sabotagem ou terrorismo praticado por terceiro ou companheiro de trabalho;

— ofensa física intencional, inclusive de terceiro, por motivo de disputa relacionada ao trabalho;

— ato de imprudência, de negligência ou de imperícia de terceiro ou de companheiro de trabalho;

— ato de pessoa privada do uso da razão;

— desabamento, inundação, incêndio e outros casos fortuitos ou decorrentes de força maior.

c) a doença proveniente de contaminação acidental do empregado no exercício de sua atividade;

d) o acidente sofrido pelo segurado, ainda que fora do local e horário de trabalho:

— na execução de ordem ou na realização de serviço sob a autoridade da empresa;

— na prestação espontânea de qualquer serviço à empresa para lhe evitar prejuízo ou proporcionar proveito;

— em viagem a serviço da empresa, inclusive para estudo, quando financiada por essa dentro de seus planos para melhor capacitação da mão de obra, independentemente do meio de locomoção utilizado, inclusive veículo de propriedade do segurado;

— no percurso da residência para o local de trabalho ou deste para aquela, qualquer que seja o meio de locomoção, inclusive veículo de propriedade do segurado.

e) nos períodos destinados à refeição ou descanso ou por ocasião de satisfação de outras necessidades fisiológicas, no local do trabalho ou durante este, o empregado é considerado em exercício do trabalho.

Dentre as situações mencionadas na letra "d", acidentes fora do local e horário de trabalho geram controvérsia quanto ao enquadramento, porque muitas vezes a interpretação do fato e as provas levam a Previdência a não enquadrar o acidente como de trabalho, pois, às vezes, o trabalhador faz pequenos desvios de seu trajeto ao deslocar-se de casa para o trabalho e vice-versa.

2.2. Comunicação do acidente do trabalho

A empresa deverá comunicar o acidente do trabalho à Previdência Social até o 1º (primeiro) dia útil seguinte ao da sua ocorrência, e, em caso de morte, de imediato, à autoridade competente, sob pena de multa variável entre o limite mínimo e o limite máximo do salário de contribuição, sucessivamente aumentada nas reincidências, aplicada e cobrada pela Previdência Social (art. 22 da Lei n. 8.213/91). Essa comunicação visa a dar ciência à Previdência do acidente para fins de concessão do possível benefício devido à ocorrência deste, evitando prejuízo ao trabalhador. Com a finalidade de proteger o trabalhador, a lei determina que, na falta de comunicação por parte da empresa, podem formalizá-la o próprio acidentado, seus dependentes, a entidade sindical competente, o médico que o assistiu ou qualquer autoridade pública.

Com relação à doença profissional ou do trabalho, para fins de comunicação, considera-se como dia do acidente a data do início da incapacidade laborativa para o exercício da atividade habitual ou o dia da segregação compulsória ou, ainda, o dia em que for realizado o diagnóstico, valendo para esse efeito o que ocorrer primeiro.

2.3. *Benefícios*

De acordo com a Lei n. 8.213/91, o trabalhador acidentado ou acometido por doença do trabalho ou profissional tem direito aos seguintes benefícios: auxílio-doença, auxílio-acidente, aposentadoria por invalidez, pensão por morte e reabilitação profissional.

a) Auxílio-doença

O auxílio-doença será devido ao segurado que ficar incapacitado para o seu trabalho ou para a sua atividade habitual por mais de 15 (quinze) dias consecutivos (art. 59 da Lei n. 8.213/91). Assim, em um acidente do trabalho que resulta em uma incapacidade temporária para o trabalho de 10 dias, não há concessão desse benefício. Nos primeiros 15 dias do acidente, há interrupção do contrato de trabalho e é o empregador que paga o salário do acidentado. A partir do 16º dia, a Previdência é quem irá pagar ao trabalhador incapacitado.

b) Auxílio-acidente

O auxílio-acidente será concedido como indenização ao segurado quando após consolidação das lesões decorrentes de acidente de qualquer natureza resultarem sequelas que impliquem redução da capacidade para o trabalho que habitualmente exercia. Assim, por exemplo, um torneiro que em um acidente do trabalho perde a visão de um dos olhos. Esse acidente resulta em sequela e redução de sua capacidade de trabalho, pois a atividade de torneiro exige boa visão. Esse benefício consiste em uma renda mensal de 50% do salário de benefício, não podendo ser acumulado com qualquer aposentadoria.

c) Aposentadoria por invalidez

Quando o acidente do trabalho resultar em incapacidade do trabalhador e for insusceptível de reabilitação profissional para o exercício de atividade que lhe garanta a subsistência, ele receberá o benefício da previdência enquanto permanecer nessa condição. Cabe salientar que a verificação dessa incapacidade para o trabalho será feita por meio de perícia médica.

d) Pensão por morte

Nos acidentes do trabalho que acarretarem morte do trabalhador, seus dependentes receberão da Previdência pensão a partir da data do falecimento.

e) Habilitação e reabilitação profissional

Esse benefício consiste na habilitação e reabilitação profissional e social do trabalhador incapacitado parcial ou totalmente para o trabalho, visando ao seu reingresso no mercado de trabalho.

2.4. Consequências do acidente do trabalho

A Lei n. 8.213/91 estabelece algumas regras que visam a obrigar o empregador a prevenir os acidentes e doenças do trabalho e profissionais. Entre as normas previstas, destacam-se:

O segurado que sofreu acidente de trabalho tem garantido, pelo prazo mínimo de 12 meses, a manutenção do seu contrato de trabalho na empresa, após a cessação do auxílio-doença acidentário, independentemente de percepção de auxílio-acidente (art. 118 da Lei n. 8.213/91).

O trabalhador acidentado, além da dificuldade de reingresso no mercado de trabalho, muitas vezes, era demitido após o retorno ao trabalho. Desse modo, a Lei n. 8.213/91 estabeleceu a estabilidade provisória no emprego de 12 (doze) meses, sendo o pressuposto para esse direito a concessão do auxílio-doença, que, como vimos anteriormente, é devido após o afastamento por mais de 15 dias.

A Lei n. 8.213/91 dispõe que a empresa é responsável pela adoção e pelo uso das medidas coletivas e individuais de proteção e segurança da saúde do trabalhador (art. 19, § 1º), além de constituir contravenção penal, punível com multa, quando a empresa deixar de cumprir as normas de segurança e higiene do trabalho. Já o art. 120 da referida lei estabelece que, nos casos de negligência quanto às normas-padrão de segurança e higiene do trabalho indicadas para a proteção individual e coletiva, a Previdência Social proporá ação regressiva contra os responsáveis.

2.5. Responsabilidade civil pelo acidente do trabalho

Como vimos anteriormente, a Constituição da República em seu art. 7º, inciso XXVIII, "garante ao trabalhador a percepção cumulativa de indenização por acidente e doença do trabalho se incorrer em culpa do empregador, ou seja, a responsabilidade civil pelo fato danoso".

O Código Civil Brasileiro, em seu art. 186, dispõe: "aquele que, por ação ou omissão voluntária, negligência ou imprudência, violar direito e causar dano a outrem, ainda que exclusivamente moral, comete ato ilícito". Já o art. 927 do mesmo diploma legal determina que "aquele que, por ato ilícito, causar dano a outrem, fica obrigado a repará-lo".

Portanto, em caso de acidente do trabalho e doenças, o empregador é obrigado a indenizar o empregado, se for comprovada sua culpa. Desse modo, a doutrina determina que a responsabilidade de indenizar, nos termos dos dispositivos legais citados, implica a análise dos seguintes parâmetros:

a) Nexo de causalidade

Deverá ser apurado o nexo entre o acidente do trabalho ou doença e o fato danoso. No acidente, essa comprovação é mais simples, ao passo que, na doença profissional ou do trabalho, é mais complexa. A ocorrência da doença do trabalho ou profissional implica a exposição ocupacional a um agente ambiental, como ruído, poeira, agentes químicos, entre outros. Esses agentes possuem limites de tolerância ou, conforme o método, a natureza do trabalho ou a forma que são empregados, especialmente os agentes, pode-se comprovar ou não nexo entre a doença e a exposição. Portanto, muitas vezes é necessário realizar análise detalhada do processo de trabalho, ambiente de trabalho, da intensidade ou da concentração dos agentes, do tempo de exposição, entre outros fatores, de maneira que apure o nexo de causalidade.

b) Dano

Da mesma forma que o nexo no acidente do trabalho, a determinação do dano e sua extensão são menos complexos do que na doença do trabalho ou profissional, pois diagnóstico, muitas vezes, exige técnica e experiência do perito, além da relação com o ambiente e a exposição aos agentes agressivos, conforme vimos anteriormente. Para fins de ressarcimento do prejuízo, a indenização será por dano material e moral. Segundo o art. 944 do CCB, a indenização mede-se pela extensão do dano.

c) Culpa

A obrigação de reparar decorre de dolo ou culpa do empregador pelo acidente ou pela doença. Trata-se, portanto, da denominada responsabilidade subjetiva do empregador, conforme art. 7º, inciso XXVIII, da Constituição.

A culpa é caracterizada por negligência, imprudência e imperícia, sendo assim, no caso do acidente do trabalho, ela pode ser configurada pela inobservância das normas de segurança e saúde do trabalhador, especialmente as Normas Regulamentadoras da Portaria n. 3.214/78 do MTE. Assim, a falta de EPI (Equipamento de Proteção Individual) ou fiscalização e a obrigatoriedade do uso efetivo pode configurar negligência do empregador, enquanto o choque elétrico em um trabalhador inabilitado como eletricista implicará imperícia. Portanto, o gerenciamento dos riscos de acidentes e doenças do trabalho é essencial na prevenção, além de proporcionar meios ao empregador de minimizar sua culpa ou eximir-se dela pela ocorrência destes. Se houver excessiva desproporção entre a gravidade da culpa e o dano, poderá o juiz reduzir, equitativamente, a indenização (art. 944, parágrafo único do CCB).

O art. 945 do CCB determina que, se a vítima tiver concorrido culposamente para o evento danoso, a sua indenização será fixada levando-se em conta a gravidade de sua culpa em confronto com a do autor do dano. Portanto, pode ocorrer a culpa concorrente.

2.6. Responsabilidade penal pelo acidente do trabalho

A ocorrência do acidente do trabalho pode gerar responsabilidade penal ou criminal para o empregador e seus prepostos. Sendo assim, os gerentes, supervisores, encarregados, donos da empresa, profissionais do SESMT, entre outros, podem ser indiciados e denunciados por homicídio culposo.

O art.18 do Código Penal considera crime culposo quando o agente deu causa ao resultado por imprudência, negligência ou imperícia. Já o art. 121 do mesmo diploma legal estabelece para esse tipo de crime a detenção de 1 (um) a 3 (três) anos, podendo ser aumentada em 1/3, se o crime resultar de inobservância de regra técnica de profissão, arte ou ofício, ou se o agente deixar de prestar imediato socorro à vítima, não procurar diminuir as consequências do seu ato ou fugir para evitar prisão em flagrante.

O art. 129 do Código Penal prevê o crime de lesão corporal, que também é aplicado ao acidente do trabalho, sendo a pena de detenção de 3 (três) meses a 1 (um) ano. Se essa lesão for de natureza grave, tais como: gerar incapacidade para as ocupações habituais, por mais de 30 (trinta) dias, ou ocasionar perigo de vida, essa pena pode ser aumentada para reclusão de 1 (um) a 5 (cinco) anos. Se a lesão resultar, por exemplo, em incapacidade permanente para o trabalho, enfermidade incurável, perda ou inutilização de membro, sentido ou função, deformidade permanente, a pena de reclusão será de 2 (dois) a 8 (oito) anos. Caso a lesão for seguida de morte, a pena de reclusão pode chegar a 14 (quatorze) anos.

Outro crime tipificado no Código Penal é a exposição da vida ou da saúde de outrem a perigo direto e iminente (art. 132). Essa situação pode ocorrer de maneira frequente em vários ambientes de trabalho, no entanto, os julgamentos a esse respeito são raros. A pena para esse crime é a detenção, de três meses a um ano, se o fato não constituir crime mais grave, podendo ser aumentada de um sexto a um terço se a exposição da vida ou da saúde de outrem a perigo decorrer do transporte de pessoas para a prestação de serviços em estabelecimentos de qualquer natureza, em desacordo com as normas legais.

Finalmente, cabe ressaltar que a responsabilidade civil é independente da criminal, não se podendo questionar mais sobre a existência do fato ou sobre quem seja o seu autor, quando essas questões se acharem decididas no juízo criminal (art. 935 do CCB).

III — ACIDENTE DO TRABALHO — CONCEITO PREVENCIONISTA

Como vimos, do ponto de vista legal, a lesão é requisito necessário para que haja caracterização de acidente do trabalho. Do ponto de vista prevencionista, acidente de trabalho é a ocorrência imprevista e indesejável, instantânea ou não, relacionada ao exercício do trabalho, de que resulte ou possa resultar lesão pessoal (NBR n. 14.280/01, Cadastro de Acidentes do Trabalho — Procedimento e Classificação). Sendo assim, mesmo os acidentes que não acarretam lesões são considerados para fins de prevenção.

Desse modo, os acidentes podem resultar em lesões, danos materiais e quase-acidentes. O quase-acidente, também denominado incidente crítico, é qualquer evento ou fato negativo com potencialidade de provocar dano; por exemplo: em um cruzamento, um dos motoristas não obedece à sinalização e, "por um fio", não há colisão. Assim, nessa situação, havia todas as condições para se manifestar um dano que, entretanto, não ocorreu. A Convenção n. 174 da OIT define o termo "quase-acidente" como qualquer evento inesperado que envolva uma ou mais substâncias perigosas que poderia ter levado a um acidente maior, caso ações e sistemas atenuantes não tivessem atuado. Desse modo, do ponto de vista prevencionista, todos os acidentes devem ser analisados e investigados, pois, quanto maior o número de quase-acidentes ou acidentes-lesão, maior é a probabilidade de acontecer acidente com lesão incapacitante ou fatal, conforme estudos sobre a matéria entre as quais destacamos:

3.1. Estudo de Heinrich

Em 1931, Heinrich introduziu pela primeira vez a filosofia de acidentes com danos à propriedade (acidentes sem lesão) em relação aos acidentes com lesão incapacitante. Sua investigação apresentou como resultado:

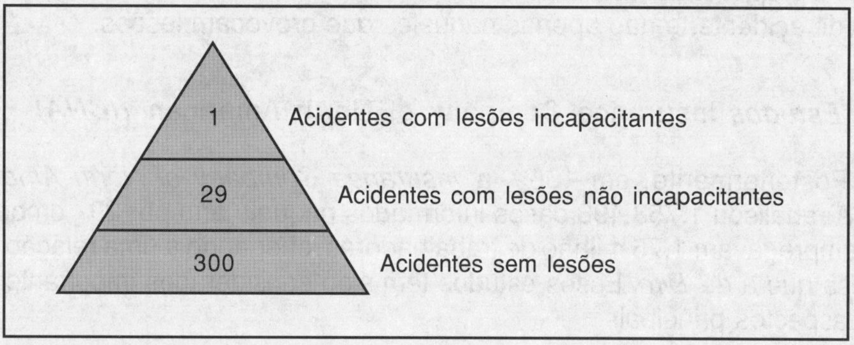

Esse estudo mostra que, para cada acidente que provocava uma lesão incapacitante, ocorriam 29 acidentes que provocavam lesões menores (lesão não incapacitante) e também ocorriam 300 sem lesão, que apenas provocavam danos à propriedade. Portanto, o número de acidentes sem lesão (quase-acidentes) e acidentes com lesão não incapacitantes sinaliza a probabilidade do acidente mais grave.

3.2. Estudo de Bird

Em 1966, o norte-americano Frank Bird Junior concluiu um estudo que envolvia 90 mil acidentes, sendo 75.000 com danos à propriedade e 15 mil com lesões incapacitantes. Bird baseou sua teoria de "controle de danos" a partir da análise desses 90 mil acidentes ocorridos numa empresa metalúrgica americana (*Lukens Steel Company*) durante um período de mais de sete anos, chegando à seguinte proporção:

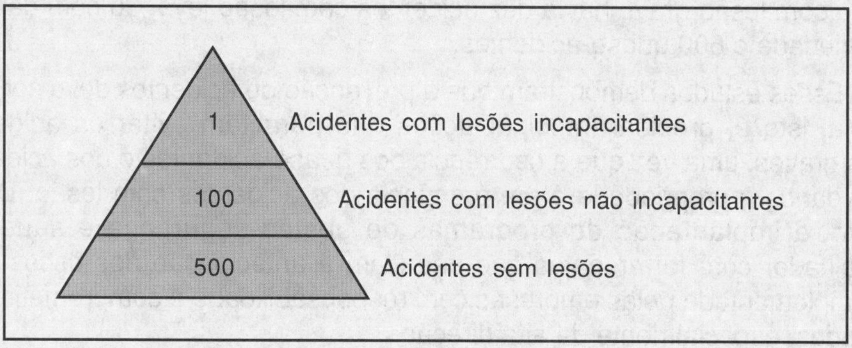

A proporção do estudo de Bird mostra que, para cada acidente que provocava uma lesão incapacitante, ocorriam cem que provocavam lesões não incapacitantes e também ocorriam 500 acidentes com danos à propriedade. Desse modo, da mesma forma que no estudo de Heinrich, esse estudo demonstra também a proporcionalidade dos acidentes graves, leves e os acidentes com danos à propriedade, demonstrando que a prevenção deve atuar em todos os tipos de acidente, e não apenas naqueles que provocam lesões.

3.3. Estudos Insurance Company of North American *(ICNA)*

Posteriormente, em 1969, a *Insurance Company of North American* (ICNA) analisou 1.753.498 casos informados naquele ano por 297 empresas que empregavam 1,75 milhão de trabalhadores, chegando a uma relação mais precisa que a de *Bird*. Esses estudos têm sido considerados importantes por dois aspectos principais:

a) Os dados são mais precisos e representativos do que os obtidos anteriormente pelos outros autores;

b) Foram introduzidos nas estatísticas números relacionados aos quase--acidentes.

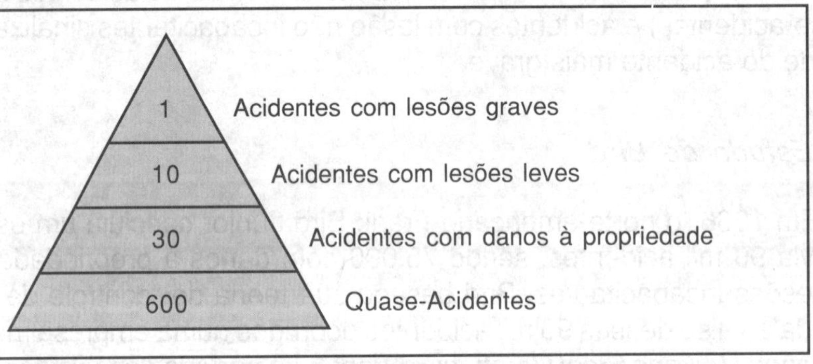

A pirâmide dos resultados obtidos no estudo mostra que para cada acidente com lesão grave havia dez acidentes com lesão leve, 30 com danos à propriedade e 600 quase-acidentes.

Esses estudos demonstram que a prevenção de acidentes deve ser mais ampla, isto é, precisa antecipar ações que permitam evitar os acidentes mais graves, uma vez que a ocorrência dos quase-acidentes e dos acidentes com danos à propriedade é um prenúncio dos acidentes com lesão. Desse modo, a implantação de programas de gestão-segurança e saúde do trabalhador com ferramentas que permitam a antecipação dos riscos deve ser implementada pelas empresas com responsabilidade e comprometimento de todos, especialmente da alta direção.

IV — ESTATÍSTICAS DOS ACIDENTES DO TRABALHO

A NBR n. 14.280 estabelece os procedimentos de cadastro de acidentes do trabalho, além de definir critérios para registro, comunicação, estatística, investigação e análise dos acidentes e suas causas e consequências.

Essa norma considera como elementos essenciais para as estatísticas de acidentes os seguintes parâmetros:

— horas-homem de exposição ao risco;

— dias perdidos;

— dias debitados;

— taxa de frequência de acidentes;

— taxa de gravidade dos acidentes.

4.1. Horas-homem de exposição ao risco (horas-homem)

É o somatório das horas durante as quais os empregados ficam à disposição do empregador, em determinado período, devendo ser consideradas as horas normais e extras. O cálculo é feito multiplicando-se o número de empregados da empresa pelas horas de trabalho durante o mês. Considerando que a jornada de trabalho brasileira é de 8 horas diárias e 44 horas semanais, durante o mês o número de horas trabalhadas é igual a 44 horas x 5 semanas no mês, totalizando 220 horas. Assim, por exemplo, em uma empresa com cem empregados, as horas-homem de exposição é igual a:

220 horas mês x 100 = 22.000 horas-homem de exposição ao risco.

Se durante o mês houver 10% de trabalho extraordinário, teremos:

22.000 + 10 % de 22.000 = 24.200 horas-homem de exposição.

Convém ressaltar que os dados das horas normais e extraordinárias devem ser obtidos nos registros e apontamentos do setor de pessoal da empresa.

4.2. Dias Perdidos (DP)

Os dias perdidos são aqueles em que o trabalhador ficou afastado em virtude da lesão pessoal provocada pelo acidente. Na contagem, o dia do acidente e o dia da volta ao trabalho não são computados.

4.3. Dias Debitados (DD)

São os dias que são debitados por incapacidade permanente ou morte, isto é, por conta de acidentes mais graves que deixam sequelas.

Quadro 1 — Tabela de dias debitados

NATUREZA	AVALIAÇÃO PERCENTUAL	DIAS DEBITADOS
Morte	100	6.000
Incapacidade total e permanente	100	6.000
Perda da visão de ambos os olhos	100	6.000
Perda da visão de um olho	30	1.800
Perda do braço, acima do cotovelo	75	4.500
Perda do braço, abaixo do braço	60	3.600
Perda da mão	50	3.000
Perda do primeiro quirodátilo (polegar)	10	600
Perda de qualquer outro quirodátilo (dedo)	05	300
Perda de dois outros quirodátilos	12,5	750
Perda de três outros quirodátilos	20	1.200
Perda de quatro outros quirodátilos	30	1.800
Perda do primeiro quirodátilo e de qualquer outro	20	1.200
Perda do primeiro quirodátilo e de dois outros	25	1.500
Perda do primeiro quirodátilo e de três outros	33,5	2.000
Perda do primeiro quirodátilo e quatro outros	40	2.400
Perda da perna acima do joelho	75	4.500
Perda da perna no joelho ou abaixo dele	50	3.000
Perda do pé	40	2.400
Perda do primeiro pododátilo (dedo grande) ou de dois outros ou mais pododátilos	06	300
Perda do primeiro pododátilo de ambos os pés	10	600
Perda de qualquer outro pododátilo	00	00
Perda da audição de um ouvido	10	600
Perda da audição de ambos os ouvidos	50	3.000

Sendo assim, nesse quadro foram padronizados os dias a serem considerados na estatística em razão da gravidade e a extensão da incapacidade provocada pelo acidente. Dessa forma, por exemplo, a perda de uma mão implica 3 mil dias de afastamento. Esse quadro de dias debitados ou perdidos foi proposto pela American National Standards Institute, tendo sido adotada pela maioria dos países. É destinado a exprimir, convencionalmente, em dias, a redução permanente, parcial ou total da capacidade de trabalho, ou morte, por efeito de acidente, tomando por base a sobrevida média do trabalhador acidentado, estimada em 20 anos ou 6 mil dias.

4.4. Taxa de frequência

A taxa de frequência de acidentes é uma expressão que relaciona o número de acidentes do trabalho com o número de horas-homem trabalhadas. Esse índice foi recomendado pela 10ª Conferência Internacional de Estatística de Trabalho, em 1962. A taxa de frequência é calculada dividindo-se o número de acidentes, multiplicado por 1 milhão, dividindo-se pelo número de horas-homem trabalhadas por todos os que estão expostos ao risco durante o mesmo período.

$$F_A = \frac{N \times 1.000.000}{H}$$

Em que:

F_A — taxa de frequência de acidentes

N — número de acidentes

H — horas-homem de exposição ao risco

A constante 1 milhão corresponde a um parâmetro arbitrário de 1 milhão de horas-homem de exposição ao risco que permite a comparação da taxa entre as empresas.

a) Taxa de frequência de acidentados, com lesão, com afastamento

A equação é idêntica, exceto o valor de N, que, nesse caso, corresponde ao número de acidentados com lesão, com afastamento.

b) Taxa de frequência de acidentados, com lesão, sem afastamento

A equação é idêntica, exceto o valor de N, que, nesse caso, corresponde ao número de acidentados com lesão, sem afastamento.

Exemplo:

Em uma determinada empresa com 1 mil empregados, o número de acidentes no mês foi igual a 4 (quatro). Considerando que a jornada normal de trabalho no mês é de 220 horas, a taxa de frequência é:

$$F_A = \frac{4 \times 1.000.000}{220 \times 1.000} = 18,18$$

O quadro A da NBR n. 14.280 da ABNT sugere o seguinte modelo de tabela para o resumo mensal dos dados:

Resumo mensal de acidentes									Empresa		Folha: Única	
Quadro A — Acidente com afastamento									Mês		Ano	
									Dias			
									Perdidos		Debitados	
Item	Setor	Data	Nome do acidentado	Descrição sucinta do acidente	Natureza e localização da lesão	Começou a perder tempo em	Voltou em	No mês	Em outros meses	Incapacidade parcial ou permanente	Incapacidade ou morte	Tempo computado

4.5. Taxa de gravidade

Essa taxa fornece informações sobre as perdas por invalidez e morte resultantes dos acidentes do trabalho. Esse índice é calculado pela seguinte expressão:

$$G = \frac{T \times 1.000.000}{H}$$

Onde: G = taxa de gravidade

T = tempo computado

H = horas-homem de exposição ao risco

Da mesma forma que a taxa de frequência, esse índice expressa a gravidade dos acidentes em relação a 1 milhão de horas-homem de exposição ao risco, permitindo a comparação entre as empresas. Os dias perdidos por todos os acidentados vítimas de incapacidade permanente não devem ser considerados, mas apenas os debitados, a não ser no caso de o acidentado perder número de dias superior ao de debitados estabelecidos no quadro 1.

Exemplo:

Em uma empresa com 500 empregados e jornada normal de 220 horas mensais, foram registrados 2 (dois) acidentes, sendo que um deles provocou a perda de uma das mãos.

T = tempo computado resultante da perda de uma mão é de 3.000 dias, conforme o quadro 1, p. 12.

$$G = \frac{3.000 \times 1.000.000}{500 \times 220} = 27.272,72$$

O quadro A da NBR n. 14.280 da ABNT sugere o seguinte modelo de tabela para o resumo mensal dos dados:

Resumo mensal de acidentes									Empresa		Folha: Única	
Quadro A — Acidente com afastamento									Mês		Ano	
									Dias			
									Perdidos		Debitados	
Item	Setor	Data	Nome do acidentado	Descrição sucinta do acidente	Natureza e localização da lesão	Começou a perder tempo em	Voltou em	No mês	Em outros meses	Incapacidade parcial ou permanente	Incapacidade ou morte	Tempo computado

V — ANÁLISE E INVESTIGAÇÃO DE ACIDENTES

A análise e a investigação dos acidentes do trabalho consistem em um estudo detalhado do fato danoso de modo que encontre suas causas e, por consequência, adote meios de prevenção visando a evitar a ocorrência de acidentes similares e melhorar as medidas de prevenção. Todos os acidentes devem ser investigados, incluindo aqueles que não provocam lesão, ou seja, os chamados de incidentes ou quase-acidentes, pois, como vimos anteriormente, a probabilidade de acontecer o acidente com lesão aumenta em função do número de incidentes.

A análise e a investigação dos acidentes devem ser realizadas de maneira imparcial, sem preocupação de encontrar um culpado, pois sua finalidade é a prevenção e a melhoria do controle dos riscos. Assim, o estudo do fato danoso deve ser detalhado e aprofundado em todos os aspectos, visando a definir a causa real de sua ocorrência. Todo evento deve ser investigado mesmo que aparentemente não seja relevante. Para auxiliar os profissionais nessa investigação foram elaborados vários métodos; dentre eles, os de análise de barreiras, análise de mudanças, árvore de falhas e o diagrama de causa-efeito. Essas técnicas fornecem um arcabouço que ajuda a equipe a estruturar e sistematizar a coleta de informações. A aplicação dos métodos não é simples, pois muitas vezes o levantamento dos fatos é insuficiente para chegar à causa básica dos acidentes.

A metodologia de investigação de acidentes consiste em reconstituir os fatos anteriores ao acidente que possibilitaram sua materialização. Todos os dados devem ser levantados, tais como: condições ambientais e materiais do posto de trabalho; treinamento e experiência do acidentado; organização do trabalho, entre outros. A investigação deve ocorrer sempre que possível imediatamente após a ocorrência do acidente.

5.1. Método da árvore de causas

Esse método é reconhecido internacionalmente como instrumento eficaz para investigação dos acidentes/incidentes e consiste em uma metodologia prática que se aplica por meio da construção de diagramas que relacionam fatores do acidente e os riscos que contribuíram para esse acidente. A árvore normalmente é construída de cima para baixo, partindo do último evento — acidente/incidente e, a partir desse registro, vamos definindo os antecedentes imediatos. Para dar conformação à árvore, remontamos sistematicamente ação por ação, respondendo às seguintes perguntas:

— O que ocorreu para que esse fato fosse produzido?

— Isso foi suficiente e necessário?

No levantamento de dados, cada fato (x) tem pelo menos um antecedente (y).[1]

No levantamento de dados, podemos encontrar situações que possibilitam estabelecer três tipos de nexo.

a) O fato tem um único antecedente.

O fato (x) tem só um antecedente (y), e a relação entre eles é tal que a ação não se produziria se o antecedente não fosse produzido.

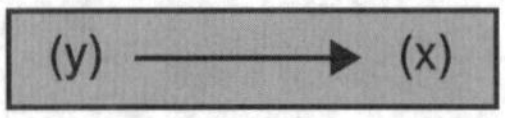

b) O fato tem dois ou mais antecedentes.

Nessa situação, o fato ocorreria se dois ou mais antecedentes fossem produzidos. Assim, os antecedentes (y) e (z) formam um conjunto que produz o fato (x):

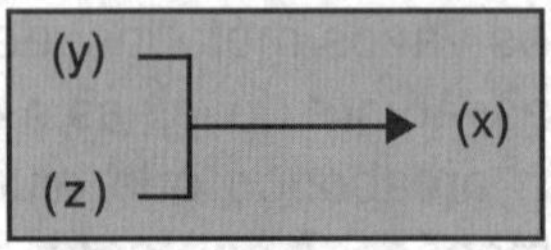

(y) e (z) são fatos independentes e não estão diretamente relacionados entre si, sendo assim, para ocorrer (y) não é necessário que se produza (z) e vice-versa.

c) Vários fatos têm um mesmo antecedente.

Nessa situação, vários fatos (x_1, x_2, x_3 ...) têm somente um antecedente (y), ou seja, os fatos não aconteceriam se não tivesse ocorrido esse antecedente. Essa situação é chamada de disfunção e sua representação gráfica é a seguinte:

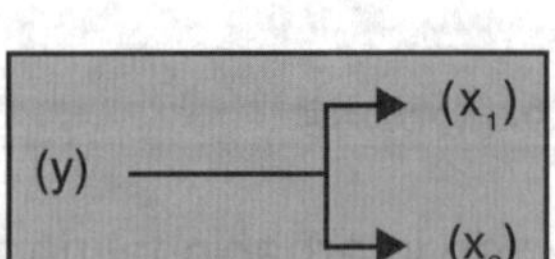

d) Não há relação entre os fatos e os antecedentes.

Nessa situação, não existe relação entre os fatos e os antecedentes, ou seja, um fato pode ser produzido sem a interferência do outro.

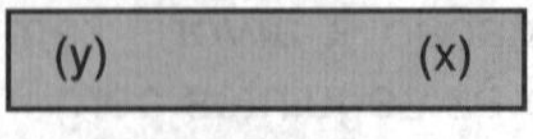

(1) CAMPOS, Armando Augusto Martins. *CIPA — Comissão Interna de Prevenção de Acidentes:* uma nova abordagem. 11. ed. São Paulo: SENAC, 2007.

Portanto, com base na técnica, é feita a análise detalhada do acidente por meio da construção de um diagrama de árvore de falhas (causas).

5.2. Método de causa-efeito

Esse método consiste na análise das causas do acidente por meio da construção de um diagrama do efeito (acidente) e das causas. É conhecido como diagrama de Ishikawa ou Espinha de Peixe, uma vez que o acidente não é provocado por uma única causa, mas por um conjunto de fatores que desencadeia todo o fato. No diagrama usam-se seis causas: mão de obra, método, máquinas, meio ambiente, matérias e medidas.

5.3. Relatório de análise de acidentes

A elaboração de relatório de análise e investigação de acidentes é fundamental na documentação de programa de gerenciamento de riscos.

Existe um documento denominado *Report Profile* que é recomendado internacionalmente para análises de acidentes que envolvem substâncias perigosas (Convenção OIT n. 174 e Recomendação OIT n. 181) e que já vem sendo utilizado, principalmente, em países europeus, cujo objetivo é a constituição de um banco de dados internacional minimamente uniformizado.

O relatório, cujo preenchimento incorpora sugestões da "Diretiva de Seveso", é constituído das seguintes partes:

a) Identificação da empresa em que ocorreu o acidente;

b) Resumo ou perfil do acidente (em uma página): inclui campos para descrição do tipo de acidente, da substância diretamente envolvida, das origens imediatas do acidente, das causas suspeitas (da fábrica ou de equipamentos, humanas, ambientais) ou outras, da natureza de defeitos, erros, falhas, sequência de eventos, etc., efeitos imediatos, medidas emergenciais adotadas e lições imediatas aprendidas a partir da ocorrência;

c) Análise do acidente organizada em três partes: ocorrência, consequências e resposta.

A *ocorrência* é subdividida em tipo de acidente, inventário de substâncias perigosas direta e indiretamente envolvidas, origens do acidente, condições meteorológicas, causas principais (técnicas, humanas e organizacionais) e discussão. As orientações de preenchimento enfatizam cuidadosa descrição das condições físicas e operacionais do sistema, assim como a necessidade de identificar as substâncias envolvidas, suas quantidades e esclarecer os aspectos técnicos do acidente (materiais iniciadores, intermediários, produtos finais, possíveis produtos anormais, etc.).

A descrição da origem do acidente deve incluir ilustrações com mapas, fotos e outras informações relativas à instalação e sua vizinhança. Além disso, deve indicar, com uso de classificação internacional, o tipo de indústria, atividade e de componente. No campo destinado a observações deve expandir as informações indicando a última modificação ou manutenção sofrida e o tempo decorrido desde então, *design* dos padrões, condições de processo ou armazenamento, se em operação ou manutenção ou outra influência especial.

As conclusões acerca das causas principais são classificadas em quatro categorias:

a) **operacionais**: falhas de componentes materiais ou equipamentos, reações aceleradas ou inesperadas, perdas de controle, etc.;

b) **ambientais**: mudanças climáticas, falhas ou deficiências de proteções, interferência de outro acidente, etc.;

c) **organizacionais**: inadequações no gerenciamento da organização ou de atitudes, falhas em procedimentos, treinamentos, supervisão, suporte, análise de seis processos, construção de instalações, sistema de isolamento de equipamentos, manutenção, etc.;

d) **pessoais**: erros, problemas de saúde, desobediências, intervenção maliciosa e outras. Recomenda-se que, se for necessário, sejam detalhados aspectos relativos a treinamento, experiência, etc.

As *consequências* são sistematizadas de acordo com a extensão e o tipo de área afetada; número de pessoas atingidas, tipo de pessoas atingidas (trabalhadores da empresa, pessoal de emergência, população externa); tipos de danos ambientais suspeitos, sob ameaça e afetados; prejuízos para sítios históricos, monumentos, peças de arte, etc.; perdas materiais; danos na vida comunitária (fábricas, escolas, hospitais, abastecimento de água, eletricidade, gás, vias de transporte, etc.).

As **respostas adotadas** são descritas como emergenciais (medidas imediatas) tomadas, ainda requeridas (contínuas); exigências segundo a diretiva de Seveso II (indicar adequação da empresa às exigências da diretiva nas fases anterior e posterior ao acidente, *idem* para avaliação da organização da segurança e para avaliação do controle do impacto ecológico); ações oficiais e conclusão em termos de lições aprendidas para evitar recorrência de evento com aspectos assemelhados, mitigar consequências e outras referências úteis (Uso, revisão ou crítica a modelos destinados à predição de consequências? Relatórios ou publicações técnicas relevantes e úteis para entender o que aconteceu?) Outras informações acerca da resposta.[(2)]

---

(2) *Caminhos da análise de acidentes do trabalho*. Brasília: MTE, SIT, 2003. p. 105.

Esse procedimento de elaboração do relatório não é normalizado pelo Ministério do Trabalho, no entanto, serve como referência para criação de um modelo.

Cabe ressaltar que na investigação dos acidentes e quase-acidentes a elaboração de uma planilha é de grande importância. Não há modelo padronizado nem conteúdo mínimo, devendo esse documento adequar-se a cada empresa; no entanto, esse documento deve ser objetivo, de forma que permita fácil utilização; ser elaborado de maneira que permita o gerenciamento dos dados das causas e a planificação das medidas de controle; possuir clareza na redação de modo que facilite sua interpretação.

CAPÍTULO III

SEGURANÇA DO TRABALHO

Como abordado no capítulo I, a segurança do trabalho é a ciência que atua na prevenção dos acidentes do trabalho decorrentes dos fatores de risco operacionais. Nos ambientes de trabalho existem inúmeras situações de risco que variam conforme a natureza da atividade, o processo produtivo, as medidas de controle existentes, etc. Assim, os profissionais da área juntamente com os trabalhadores devem realizar a análise dos fatores de risco existentes nos locais de trabalho da empresa. Neste capítulo, os fatores de risco mais frequentes serão examinados de forma objetiva e à luz das normas de proteção existentes sobre a matéria. Nesse ínterim serão analisados os seguintes temas: segurança em eletricidade, proteção contra incêndio, segurança em vasos sob pressão, segurança em máquinas e equipamentos, transporte, armazenamento de materiais, segurança na construção civil, segurança em mineração, cor e sinalização. Contudo, vale ressaltar que, devido à complexidade dos fatores de risco e às novas tecnologias que surgem a cada dia, outras situações poderão surgir além daquelas abordadas neste capítulo.

I — SEGURANÇA EM ELETRICIDADE

Os serviços que envolvem eletricidade podem provocar acidentes que, na maioria das vezes, são de natureza grave. Essas atividades são responsáveis por um número elevado de mortes por acidentes de trabalho. Neste tópico abordaremos os principais riscos decorrentes da eletricidade e as medidas preventivas que poderão ser aplicadas com a finalidade de conter esses riscos e, consequentemente, evitar acidentes.

1.1. Riscos em eletricidade

O principal risco que envolve eletricidade é o choque elétrico. Assim, ele será detalhado a seguir.

a) Conceito de choque elétrico

O choque elétrico ocorre quando uma corrente elétrica (I) passa pelo corpo humano e a diferença de potencial — tensão (V) — é capaz de vencer a resistência elétrica desse corpo.

b) Efeitos no organismo — intensidade da corrente elétrica

A gravidade dos efeitos (danos) causados pela passagem de corrente elétrica no corpo humano dependerá da intensidade dessa corrente (I) e do seu percurso. O quadro abaixo mostra os danos provocados pela passagem da corrente no corpo.

Intensidade da corrente mA	Efeitos no organismo
0,4	Não perceptíveis ao corpo humano
0,5 — 1,0	Leves sensações e formigamentos
2,0 — 9,0	Choques dolorosos sem causas de perda de contração muscular
10 — 16	Aumento da tensão sanguínea e de contrações musculares
17 — 24	Perturbações no ritmo cardíaco, contrações, parada temporária do coração e asfixia
25 — 100	Possível fibrilação ventricular, conforme o tempo de exposição
100 — 250	Atuação no sistema nervoso, gerando perturbações no ritmo cardíaco, com possibilidade de paralisação respiratória
> 250	Morte imediata, se o acidentado ficar exposto à corrente por, pelo menos, 3 segundos

Fator importante que influencia na gravidade do choque é o tipo de corrente. Se for uma corrente contínua, por exemplo, sua intensidade deverá ser mais elevada para ser capaz de causar os efeitos citados no quadro acima. Além disso, outro fator que deve ser considerado é o tempo de duração da circulação da corrente pelo corpo, pois a gravidade do choque poderá ser menor se a passagem da corrente elétrica pelo corpo for interrompida.

c) Percurso da corrente elétrica no corpo

O percurso da corrente elétrica pelo corpo também constitui importante fator para determinar a gravidade do choque. Assim, uma corrente de intensidade elevada que circule apenas de uma perna a outra pode causar queimaduras, mas não acarreta lesões mais sérias. No entanto, se a mesma intensidade circular de um braço a outro da vítima, poderá ocorrer parada cardíaca ou paralisação dos músculos do coração.[(1)] As figuras a seguir ilustram diversos percursos da corrente elétrica no corpo.

---

(1) REIS, Jorge Santos; FREITAS, Roberto de. *R312s. Segurança em eletricidade.* São Paulo: Fundacentro, 1980. p. 103.

Percurso I

Neste percurso, a corrente elétrica circula pelo coração e pelos órgãos responsáveis pela respiração, podendo ser fatal ou provocar lesão grave.

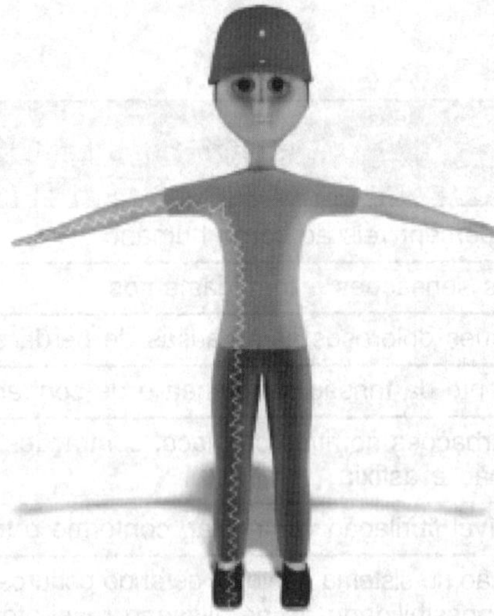

Percurso II

Neste percurso, a corrente circula de uma perna à outra, podendo provocar apenas queimaduras locais, sem outras lesões mais sérias. No entanto, pode provocar perturbações dos órgãos abdominais e dos músculos.

Percurso III

Neste percurso, a corrente entra por uma das mãos e sai pela outra, percorrendo o tórax. É um dos percursos mais perigosos, podendo ser fatal ou causar lesão grave, dependendo da intensidade da corrente elétrica.

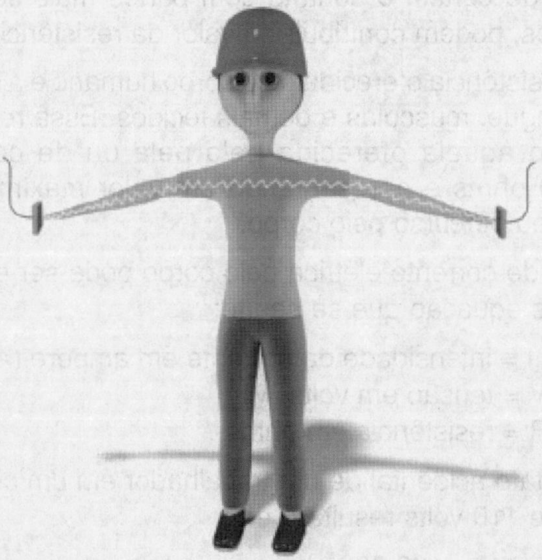

Percurso IV

Neste tipo de percurso, o risco de vida é ínfimo, no entanto, o trabalhador poderá sofrer queimaduras e a perda dos dedos.

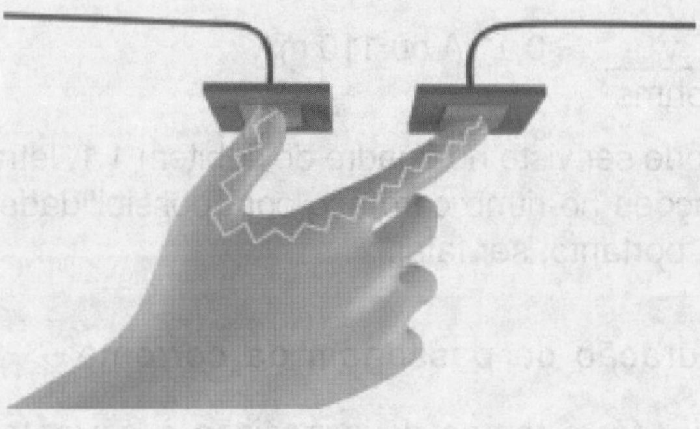

d) Resistência do corpo humano (R)

A intensidade de corrente que circulará pelo corpo depende muito da resistência deste. O corpo humano possui duas resistências à passagem da corrente elétrica, sendo que a principal delas é a pele ou de contato. A pele apresenta uma resistência que varia de 100.000 a 600.000 ohms quando está seca e não apresenta cortes, sendo que essa variação de valor é em função da sua espessura. Entretanto, se a pele estiver úmida (molhada), a resistência pode reduzir drasticamente a 500 ohms.[2] Além da umidade, a espessura da pele, a presença de cortes, o contato com partes mais sensíveis da pele, entre outros fatores, podem contribuir no valor da resistência de contato.

A segunda resistência oferecida pelo corpo humano é a sua parte interna, constituída de sangue, músculos e demais tecidos. Essa resistência é muito baixa em relação àquela oferecida pela pele ou de contato, medindo normalmente 300 ohms e apresentando um valor máximo de 500 ohms, dependendo do seu percurso pelo corpo.

A passagem de corrente elétrica pelo corpo pode ser expressa pela Lei de Ohm, conforme equação que se segue:

$I = \frac{V}{R}$ onde: I = intensidade da corrente em ampère (A)
V = tensão em volts (V)
R = resistência em ohms

Assim, o contato acidental de um trabalhador em um círculo energizado por uma tensão de 110 volts resultará em:

1) Pele seca — R = 100.000 ohms

$$I = \frac{110\ \text{v}}{100.000\ \text{ohms}} = 0{,}0011\ \text{A ou } 1{,}1\ \text{mA}$$

A circulação dessa intensidade de corrente pelo corpo é imperceptível conforme pode ser visto no quadro do subitem 1.1, letra *b*.

2) Pele molhada — R = 1.000 ohms

$$I = \frac{110\ \text{v}}{1.000\ \text{ohms}} = 0{,}11\ \text{A ou } 110\ \text{mA}$$

Conforme pode ser visto no quadro do subitem 1.1, letra *b*, essa corrente provoca perturbações no ritmo cardíaco com possibilidade de parada respiratória, podendo, portanto, ser fatal.

e) Tempo de duração da passagem da corrente

Quanto maior for o tempo de exposição à corrente, maior será seu efeito no organismo e maiores serão as consequências do choque. Assim, o acidente de maior gravidade normalmente ocorre quando o trabalhador fica preso ao circuito elétrico.

(2) *Idem.*

1.2. Principais definições da NR-10

Alta Tensão (AT): tensão superior a 1.000 volts em corrente alternada ou 1.500 volts em corrente contínua, entre fases ou entre fase e terra.

Área Classificada: local com potencialidade de ocorrência de atmosfera explosiva.

Aterramento Elétrico Temporário: ligação elétrica efetiva confiável e adequada intencional à terra, destinada a garantir a equipotencialidade e mantida continuamente durante a intervenção na instalação elétrica.

Atmosfera Explosiva: mistura com o ar, sob condições atmosféricas, de substâncias inflamáveis na forma de gás, vapor, névoa, poeira ou fibras, na qual após a ignição a combustão se propaga.

Baixa Tensão (BT): tensão superior a 50 volts em corrente alternada ou 120 volts em corrente contínua e igual ou inferior a 1.000 volts em corrente alternada ou 1.500 volts em corrente contínua, entre fases ou entre fase e terra.

Extrabaixa Tensão (EBT): tensão não superior a 50 volts em corrente alternada ou 120 volts em corrente contínua, entre fases ou entre fase e terra.

Tensão de Segurança: extrabaixa tensão originada em uma fonte de segurança.

Instalação Elétrica: conjunto das partes elétricas e não elétricas associadas e com características coordenadas entre si, que são necessárias ao funcionamento de uma parte determinada de um sistema elétrico.

Prontuário: sistema organizado de forma a conter uma memória dinâmica de informações pertinentes às instalações e aos trabalhadores.

Sistema Elétrico: circuito ou circuitos elétricos inter-relacionados destinados a atingir um determinado objetivo.

Sistema Elétrico de Potência (SEP): conjunto das instalações e dos equipamentos destinados à geração, transmissão e distribuição de energia elétrica até a medição, inclusive.

Trabalho em Proximidade: trabalho durante o qual o trabalhador pode entrar na zona controlada, ainda que seja com uma parte do seu corpo ou com extensões condutoras, representadas por materiais, ferramentas ou equipamentos que ele manipule.

Zona de Risco: entorno de parte condutora energizada, não segregada, acessível inclusive acidentalmente, de dimensões estabelecidas de acordo com o nível de tensão, cuja aproximação só é permitida a profissionais autorizados e com a adoção de técnicas e instrumentos apropriados de trabalho.

Zona Controlada: entorno de parte condutora energizada, não segregada, acessível, de dimensões estabelecidas de acordo com o nível de tensão, cuja aproximação só é permitida a profissionais autorizados.

ZONA DE RISCO E ZONA CONTROLADA

Tabela de raios de delimitação de zonas de risco, controlada e livre

Faixa de tensão nominal da instalação elétrica em kV	Rr — Raio de delimitação entre zona de risco e controlada em metros	Rc — Raio de delimitação entre zona controlada e livre em metros
< 1	0,20	0,70
≥ 1 e < 3	0,22	1,22
≥ 3 e < 6	0,25	1,25
≥ 6 e < 10	0,35	1,35
≥ 10 e < 15	0,38	1,38
≥ 15 e < 20	0,40	1,40
≥ 20 e < 30	0,26	1,56
≥ 30 e < 36	0,58	1,58
≥ 36 e < 45	0,63	1,63
≥ 45 e < 60	0,83	1,83
≥ 60 e < 70	0,90	1,90
≥ 70 e < 110	1,00	2,00
≥ 110 e < 132	1,10	3,10
≥ 132 e < 150	1,20	3,20
≥ 150 e < 220	1,60	3,60
≥ 220 e < 275	1,80	3,80
≥ 275 e < 380	2,50	4,50
≥ 380 e < 480	3,20	5,20
≥ 480 e < 700	5,20	7,20

Figura 1 — Distâncias no ar que delimitam radialmente as zonas de risco, controlada e livre

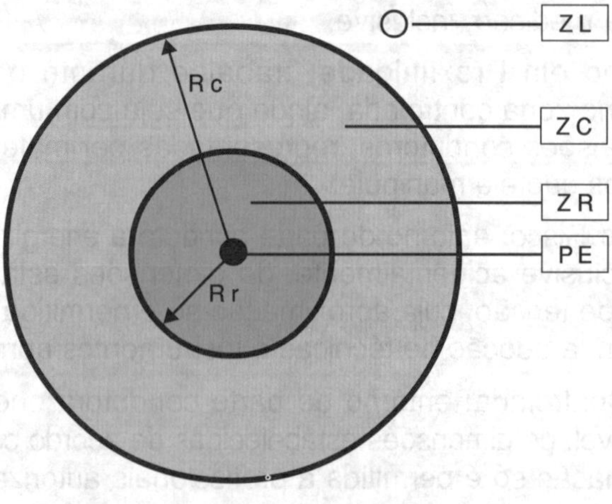

Figura 2 — Distâncias no ar que delimitam radialmente as zonas de risco, controlada e livre, com interposição de superfície de separação física adequada

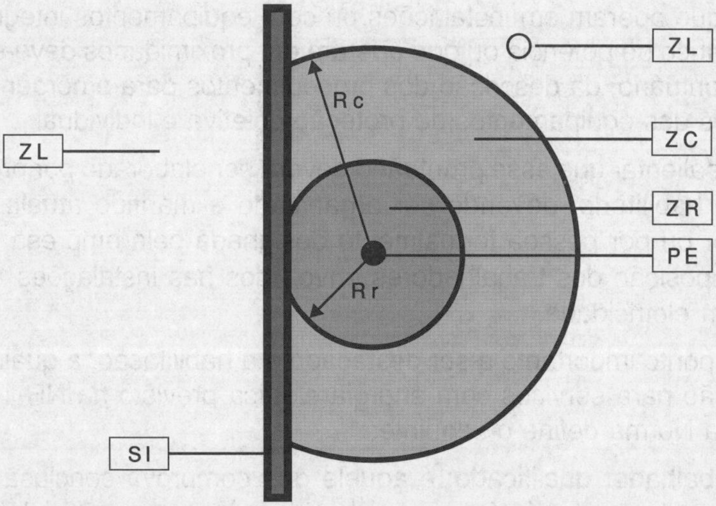

ZL = Zona livre

ZC = Zona controlada, restrita a trabalhadores autorizados

ZR = Zona de risco, restrita a trabalhadores autorizados que se utilizam de técnicas, instrumentos e equipamentos apropriados ao trabalho

PE = Ponto da instalação energizado

SI = Superfície isolante construída com material resistente e dotada de todos os dispositivos de segurança

1.3. Medidas de controle

A Portaria n. 598, de 7.12.2004, deu nova redação à NR-10, estabelecendo várias medidas preventivas de acidentes que envolvem energia elétrica, entre as quais, destacamos:

a) Medidas gerais

A NR-10 estabelece várias medidas de controle de ordem geral nos trabalhos com energia elétrica. Assim, deverá ser realizada a análise de risco, de forma a garantir a segurança e a saúde no trabalho. A referida norma inovou, obrigando as empresas a manterem esquemas unifilares atualizados das instalações elétricas dos seus estabelecimentos com as especificações do sistema de aterramento e dos demais equipamentos e dispositivos de proteção. Nos estabelecimentos com carga instalada superior a 75 kW é necessário também manter o Prontuário de Instalações Elétricas, sendo que nas empresas que operam em instalações ou com equipamentos integrantes do sistema elétrico de potência ou que operam em proximidades deve-se dispor, além do prontuário, da descrição dos procedimentos para emergências e de certificações dos equipamentos de proteção coletiva e individual.

Cabe salientar que esse prontuário deverá ser elaborado por profissional legalmente habilitado, devendo ser organizado e mantido atualizado pelo empregador ou por pessoa formalmente designada pela empresa e permanecer à disposição dos trabalhadores envolvidos nas instalações e com os serviços em eletricidade.

Outro ponto importante a ser destacado é a habilitação, a qualificação e a autorização para serviços com energia elétrica previsto na NR-10. Sendo assim, essa Norma define o seguinte:

a) **Trabalhador qualificado:** é aquele que comprova conclusão de curso específico na área elétrica reconhecido pelo Sistema Oficial de Ensino;

b) **Profissional legalmente habilitado:** é o trabalhador previamente qualificado e com registro no competente conselho de classe;

c) **Trabalhador capacitado:** é aquele que atende às seguintes condições, simultaneamente:

— recebe capacitação sob orientação e responsabilidade de profissional habilitado e autorizado; e

— trabalha sob a responsabilidade de profissional habilitado e autorizado.

Essa capacitação só terá validade para a empresa que o capacitou e nas condições estabelecidas pelo profissional habilitado e autorizado, responsável pela capacitação.

d) **Trabalhadores autorizados:** são os qualificados ou capacitados e os profissionais habilitados, com anuência formal da empresa. Esses trabalhadores devem possuir sistema de identificação que permita a qualquer tempo conhecer a abrangência da autorização de cada trabalhador.

Todos os trabalhadores autorizados devem participar do Curso Básico de Segurança em Instalações e Serviços Elétricos, com carga horária mínima de 40 horas e conteúdo programático estabelecido na NR-10. Já os trabalhadores do Sistema Elétrico de Potência (SEP) e de proximidades devem participar do curso complementar de segurança também com carga horária mínima de 40 horas. É pré-requisito para frequentar esse curso complementar ter participado com aproveitamento satisfatório do curso básico.

A NR-10 exige ainda a realização de treinamento de reciclagem bienal e sempre que ocorrer alguma das situações a seguir:

a) troca de função ou mudança de empresa;

b) retorno de trabalhador afastado do trabalho ou inativo, por período superior a três meses;

c) modificações significativas nas instalações elétricas ou troca de métodos, processos e organização do trabalho.

O curso de reciclagem nas situações citadas nas letras *a*, *b* e *c* (acima) deve possuir carga horária e o conteúdo programático conforme as necessidades de cada caso.

Em trabalhos realizados em áreas classificadas, a norma exige treinamento específico de acordo com risco envolvido. Ademais, nos serviços desenvolvidos em zona livre e na vizinhança da zona controlada, os trabalhadores devem ser instruídos formalmente com conhecimentos que permitam identificar e avaliar seus possíveis riscos e adotar as precauções cabíveis.

b) Medidas de proteção coletiva

As medidas de proteção coletivas devem ser adotadas prioritariamente, e, segundo a NR-10, esse controle compreende:

— desenergização elétrica, e, se não for possível, empregar a tensão de segurança. Essa medida é prioritária;

— isolamento das partes vivas, dos obstáculos;

— uso de barreiras, sinalização e do sistema de seccionamento automático de alimentação;

— bloqueio do religamento automático;

— aterramento elétrico.

O aterramento elétrico é uma maneira de eliminar vários riscos que envolvam eletricidade, como choque elétrico, incêndios e explosões. Ademais, o aterramento visa também a proteger a instalação elétrica e os equipamentos. Toda instalação ou peça condutora que não faça parte dos circuitos elétricos, mas que, eventualmente, possa ficar sob tensão, deve ser aterrada, desde que esteja em local acessível a contatos pertinentes. Esse aterramento deve ser executado conforme regulamentação estabelecida pelos órgãos competentes e, na ausência desta, deve atender às normas internacionais vigentes.

Nos trabalhos em instalações elétricas, quando as medidas de proteção coletiva forem tecnicamente inviáveis ou insuficientes para controlar os riscos, devem ser adotados equipamentos de proteção individual específicos e adequados às atividades desenvolvidas, em atendimento ao disposto na NR-6. Entre essas medidas, destacam-se:

— uso de varas de manobras, escadas, detectores de tensão, cintos de segurança, capacetes e luvas;

— vestimentas de trabalho devem ser adequadas às atividades, devendo contemplar a condutibilidade, a inflamabilidade e as influências eletromagnéticas (subitem 10.2.9.2 da NR-10);

— deve ser vedado o uso de adornos pessoais nos trabalhos com instalações elétricas ou em suas proximidades.

Conforme explicado anteriormente, a água reduz significativamente a resistência ôhmica do corpo humano. Logo, medidas e procedimentos adequados para serviços em locais úmidos são imprescindíveis, assim como a utilização de luvas isolantes e EPIs que aumentem a referida resistência.

c) Segurança em projetos

A nova redação da NR-10 inovou ao introduzir a exigência de vários requisitos de prevenção de acidentes no projeto das instalações. Essas medidas são importantes, pois nessa fase a aplicação de medidas de controle é mais eficaz e viável tecnicamente. Assim sendo, a norma determina que devem ser previstos dispositivos de desligamento de circuitos de forma a impedir reenergização; dispositivo de seccionamento de ação simultânea, que permita a aplicação de impedimento de reenergização do circuito; deve ser considerado espaço seguro quando da operação de construção e manutenção; os circuitos comunicação, sinalização, controle e tração elétrica devem ser separados quando for tecnicamente possível. No projeto deve ser definida a configuração do esquema de aterramento, a obrigatoriedade ou não da interligação entre o condutor neutro e o de proteção e a conexão à terra das partes condutoras não destinadas à condução de eletricidade.

Acrescente-se, ainda, que a NR-1 determina os itens mínimos de segurança que deve possuir o memorial descritivo do projeto, tais como: especificação das características relativas à proteção contra choques elétricos, queimaduras e outros riscos adicionais; indicação de posição dos dispositivos de manobra dos circuitos elétricos: Verde — "D" = desligado; e Vermelho — "L" = ligado, entre outros.

d) Segurança em construção, em montagem, operação e manutenção

Nesse item, a NR-10 estabelece regras de segurança para os serviços de construção, montagem, operação e manutenção, entre os quais destacamos que:

— esses serviços devem ser supervisionados por profissional autorizado, conforme definido no item 1.2;

— devem ser adotadas medidas preventivas de riscos adicionais, tais como: trabalho em altura, confinamento, campos elétricos e magnéticos, explosividade, umidade, poeira, fauna e flora e outros agravantes, adotando-se a sinalização de segurança.

Para atividades em instalações elétricas deve ser garantida ao trabalhador iluminação adequada e uma posição de trabalho segura, de acordo com a *NR-17 — Ergonomia*, de forma a permitir que ele disponha dos membros superiores livres para a realização das tarefas (subitem 10.4.5).

Para outras medidas sugerimos aos leitores a consulta da NR-10.

e) Segurança em instalações elétricas desenergizadas

Nesse item, a NR-10 determina os procedimentos apropriados de desenergização das instalações e a liberação para o trabalho, devendo ser considerada essa condição desde que obedecida a sequência abaixo:

a) seccionamento;

b) impedimento de reenergização;

c) constatação da ausência de tensão;

d) instalação de aterramento temporário com equipotencialização dos condutores dos circuitos;

e) proteção dos elementos energizados existentes na zona controlada conforme definição no item 1.2;

f) instalação da sinalização de impedimento de reenergização.

O subitem 10.5.2 determina que o estado de instalação desenergizada deve ser mantido até a autorização para reenergização, devendo ser reenergizada respeitando a sequência de procedimentos abaixo:

a) retirada das ferramentas, utensílios e equipamentos;

b) retirada da zona controlada de todos os trabalhadores não envolvidos no processo de reenergização;

c) remoção do aterramento temporário, da equipotencialização e das proteções adicionais;

d) remoção da sinalização de impedimento de reenergização; e

e) destravamento, se houver, e religação dos dispositivos de seccionamento.

Essas medidas podem ser alteradas, substituídas, ampliadas ou eliminadas, em função das peculiaridades de cada situação, por profissional legalmente habilitado, autorizado e mediante justificativa técnica previamente formalizada, desde que seja mantido o mesmo nível de segurança originalmente preconizado.

f) Segurança em instalações elétricas energizadas

Primeiro, é importante salientar que instalações energizadas são aquelas com tensão igual ou superior a 50 volts em corrente alternada ou superior a 120 volts em corrente contínua, além de que as intervenções nessas instalações somente podem ser realizadas por trabalhadores habilitados, qualificados, capacitados e autorizados conforme definição anterior, além de serem treinados conforme determina a NR-10.

As operações elementares como ligar e desligar circuitos elétricos, realizadas em baixa tensão, com materiais e equipamentos elétricos em perfeito estado de conservação, adequados para operação, podem ser realizadas por qualquer pessoa não advertida (subitem 10.6.1.2).

Sempre que inovações tecnológicas forem implementadas ou para a entrada em operação de novas instalações ou equipamentos elétricos devem ser previamente elaboradas análises de risco, desenvolvidas com circuitos desenergizados, e respectivos procedimentos de trabalho (subitem 10.6.4).

Outras medidas referentes a esse item recomendam a consulta da NR-10.

g) Trabalhos envolvendo Alta Tensão (AT)

Os trabalhadores que intervêm em instalações elétricas energizadas com alta tensão, que exercem suas atividades dentro dos limites estabelecidos como zonas controladas e de risco, devem atender aos requisitos de qualificação, habilitação, capacitação e autorização, além de receber treinamento de segurança, específico em segurança no Sistema Elétrico de Potência (SEP) e em suas proximidades, conforme conteúdo e carga horária definidos na NR-10.

Os serviços em instalações elétricas energizadas em AT, bem como aqueles executados no Sistema Elétrico de Potência (SEP), não podem ser realizados individualmente (subitem 10.7.3).

A NR-10 estabelece ainda diversas regras para os serviços que envolvem Alta Tensão e aqueles que interagem com o SEP (Sistema Elétrico de Potência), entre as quais destacamos:

— O trabalho deverá ser realizado mediante ordem de serviço específica para data e local, assinada por superior responsável pela área.

Antes de iniciar trabalhos em circuitos energizados em AT, o superior imediato e a equipe, responsáveis pela execução do serviço, devem realizar uma avaliação prévia, estudar e planejar as atividades e ações a serem desenvolvidas de forma a atender aos princípios técnicos básicos e às melhores técnicas de segurança em eletricidade aplicáveis ao serviço (subitem 10.7.5).

Os equipamentos, as ferramentas e os dispositivos isolantes ou equipados com materiais isolantes, destinados ao trabalho em alta tensão, devem ser submetidos a testes elétricos ou ensaios de laboratório periódicos, obedecendo-se às especificações do fabricante, aos procedimentos da empresa e, na ausência destes, anualmente (subitem 10.7.3).

Todo trabalhador em instalações elétricas energizadas em AT, bem como aqueles envolvidos em atividades no SEP, deve dispor de equipamento que permita a comunicação permanente com os demais membros da equipe ou com o centro de operação durante a realização do serviço (subitem 10.7.9). Outras medidas referentes a esse item recomendam a consulta da NR-10.

h) Proteção contra incêndio e explosão

A grande maioria dos incêndios e explosões tem origem em instalações elétricas defeituosas. Assim, para evitar esses riscos, todas as instalações deverão ser projetadas adequadamente, e deve-se tomar as seguintes precauções: colocação de dispositivos automáticos de proteção contra sobrecorrente e sobretensão, além de outras complementares, conforme prescrições da NR-10; proteção contra fogo e aterramento das instalações sujeitas à acumulação de eletricidade estática.

Os transformadores e capacitores localizados no interior de edificações destinadas ao trabalho deverão ser instalados em locais bem ventilados, construídos de materiais incombustíveis e providos de portas corta-fogo, de fechamento automático (subitem 10.2.3.2 da NR-10).

Todas as edificações devem ser protegidas contra descargas elétricas atmosféricas, em especial, as prescrições referentes à localização, às condições de ligação à terra e à zona de atuação dos para-raios.

Os circuitos elétricos com finalidades diferentes, tais como telefonia, sinalização, controle e tração elétrica, devem ser instalados observando-se os cuidados especiais quanto à sua separação física e sua identificação.

As baterias fixas de acumuladores devem ser instaladas em locais ou compartimentos providos de piso de material resistente a ácidos e dotados de meios que permitam a exaustão dos gases.

A NR-10 determina que materiais, peças, dispositivos, equipamentos e sistemas destinados à aplicação em instalações elétricas de ambientes com atmosferas potencialmente explosivas devem ser avaliados quanto à sua conformidade, no âmbito do Sistema Brasileiro de Certificação, e sua proteção. Além disso, essa norma determina também que os processos ou equipamentos susceptíveis de gerar ou acumular eletricidade estática devem dispor de proteção específica e dispositivos de descarga elétrica.

i) Sinalização de segurança

A NR-10 determina que nas instalações e nos serviços em eletricidade deve ser adotada sinalização adequada de segurança, destinada à advertência e à identificação, obedecendo ao disposto na NR-26 — Sinalização de Segurança, de forma a atender, entre outras, às situações a seguir:

a) identificação de circuitos elétricos;

b) travamentos e bloqueios de dispositivos e sistemas de manobra e comandos;

c) restrições e impedimentos de acesso;

d) delimitações de áreas;

e) sinalização de áreas de circulação, de vias públicas, de veículos e de movimentação de cargas;

f) sinalização de impedimento de energização;

g) identificação de equipamento ou circuito impedido.

Finalmente, é importante destacar que a NR-10 estabelece diversos procedimentos nos serviços que envolvem energia elétrica, tais como: padronização e descrição detalhada das tarefas; ordem de serviço; treinamento em segurança e saúde, conforme mencionado anteriormente, com a participação do SESMT; avaliação prévia e planejamento das atividades; análise de risco das tarefas, entre outros.

A referida norma determina ainda que haja elaboração de plano de emergência com métodos de resgate, trabalhadores aptos a prestarem os primeiros socorros, manusear e operar equipamentos de prevenção e combate a incêndio.

II — PROTEÇÃO E COMBATE A INCÊNDIO

A proteção contra incêndio envolve a sua prevenção e as técnicas de combate ao fogo. A prevenção é a parte mais importante para a segurança e saúde ocupacional, pois a ocorrência de um incêndio pode provocar acidentes de grandes proporções e de natureza grave. Assim, o armazenamento adequado de materiais, especialmente os inflamáveis, e a existência de paredes corta-fogo e instalações elétricas adequadas são medidas necessárias à não ocorrência de incêndio. O combate a incêndio, por sua vez, estuda o material usado na sua extinção, bem como seu emprego e sua função, o treinamento de equipe de combate, entre outros. A seguir, serão abordados os temas citados de forma simplificada e objetiva, devendo os leitores ligados a essa matéria consultar as bibliografias e as obras especializadas no assunto.

2.1. Fogo — Conceito

A ocorrência do fogo se dá quando uma substância (combustível), na presença do ar (oxigênio), se aquece até chegar a uma temperatura crítica, chamada temperatura de ignição.

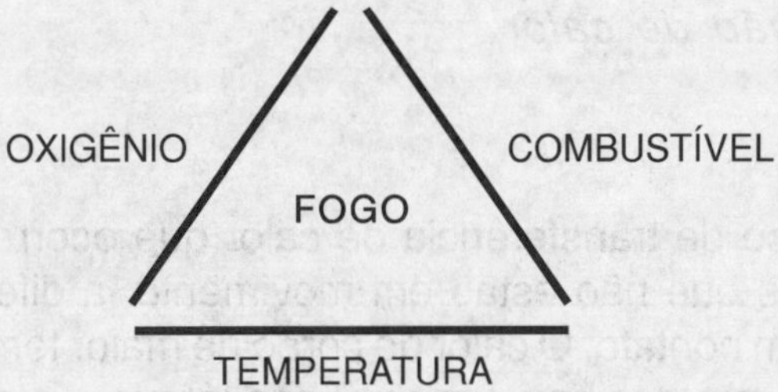

2.2. Características físicas e químicas dos materiais

a) Ponto de fulgor

Ponto de fulgor é a temperatura mínima sob a qual os corpos combustíveis começam a desprender vapores que se incendeiam em contato com uma fonte externa de calor; entretanto, a chama não se mantém, devido à insuficiência de vapores desprendidos. A NR-20 da Portaria n. 3.214/78 dispõe:

> 20.1.1. Para efeito desta Norma Regulamentadora — NR fica definido "líquido combustível" como todo aquele que possua ponto de fulgor igual ou superior a 70ºC (setenta graus centígrados) e inferior a 93,3ºC (noventa e três graus e três décimos de graus centígrados).
>
> 20.1.1.1. O líquido combustível definido no item 20.1.1 é considerado líquido combustível da Classe III.
>
> 20.2.1. Para efeito desta Norma Regulamentadora, fica definido "líquido inflamável" como todo aquele que possua ponto de fulgor inferior a 70ºC (setenta graus centígrados) e pressão de vapor que não exceda 2,8 kg/cm^2 absoluta a 37,7ºC (trinta e sete graus e sete décimos de graus centígrados).
>
> 20.2.1.1. Quando o líquido inflamável tem o ponto de fulgor abaixo de 37,7ºC (trinta e sete graus e sete décimos de graus centígrados), ele se classifica como líquido combustível de Classe I.
>
> 20.2.1.2. Quando o líquido inflamável tem o ponto de fulgor superior a 37,7ºC (trinta e sete graus e sete décimos de graus centígrados) e inferior a 70ºC (setenta graus centígrados), ele se classifica como líquido combustível da Classe II.

b) Ponto de combustão

É a temperatura mínima necessária para que um combustível desprenda vapores ou gases combustíveis ao entrar em contato com uma fonte externa de calor, que entram em combustão e continuam a queimar.

c) Ponto de ignição

É a temperatura mínima sob a qual os gases desprendidos dos combustíveis entram em combustão apenas pelo contato com o oxigênio do ar, independente de qualquer outra fonte de calor.

2.3. Transmissão de calor

a) Condução

É o processo de transferência de calor que ocorre quando dois corpos sólidos ou fluidos que não estão em movimento, a diferentes temperaturas, são colocados em contato. O calor do corpo de maior temperatura se transfere para o de menor, até que haja um equilíbrio térmico, isto é, até a temperatura dos corpos se igualar. Exemplo: aquecimento de uma barra de ferro.

b) Convecção

É o processo de transferência de calor idêntico ao anterior, só que, neste caso, a transferência de calor se realiza por meio de um fluido em movimento. Exemplo: aquecimento de um Becker com água.

c) Radiação

Quando há transferência de calor sem suporte material algum, o processo é denominado radiação. A energia radiante passa através do ar sem aquecê-lo apreciavelmente e aquecerá a superfície atingida. A energia radiante passa através do vácuo ou de outros meios a uma velocidade que depende do meio. Exemplo: radiação emitida por um forno elétrico.

2.4. Extinção do fogo

Conforme citado anteriormente, o fogo se forma através de uma pirâmide, contendo as seguintes faces: oxigênio, temperatura (calor), combustível e reação em cadeia. A eliminação de uma ou mais dessas fases tornará a pirâmide incompleta e resultará na extinção do fogo. Exemplo: a retirada do combustível, o resfriamento.

a) Retirada do material

Consiste na retirada, diminuição ou interrupção, com suficiente margem de segurança do campo de propagação do fogo, do material ainda não atingido pelo incêndio.

No caso de incêndios de penetração, em silos e pilhas de materiais combustíveis sólidos, frequentemente o único método prático de extinção é a remoção do combustível não queimado da área de incêndio. O esvaziamento, por bombas, de um tanque de armazenamento de líquido inflamável incendiado, e a extinção de incêndios em gás constituem exemplos da aplicação desse princípio.

b) Extinção por resfriamento

O meio mais empregado — e no caso de incêndios em materiais combustíveis comuns, o mais eficiente — é extinguir o fogo mediante a remoção do calor do combustível, diminuindo, assim, a taxa de evaporação até o fogo cessar.

O agente usado comumente para combater incêndios por resfriamento é a água.

c) Abafamento

O abafamento é, dos métodos de extinção, o mais difícil, pois somente os pequenos incêndios podem ser abafados com tampas de vasilhas, panos, cobertores, etc., enquanto que para outros de maiores proporções são necessários aparelhamento e produtos específicos para se conseguir o abafamento. Um exemplo desse princípio é a colocação de uma tampa em cima de uma panela com gordura inflamada.

d) Extinção química

As pesquisas recentes vieram de encontro à teoria da extinção química, a qual atribui a eficiência da extinção dos hidrocarbonetos halogenados e dos sais inorgânicos a uma reação química que interfere na cadeia de reações que se realiza durante a combustão. A citada reação rompe a cadeia e, assim, interrompe a combustão.

A parte ativa da molécula do hidrocarboneto halogenado no mecanismo do rompimento da cadeia é o átomo de halogeno, e a eficiência dos halogenos, na ordem decrescente, deve-se ao iodo, ao bromo, ao cloro e ao flúor. Os estudos dos sais inorgânicos em incêndios indicam que os sais dos metais alcalinos são os mais eficientes. Os mais usados são os de sódio e potássio.

2.5. Combate a incêndio

Para combater o incêndio, o técnico deve conhecer as classes de fogo possíveis de ocorrer no local, para que possa selecionar o melhor meio de combatê-lo. Sendo assim, para facilitar o combate ao incêndio, o fogo foi dividido nas seguintes classes:

Classe A — São materiais de fácil combustão, com a propriedade de queimar em sua superfície e profundidade, que deixam resíduos, como tecidos, madeira, papel, fibra, etc.;

Classe B — São considerados inflamáveis os produtos que queimam somente em sua superfície, não deixando resíduos, como óleo, graxas, vernizes, tintas, gasolina, etc.;

Classe C — Quando ocorrem em equipamentos elétricos energizados, como motores, transformadores, quadros de distribuição, fios, etc.;

Classe D — Elementos pirofóricos, como magnésio, zircônio, titânio.

2.5.1. Extintores de incêndio

Os extintores são desenvolvidos para combater princípios de incêndio, sendo o agente extintor contido nos extintores adequados para cada classe, conforme descrição que se segue:

a) Extintores de espuma

São recomendados para incêndios em combustíveis comuns (classe A) e líquidos inflamáveis; o agente extintor (espuma) é o bicarbonato de sódio, sulfato de alumínio acrescido de um estabilizador, sendo o gás carbônico (CO_2) o agente propulsor.

b) Extintores de água pressurizada

O elemento extintor é água que age por meio do resfriamento do combustível material em combustão. O agente propulsor é um gás (dióxido de carbono, nitrogênio). Segundo o subitem 23.10.4 da NR-23, a água nunca será empregada:

— nos fogos de Classe B, salvo quando pulverizada sob a forma de neblina;

— nos fogos de Classe C, salvo quando se tratar de água pulverizada;

— nos fogos de Classe D.

c) Extintores de CO_2 (dióxido de carbono)

O dióxido de carbono é um material não condutor que atua sobre o fogo pela exclusão do oxigênio (abafamento) e por uma pequena ação de resfriamento.

d) Pó químico

O agente extintor é o bicarbonato de sódio ou bicarbonato de potássio, que recebem tratamento para tornarem-se higroscópicos. O agente propulsor é o CO_2 ou nitrogênio.

O quadro a seguir ilustra os tipos de extintores utilizados nas respectivas classes de fogo conforme determina a NR-23:

TIPO DE EXTINTOR	CLASSE
Espuma	A e B
CO_2 — dióxido de carbono	B, C — podendo ser usado no início do incêndio classe A
Pó químico seco	B e C — classe D, pó químico especial
Água pressurizada ou água gás	A — capacidade de 10 e 18 litros
Abafamento por meio de areia (balde de areia)	Usado como variante nas classes B e D
Abafamento com limalha de ferro fundido	Usado como variante na classe D

Segundo o subitem 23.11.1 da NR-23, nos estabelecimentos ou nos locais de trabalho só devem ser utilizados extintores de incêndio que obedeçam às normas brasileiras ou aos regulamentos técnicos do Instituto Nacional de Metrologia, Normalização e Qualidade Industrial (INMETRO), garantindo essa exigência pela aposição nos aparelhos de identificação de conformidade com os órgãos de certificação credenciados pelo INMETRO.

> 23.12.1. Todos os estabelecimentos, mesmo os dotados de chuveiros automáticos, deverão ser providos de extintores portáteis, a fim de combater o fogo em seu início. Tais aparelhos devem ser apropriados à classe do fogo a extinguir (subitem 23.12.1 NR-23).

2.5.2. Inspeções de extintores

As inspeções e as manutenções dos extintores são substanciais no combate ao incêndio, portanto, quando houver a necessidade de utilizá-los, eles devem estar em perfeitas condições de uso. Para isso, a NR-23 da Portaria n. 3.214/78 dispõe:

> 23.14.1. Todo extintor deverá ter uma ficha de controle de inspeção (conforme modelo a seguir).

HISTÓRICO						Códigos e reparos
Data	Recebido	Inspecionado	Reparado	Instrução	Incêndio	
						1. Substituição de gatilho
						2. Substituição de difusor
						3. Mangote
						4. Válvula de segurança

HISTÓRICO						Códigos e reparos
Data	Recebido	Inspecionado	Reparado	Instrução	Incêndio	
						5. Válvula completa
						6. Válvula cilindro adicional
						7. Pintura
						8. Manômetro
						9. Teste Hidrostático
						10. Recarregado
						11. Usado em incêndio
						12. Usado em instrução
						13. Diversos

Cada extintor deverá ser inspecionado visualmente a cada mês, examinando-se o seu aspecto externo, os lacres, os manômetros, quando o extintor for do tipo pressurizado, verificando se o bico e as válvulas de alívio não estão entupidos (subitem 23.14.2).

Cada extintor deverá ter uma etiqueta de identificação presa ao seu bojo, com a data em que foi carregado, data para recarga e o número de identificação. Essa etiqueta deverá ser protegida convenientemente a fim de evitar que esses dados sejam danificados (subitem 23.14.3).

Os cilindros dos extintores de pressão injetada deverão ser pesados semestralmente. Se a perda de peso for além de 10% (dez por cento) do peso original, deverá ser providenciada a sua recarga (subitem 23.14.4). Já o extintor tipo "Espuma" deverá ser recarregado anualmente.

As operações de recarga dos extintores deverão ser feitas de acordo com normas técnicas oficiais vigentes no País (subitem 23.14.6).

2.5.3. Quantidade de extintores

A quantidade de extintores nos locais de trabalho é dimensionada para cada unidade extintora em função da área coberta. Independentemente da área ocupada, deverão existir pelo menos 2 (dois) extintores para cada pavimento. As tabelas que se seguem foram extraídas da NR-23 e mostram o dimensionamento do número de extintores nos locais de trabalho.

Área coberta por unidade de extintores	Risco de Fogo	Classe de Ocupação(*) segundo Tarifa de Seguro Incêndio do Brasil — IRB(*)	Distância máxima a ser percorrida
500 m	500 m	"A" — 01 e 02	20 metros
250 m	250 m	"B" — 02,04,05 e 06	10 metros
150 m	150 m	"C" — 07, 08, 09, 10, 11, 12 e 13	10 metros

(*) Instituto de Resseguros do Brasil

Substâncias	Capacidade dos extintores	Número de extintores que constituem unidade extintora
Espuma	10 litros 5 litros	1 2
Água pressurizada ou água gás	10 litros	1 2
Gás Carbônico (CO_2)	6 quilos 4 quilos 2 quilos 1 quilos	1 2 3 4
Pó químico seco	4 quilos 2 quilos 1 quilos	1 2 3

2.5.4. Localização dos extintores

Segundo a NR-23, a localização dos extintores deve obedecer às seguintes regras:

Os extintores deverão ser colocados em locais:

a) de fácil visualização;

b) de fácil acesso;

c) onde haja menos probabilidade de o fogo bloquear o seu acesso (subitem 23.17.1).

Os locais destinados aos extintores devem ser assinalados com um círculo vermelho ou com uma seta larga, vermelha, com bordas amarelas (subitem 23.17.2).

Os extintores não deverão ter sua parte superior a mais de 1,60 m (um metro e sessenta centímetros) acima do piso. Os baldes não deverão ter seus rebordos a menos de 0,60 m (sessenta centímetros) nem a mais de 1,50 m (um metro e cinquenta centímetros) acima do piso (subitem 23.17.4).

Os extintores não deverão ser localizados nas paredes das escadas (subitem 23.17.5).

Os extintores sobre rodas deverão ter garantido sempre o livre acesso a qualquer ponto da fábrica (subitem 23.17.6).

Os extintores não poderão ser encobertos por pilhas de materiais (subitem 23.17.7).

2.5.5. O chuveiro automático (*sprinklers*)

É uma instalação de proteção contra incêndio composta de uma série de crivos regadores destinados a borrifar automaticamente o foco inicial de um princípio de incêndio, impedindo a propagação e extinguindo-o.(3) Para atingir sua finalidade, o sistema deve ser estudado e projetado adequadamente de acordo com as normas pertinentes. Segundo a NR-23, os chuveiros automáticos (*splinklers*) devem ter seus registros sempre abertos e só poderão ser fechados em caso de manutenção ou inspeção, com ordem do responsável pela manutenção ou inspeção (subitem 23.10.5). Ademais, deve existir um espaço livre de pelo menos 1,00 m (um metro) abaixo e ao redor dos pontos de saída dos chuveiros automáticos (*splinklers*), a fim de assegurar a dispersão eficaz da água (subitem 23.10.5.1).

2.5.6. Hidrantes

O hidrante é um dispositivo de tomada de água destinado ao combate ao incêndio que é constituído de mangueira, requinte, esguicho e conjunto de instalação capazes de funcionar com autossuficiência. Os hidrantes devem ser distribuídos estrategicamente, de modo que toda a área fique completamente protegida por dois jatos simultâneos.

2.5.7. Pessoal para combate ao incêndio

Para combater o incêndio, é necessário equipe treinada para tal, além da colaboração e do apoio do Corpo de Bombeiros do local. Desse modo, a NR-23 define alguns procedimentos e exercícios de treinamento para o combate ao fogo, conforme os dispositivos que se seguem:

1) Combate ao fogo.

Tão cedo o fogo se manifeste, deve-se:

a) acionar o sistema de alarme;

b) chamar imediatamente o Corpo de Bombeiros;

---

(3) *Curso de engenharia de segurança do trabalho.* São Paulo: Fundacentro, 1977. v. 4, p. 1.017.

c) desligar máquinas e aparelhos elétricos, quando a operação do desligamento não envolver riscos adicionais;

d) atacá-lo, o mais rapidamente possível, pelos meios adequados.

2) As máquinas e os aparelhos elétricos que não puderem ser desligados em caso de incêndio deverão conter placa com aviso referente a esse fato, próxima à chave de interrupção.

3) Poderão ser exigidos, para certos tipos de indústria ou de atividade em que seja grande o risco de incêndio, requisitos especiais de construção, tais como portas e paredes corta-fogo ou diques ao redor de reservatórios elevados de inflamáveis.

4) Exercício de alerta.

Os exercícios de combate ao fogo deverão ser feitos periodicamente, com o objetivo de:

a) que o pessoal grave o significado do sinal de alarme;

b) que a evacuação do local se faça em boa ordem;

c) que seja evitado qualquer pânico;

d) que sejam atribuídas tarefas e responsabilidades específicas aos empregados;

e) que seja verificado se a sirene de alarme foi ouvida em todas as áreas.

5) Os exercícios deverão ser realizados sob a direção de um grupo de pessoas capazes de prepará-los e dirigi-los, comportando um chefe e ajudantes em número necessário, segundo as características do estabelecimento.

6) Os planos de exercício de alerta deverão ser preparados como se fossem para um caso real de incêndio.

7) Nas fábricas que mantêm equipes organizadas de bombeiros, os exercícios devem ser realizados periodicamente, de preferência, sem aviso e se aproximando, o máximo possível, das condições reais de luta contra o incêndio.

8) As fábricas ou os estabelecimentos que não mantiverem equipes de bombeiros deverão ter alguns membros do pessoal operário, bem como os guardas e vigias, especialmente exercitados no correto manejo do material de luta contra o fogo e o seu emprego.

2.5.8. Prevenção de incêndios

a) Eletricidade

A eletricidade é das principais causas de incêndio, portanto, deve ser tratada com bastante rigor nas normas e nos procedimentos de prevenção de incêndios. Conforme comentado no item específico, os projetos das instalações e dos equipamentos elétricos devem ser executados por profissional habilitado e de acordo com as normas técnicas nacionais e internacionais, especialmente a NR-10 e ABNT. A proteção começa no planejamento, no projeto e na execução das instalações, além de ser mais eficaz quando prevista nessa fase. Após a instalação, dentre as medidas previstas na referida norma, destacam-se: isolamento dos condutores elétricos, de forma a evitar curto-circuito; aterramento das instalações elétricas e dos equipamentos; uso de fusíveis adequados; ventilação nas cabines e nos quadros elétricos.

b) Solda e corte

As operações de soldagem e corte com oxiacetileno constituem fonte significativa de incêndio, pois sua operação envolve chama aberta, metal quente, corrente elétrica e gases comprimidos. Portanto, os procedimentos e as normas de segurança devem ser seguidos rigorosamente. Assim, deve-se evitar a dispersão de centelhas no local de solda, os recipientes que armazenam inflamáveis devem ser limpos, decantados ou desgaseificados antes de proceder à operação de soldagem; as mangueiras e os condutores elétricos de solda devem ser protegidos; os cilindros de gás devem ser armazenados em locais adequados e afastados da operação.

c) Cigarro e fósforo

Cigarros e fósforos causam frequentemente incêndios, pois são fontes de calor que podem iniciar uma combustão. Desse modo, devem-se vedar o uso de fósforos e o hábito de fumar nos locais onde há armazenamento de combustível.

d) Armazenamento de combustível e inflamável

Outra causa frequente de incêndio é o armazenamento inadequado de combustíveis inflamáveis. Assim sendo, os tanques de líquidos combustíveis e inflamáveis devem obedecer às regras estabelecidas na NR-20 e a outras normas técnicas pertinentes.

e) Eletricidade estática

É gerada pela fricção de correias, polias de máquinas e partículas dispersas no ar. Ocorre também durante as operações de abastecimento de aviões, carga e descarga de caminhões-tanques, entre outros. Entre as medidas para prevenir a eletricidade estática, podemos citar a conexão à terra, ventilação adequada de forma a evitar vapores explosivos no ar.

f) Outras medidas preventivas

Além dessas medidas citadas, o atendimento a diversas normas de segurança, tais como armazenamento, sinalização, ventilação, ordem de limpeza dos locais de trabalho e *layout* adequado, contribui para a prevenção dos incêndios.

g) Explosões

É um fenômeno caracterizado por uma liberação rápida de energia. A velocidade em que a energia é liberada distingue a explosão de um incêndio, apesar de não existir uma demarcação exata entre um incêndio e uma explosão.

A explosão pode advir:

a) da liberação de energia gerada por oxidação rápida. Exemplo: explosão de vapores de gasolina no ar;

b) liberação da energia causada por uma pressão excessiva. Exemplo: explosão de uma caldeira;

c) liberação da energia gerada por uma decomposição rápida. Exemplo: explosão de dinamite;

d) liberação da energia gerada por fusão nuclear. Exemplo: uma bomba de hidrogênio;[4]

e) explosão causada por pós. Todos os pós originários de substâncias orgânicas de metais combustíveis, desde que estejam em suspensão e em quantidade adequada no ar, poderão entrar em combustão devido a qualquer fonte de ignição, por menor que ela seja, produzindo uma explosão. Por algum tempo, pensava-se que esse tipo de explosão ocorria somente nos produtos granulados, tais como trigo, centeio e outros cereais. No entanto, atualmente é comprovado que essas explosões não são restritas apenas a essas substâncias.

Portanto, é necessária a adoção de medidas de prevenção contra explosões, tais como monitoramento dos limites de explosividade com a utilização de explosímetro; armazenamento adequado; ventilação exaustora e diluidora; instalação elétrica à prova de explosão; entre outros.

III — MÁQUINAS E EQUIPAMENTOS

O número de acidentes do trabalho envolvendo máquinas e equipamentos é elevado e, normalmente, de natureza grave. A maioria desses acidentes, conforme a bibliografia sobre a matéria, ocorre devido a falta de proteção e equipamentos obsoletos. Desse modo, as normas jurídicas e técnicas exigem

(4) *Curso de engenharia de segurança.* São Paulo: Fundacentro, 1977. v. IV, p. 1.079.

proteção, procedimentos de operação em manutenção e gestão dos riscos envolvendo as máquinas e equipamentos. O art. 184 da CLT determina que as máquinas e equipamentos deverão ser dotados de dispositivos de partida e parada e outros que se fizerem necessários para a prevenção de acidentes do trabalho, especialmente quanto ao risco de acionamento acidental. Já o art. 185 da CLT estabelece que os reparos, limpeza e ajustes somente poderão ser executados com as máquinas paradas, salvo se o movimento for indispensável à realização do ajuste. As demais medidas de proteção a lei delega ao Ministério do Trabalho a regulamentação. O MTE por meio da NR-12 da Portaria 3.214/78 detalha todas as normas e procedimentos de segurança a serem adotados nos diversos tipos de máquinas e equipamentos.

No plano internacional, a OIT aprovou a Convenção n. 119, que trata da proteção das máquinas. Essa convenção foi ratificada pelo Brasil e aprovada pelo Decreto Legislativo n. 232 de 16.12.91.

3.1. Instalações e área de trabalho (arranjo físico)

A segurança com máquinas e equipamentos começa com o planejamento adequado das instalações, isto é, com o arranjo físico adequado. Para tanto, nesse estudo, é necessário, entre outras coisas, conhecer o fluxo produtivo, o material processado, a circulação de veículos e pessoas, os estoques intermediários. Assim, o dimensionamento das áreas de circulação e os espaços em torno das máquinas devem proporcionar a movimentação dos transportadores e dos trabalhadores com segurança.

As vias principais de circulação, no interior dos locais de trabalho, e as que conduzem às saídas devem ter, no mínimo, 1,20m (um metro e vinte centímetros) de largura e ser devidamente demarcadas e mantidas permanentemente desobstruídas. (subitem 12.6.1 e 12.6.2 da NR-12). Com relação à distância entre máquinas, a NR-12 determina que deverá ter dimensão mínima que proporcione a operação, manutenção, ajuste, limpeza e inspeção, e permitir a movimentação dos segmentos corporais, em face da natureza da tarefa. Além disso, a NR-12 estabelece também que as áreas de armazenamento de materiais, espaços em torno das máquinas devem ser projetados, dimensionados e mantidos de forma que os trabalhadores e os transportadores de materiais, mecanizados e manuais, movimentem-se com segurança. Portanto, no planejamento das instalações é fundamental a observância dessas regras, além de outras previstas na NR-12 e outras normas técnicas pertinentes.

3.2. Medidas de proteção de máquinas e equipamentos

As zonas de perigo das máquinas e equipamentos devem possuir sistema de proteção adequado visando preservar a integridade física do operador. Existem diversos tipos de proteções especificadas nas normas técnicas que podem ser adotadas. Na adoção dessa medida é necessário analisar o princípio de funcionamento das máquinas; analisar o risco e zonas de perigo; verificar a viabilidade técnica da adoção do tipo de proteção; analisar o processo de trabalho; as medidas e alternativas técnicas existentes, custo, entre outros. Assim, por exemplo, em certos casos a substiuição da máquina é mais vantajosa do que adotar todas as proteções. A escolha do tipo de proteção, no entanto, deve ser feita por um especialista que deverá ser o responsável técnico pela aplicação da medida de proteção da máquina. Aliás, a NR-12 determina que a adoção do sistema de segurança das máquinas e equipamentos deve estar sob a responsabilidade técnica de profissional legalmente habilitado. Considera-se profissional legalmente habilitado aquele que comprovar conclusão de curso específico na área de atuação, compatível com o curso a ser ministrado, com registro no competente conselho de classe (subitem 12.141 da NR-12). Outro aspecto importante, é que todas as proteções devem ser executadas em conformidade com as normas técnicas. Dentre os tipos de proteção, a NR-12 estabelece:

a) Proteção por meio de barreira física

Proteção fixa e proteção móvel. A proteção fixa é aquela mantida de maneira permanente e sua remoção só poderá ser feita por meio de ferramentas. A proteção móvel é aquela que pode ser removida sem o uso de ferramentas. Esse tipo de proteção deve ser adotada, quando o acesso a zona de perigo for requerido uma ou mais vezes por turno (subitem 12.44 da NR-12).

b) Dispositivos de segurança

São os componentes que, por si só ou interligados ou associados a proteções, reduzam os riscos de acidentes e de outros agravos à saúde. A NR-12 classifica esses dispositivos em:

— Comandos elétricos ou Interfaces de Segurança: dispositivos responsáveis por realizar o monitoramento, que verificam a interligação, posição e funcionamento de outros dispositivos do sistema e impedem a ocorrência de falha que provoque a perda da função de segurança, como relés de segurança, controladores configuráveis de segurança e controlador lógico programável — CLP de segurança;

— Dispositivos de Intertravamento: chaves de segurança eletromecânicas, com ação e ruptura positiva, magnéticas e eletrônicas codificadas, opto-eletrônicas, sensores indutivos de segurança e outros dispositivos de segurança que possuem a finalidade de impedir o funcionamento de elementos da máquina sob condições específicas;

— Sensores de segurança: dispositivos detectores de presença mecânicos e não mecânicos, que atuam quando uma pessoa ou parte do seu corpo adentra a zona de perigo de uma máquina ou equipamento, enviando um sinal para interromper ou impedir o início de funções perigosas, como cortinas de luz, detectores de presença optoeletrônicos, laser de múltiplos feixes, barreiras óticas, monitores de área, ou scanners, batentes, tapetes e sensores de posição.

A Barreira ótica normalmente é aplicada em entradas de recintos que não podem (ou não devem), por alguma razão técnica, ser fechados por portas ou outra forma de barreira. A Cortina ótica é aplicada em pontos de perigo para as mãos e dedos, ou outra parte do corpo, em máquinas ou outros equipamentos que interrompem o movimento imediatamente após cortada a energia que a alimenta. Já o tapete de segurança é um dispositivo aplicado para impedir que pessoas estranhas se aproximem de áreas em que estejam instaladas máquinas e equipamentos de grande porte, ou que apresentem alto risco e que não podem ou não devem ser cercadas. A pressão do pisar sobre o tapete ou o peso de veículo, como empilhadeira ou carrinho de mão, interrompe a energia e faz cessar o perigo. Em caso de maquinaria, o sistema só é válido se o seu movimento for imediatamente interrompido com o corte da energia.

Outro sensor de segurança a ser destacado é a proteção sensitiva. Esse tipo de proteção consiste num sistema composto de sensações óptico-eletrônicos que consistem em emissores e receptores de radiação infravermelha que formam barreiras ou cortinas, conforme o que vai ser protegido. A finalidade é impedir que pessoas entrem em certos recintos com equipamentos ligados ou que mãos ou dedos sejam introduzidos em pontos perigosos com máquina ou outro equipamento em movimento. Se pelo menos um dos feixes infravermelhos for interrompido pela presença de pessoas ou qualquer corpo estranho na área protegida pelo sistema, ou se o mesmo acontecer com mão e dedos, a energia é interrompida e a máquina ou outro equipamento para antes de ser alcançado o ponto perigoso. Este tipo de proteção só é válido para maquinaria que interrompe o seu ciclo operacional imediatamente com o corte de energia .[5]

— Válvulas e blocos de segurança ou sistemas pneumáticos e hidráulicos de mesma eficácia;

— Dispositivos mecânicos, como: dispositivos de retenção, limitadores, separadores, empurradores, inibidores, defletores e retráteis; e

— Dispositivos de validação: dispositivos suplementares de comando operados manualmente, que, quando aplicados de modo permanente, habilitam o dispositivo de acionamento, como chaves seletoras bloqueáveis e dispositivos bloqueáveis.

---

(5) Ob. cit.. p. 20.

c) Transmissão de força

As transmissões de forças expostas ou sem proteção adequada constituem importante fonte de risco nas máquinas e equipamentos. Segundo Zocchio (2002), este segmento é entendido como o conjunto de mecanismos que transmite força e/ou movimentos, a partir de um motor ou de outra fonte primária, até o ponto de operação e partes móveis auxiliares da maquinaria. Além da fonte geradora de força/movimentos, são componentes comuns deste segmento:

— eixos retos ou excêntricos;

— polias com correia lisa ou em V;

— engrenagens;

— rodas dentadas com corrente de tração;

— cremalheiras;

— bielas, entre outros.[(6)]

As transmissões de força e os componentes móveis a elas interligados, acessíveis ou expostos, devem possuir proteções fixas, ou móveis com dispositivos de intertravamento, que impeçam o acesso por todos os lados (subitem 12.47 da NR-12). Além disso, para o enclausuramento de transmissões de força que possuem inércia, é necessário utilizar dispositivo de intertrava-mento com bloqueio (subitem 12.47.1 da NR-12).

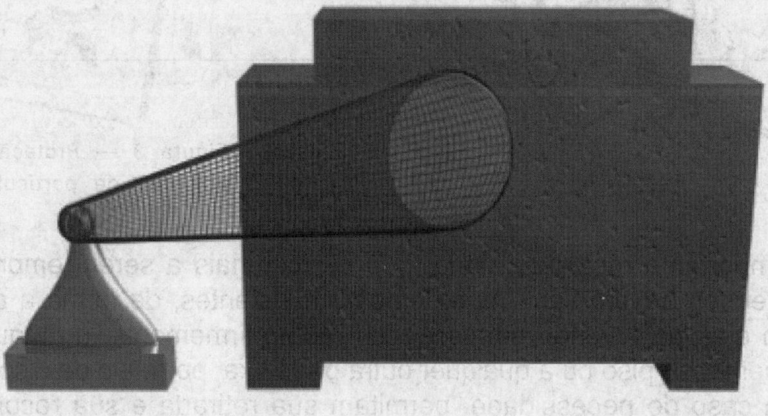

Figura 1 — Enclausuramento da transmissão de força de uma máquina.

(6) ZOCCHIO, Álvaro; FERREIRA, Pedro Luiz Carlos. *Segurança em trabalhos com maquinaria.* São Paulo: LTr, 2002.

d) Proteção do ponto de operação

O ponto de operação é o local em que se processa o trabalho para o qual a máquina ou outro equipamento foi construído, como, por exemplo, pontos de:

— prensagem, em prensas de diversos tipos, calandras, etc.;

— usinagem em máquinas operatrizes;

— corte em tesouras e guilhotinas;

— moagem e trituração em diversos tipos de moinhos e britadores;

— misturas em diversos tipos de misturadores;

— carregamentos e descarregamentos em diversos tipos de equipamentos de movimentação e transporte de materiais e produtos acabados.(7)

As máquinas e equipamentos que ofereçam risco de ruptura de suas partes, projeção de materiais, partículas ou substâncias, devem possuir proteções que garantam a saúde e a segurança dos trabalhadores (subitem 12.48 da NR-12). As figuras 2 e 3 ilustram as proteções do ponto de operação.

Figura 2 — Proteção do ponto de operação.

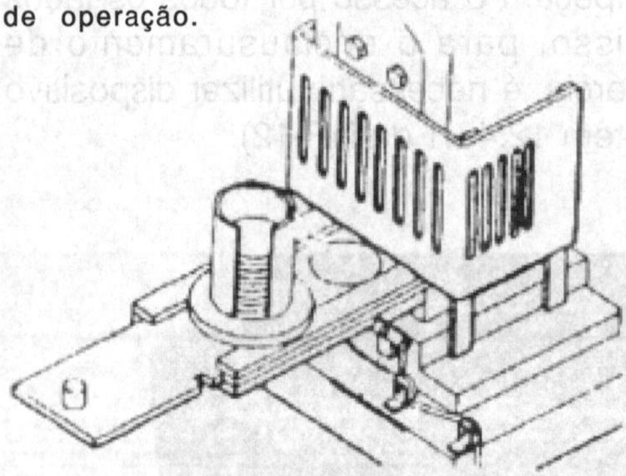

Figura 3 — Proteção contra projeção de partículas.

É importante ressaltar, ainda, que os materiais a serem empregados nos protetores devem ser suficientemente resistentes, de forma a oferecer proteção efetiva, devendo permanecer fixados, firmemente, à máquina, ao equipamento, ao piso ou a qualquer outra parte fixa, por meio de dispositivos que, em caso de necessidade, permitam sua retirada e sua recolocação imediatamente. Quanto aos protetores removíveis, só podem ser retirados para execução de limpeza, lubrificação, reparo e ajuste, ao fim das quais devem ser, obrigatoriamente, recolocados (subitem 12.3.8 da NR-12).

---

(7) Ob. cit.

e) Instalações elétricas das máquinas e equipamentos

Outro fator de risco importante nas máquinas e equipamentos são as instalações elétricas. Segundo a NR-12 as instalações elétricas devem ser projetadas e mantidas de modo a prevenir, por meios seguros, nos perigos de choque elétrico, incêndio, explosão e outros tipos de acidentes conforme previsto na NR-10. Dentre as medidas de proteção destacam-se: aterramento; blindagem, estanqueidade, isolamento das instalações elétricas das máquinas e equipamentos em contato direto ou indireto com água ou agentes corrosivos. Os condutores de alimentação elétrica da máquinas devem atender aos requisitos mínimos de segurança, de acordo com as normas técnicas, especialmente, a NR-12. Os quadros de energia elétrica das máquinas e equipamentos também devem atender aos requisitos mínimos de segurança (subitem 12.18 da NR-12).

De acordo com a NR-12 são proibidas nas máquinas e equipamentos: utilização de chave geral como dispositivo de partida e parada; a utilização de chaves tipo faca nos circuitos elétricos; existência de partes energizadas expostas de circuitos que utilizam energia elétrica. Outras medidas de proteção das instalações elétricas devem ser consultadas nas normas técnicas pertinentes, especialmente, a NR-10 e 12.

f) Dispositivos de partida, acionamento e parada

Os dispositivos de partida, acionamento e parada constituem-se em importantes medidas de proteção dos riscos em máquinas e equipamentos. Sendo assim, a NR-12 exige a instalação desses dispositivos nas máquinas e equipamentos, além de prescrever várias regras de posicionamento e instalação dos mesmos. Assim, dentre essas regras destacam-se: os dispositivos não devem ser localizados em suas zonas perigosas; devem ser localizados de maneira que possam ser acionados ou desligados em caso de emergência por outra pessoa que não seja o operador; impeçam o acionamento ou desligamento involuntário pelo operador ou por qualquer outra forma acidental; não acarretem riscos adicionais; e não possam ser burlados. Maiores detalhes sobre os dispositivos de partida, acionamento e parada devem ser consultados nas normas pertinentes, especialmente, a NR-12.

g) Operação e manutenção

Os reparos, a limpeza, os ajustes e a inspeção somente podem ser executados com as máquinas paradas, salvo se o movimento for indispensável à sua realização (art. 185 da CLT). A NR-12, que trata de máquinas e equipamentos, foi alterada pela Portaria n. 197, de 17 de dezembro de 2010.

Nessa alteração a norma prescreve várias regras sobre a operação, manutenção, inspeção, preparação, ajustes e reparos das máquinas e equipamentos. A norma determina que as máquinas e equipamentos devem ser submetidos à manutenção preventiva e corretiva, na forma e periodicidade determinada pelo fabricante, conforme as normas técnicas oficiais nacionais vigentes e, na falta destas, as normas técnicas internacionais. Nas manutenções preventivas com potencial de causar acidentes do trabalho devem ser objeto de planejamento e gerenciamento efetuado por profissional legalmente habilitado (subitem 12.111.1da NR-12). Outra inovação da norma foi a exigência de documentar as manutenções em livro próprio, ficha ou sistema informatizado, além disso, é obrigatório que o registro das manutenções fique disponível aos trabalhadores envolvidos na operação, manutenção e reparos, bem como à Comissão Interna de Prevenção de Acidentes — CIPA, ao Serviço de Segurança e Medicina do Trabalho — SESMT e à fiscalização do Ministério do Trabalho e Emprego (subitem 12.112.1 da NR-12).

Outra exigência importante da norma é de que a manutenção, inspeção, reparos, limpeza, ajuste e outras intervenções que se fizerem necessárias devem ser executadas por profissionais capacitados, qualificados ou legalmente habilitados, formalmente autorizados pelo empregador.

h) Agentes ambientais e ergonômicos

Dependendo do tipo de máquina ou equipamento e da natureza da operação, o trabalhador pode ficar exposto a agentes físicos, químicos, biológicos, ergonômicos, além de riscos de incêndios e explosões. A NR-12 menciona esses e exige a adoção de medidas de proteção. No entanto, é necessário realizar o reconhecimento e avaliação quantitativa e/ou qualitativa dos riscos ambientais visando adotar as medidas de controle, conforme determina a NR-9. Da mesma forma, as condições ergonômicas, em que as medidas de controle devem ser precedidas de um estudo das características psicofisiológicas dos trabalhadores, natureza dos trabalhos a executar, condições de conforto e segurança no trabalho, entre outros.

3.3. Dispositivos de parada de emergência

Outro fator importante na prevenção de acidentes com máquinas e equipamentos são os dispositivos de parada de emergência. Sendo assim, a NR-12 exige que as máquinas sejam equipadas com esses dispositivos, vedando sua utilização na partida ou acionamento, exceto nas máquinas manuais, as máquinas autopropelidas e aquelas nas quais o dispositivo de parada de emergência não possibilita a redução do risco. A NR-12 exige que os dispositivos de parada de emergência devem ser posicionados em locais de fácil acesso e visualização pelos operadores em seus postos de trabalho e por outras pessoas, e mantidos permanentemente desobstruídos; ser usados como medida auxiliar, não podendo ser alternativa a medidas adequadas de proteção ou a sistemas automáticos de segurança; possuir acionadores projetados para fácil atuação do operador ou outros que possam necessitar da sua utilização; possuir acionadores projetados para fácil atuação do operador ou outros que possam necessitar da sua utilização; prevalecer sobre todos os outros comandos; provocar a parada da operação ou processo perigoso em período de tempo tão reduzido quanto tecnicamente possível, sem provocar riscos suplementares; ser mantidos sob monitoramento por meio de sistemas de segurança; e ser mantidos em perfeito estado de funcionamento. Além disso, não deve prejudicar a eficiência de sistemas de segurança ou dispositivos com funções relacionadas com a segurança, gerar risco adicional, bem como não prejudicar qualquer meio projetado para resgatar pessoas acidentadas. Outras medidas e procedimentos sobre parada de emergência devem ser consultados nas normas técnicas pertinentes, especialmente a NR-12.

3.4. Procedimentos de trabalho e segurança

A NR-12 no item 12.13 tratou dos procedimentos de trabalho envolvendo máquinas e equipamentos. Segundo a NR-12, esses procedimentos de trabalho são medidas complementares, e não as proteções coletivas. Além disso, devem ser elaboradas com base na análise de risco.

Cabe destacar que a NR-12 exige que os serviços em máquinas e equipamentos que envolvam risco de acidentes de trabalho devem ser planejados e realizados em conformidade com os procedimentos de trabalho e segurança, sob supervisão e anuência expressa de profissional habilitado ou qualificado, desde que autorizados. Além disso, os serviços que envolvam riscos de acidentes devem ser precedidos de ordens de serviço (OS) específicas.

A NR-12, no item 12.133, determina que o projeto das máquinas e equipamentos deve levar em conta a segurança no transporte, montagem, instalação, ajuste, operação, limpeza, manutenção, inspeção, desativação, desmonte e sucateamento por meio das referências técnicas indicadas nesta Norma, a serem observadas para garantir a saúde e a integridade física dos trabalhadores. Ademais, não deve permitir erros na montagem ou remontagem de determinadas peças ou elementos que possam gerar riscos durante seu funcionamento, especialmente quanto ao sentido de rotação ou deslocamento.

Além do projeto, a NR-12 cuidou também dos manuais das máquinas e equipamentos. Sendo assim, essa norma exige que as máquinas e equipamentos devem possuir manual de instruções fornecido pelo fabricante ou importador, com informações relativas à segurança em todas as fases de utilização (subitem12.125 da NR-12), devendo o empregador reconstituí-lo, quando inexistente ou extraviado, nas máquinas ou equipamentos que apresentem riscos sob a responsabilidade de profissional legalmente habilitado (subitem12.126 da NR-12).

3.5. Sinalização

Segundo a NR-12, as máquinas e equipamentos, bem como as instalações em que se encontram, devem possuir sinalização de segurança para advertir os trabalhadores e terceiros sobre os riscos a que estão expostos, as instruções de operação e manutenção e outras informações necessárias para garantir a integridade física e a saúde dos trabalhadores. A sinalização de segurança compreende a utilização de cores, símbolos, inscrições, sinais luminosos ou sonoros, entre outras formas de comunicação de mesma eficácia (subitem 12.116.1da NR-12). Outras prescrições sobre a sinalização devem ser consultadas nas normas específicas, especialmente a NR-12 e 26.

3.6. Capacitação

A capacitação dos trabalhadores constitui fator importante na prevenção de acidentes. A NR-12 exige que os trabalhadores envolvidos na operação, manutenção, inspeção e demais intervenções em máquinas e equipamentos devem receber capacitação providenciada pelo empregador e compatível com suas funções, que aborde os riscos a que estão expostos e as medidas de proteção existentes e necessárias, nos termos desta Norma, para a prevenção de acidentes e doenças. Essa capacitação deve ser ministrada por trabalhadores ou profissionais qualificados para este fim, com supervisão de profissional legalmente habilitado que se responsabilizará pela adequação do conteúdo, forma, carga horária, qualificação dos instrutores e avaliação dos capacitados.

A NR-12 estabelece que trabalhador ou profissional qualificado é aquele que comprovar conclusão de curso específico na área de atuação, reconhecido pelo sistema oficial de ensino, compatível com o curso a ser ministrado, com registro no competente conselho de classe, enquanto são considerados autorizados os trabalhadores qualificados, capacitados ou profissionais legalmente habilitados, com autorização dada por meio de documento formal do empregador. Deve ser realizada capacitação para reciclagem do trabalhador sempre que ocorrerem modificações significativas nas instalações e na operação de máquinas ou troca de métodos, processos e organização do trabalho (subitem12.144 da NR-12), devendo o conteúdo programático da capacitação para reciclagem atender às necessidades da situação que a motivou, com carga horária mínima que garanta aos trabalhadores executarem suas atividades com segurança, sendo distribuída em no máximo oito horas diárias e realizada durante o horário normal de trabalho (subitem 12.144.1 da NR-12).

A função do trabalhador que opera e realiza intervenções em máquinas deve ser anotada no registro de empregado, consignado em livro, ficha ou sistema eletrônico e em sua Carteira de Trabalho e Previdência Social — CTPS (subitem12.145 da NR-12).

O subitem 12.146 exige que os operadores de máquinas autopropelidas devem portar cartão de identificação, com nome, função e fotografia em local visível, renovado com periodicidade máxima de um ano mediante exame médico, conforme disposições constantes das NR-7 e NR-11.

3.7. Meios de acesso permanentes transportadores de materiais

Dependendo do tipo e porte da máquina e equipamentos, pode ser feito por meio elevadores, rampas, passarelas, plataformas ou escadas. A NR-12 prescreve as características e especificações técnicas desses meios de acesso nos itens 12.64 a 12.76, sendo assim, sugerimos sua consulta,além de outras normas pertinentes.

Os movimentos perigosos dos transportadores contínuos de materiais devem ser protegidos, especialmente nos pontos de esmagamento, agarramento e aprisionamento formados pelas esteiras, correias, roletes, acoplamentos, freios, roldanas, amostradores, volantes, tambores, engrenagens, cremalheiras, correntes, guias, alinhadores, região do esticamento e contrapeso e outras partes móveis acessíveis durante a operação normal (subitem 12.85 da NR-15), com exceção dos transportadores contínuos de correia cuja altura da borda da correia que transporta a carga esteja superior a 2,70 m (dois metros e setenta centímetros) do piso, desde que não haja circulação nem permanência de pessoas nas zonas de perigo (subitem 12.85.1 da NR-12). Da mesma forma os transportadores contínuos de correia em que haja proteção fixa distante, associada a proteção móvel intertravada que restrinja o acesso a pessoal especializado para a realização de inspeções, manutenções e outras intervenções necessárias, estão dispensados da observância da proteção, no entanto, se houve a possibilidade de alguma pessoa ficar na zona de perigo, devem ser adotadas medidas adicionais de proteção coletiva para impedir a partida da máquina enquanto houver pessoas nessa zona. (suitem 12.51 da NR-12). Outras prescrições sobre passarelas, as exigências de passarela, capacidade de carga, cabos de aço, correntes, eslingas, ganchos e outros elementos de suspensão ou tração; permanência e circulação de pessoas, entre outros, devem consultar a NR-12.

3.8. Componentes pressurizados

A NR-12 exige a proteção dos componentes pressurizados, como, por exemplo, mangueiras e tubulações, sujeitos a eventuais impactos mecânicos e outros agentes agressivos, quando houver risco. As mangueiras, tubulações e demais componentes pressurizados devem ser localizados ou protegidos de tal forma que uma situação de ruptura destes componentes e vazamentos de fluidos não possa ocasionar acidentes de trabalho (subitem 12.78 da NR-12).

Segundo o item 12.80, os sistemas pressurizados das máquinas devem possuir meios ou dispositivos destinados a garantir que:

a) a pressão máxima de trabalho admissível nos circuitos não possa ser excedida; e

b) quedas de pressão progressivas ou bruscas e perdas de vácuo não possam gerar perigo.

Cabe destacar que, nas atividades de montagem e desmontagem de pneumáticos das rodas das máquinas e equipamentos não estacionários, que ofereçam riscos de acidentes, devem ser observadas as seguintes condições:

a) os pneumáticos devem ser completamente despressurizados, removendo o núcleo da válvula de calibragem antes da desmontagem e de qualquer intervenção que possa acarretar acidentes; e

b) o enchimento de pneumáticos só poderá ser executado dentro de dispositivo de clausura ou gaiola adequadamente dimensionada, até que seja alcançada uma pressão suficiente para forçar o talão sobre o aro e criar uma vedação pneumática (subitem 12.83 da NR-12).

Outras prescrições sobre os componentes pressurizados devem ser consultadas na NR-12 e outras normas pertinentes.

3.9. Máquinas e equipamentos especiais

Em virtude da grande utilização e dos riscos oferecidos, a NR-12 dedicou em seus anexos normas específicas para vários tipos de máquinas e equipamentos:

— motosserra;

— máquinas de panificação e confeitaria;

— máquinas para açougue e mercearia;

— injetora de materiais plásticos;

— máquinas para fabricação de calçados e afins;

— máquinas e implementos para uso agrícola e florestal.

Para cada tipo de máquina, a norma define os tipos de máquinas e equipamentos e estabelece as proteções específicas, tais como: proteção nas zonas de perigo fixas e móveis com intertravamento; dispositivos de acionamento e partida; enclausuramento; proteção de cilindros; dispositivo de parada de emergência; procedimentos de operação, entre outros. Portanto, recomenda-se aos leitores a consulta dessas normas.

É importante destacar que, no caso das motosserras, o anexo V determina que os empregadores devem promover, a todos os operadores de motosserra e similares, treinamento para utilização segura da máquina, com carga horária mínima de oito horas e conforme conteúdo programático relativo à utilização constante do manual de instruções. Os fabricantes e importadores de motosserras e similares devem informar, nos catálogos e manuais de instruções de todos os modelos, os níveis de ruído e vibração e a metodologia utilizada para a referida aferição.

3.10. Prensas e similares

A Portaria n. 197, de 17.12.10, acrescentou à NR-12 o anexo VIII, que trata de prensas e similares. Essa norma acolheu a maioria das prescrições da Nota Técnica 16/DSST, de 16 de março de 2005.

Segundo a norma, as prensas são máquinas utilizadas na conformação e corte de materiais diversos, nas quais o movimento do martelo — punção, é proveniente de um sistema hidráulico ou pneumático — cilindro hidráulico ou pneumático, ou de um sistema mecânico, em que o movimento rotativo se transforma em linear por meio de sistemas de bielas, manivelas, conjunto de alavancas ou fusos.

A norma classifica as prensas em:

— prensas mecânicas excêntricas de engate por chaveta ou acoplamento equivalente;

— prensas mecânicas excêntricas com freio ou embreagem;

— presas de fricção com acionamento por fuso;

— prensa servoacionadas;

— prensas hidráulicas;

— prensas pneumáticas;

— prensas hidropneumáticas;

— outros tipos não relacionados anteriormente.

As máquinas similares são aquelas com funções e riscos equivalentes aos das prensas, englobando:

— martelos de queda;

— martelos pneumáticos;

— marteletes;

— dobradeiras;

— recalcadoras;

— guilhotinas, tesouras e cisalhadoras;

— prensas de compactação e de moldagem;

— dispositivos hidráulicos e pneumáticos;

— endireitadeiras;

— prensas enfardadeiras;

— outras máquinas similares não relacionadas anteriormente.

A NR-12, anexo VIII, detalha os meios de proteção dessas máquinas: enclausuramento do ponto de operação; cortinas de luz; dispositivos de parada de emergência, intertravamento; comandos bimanuais; válvula ou sistema de retenção para impedir a queda do martelo, entre outros. A norma exige que qualquer transformação substancial do sistema de funcionamento ou do sistema de acoplamento para movimentação do martelo — "retrofitting" de prensas e equipamentos similares somente deve ser realizada mediante projeto mecânico elaborado por profissional legalmente habilitado, acompanhado de Anotação de Responsabilidade Técnica — ART. Além disso, o projeto deverá conter memória de cálculo de dimensionamento dos componentes, especificação dos materiais empregados e memorial descritivo de todos os componentes.

IV — CALDEIRAS E VASOS SOB PRESSÃO

Introdução

No século II antes de nossa era, como resultado de uma série de experiências, Heron, de Alexandria, criou um aparelho — o qual dominou Eolípia — que vaporizava água e movimentava uma esfera em torno de um eixo. Eram precursores das caldeiras e das turbinas a vapor que, então, surgiram.

Denis Papin, na França; James Watt, na Escócia; Wilcox, nos Estados Unidos, e muitos outros, entre cientistas, artífices e operários, ocuparam-se, ao longo dos tempos, com a evolução dos geradores de vapor.[8]

---

(8) MAGRINI, Rui de Oliveira. *Riscos de acidentes na operação de caldeiras.* São Paulo: Fundacentro, 1984. p. 1.

Atualmente, as caldeiras são utilizadas amplamente nos processos de fabricação com tecnologias altamente avançadas. No entanto, os acidentes de trabalho nesses equipamentos ainda ocorrem e produzem muitas vítimas; sendo, portanto, necessária a adoção de medidas e procedimentos de operação e manutenção de acordo com as normas.

4.1. Caldeiras a vapor

a) Conceito

Caldeiras a vapor são equipamentos destinados a produzir e acumular vapor sob pressão superior à atmosférica, utilizando qualquer fonte de energia, com exceção dos refervedores e dos equipamentos similares utilizados em unidades de processo.

b) Tipos de caldeira

Podemos agrupar as caldeiras em dois tipos principais:

1) Caldeiras flamotubulares — As caldeiras flamotubulares, ou tubos de fogo, são aquelas cujos gases quentes (formados pela combustão da fornalha) circulam no interior dos tubos, transferindo calor para a água que os envolve externamente.

2) Caldeiras aquotubulares — Nesse tipo de caldeira, os gases quentes envolvem os tubos que passam água no seu interior.

3) Outras classificações — Existem outras classificações dos tipos de caldeiras em função do tipo de combustível, fluido, circulação de água, entre outros.

4.2. Fatores de risco na utilização da caldeira

A operação de caldeiras implica a existência de diversos fatores de risco, tais como: explosões, incêndios, choques elétricos, intoxicações por gases, queimaduras, entre outros. No entanto, o principal fator de risco é a explosão, devido aos seguintes motivos:

- por se encontrar presente durante todo o tempo de operação, sendo necessário o seu controle contínuo;
- em razão da violência com que as explosões se manifestam — na maioria dos casos, suas consequências são catastróficas;
- por envolver não só o pessoal de operação, mas também os que trabalham nas proximidades, podem atingir até mesmo a comunidade e a clientela, quando se trata de empresas de serviços (hospitais e hotéis, principalmente);

• porque sua prevenção deve ser considerada em todas as fases: projeto, fabricação, operação, inspeção e outros.[9]

Entre as diversas causas de explosões, destacam-se as seguintes:

• diminuição de resistência normalmente decorrente do superaquecimento;

• diminuição da espessura que pode advir da corrosão;

• aumento da pressão decorrente de falhas diversas, operacionais ou não.

4.3. Prevenção de acidentes na utilização de caldeiras

Conforme citado anteriormente, a prevenção de acidentes nas caldeiras deve ocorrer em todas as fases: projeto, instalação, operação, inspeção, manutenção, entre outras. Para tanto, as normas pertinentes, nacionais e internacionais, estabelecem procedimentos de segurança referentes a cada fase. Entre as normas sobre o assunto, destacamos os arts. 187 e 188 da CLT e sua regulamentação por meio da NR-13 da Portaria n. 3.214/78. Em linhas gerais, os referidos dispositivos da CLT determinam que as caldeiras devem possuir válvulas de segurança que evitem que seja ultrapassada a pressão interna de trabalho; devem ser feitas inspeções periódicas por engenheiro ou empresa especializada inscritos no Ministério do Trabalho; toda caldeira deve possuir prontuário; o proprietário da caldeira deverá organizar e manter atualizados os registros de segurança; os projetos de instalação sejam submetidos à aprovação prévia do órgão regional competente em matéria de segurança do trabalho. Já a NR-13 estabelece com detalhes as normas, as instalações, a segurança na operação, as inspeções, as manutenções, entre as quais se destacam:

4.3.1. Normas gerais

A) Pressão Máxima de Trabalho Permitida (PMTP) ou Pressão Máxima de Trabalho Admissível (PMTA) é o maior valor de pressão compatível com o código de projeto, a resistência dos materiais utilizados, as dimensões do equipamento e seus parâmetros operacionais.

B) Para os propósitos dessa NR, as caldeiras são classificadas em três categorias, conforme segue:

1) caldeiras da categoria A são aquelas cuja pressão de operação é igual ou superior a 1.960 KPa (19.98 Kgf/cm^2);

2) caldeiras da categoria C são aquelas cuja pressão de operação é igual ou inferior a 588 KPa (5.99 Kgf/cm^2) e o volume interno é igual ou inferior a 100 (cem) litros;

---

(9) Obra citada, p.15.

3) caldeiras da categoria B são todas as caldeiras que não se enquadram nas categorias anteriores.

C) Toda caldeira deve ter afixada em seu corpo, em local de fácil acesso e bem visível, placa de identificação indelével com, no mínimo, as seguintes informações:

a) fabricante;

b) número de ordem dado pelo fabricante da caldeira;

c) ano de fabricação;

d) pressão máxima de trabalho admissível;

e) pressão de teste hidrostático;

f) capacidade de produção de vapor;

g) área de superfície de aquecimento;

h) código de projeto e ano de edição.

D) Toda caldeira deve possuir, no estabelecimento onde estiver instalada, a seguinte documentação, devidamente atualizada:

a) "Prontuário da Caldeira", contendo as seguintes informações:

• código de projeto e ano de edição;

• especificação dos materiais;

• procedimentos utilizados na fabricação, na montagem, na inspeção final e na determinação da PMTA;

• conjunto de desenhos e demais dados necessários para o monitoramento da vida útil da caldeira;

• características funcionais;

• dados dos dispositivos de segurança;

• ano de fabricação;

• categoria da caldeira;

b) "Registro de Segurança", em conformidade com o subitem 13.1.7;

c) "Projeto de Instalação", em conformidade com o item 13.2;

d) "Projetos de Alteração ou Reparo", em conformidade com os subitens 13.4.2 e 13.4.3;

e) "Relatórios de Inspeção", em conformidade com os subitens 13.5.11, 13.5.12 e 13.5.13.

E) Risco grave e iminente. Segundo o subitem 13.14 da NR-13, constitui risco grave e iminente a falta de qualquer um dos seguintes itens:

- válvula de segurança com pressão de abertura ajustada em valor igual ou inferior a PMTA;
- instrumento que indique a pressão do vapor acumulado;
- injetor ou outro meio de alimentação de água, independente do sistema principal, em caldeiras a combustível sólido;
- sistema de drenagem rápida de água, em caldeiras de recuperação de álcalis;
- sistema de indicação para controle do nível de água ou outro sistema que evite o superaquecimento por alimentação deficiente.

4.3.2. Instalação

A norma estabelece as regras sobre instalação das caldeiras, que deve ser em local específico, denominado "casa de caldeiras". Entre as regras desse item, destacamos o subitem 13.2.5, determinando que constitui risco grave e iminente o não atendimento aos seguintes requisitos:

a) para todas as caldeiras instaladas em ambiente aberto, as alíneas "b", "d" e "f" do subitem 13.2.3 desta NR;

b) para as caldeiras da categoria A instaladas em ambientes confinados, as alíneas "a", "b", "c", "d", "e", "g" e "h" do subitem 13.2.4 desta NR;

c) para as caldeiras das categorias B e C instaladas em ambientes confinados, as alíneas "b", "c", "d", "e", "g" e "h" do subitem 13.2.4 desta NR.

A autoria do "Projeto de Instalação" de caldeiras a vapor, no que concerne ao atendimento desta NR, é de responsabilidade de "profissional habilitado", conforme citado no subitem 13.1.2, e deve obedecer aos aspectos de segurança, saúde e meio ambiente previstos nas Normas Regulamentadoras, nas convenções e disposições legais aplicáveis (subitem 13.2.1).

As caldeiras de qualquer estabelecimento devem ser instaladas em "Casa de Caldeiras" ou em local específico para tal fim, denominado "Área de Caldeiras" (subitem 13.2.2).

Quando a caldeira estiver instalada em ambiente confinado, a "Casa de Caldeiras" deve satisfazer aos seguintes requisitos:

1) Caldeiras instaladas em locais confinados

a) constituir prédio separado, construído de material resistente ao fogo, podendo ter apenas uma parede adjacente a outras instalações do estabelecimento, porém com as outras paredes afastadas de, no mínimo, 3,00 m (três metros) de outras instalações, do limite de propriedade de terceiros, do limite com as vias públicas e de depósitos de combustíveis, excetuando-se reservatórios para partida com até 2 (dois) mil litros de capacidade (esse item não se aplica às caldeiras das categorias B e C);

b) dispor de pelo menos duas saídas amplas, permanentemente desobstruídas e dispostas em direções distintas;

c) dispor de ventilação permanente com entradas de ar que não possam ser bloqueadas;

d) dispor de sensor para detecção de vazamento de gás, quando se tratar de caldeira a combustível gasoso;

e) não ser utilizada para qualquer outra finalidade;

f) ter sistema de captação e lançamento dos gases e material particulado, provenientes da combustão para fora da área de operação, atendendo às normas ambientais vigentes;

g) dispor de iluminação conforme normas oficiais vigentes e ter sistema de iluminação de emergência.

2) Instalação em locais abertos

— dispor de pelo menos duas saídas amplas, permanentemente desobstruídas e dispostas em direções distintas;

— ter sistema de captação e lançamento dos gases e material particulado, provenientes da combustão, para fora da área de operação, atendendo às normas ambientais vigentes;

— ter sistema de iluminação de emergência, caso operar à noite.

4.3.3. Segurança na operação de caldeiras

Nesse item destacam-se os seguintes dispositivos da NR-13:

1) Toda caldeira deve possuir “Manual de Operação” atualizado, em língua portuguesa, em local de fácil acesso aos operadores, contendo, no mínimo:

a) procedimentos de partidas e paradas;

b) procedimentos e parâmetros operacionais de rotina;

c) procedimentos para situações de emergência;

d) procedimentos gerais de segurança, saúde e de preservação do meio ambiente.

2) Os instrumentos e controles de caldeiras devem ser mantidos calibrados e em boas condições operacionais, constituindo condição de risco grave e iminente o emprego de artifícios que neutralizem sistemas de controle e segurança da caldeira.

3) A qualidade da água deve ser controlada e tratamentos devem ser implementados, quando for necessário, para compatibilizar suas propriedades físico-químicas com os parâmetros de operação da caldeira.

Toda caldeira a vapor deve estar obrigatoriamente sob operação e controle de operador de caldeira, sendo que o não atendimento a essa exigência caracteriza condição de risco grave e iminente (subitem 13.3.5).

A operação de caldeira deve ser executada por operador qualificado que satisfaça aos requisitos mínimos estabelecidos na NR-13.

Acrescente-se ainda que, segundo o subitem 13.3.12, constitui condição de risco grave e iminente a operação de qualquer caldeira em condições diferentes das previstas no projeto original, sem que:

a) seja reprojetada, levando em consideração todas as variáveis envolvidas na nova condição de operação;

b) sejam adotados todos os procedimentos de segurança decorrentes de sua nova classificação no que se refere à instalação, à operação, à manutenção e à inspeção.

4.3.4. Segurança na manutenção de caldeiras

Todas as intervenções que exijam mandrilamento ou soldagem em partes que operem sob pressão devem ser seguidas de teste hidrostático, com características definidas pelo "Profissional Habilitado", citado anteriormente (subitem 13.4.4).

Os sistemas de controle e segurança da caldeira devem ser submetidos à manutenção preventiva ou preditiva (subitem 13.4.5).

4.3.5. Inspeção de segurança de caldeiras

As inspeções de segurança são fundamentais na prevenção de acidentes com caldeira. Assim, devem ser realizadas inspeções iniciais, periódicas e extraordinárias, sendo que o não atendimento dos prazos estabelecidos na NR-13 é considerado condição de risco grave e iminente (subitem 13.5.1 da NR-13).

A NR-13 estabelece diversas disposições sobre inspeções, entre as quais, destacamos as seguintes:

a) Inspeção de segurança inicial

A inspeção de segurança inicial deve ser feita em caldeiras novas, antes da entrada em funcionamento, no local de operação, devendo compreender exames interno e externo, teste hidrostático e de acumulação.

b) Inspeção de segurança periódica

A inspeção de segurança periódica, constituída por exames interno e externo, deve ser executada nos seguintes prazos máximos:

a) 12 (doze) meses para caldeiras das categorias A, B e C;

b) 12 (doze) meses para caldeiras de recuperação de álcalis de qualquer categoria;

c) 24 (vinte e quatro) meses para caldeiras da categoria A, desde que aos 12 (doze) meses sejam testadas as pressões de abertura das válvulas de segurança;

d) 40 (quarenta) meses para caldeiras especiais, conforme definido no item 13.5.5.

Para os estabelecimentos que possuem "Serviço Próprio de Inspeção de Equipamentos" (certificado pelo INMETRO, conforme anexo II da NR-15), os períodos entre as inspeções de segurança podem ser estendidos, respeitando os seguintes prazos máximos:

- 18 (dezoito) meses para caldeira das categorias B e C;
- 30 (trinta) meses para caldeira da categoria A.

Ao completar 25 (vinte e cinco) anos de uso, na sua inspeção subsequente, as caldeiras devem ser submetidas a rigorosa avaliação de integridade para determinar a sua vida remanescente e os novos prazos máximos para inspeção, caso ainda estejam em condições de uso.

Nos estabelecimentos que possuam "Serviço Próprio de Inspeção de Equipamentos" (certificado pelo INMETRO, conforme anexo II da NR-13), o limite de 25 (vinte e cinco) anos pode ser alterado em função do acompanhamento das condições da caldeira, efetuado pelo referido órgão.

c) Inspeções em caldeiras especiais

As caldeiras que operam de forma contínua e que utilizam gases ou resíduos das unidades de processo, como combustível principal para aproveitamento de calor ou para fins de controle ambiental, podem ser consideradas especiais quando todas as condições seguintes forem satisfeitas:

a) estiverem instaladas em estabelecimentos que possuam “Serviço Próprio de Inspeção de Equipamentos”, citado no Anexo II;

b) tenham testados a cada 12 (doze) meses o sistema de intertravamento e a pressão de abertura de cada válvula de segurança;

c) não apresentem variações inesperadas na temperatura de saída dos gases e do vapor durante a operação;

d) exista análise e controle periódico da qualidade da água;

e) exista controle de deterioração dos materiais que compõem as principais partes da caldeira;

f) seja homologada como classe especial mediante:

• acordo entre a representação sindical da categoria profissional predominante no estabelecimento e o empregador;

• intermediação do órgão regional do MTb, solicitada por qualquer uma das partes, quando não houver acordo;

• decisão do órgão regional do MTb, quando persistir o impasse.

d) Inspeções de válvula de segurança

As válvulas de segurança instaladas em caldeiras devem ser inspecionadas periodicamente conforme segue:

a) pelo menos 1 (uma) vez por mês, mediante acionamento manual da alavanca em operação, para caldeiras das categorias B e C;

b) desmontando, inspecionando e testando em bancada as válvulas flangeadas e, no campo, as válvulas soldadas, recalibrando-as numa frequência compatível com a experiência operacional da mesma, porém respeitando-se como limite máximo o período de inspeção estabelecido na NR-13, se aplicável para caldeiras de categorias A e B.

Adicionalmente aos testes prescritos no subitem 13.5.7, as válvulas de segurança instaladas em caldeiras deverão ser submetidas a testes de acumulação, nas seguintes oportunidades:

a) na inspeção inicial da caldeira;

b) quando forem modificadas ou tiverem sofrido reformas significativas;

c) quando houver modificação nos parâmetros operacionais da caldeira ou variação na PMTA;

d) quando houver modificação na sua tubulação de admissão ou descarga.

e) Inspeção de segurança extraordinária

A inspeção de segurança extraordinária deve ser feita nas seguintes oportunidades:

a) sempre que a caldeira for danificada por acidente ou outra ocorrência capaz de comprometer sua segurança;

b) quando a caldeira for submetida a alteração ou reparo importante capaz de alterar suas condições de segurança;

c) antes de a caldeira ser recolocada em funcionamento, quando permanecer inativa por mais de 6 (seis) meses;

d) quando houver mudança de local de instalação da caldeira.

Toda a inspeção de segurança deve ser realizada por "Profissional Habilitado", ou por "Serviço Próprio de Inspeção de Equipamentos", com certificado no INMETRO, conforme anexo II da NR-13.

f) Relatório de inspeção

Inspecionada a caldeira, deve ser emitido "Relatório de Inspeção", que passa a fazer parte da sua documentação, devendo uma cópia ser encaminhada pelo "Profissional Habilitado", em um prazo máximo de 30 (trinta) dias, a contar do término da inspeção, à representação sindical da categoria profissional predominante no estabelecimento.

4.4. Vasos sob pressão

Segundo a NR-15, os vasos sob pressão são equipamentos que contêm fluidos sob pressão interna e externa.

Segundo a NR-13, são vasos de pressão os seguintes equipamentos:

a) qualquer vaso cujo produto "PV" seja superior a 8 (oito), em que "P" é a máxima pressão de operação em KPa e "V" é o seu volume geométrico interno em metros cúbicos, incluindo:

• permutadores de calor, evaporadores e similares;

• vasos de pressão ou partes sujeitas a chama direta que não estejam dentro do escopo de outras NR, nem do item 13.1 desta NR;

• vasos de pressão encamisados, incluindo refervedores e reatores;

• autoclaves e caldeiras de fluido térmico que não o vaporizem;

b) vasos que contenham fluido da classe "A", especificados no Anexo IV, independentemente das dimensões e do produto "PV".

O item 2 do anexo III da NR-13 estabelece que não são considerados vasos sob pressão os seguintes equipamentos:

a) cilindros transportáveis, vasos destinados ao transporte de produtos, reservatórios portáteis de fluido comprimido e extintores de incêndio;

b) os destinados à ocupação humana;

c) câmara de combustão ou vasos que façam parte integrante de máquinas rotativas ou alternativas, tais como bombas, compressores, turbinas, geradores, motores, cilindros pneumáticos e hidráulicos, e que não possam ser caracterizados como equipamentos independentes;

d) dutos e tubulações para condução de fluido;

e) serpentinas para troca térmica;

f) tanques e recipientes para armazenamento e estocagem de fluidos não enquadrados em normas e códigos de projeto relativos a vasos de pressão;

g) vasos com diâmetro interno inferior a 150 mm (cento e cinquenta milímetros) para fluidos das classes "B", "C" e "D", conforme especificado no Anexo IV.

4.4.1. Classificação dos vasos sob pressão

A NR-13 classifica os vasos sob pressão em categorias segundo o tipo de fluido e o potencial de risco, conforme a tabela que se segue:

CATEGORIAS DE VASOS DE PRESSÃO

Classe de Fluido	Grupo de Potencial de Risco				
	1 PV ≥ 100	2 PV < 100 PV ≥ 30	3 PV < 30 PV ≥ 2.5	4 PV < 2.5 PC ≥ 1	5 PV < 1
	Categorias				
"A" – Fluido inflamável, combustível, com temperatura igual ou superior a 200 °C. – Tóxico com limite de tolerância ≤ 20 ppm. – Hidrogênio. – Acetileno.	I	I	II	III	III
"B" – Combustível com temperatura inferior a 200 °C. – Tóxico com limite de tolerância > 20 ppm.	I	II	III	IV	IV

Classe de Fluido	Grupo de Potencial de Risco				
	1 PV ≥ 100	2 PV < 100 PV ≥ 30	3 PV < 30 PV ≥ 2.5	4 PV < 2.5 PC ≥ 1	5 PV < 1
	Categorias				
“C” – Vapor de água. – Gás asfixiante simples. – Ar comprimido.	I	II	III	IV	V
“D” – Outros fluidos.	I	II	IV	V	V

Alterada pela Portaria n. 57, de 19 de junho de 2008 (DOU 24.6.08 — Seção 1, p. 137).
Notas: a) Considerar volume em metros cúbicos e pressão em MPa; b) Considerar 1 MPa correspondente a 10,197 Kgf/cm^2.

Vasos de pressão que operem sob a condição de vácuo deverão enquadrar-se nas seguintes categorias:

— categoria I: para fluidos inflamáveis ou combustíveis;

— categoria V: para outros fluidos.

Para efeito de classificação, os valores de pressão máxima de operação poderão ser obtidos a partir dos dados de engenharia de processo, das recomendações do fabricante do vaso de pressão ou das características funcionais do equipamento.

Caso seja significativo, poderá ser descontado do volume geométrico interno do vaso de pressão o volume ocupado por internos não porosos.

Todo vaso de pressão cujo produto “PV” seja maior que 8 (oito) é enquadrado na NR-13. Os vasos cujo produto “PV” seja superior a 8 (oito), porém cujo fluido não se enquadre nas classes definidas no Anexo IV, deverão ter sua categoria atribuída em função do histórico operacional e do risco oferecido aos trabalhadores e às instalações, considerando-se: toxicidade, inflamabilidade e concentração. Para cálculo do produto “PV”, a pressão deve estar em kPa.

Os valores de pressão máxima de operação a serem utilizados para cálculo do produto “PV” deverão estar em Megapascal (MPa).[10]

(10) *Manual caldeira,* p. 151.

Exemplos de classificação de vasos de pressão

1º caso

Equipamento: Fracionadora de Etileno

Temperatura de operação: — 30°C

Volume geométrico: 785 m^3

Pressão de Operação: 20,4 Kgf/cm^2

Produto: Etileno

a) Para verificar se o vaso se enquadra na NR-13

Máxima Pressão de Operação = 20,4 Kgf/cm^2

Para transformar para kPa $\Rightarrow \dfrac{20{,}4}{0{,}010197} = 2000{,}58$ kPa

PV = 2000,58 (kPa) x 785 (m^3)

PV = 1.570.461,90

PV > 8, portanto, o vaso se enquadra na NR-13.

b) Para determinar a categoria do vaso

Produto Etileno = fluido inflamável = fluido classe "A"

PV = 2,00058 MPa x 785 m^3 = 1570,45 (portanto, PV $\geq$ 100)

Com PV $\geq$ 100 e fluido classe "A", verificamos a tabela e constatamos que o vaso é Categoria I.[11]

4.4.2. Fatores de risco na utilização de vasos sob pressão

O principal fator de risco na utilização dos vasos sob pressão também é a explosão, sendo assim, as normas definem procedimentos visando à prevenção do referido risco. Nesse sentido, o subitem 13.6.2 da NR-13 dispõe:

Constitui risco grave e iminente a falta de qualquer um dos seguintes itens:

a) válvula ou outro dispositivo de segurança com pressão de abertura ajustada em valor igual ou inferior à PMTA, instalada diretamente no vaso ou no sistema que o inclui;

(11) HANDAR, Zuher. *Manual técnico de caldeiras e vasos de pressão.* Brasília: MTb, SSST, 1996. p. 152.

b) dispositivo de segurança contra bloqueio inadvertido da válvula quando esta não estiver instalada diretamente no vaso;

c) instrumento que indique a pressão de operação.

Acrescente-se, ainda, que vários dispositivos da NR-13 determinam regras preventivas e procedimentos de instalação, operação, manutenção, inspeção, entre outros. Dos dispositivos estabelecidos pela NR-13, destacamos os seguintes:

No subitem 13.6.3, a norma exige a identificação do vaso sob pressão afixada em seu corpo, em local bem visível, com placa de identificação que contenha as seguintes informações:

a) fabricante;

b) número de identificação;

c) ano de fabricação;

d) pressão máxima de trabalho admissível;

e) pressão de teste hidrostático;

f) código de projeto e ano de edição.

Outra exigência é o prontuário do vaso sob pressão que deve ser fornecido pelo fabricante contendo as seguintes informações:

- código de projeto e ano de edição;
- especificação dos materiais;
- procedimentos utilizados na fabricação, montagem e inspeção final e determinação da PMTA;
- conjunto de desenhos e demais dados necessários para o monitoramento da sua vida útil;
- características funcionais;
- dados dos dispositivos de segurança;
- ano de fabricação;
- categoria do vaso.

Além do prontuário, os vasos devem possuir registros de segurança, projeto de instalação, alteração ou reparo, além do relatório de inspeção.

Toda essa documentação deve estar sempre à disposição para consulta dos operadores do pessoal da manutenção, de inspeção, e das representações dos trabalhadores e do empregador na CIPA. Ademais, o proprietário deve assegurar pleno acesso a essa documentação, inclusive à representação sindical da categoria profissional predominante no estabelecimento.

4.4.3. Instalação do vaso sob pressão

Todo vaso de pressão deve ser instalado de modo que todos os drenos, os respiros, as bocas de visita e os indicadores de nível, a pressão e a temperatura, quando existentes, sejam facilmente acessíveis.

Quando os vasos de pressão forem instalados em ambientes confinados, a instalação deve satisfazer aos seguintes requisitos:

a) dispor de pelo menos duas saídas amplas, permanentemente desobstruídas e dispostas em direções distintas (risco grave e iminente para vasos instalados em local fechado e aberto — subitem 13.7.4);

b) dispor de acesso fácil e seguro para as atividades de manutenção, operação e inspeção, sendo que, para guarda-corpos vazados, os vãos devem ter dimensões que impeçam a queda de pessoas (risco grave e iminente para vasos instalados em local fechado);

c) dispor de ventilação permanente com entradas de ar que não possam ser bloqueadas (risco grave e iminente para vasos instalados em ambiente confinado);

d) dispor de iluminação conforme normas oficiais vigentes;

e) possuir sistema de iluminação de emergência (risco grave e iminente para vasos instalados em local confinado em ambiente aberto que operam à noite).

Quando o vaso de pressão for instalado em ambiente aberto, a instalação deve satisfazer às alíneas "a", "b", "d" e "e" do subitem 13.7.2.

4.4.4. Segurança na operação de vasos sob pressão

O item 13.8.1 exige que os vasos enquadrados nas categorias I a II devem possuir manual de operação próprio ou instruções de operação contidas no manual de operação da unidade onde estiver instalado, em língua portuguesa e de fácil acesso aos operadores.

Os instrumentos e controles de vasos de pressão devem ser mantidos calibrados e em boas condições operacionais (subitem 13.8.2).

Constitui condição de risco grave e iminente o emprego de artifícios que neutralizem seus sistemas de controle e segurança (subitem 13.8.2.1).

A operação de unidades que possuam vasos sob pressão de categorias I a II deve ser efetuada por profissional com treinamento de segurança na operação de unidades de processo, sendo que o não atendimento a essa exigência caracteriza condição de risco grave e iminente (subitem 13.8.3).

Nos subitens 13.8.4 a 13.8.10, a NR-13 detalha condições de qualificação, treinamento, segurança, reciclagem, estágio, entre outros, do operador da unidade de processo.

Outra condição de risco grave e iminente é estabelecida no subitem 13.8.11, que dispõe: A operação de qualquer vaso sob pressão em condições diferentes das previstas no projeto original, sem que:

a) seja reprojetado levando em consideração todas as variáveis envolvidas na nova condição de operação;

b) sejam adotados todos os procedimentos de segurança decorrentes de sua nova classificação no que se refere à instalação, operação, manutenção e inspeção.

4.4.5. Segurança na manutenção dos vasos sob pressão

A NR-13 estabelece as regras de reparos e alterações em vasos sob pressão, devendo destacar a importância da atuação do profissional habilitado mencionado no subitem 13.1.2 da NR-13, no projeto e acompanhamento das intervenções realizadas nos vasos.

4.4.6. Inspeção de segurança de vasos sob pressão

Da mesma forma que as caldeiras, as inspeções de segurança são substanciais na prevenção de acidentes com vasos sob pressão. Logo, a NR-13 estabelece vários dispositivos a serem observados, entre os quais destacamos:

Os vasos sob pressão devem ser submetidos a inspeções de segurança inicial, periódica e extraordinária.

a) Inspeção inicial

A inspeção de segurança inicial deve ser feita em vasos novos, antes de sua entrada em funcionamento, no local definitivo de instalação, devendo compreender exame externo, interno e teste hidrostático, considerando as limitações mencionadas no subitem 13.10.3.5.

b) Inspeções periódicas

A inspeção de segurança periódica, constituída por exame externo, interno e teste hidrostático, deve obedecer aos seguintes prazos máximos estabelecidos a seguir:

a) para estabelecimentos que não possuam "Serviço Próprio de Inspeção de Equipamentos" (certificado pelo INMETRO, conforme anexo II da NR-13):

Categoria do Vaso	Exame Externo	Exame Interno	Teste Hidrostático
I	1 ano	3 ano	6 ano
II	2 anos	4 anos	8 anos
III	3 anos	6 anos	12 anos
IV	4 anos	8 anos	16 anos
V	5 anos	10 anos	20 anos

b) para estabelecimentos que possuam "Serviço Próprio de Inspeção de Equipamentos", conforme citado no Anexo II:

Categoria do Vaso	Exame Externo	Exame Interno	Teste Hidrostático
I	3 ano	6 ano	12 ano
II	4 anos	8 anos	16 anos
III	5 anos	10 anos	a critério
IV	6 anos	12 anos	a critério
V	7 anos	a critério	a critério

Vasos de pressão que não permitam o exame interno ou externo por impossibilidade física devem ser alternativamente submetidos a teste hidrostático, considerando-se as limitações previstas no subitem 13.10.3.5 (subitem 13.10.3.1).

Vasos com enchimento interno ou com catalisador podem ter a periodicidade de exame interno ou de teste hidrostático ampliada, de forma a coincidir com a época da substituição de enchimentos ou de catalisador, desde que essa ampliação não ultrapasse 20% (vinte por cento) do prazo estabelecido no subitem 13.10.3 desta NR (subitem 13.10.3.2).

Vasos com revestimento interno higroscópico devem ser testados hidrostaticamente antes da aplicação do mesmo, sendo os testes subsequentes substituídos por técnicas alternativas (subitem 13.10.3.3).

Quando for tecnicamente inviável e mediante anotação no "Registro de Segurança" pelo "Profissional Habilitado", citado no subitem 13.1.2, o teste hidrostático pode ser substituído por outra técnica de ensaio não destrutivo ou inspeção que permita obter segurança equivalente (subitem 13.10.3.4).

O subitem 13.10.3.5 estabelece que se consideram como razões técnicas que inviabilizam o teste hidrostático:

a) resistência estrutural da fundação ou da sustentação do vaso incompatível com o peso da água que seria usada no teste;

b) efeito prejudicial do fluido de teste a elementos internos do vaso;

c) impossibilidade técnica de purga e secagem do sistema;

d) existência de revestimento interno;

e) influência prejudicial do teste sobre defeitos subcríticos.

Vasos com temperatura de operação inferior a 0 °C (zero grau centígrado) e que operem em condições nas quais a experiência mostre que não ocorre deterioração ficam dispensados do teste hidrostático periódico, sendo obrigatório exame interno a cada 20 (vinte) anos e exame externo a cada 2 (dois) anos (subitem 13.10.3.6).

Quando não houver outra alternativa, o teste pneumático pode ser executado, desde que supervisionado pelo "Profissional Habilitado", citado no subitem 13.1.2, e cercado de cuidados especiais por tratar-se de atividade de alto risco (subitem 13.10.3.7).

O subitem 13.10.4 estabelece que as válvulas de segurança dos vasos de pressão devem ser desmontadas, inspecionadas e recalibradas por ocasião do exame interno periódico.

c) Inspeções extraordinárias

A inspeção de segurança extraordinária deve ser feita nas seguintes oportunidades (subitem 13.10.5):

- sempre que o vaso for danificado por acidente ou outra ocorrência que comprometa sua segurança;
- quando o vaso for submetido a reparo ou alterações importantes, capazes de alterar sua condição de segurança;
- antes de o vaso ser recolocado em funcionamento, quando permanecer inativo por mais de 12 (doze) meses;
- quando houver alteração do local de instalação do vaso.

d) Relatório de inspeção

A inspeção de segurança deve ser realizada por "Profissional Habilitado", citado no subitem 13.1.2, ou por "Serviço Próprio de Inspeção de Equipamentos", conforme citado no Anexo II (subitem 13.10.6).

Após a inspeção do vaso, deve ser emitido "Relatório de Inspeção", que passa a fazer parte da sua documentação (subitem 13.10.7).

Finalmente, deve-se salientar que o subitem 13.8.11 da NR-13 considera como condição de risco grave e iminente a operação de qualquer vaso de pressão em condições diferentes das previstas no projeto original, sem que:

a) seja reprojetado, levando em consideração todas as variáveis envolvidas na nova condição de operação;

b) sejam adotados todos os procedimentos de segurança decorrentes de sua nova classificação no que se refere a instalação, operação, manutenção e inspeção.

V — TRANSPORTE, ARMAZENAMENTO E MANUSEIO DE MATERIAIS

Nos ambientes de trabalho, são utilizados diversos tipos de equipamentos para transportar, empurrar, arrastar e levantar diversos tipo de carga. Entre esses equipamentos, destacam-se: empilhadeira, guindaste, pontes-rolantes, esteiras-rolantes, monta-carga, etc. Em primeiro lugar, é importante salientar que, conforme preceitua a NR-11, esses equipamentos deverão ser dimensionados e construídos de maneira a oferecer garantias de segurança e resistência, além de serem conservados em perfeitas condições de trabalho.

Os equipamentos de transporte vertical de cargas, tais como: elevadores, guinchos, grua, guindastes, entre outros, possuem tratamento especial nas normas de segurança devido à gravidade dos possíveis acidentes provocados por eles. As NRs 18 e 22 estabelecem diversas regras e procedimentos na utilização desses equipamentos, devendo os leitores consultá-las. No entanto, vale salientar que nesses equipamentos deve-se ter atenção especial com os cabos de aço, as cordas, as correntes, as roldanas e os guinchos. Segundo a NR-11, esses dispositivos deverão ser inspecionados, permanentemente, substituindo-se as suas partes defeituosas.

Nos equipamentos destinados à movimentação do pessoal serão exigidas condições especiais de segurança. Além disso, em todo equipamento será indicada, em lugar visível, a carga máxima de trabalho permitida.

5.1. Carros motorizados

Esses equipamentos são utilizados com frequência no transporte e na movimentação de materiais nas áreas internas das empresas, especialmente as empilhadeiras. Os principais fatores de risco na operação desses equipamentos são: ruído, vibração, gases, batidas, atropelamentos, além dos riscos ergonômicos. Sendo assim, devem ser adotados normas e procedimentos seguros na operação desses equipamentos, destacando-se:

a) Manutenção adequada: deve-se efetuar manutenção preventiva e corretiva de acordo com as normas técnicas, especialmente no sistema de frenagem, elevador de carga, buzina, vazamentos de combustível ou gás, entre outros. Aliás, o subitem 11.18 da NR-11 determina que todos os transportadores industriais serão permanentemente inspecionados e as peças defeituosas ou que apresentem deficiências deverão ser imediatamente substituídas.

b) Os operadores de equipamentos de transporte motorizado deverão ser habilitados e só poderão dirigir se, durante o horário de trabalho, portarem um cartão de identificação, com o nome e a fotografia em lugar visível (subitem 11.1.6). Essa habilitação será obtida por meio de treinamento específico, dado pela empresa, nos termos da NR-11. O cartão de identificação terá validade de 1 ano, salvo imprevisto, e, para a reabilitação, o empregado deverá passar por exames de saúde completos, por conta do empregador.

c) Buzina: a NR-11 estabelece que os equipamentos de transportes motorizados deverão possuir sinal de advertência (buzina).

d) Controle de gases: os equipamentos motorizados, especialmente os movidos a motores de combustão interna, emanam gases para o ambiente (monóxido de carbono, dióxido de carbono, fumaça, entre outros). Assim, a NR-11 estabelece que, nos locais fechados ou pouco ventilados, a emissão de gases tóxicos por máquinas transportadoras deverá ser controlada para evitar concentrações no ambiente de trabalho acima dos limites permissíveis, sendo que nos locais fechados e sem ventilação é proibida a utilização de veículos de motores de combustão interna, salvo se providos de dispositivos neutralizadores adequados.

5.2. Transporte de sacos

O transporte manual de sacos é toda atividade realizada de maneira contínua ou descontínua, essencial ao transporte manual de sacos, na qual o peso da carga é suportado integralmente por um só trabalhador, compreendendo também o levantamento e sua disposição. Nessa atividade, os principais fatores de risco são: queda, choque com os equipamentos e os agentes ergonômicos, especialmente levantamento de peso. Sendo assim, a NR-11 determina vários procedimentos de segurança nas operações de transporte de sacos. Conforme transcrição a seguir:

— Fica estabelecida a distância máxima de 60,00 m (sessenta metros) para o transporte manual de um saco.

— Além do limite previsto nesta norma, o transporte de cargas deverá ser realizado mediante impulsão de vagonetas, carros, carretas, carros de mão apropriados ou qualquer tipo de tração mecanizada.

— É vedado o transporte manual de sacos, por meio de pranchas, sobre vãos superiores a 1,00 m (um metro) ou mais de extensão.

— As pranchas de que trata o item 11.2.3 deverão ter a largura mínima de 0,50 m (cinquenta centímetros).

— Na operação manual de carga e descarga de sacos, em caminhão ou vagão, o trabalhador terá o auxílio de ajudante.

5.3. Empilhamento

Quanto ao empilhamento, a NR-11 dispõe:

As pilhas de sacos, nos armazéns, terão a altura máxima correspondente a 30 (trinta) fiadas de sacos quando for usado processo mecanizado de empilhamento.

A altura máxima das pilhas de sacos será correspondente a 20 (vinte) fiadas quando for usado processo manual de empilhamento.

No processo mecanizado de empilhamento, aconselha-se o uso de esteiras--rolantes, dadas ou empilhadeiras.

Quando não for possível o emprego de processo mecanizado, admite-se o processo manual, mediante a utilização de escada removível de madeira, com as seguintes características:

a) lance único de degraus com acesso a um patamar final;

b) a largura mínima de 1,00 m (um metro), apresentando o patamar as dimensões mínimas de 1,00 m x 1,00 m (um metro x um metro) e a altura máxima, em relação ao solo, de 2,25 m (dois metros e vinte e cinco centímetros);

c) deverá ser guardada proporção conveniente entre o piso e o espelho dos degraus, não podendo o espelho ter altura superior a 0,15 m (quinze centímetros) nem o piso ter largura inferior a 0,25 m (vinte e cinco centímetros);

d) deverá ser reforçada, lateral e verticalmente, por meio de estrutura metálica ou de madeira que assegure sua estabilidade;

e) deverá possuir, lateralmente, um corrimão ou guarda-corpo na altura de 1,00 m (um metro) em toda a extensão;

f) perfeitas condições de estabilidade e segurança, sendo substituída imediatamente a que apresente qualquer defeito.

O piso do armazém deverá ser constituído de material não escorregadio, sem aspereza, utilizando-se, de preferência, o mástique asfáltico, e mantido em perfeito estado de conservação.

Deve ser evitado o transporte manual de sacos em pisos escorregadios ou molhados.

A empresa deverá providenciar cobertura apropriada dos locais de carga e descarga da sacaria.

5.4. Armazenamento de materiais

O armazenamento adequado de materiais é fundamental na prevenção dos riscos nos locais de trabalho. Desse modo, as normas técnicas pertinentes estabelecem diversas regras de segurança sobre o armazenamento de vários materiais. A NR-11 estabelece algumas regras para o armazenamento em geral, conforme se segue:

— O peso do material armazenado não poderá exceder a capacidade de carga calculada para o piso.

— O material armazenado deverá ser disposto de forma a evitar a obstrução de portas, equipamentos contra incêndio, saídas de emergência, etc.

— Material empilhado deverá ficar afastado das estruturas laterais do prédio a uma distância de pelo menos 0,50 m (cinquenta centímetros).

— A disposição da carga não deverá dificultar o trânsito, a iluminação e o acesso às saídas de emergência.

— O armazenamento deverá obedecer aos requisitos de segurança especiais a cada tipo de material.

De maneira específica, o armazenamento de substâncias perigosas (inflamáveis e explosivos) merecem cuidados especiais no tocante às normas de segurança, conforme os itens que se seguem.

a) Armazenamento de inflamáveis e combustível

O armazenamento de líquidos e gases inflamáveis, bem como combustível, estão normalizados na NR-20 da Portaria n. 3.214. Entre as regras contidas nessa norma, destacam-se:

Segundo a NR-20, líquido combustível é definido como todo aquele que possua ponto de fulgor igual ou superior a 70°C (setenta graus centígrados) e inferior a 93,3°C (noventa e três graus e três décimos de graus centígrados).

Segundo a NR-20, todos os tanques de armazenamento de líquidos combustíveis, de superfície ou equipados com respiradouros de emergência, deverão ser localizados de acordo com a Tabela A.

TABELA A

Capacidade do tanque (em litros)	Distância do tanque à linha de divisa da propriedade adjacente	Distância mínima do tanque às vias públicas
Acima de 250 até 1.000	1,5 m	1,5 m
Acima de 1.001 até 2.800	3 m	1,5 m
Acima de 2.801 até 45.000	4,5 m	1,5 m
Acima de 45.001 até 110.000	6 m	1,5 m
Acima de 110.001 até 200.000	6 m	3 m
Acima de 200.001 até 400.000	15 m	4,5 m
Acima de 400.001 até 2.000.000	25 m	7,5 m
Acima de 2.000.001 até 4.000.000	30 m	10,5 m
Acima de 4.000.001 até 7.500.000	30 m	13,5 m
Acima de 7.500.001 até 10.000.000	50 m	16,5 m
Acima de 10.000.001 ou mais	52,5 m	18 m

b) Líquidos inflamáveis

A NR-20 define como "líquido inflamável" todo aquele que possua ponto de fulgor inferior a 70 °C (setenta graus centígrados) e pressão de vapor que não exceda 2,8 kg/cm² absoluta a 37,7 °C (trinta e sete graus e sete décimos de graus centígrados).

Os tanques de armazenamento de líquidos inflamáveis serão constituídos de aço ou concreto, a menos que a característica do líquido requeira material especial, segundo normas técnicas oficiais vigentes no país (subitem 20.2.2.).

Todos os tanques de superfície usados para armazenamento de líquidos inflamáveis ou equipados com respiradouros de emergência deverão ser localizados de acordo com a Tabela A do item 20.1.3 e a Tabela B:

TABELA B

Tipo de tanque	Proteção	Distância do tanque à linha de divisa da propriedade adjacente	Distância mínima do tanque às vias públicas
Qualquer tipo	Proteção contra exposição	Uma vez e meia as distâncias da "Tabela A", mas nunca inferior a 7,5 m	Uma vez e meia as distâncias da "Tabela A", mas nunca inferior a 7,5 m
	Nenhuma	Uma vez e meia as distâncias da "Tabela A", mas nunca inferior a 7,5 m	Três vezes a distância da "Tabela A", mas nunca inferior a 15 m

A NR-20 dispõe ainda os seguintes distanciamentos:

— a distância entre 2 (dois) tanques de armazenamento de líquidos combustíveis não deverá ser inferior a 1,00 m (um metro);

— o espaçamento mínimo entre 2 (dois) tanques de armazenamento de líquidos combustíveis diferentes, ou de armazenamento de qualquer outro combustível, deverá ser de 6,00 m (seis metros).

c) Líquidos instáveis

Segundo a NR-20, líquido "instável" ou "líquido reativo" é definido como um líquido na sua forma pura, comercial, como é produzido ou transportado, que se polimerize, se decomponha ou se condense, violentamente, ou que se torne autorreativo sob condições de choque, pressão ou temperatura.

Todos os tanques de superfície utilizados para o armazenamento de líquidos instáveis deverão ser localizados de acordo com a Tabela A e a Tabela C:

TABELA C

Tipo de tanque	Proteção	Distância do tanque à linha de divisa da propriedade adjacente	Distância mínima do tanque às vias públicas
Horizontal ou vertical com respiradouros de emergência que impeçam pressões superiores a 0,175 kg/cm² manométricas (2,5 psig)	Neblina de água ou inertizado ou isolado e resfriado ou barricadas	As mesmas distâncias da "Tabela A", mas nunca inferior a 7,5 m	Nunca inferior a 7,5 m
	Proteção contra exposição	Duas vezes e meia a distância da "Tabela A", mas nunca inferior a 7,5 m	Nunca inferior a 15 m
	Nenhuma	Cinco vezes a distância da "Tabela A", mas nunca inferior a 7,5 m	Nunca inferior a 30 m
Horizontal ou vertical com respiradouros de emergência que permitam pressões superiores a 0,175 kg/cm² manométricas (2,5 psig)	Neblina de água ou inertizado ou isolado e resfriado ou barricadas	Duas vezesa distância da "Tabela A", mas nunca inferior a 15 m	Nunca inferior a 15 m
	Proteção contra exposição	Quatro vezes a distância da "Tabela A", mas nunca inferior a 30 m	Nunca inferior a 30 m
	Nenhuma	Oito vezes a distância da "Tabela A", mas nunca inferior a 45 m	Nunca inferior a 45 m

Segundo a NR-20, os tanques que armazenam líquidos inflamáveis, instalados enterrados no solo, deverão obedecer aos seguintes distanciamentos mínimos:

a) 1,00 m (um metro) de divisas de outras propriedades;

b) 0,30 m (trinta centímetros) de alicerces de paredes, poços ou porão.

Os tanques para armazenamento de líquidos inflamáveis somente poderão ser instalados no interior de edifícios sob a forma de tanques enterrados (subitem 20.2.7).

Os tanques de armazenamento de líquidos inflamáveis deverão ser equipados com respiradouros de pressão e vácuo ou corta-chamas (subitem 20.2.8).

Os respiradouros dos tanques enterrados deverão ser localizados de forma que fiquem fora de edificações e no mínimo a 3,50 m (três metros e cinquenta centímetros) de altura do nível do solo (subitem 20.2.9).

Todos os tanques de superfície deverão ter dispositivos que liberem pressões internas excessivas, causadas pela exposição a fonte de calor (subitem 20.2.10).

Todos os tanques de armazenamento de líquidos inflamáveis deverão ser aterrados segundo recomendações da NR-10 (subitem 20.2.11).

O armazenamento de líquidos inflamáveis dentro do edifício só poderá ser feito com recipientes cuja capacidade máxima seja de 250 (duzentos e cinquenta) litros por recipiente (subitem 20.2.13).

Com relação às salas de armazenamento interno, o subitem 20.2.14 determina que deverão obedecer aos seguintes itens:

a) as paredes, os pisos e os tetos deverão ser construídos de material resistente ao fogo e de maneira que facilite a limpeza e não provoque centelha por atrito de sapatos ou ferramentas;

b) as passagens e portas serão providas de soleiras ou rampas com, pelo menos, 0,15 m (quinze centímetros) de desnível ou valetas abertas e cobertas com grade de aço com escoamento para local seguro;

c) deverá ter instalação elétrica apropriada à prova de explosão, conforme recomendações da NR-10;

d) deverá ser ventilada, de preferência com ventilação natural;

e) deverá ter sistema de combate a incêndio com extintores apropriados, próximo à porta de acesso;

f) nas portas de acesso, deverá estar escrito, de forma bem visível, "Inflamável" e "Não Fume".

Os compartimentos e armários usados para armazenamento de combustíveis inflamáveis localizados no interior de salas deverão ser construídos de chapas metálicas e demarcados com dizeres bem visíveis "Inflamável" (subitem 20.2.15).

d) Armazenamento de líquido inflamável em tambores

O subitem 20.2.16 determina que o armazenamento de líquidos inflamáveis da Classe I (ponto de fulgor abaixo de 37,7°C), em tambores com capacidade até 250 (duzentos e cinquenta) litros, deverá ser feito em lotes de, no máximo, 100 (cem) tambores. Sendo que os lotes que possuam no mínimo 30 (trinta) e no máximo 100 (cem) tambores deverão estar distanciados, no mínimo, 20,00 m (vinte metros) de edifícios ou limites de propriedade.

Quando houver mais de um lote, os lotes existentes deverão estar distanciados entre si, no mínimo, 15,00 m (quinze metros) (subitem 20.2.16.2).

e) Armazenamento de Gases Liquefeitos de Petróleo (GLP) e outros gases inflamáveis

De acordo com o subitem 20.3.2.1 da NR-20, a capacidade máxima permitida para cada recipiente de armazenagem de GLP será de 115 (cento e quinze) mil litros, salvo instalações de refinaria, terminal de distribuição ou terminal portuário. A NR-20 estabelece ainda as seguintes disposições para armazenamento de gases inflamáveis:

1) Cada recipiente de armazenagem de GLP deverá ter uma placa metálica, que deverá ficar visível depois de instalada, com os seguintes dados escritos de modo indelével:

a) indicação da norma ou do código de construção;

b) as marcas exigidas pela norma ou pelo código de construção;

c) indicação no caso de o recipiente ter sido construído para instalação subterrânea;

d) identificação do fabricante;

e) capacidade do recipiente em litros;

f) pressão de trabalho;

g) identificação da tensão de vapor a 38 °C (trinta e oito graus centígrados) que seja admitida para os produtos a serem armazenados no recipiente;

h) identificação da área da superfície externa, em metros quadrados.

2) Todas as válvulas diretamente conectadas no recipiente de armazenagem deverão ter uma pressão de trabalho mínima de 18 kg/cm², além disso, todas as válvulas e acessórios usados nas instalações de GLP serão de material e construção apropriados para tal finalidade e não poderão ser construídos de ferro fundido.

3) Todos os recipientes de armazenagem de GLP serão equipados com válvulas de segurança.

4) As descargas das válvulas de segurança serão afastadas no mínimo 3,00 m (três metros) da abertura de edificações situadas em nível inferior à descarga.

5) A descarga será instalada através de tubulação vertical, com o mínimo de 2,50 m (dois metros e cinquenta centímetros) de altura acima do recipiente ou do solo quando o recipiente for enterrado.

6) Os recipientes de armazenagem de GLP deverão obedecer aos seguintes distanciamentos:

— Recipientes de 500 (quinhentos) litros a 8 (oito) mil litros deverão estar distanciados entre si, no mínimo, 1,00 m (um metro).

— Recipientes acima de 8 (oito) mil litros deverão estar distanciados entre si, no mínimo, 1,50 m (um metro e cinquenta centímetros).

— Os recipientes com mais de 500 (quinhentos) litros deverão estar separados de edificações e da divisa de outra propriedade, segundo a Tabela D (a seguir):

TABELA D

CAPACIDADE DO RECIPIENTE (em litros)	AFASTAMENTO MÍNIMO (m)
de 500 a 2.000	3,0
de 2.000 a 8.000	7,5
acima de 8.000	15,0

7) Deve ser mantido um afastamento mínimo de 6,00 m (seis metros) entre recipientes de armazenamento de GLP e qualquer outro recipiente que contenha líquidos inflamáveis.

8) Não é permitida a instalação de recipientes de armazenamento de GLP sobre laje de forro ou terraço de edificações, inclusive de edificações subterrâneas.

9) Os recipientes de armazenagem de GLP serão devidamente ligados à terra conforme recomendações da NR-10.

10) Os recipientes de armazenagem de GLP enterrados não poderão ser instalados sob edificações.

11) As tomadas de descarga de veículo, para o enchimento do recipiente de armazenamento de GLP, deverão ter os seguintes afastamentos:

a) 3,00 m (três metros) das vias públicas;

b) 7,50 m (sete metros e cinquenta centímetros) das edificações e das divisas de propriedades que possam ser edificadas;

c) 3,00 m (três metros) das edificações das bombas e dos compressores para a descarga.

A área de armazenagem de GLP, incluindo a tomada de descarga e os seus aparelhos, será delimitada por um alambrado de material vazado que permita boa ventilação e de altura mínima de 1,80 m (um metro e oitenta centímetros).

Para recipiente de armazenamento de GLP enterrado, é dispensável a delimitação de área por meio de alambrado.

O distanciamento do alambrado dos recipientes deverá obedecer aos distanciamentos da Tabela E:

TABELA E

CAPACIDADE DO RECIPIENTE (em litros)	AFASTAMENTO MÍNIMO (m)
de 500 a 2.000	1,5
de 2.000 a 8.000	3,0
acima de 8.000	7,5

12) O alambrado deve distar no mínimo 3,00 m (três metros) da edificação de bombas ou compressores e 1,50 m (um metro e cinquenta centímetros) da tomada de descarga.

f) Armazenamento de explosivos

Segundo a NR-19, explosivos são substâncias capazes de rapidamente se transformar em gases, que produzem calor intenso e pressões elevadas, se subdividem em:

a) explosivos iniciadores: aqueles que são empregados para excitação de cargas explosivas, sensíveis ao atrito, calor e choque; sob efeito de calor, explodem sem se incendiar;

b) explosivos reforçadores: os que servem como intermediário entre o iniciador e a carga explosiva propriamente dita;

c) explosivos de rupturas: são os chamados altos explosivos, geralmente tóxicos;

d) pólvoras: que são utilizadas para propulsão ou projeção.

A NR-19 estabelece os distanciamentos mínimos para construção dos depósitos conforme as tabelas que se seguem.

a) Pólvoras químicas e artifícios pirotécnicos

Quantidade em quilos (capacidade do armazém)	Distâncias mínimas (em metros)			
	Edifícios habitados	Ferrovias	Rodovias	Depósitos
4.500	45	45	45	30
45.000	90	90	90	60
90.000	110	110	110	75
225.000(*)	180	180	180	120

(*) Quantidade máxima que não pode ser ultrapassada em caso algum.

b) Explosivos iniciadores

Quantidade em quilos (capacidade do armazém)	Distâncias mínimas (em metros)			
	Edifícios habitados	Ferrovias	Rodovias	Depósitos
20	75	45	22	20
200	220	435	70	45
900	300	180	95	90
2.200	370	220	110	90
4.500	460	280	140	90
6.800	500	300	150	90
9.000(*)	530	320	160	90

(*) Quantidade máxima que não pode ser ultrapassada em caso algum.

c) Pólvora negra e chocolate

Quantidade em quilos (capacidade do armazém)	Distâncias mínimas (em metros)			
	Edifícios habitados	Ferrovias	Rodovias	Depósitos
23	45	30	15	20
45	75	45	30	25
90	110	70	35	30
135	160	100	45	35
180	200	120	60	40
225	220	130	70	43
270	250	150	75	45
300	265	160	80	48
360	280	170	85	50
400	300	180	92	52
450	310	190	95	55
680	345	210	105	65
900	365	220	110	70
1.300	405	240	120	80
1.800	435	260	130	85
2.200	460	280	140	90
2.700	480	290	145	90
3.100	490	300	150	90
3.600	510	305	153	90
4.000	520	310	155	90
4.500	530	320	158	90
6.800	570	340	170	90
9.000	620	370	185	90
11.300	660	400	195	90
13.600	700	420	210	90
18.100	780	470	230	90
22.600	860	520	260	90
34.000	1.000	610	305	125

Quantidade em quilos (capacidade do armazém)	Distâncias mínimas (em metros)			
	Edifícios habitados	Ferrovias	Rodovias	Depósitos
45.300	1.100	670	335	125
68.000	1.150	700	350	250
90.700	1.250	750	375	250
113.300(*)	1.350	790	400	250

(*) Quantidade máxima que não pode ser ultrapassada em caso algum.

1) Construção dos depósitos de explosivos

Segundo a NR-19, a construção dos depósitos de explosivos deve obedecer aos seguintes requisitos:

a) ser construída em terreno firme, seco, a salvo de inundações e não sujeito a mudança frequente de temperatura ou ventos fortes; não deverá ser constituída de extrato de rocha contínua;

b) ser afastada de centros povoados, rodovias, ferrovias, obras de arte importantes, habitações isoladas, oleodutos, linha-tronco de distribuição de energia elétrica, água e gás;

c) deve ter os distanciamentos mínimos para a construção do depósito, segundo as Tabelas A, B e C;

d) nos locais de armazenagem e na sua área de segurança, devem constar placas com dizeres "É Proibido Fumar" e "Explosivo" que possam ser observadas por todos que tenham acesso;

e) material incombustível, impermeável, mau condutor de calor e eletricidade e as partes metálicas usadas no seu interior deverão ser de latão, bronze ou outro material que não produza centelha quando atritado ou sofrer choque;

f) ter piso impermeabilizado com material apropriado e acabamento liso para evitar centelhamento, por atrito ou choques, e facilitar a limpeza;

g) ter as partes abrindo para fora e com bom isolamento térmico e proteção às intempéries;

h) ter as áreas dos depósitos protegidas por para-raios, segundo a NR-10;

i) possuir depósitos dotados de sistema eficiente e adequado para o combate a incêndio;

j) as instalações de todo equipamento elétrico da área dada obedecerão às disposições da NR-10;

k) o distanciamento mínimo indicado na Tabela C poderá ser reduzido à metade, quando se tratar de depósito barricado ou entrincheirado, desde que previamente vistoriado;

l) será obrigatória a existência física de delimitação da área de risco, assim entendido qualquer obstáculo que impeça o ingresso de pessoas não autorizadas.

2) Temperatura no interior dos depósitos

A NR-19 estabelece ainda que no interior de depósito para armazenagem de explosivo devem ser admitidas as seguintes temperaturas máximas:

1) 27 °C (vinte e sete graus centígrados) para nitrocelulose, nitromido e pólvora química de base dupla;

2) 30 °C (trinta graus centígrados) para ácido pícrico e pólvora química de base simples;

3) 35 °C (trinta e cinco graus centígrados) para pólvora mecânica;

4) 40 °C (quarenta graus centígrados) para trotil, picrato de amônio e outros explosivos não especificados.

Além disso, a norma recomenda:

— arejar obrigatoriamente, em períodos não superiores a 3 (três) meses, os depósitos de armazenagem de explosivos, mediante aberturas das portas ou por sistema de exaustão;

— molhar as paredes externas e as imediações dos depósitos de explosivos, tendo-se o cuidado para que a água não penetre no local de armazenagem.

3) Inspeções nos depósitos

Inspecionar os explosivos armazenados para verificar as suas condições de uso, dentro dos seguintes períodos (subitem 19.1.4.):

— dinamite — trimestralmente, não sendo aconselhável armazená-la por mais de 2 (dois) anos;

— nitrocelulose — semestralmente, a partir do segundo ano de fabricação;

— altos explosivos — primeiro exame, 5 (cinco) anos após a fabricação, e, depois, de 2 (dois) em 2 (dois) anos;

— acionadores, reforçadores, espoletas — primeiro exame, 10 (dez) anos após a fabricação, e, depois, de 5 (cinco) em 5 (cinco) anos.

VI — COR E SINALIZAÇÃO

A cor e a sinalização exercem papéis importantes na prevenção de acidentes e na boa iluminação de locais de trabalho. Assim, o emprego correto das cores nos ambientes (paredes, pisos, tetos e máquinas) e na delimitação de áreas, identificação de canalizações e equipamentos de segurança, placas de advertência de risco, entre outros, constitui medida fundamental na prevenção de acidentes.

6.1. Conceito de cor

A cor é a propriedade que os corpos possuem de, quando iluminados, aparecerem aos nossos olhos com diferentes tonalidades. Essa propriedade não é fixa nem permanente, mas depende da condição especial da luz que o ilumina.(12)

Do ponto de vista físico, a cor é uma parte do espectro eletromagnético que, ao estimular o olho humano, permite distinguir diferenças na qualidade da sensação visual provocada pela luz. A luz visível é composta de diversos comprimentos de ondas compreendidos entre 380 nm e 760 nm (namômetro), sendo que cada comprimento de onda delimitado nessa faixa corresponde a uma sensação de cor para o olho humano, conforme tabela a seguir:

COR	COMPRIMENTO DE ONDA (nm)
Violeta	380 --------- — 450
Azul	450 --------- — 490
Verde	490 --------- — 560
Amarelo	560 --------- — 590
Laranja	590 --------- — 630
Vermelho	630 --------- — 760

6.2. Cores fundamentais

Quando duas ou mais cores são superpostas, cria-se outra cor diferente daquelas cores que lhe deram origem. As cores fundamentais são: vermelho, verde e o azul, pois a combinação delas permite a obtenção de todas as outras.

A mistura das cores pode ser por superposição de luzes coloridas ou por mescla de pigmentos; no primeiro caso, há somatório de comprimento de

(12) PILOTO NETO, Egydio. *Cor e iluminação nos ambientes de trabalho.* São Paulo: Ciência e Tecnologia, 1980.

onda, enquanto na mistura de tintas pigmentárias ocorre uma diminuição do comprimento de onda refletido, cada vez que uma das cores absorve parte da luz. Nos dois processos, as três cores que permitem obter as demais são chamadas primárias. Assim, misturando-se quantidades iguais de pigmentos azuis com amarelos obtém-se o verde; do amarelo com vermelho resulta o violeta. Essas cores resultantes da mistura são chamadas secundárias.

1) Sensibilidade do olho às cores

O olho humano não possui a mesma sensibilidade a todo comprimento de onda da faixa visível de espectro (380 a 780 nm). A curva a seguir mostra a sensibilidade do olho em função do comprimento de onda.

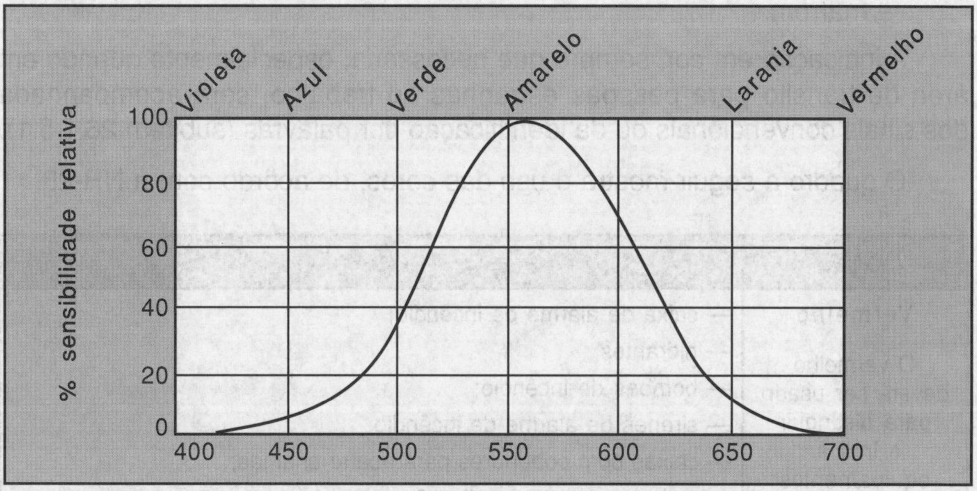

Observa-se, pela curva, que a máxima sensibilidade encontra-se na faixa de comprimento de onda de 550 nm, que corresponde à cor amarela. Já a sensibilidade do violeta e do vermelho é baixa. Por essa razão, as normas utilizam o amarelo nas situações que exijam maior atenção.

2) Aplicação das cores na prevenção de acidentes

As cores devem ser utilizadas para indicar e advertir acerca dos riscos, sendo que sua utilização não dispensa o emprego de outras formas de prevenção de acidentes. Segundo a NR-26, o uso de cores deverá ser o mais reduzido possível, a fim de não ocasionar distração, confusão e fadiga ao trabalhador.

Segundo o subitem 26.1.5 da NR-26, as cores a serem adotadas são:

— vermelho;

— amarelo;

— branco;

— preto;

— azul;

— verde;

— laranja;

— púrpura;

— lilás;

— cinza;

— alumínio;

— marrom.

A indicação em cor, sempre que necessária, especialmente quando em área de trânsito para pessoas estranhas ao trabalho, será acompanhada dos sinais convencionais ou da identificação por palavras (subitem 26.1.5.1).

O quadro a seguir mostra o uso das cores, de acordo com a NR-26.

COR	APLICAÇÃO
Vermelho O vermelho deverá ser usado para distinguir e indicar equipamentos e aparelhos de proteção e combate a incêndio. Não deverá ser usado na indústria para assinalar perigo, por ser de pouca visibilidade em comparação com o amarelo (de alta visibilidade) e o alaranjado (que significa Alerta).	— caixa de alarme de incêndio; — hidrantes; — bombas de incêndio; — sirenes de alarme de incêndio; — caixas com cobertores para abafar chamas; — extintores e sua localização; — indicações de extintores (visível a distância, dentro da área de uso do extintor); — localização de mangueiras de incêndio (a cor deve ser usada no carretel, suporte, moldura da caixa ou nicho); — baldes de areia ou água, para extinção de incêndio; — tubulações, válvulas e hastes do sistema de aspersão de água; — transporte com equipamentos de combate a incêndio; — portas de saídas de emergência; — rede de água para incêndio (sprinklers); — mangueira de acetileno (solda oxiacetilênica). A cor vermelha será usada excepcionalmente com sentido de advertência de perigo: — nas luzes a serem colocadas em barricadas, tapumes de construções e quaisquer outras obstruções temporárias; — em botões interruptores de circuitos elétricos para paradas de emergência.

COR	APLICAÇÃO
Amarelo O amarelo deverá ser empregado para indicar "cuidado!"	— Em canalizações, deve-se utilizar o amarelo para identificar gases não liquefeitos. — partes baixas de escadas portáteis; — corrimões, parapeitos, pisos e partes inferiores de escadas que apresentem risco; — espelhos de degraus de escadas; — bordas desguarnecidas de aberturas no solo (poços, entradas subterrâneas, etc.) e de plataformas que não possam ter corrimões; — bordas horizontais de portas de elevadores que se fecham verticalmente; — faixas no piso da entrada de elevadores e plataformas de carregamento; — meios-fios, onde haja necessidade de chamar atenção; — paredes de fundo de corredores sem saída; — vigas colocadas a baixa altura; — cabines, caçambas e gatos-de-pontes-rolantes, guindastes, escavadeiras, etc.; — equipamentos de transporte e manipulação de material, tais como empilhadeiras, tratores industriais, pontes-rolantes, vagonetes, reboques, etc.; — fundos de letreiros e avisos de advertência; — pilastras, vigas, postes, colunas e partes salientes de estruturas e equipamentos em que se possa esbarrar; — cavaletes, porteiras e lanças de cancelas; — bandeiras como sinal de advertência (combinado ao preto); — comandos e equipamentos suspensos que ofereçam risco; — para-choques para veículos de transporte pesados, com listras pretas. Listras (verticais ou inclinadas) e quadrados pretos serão usados sobre o amarelo quando houver necessidade de melhorar a visibilidade da sinalização.
Branco	— passarelas e corredores de circulação, por meio de faixas (localização e largura); — direção e circulação, por meio de sinais; — localização e coletores de resíduos; — localização de bebedouros; — áreas em torno dos equipamentos de socorro de urgência, de combate a incêndio ou outros equipamentos de emergência; — áreas destinadas à armazenagem; — zonas de segurança.
Preto	O preto será empregado para indicar as canalizações de inflamáveis e combustíveis de alta viscosidade (ex.: óleo lubrificante, asfalto, óleo combustível, alcatrão, piche, etc.). O preto poderá ser usado em substituição ao branco, ou combinado a este, quando condições especiais o exigirem.

COR	APLICAÇÃO
Azul O azul será utilizado para indicar "Cuidado!", ficando o seu emprego limitado a avisos contra uso e movimentação de equipamentos, que deverão permanecer fora de serviço.	— empregado em barreiras e bandeirolas de advertência a serem localizadas nos pontos de comando, de partida, ou fontes de energia dos equipamentos. Será também empregado em: — canalizações de ar comprimido; — prevenção contra movimento acidental de qualquer equipamento em manutenção; — avisos colocados no ponto de arranque ou fontes de potência.
Verde O verde é a cor que caracteriza "segurança".	— canalizações de água; — caixas de equipamento de socorro de urgência; — caixas contendo máscaras contra gases; — chuveiros de segurança; — macas; — fontes lavadoras de olhos; — quadros para exposição de cartazes, boletins, avisos de segurança, etc.; — porta de entrada de salas de curativos de urgência; — localização de EPI; caixas contendo EPI; — emblemas de segurança; — dispositivos de segurança; — mangueiras de oxigênio (solda oxiacetilênica).
Laranja	— canalizações contendo ácidos; — partes móveis de máquinas e equipamentos; — partes internas das guardas de máquinas que possam ser removidas ou abertas; — faces internas de caixas protetoras de dispositivos elétricos; — faces externas de polias e engrenagens; — botões de arranque de segurança; — dispositivos de corte, borda de serras, prensas.
Púrpura A púrpura deverá ser usada para indicar os perigos provenientes das radiações eletromagnéticas penetrantes de partículas nucleares.	— portas e aberturas que dão acesso a locais onde se manipulam ou armazenam materiais radioativos ou materiais contaminados pela radioatividade; — locais onde tenham sido enterrados materiais e equipamentos contaminados; — recipientes de materiais radioativos ou de refugos de materiais e equipamentos contaminados; — sinais luminosos para indicar equipamentos produtores de radiações eletromagnéticas penetrantes e partículas nucleares.

COR	APLICAÇÃO
Lilás	O lilás deverá ser usado para indicar canalizações que contenham álcalis. As refinarias de petróleo poderão utilizar o lilás para a identificação de lubrificantes.
Cinza	a) Cinza claro: deverá ser usado para identificar canalizações em vácuo; b) Cinza escuro: deverá ser usado para identificar eletrodutos.
Alumínio	A cor alumínio será utilizada em canalizações contendo gases liquefeitos, inflamáveis e combustíveis de baixa viscosidade (ex. óleo diesel, gasolina, querosene, óleo lubrificante, etc.).
Marrom	O marrom pode ser adotado, a critério da empresa, para identificar qualquer fluído não identificável pelas demais cores.

O corpo das máquinas deverá ser pintado de branco, preto ou verde (subitem 26.2).

As canalizações industriais, para condução de líquidos e gases, deverão receber a aplicação de cores, em toda sua extensão, a fim de facilitar a identificação do produto e evitar acidentes (subitem 26.3).

Obrigatoriamente, a canalização de água potável deverá ser diferenciada das demais (subitem 26.3.1).

Quando houver a necessidade de uma identificação mais detalhada (concentração, temperatura, pressões, pureza, etc.), a diferenciação deverá ser feita por meio de faixas de cores diferentes, aplicadas sobre a cor básica (subitem 26.3.2).

A identificação por meio de faixas deverá ser feita de modo que possibilite facilmente a sua visualização em qualquer parte da canalização (subitem 26.3.3).

Todos os acessórios das tubulações serão pintados com as cores básicas de acordo com a natureza do produto a ser transportado (subitem 26.3.4).

O sentido de transporte do fluido, quando necessário, será indicado por meio de seta pintada de cor que contraste com a cor básica da tubulação (subitem 26.3.5).

Para fins de segurança, os depósitos ou tanques fixos que armazenem fluidos deverão ser identificados pelo mesmo sistema de cores que as canalizações (subitem 26.3.6).

6.2.1. Rotulagem preventiva

A rotulagem dos produtos perigosos e nocivos à saúde é importantíssima na prevenção dos riscos, devendo ser feita de acordo com as normas técnicas pertinentes. Sendo assim, a NR-26 dispõe:

Todas as instruções dos rótulos deverão ser breves, precisas, redigidas em termos simples e de fácil compreensão (subitem 26.6.2).

A linguagem deverá ser prática, não se baseando somente nas propriedades inerentes a um produto, mas dirigida de modo a evitar riscos resultantes do uso, da manipulação e da armazenagem do produto (subitem 26.6.3).

Onde possam ocorrer misturas de duas ou mais substâncias químicas, com propriedades que variem em tipo ou grau daquelas dos componentes considerados isoladamente, o rótulo deverá destacar as propriedades perigosas do produto final (subitem 26.6.4).

Do rótulo deverão constar os seguintes tópicos (subitem 26.6.5):

— nome técnico do produto;

— palavra de advertência, designando o grau de risco;

— indicações de risco;

— medidas preventivas, abrangendo aquelas a serem tomadas;

— primeiros socorros;

— informações para médicos, em casos de acidentes;

— instruções especiais em caso de fogo, derrame ou vazamento, quando for o caso.

No cumprimento do disposto no item anterior, deverá ser adotado o seguinte procedimento (subitem 26.6.6):

— *Nome Técnico Completo* — o rótulo especificando a natureza do produto químico. Exemplo: "Ácido Corrosivo", "Composto de Chumbo", etc. Em qualquer situação, a identificação deverá ser adequada, para permitir a escolha do tratamento médico correto, no caso de acidente.

— *Palavra de Advertência* — as palavras de advertência que devem ser usadas são:

• "PERIGO", para indicar substâncias que apresentem alto risco;

• "CUIDADO", para substâncias que apresentem risco médio;

• "ATENÇÃO", para substâncias que apresentem risco leve.

— *Indicações de Risco* — as indicações deverão informar sobre os riscos relacionados ao manuseio de uso habitual ou razoavelmente previsível do produto. Exemplos: "EXTREMAMENTE INFLAMÁVEIS", "NOCIVO SE ABSORVIDO ATRAVÉS DA PELE", etc.

— *Medidas Preventivas* — têm por finalidade estabelecer outras medidas a serem tomadas para evitar lesões ou danos decorrentes dos riscos indicados. Exemplos: "MANTENHA AFASTADO DO CALOR, FAÍSCAS E CHAMAS ABERTAS", "EVITE INALAR A POEIRA".

— *Primeiros Socorros* — medidas específicas que podem ser tomadas antes da chegada do médico.

VII — SEGURANÇA NA CONSTRUÇÃO CIVIL

A indústria da construção civil é um dos ramos de atividade que apresenta o maior índice de acidente do trabalho, uma vez que, em virtude de suas características dinâmicas, esses riscos são múltiplos e variáveis em cada fase do processo, tais como: escavação, demolição, alvenaria, entre outros, além de outras atividades de apoio, como carpintaria, operações de soldagem, alvenaria, central de armação, etc. Desse modo, a NR-18, Portaria n. 3.214, estabelece procedimentos e normas de segurança detalhadas, visando a prevenir os acidentes e doenças ocupacionais. Nesse tópico serão analisados de forma concisa os principais itens da NR-18, devendo os leitores consultá-la quando necessitarem de mais detalhes de determinado item.

7.1. Áreas de vivência

O subitem 18.4.1 dispõe que os canteiros de obra devem ter:

a) instalações sanitárias;

b) vestiário;

c) alojamento, lavanderia e área de lazer nos canteiros onde houver trabalhadores alojados;

d) local de refeições;

e) cozinha quando houver preparo de refeições;

f) ambulatório, quando se tratar de frentes de trabalho com 50 (cinquenta) ou mais trabalhadores.

A NR-18, nesse item, detalha os requisitos mínimos a serem observados no planejamento, na construção e na operação dessas instalações.

7.2. Demolição

A NR-18 estabelece procedimentos de preparação para demolição, tais como: desligamento do fornecimento de energia elétrica, água, inflamáveis líquidos e gasosos, canalizações de esgoto, vistoria das construções vizinhas à obra a ser demolida, remoção de vidro, entre outros. Entre os dispositivos desse tópico, destacam-se:

— A remoção dos entulhos, por gravidade, deve ser feita em calhas fechadas de material resistente, com inclinação máxima de 45º (quarenta e cinco graus), fixadas à edificação em todos os pavimentos.

— No ponto de descarga da calha, deve existir dispositivo de fechamento.

— Durante a execução de serviços de demolição, devem ser instaladas, no máximo a 2 (dois) pavimentos abaixo do que será demolido, plataformas de retenção de entulhos, com dimensão mínima de 2,50 m (dois metros e cinquenta centímetros) e inclinação de 45º (quarenta e cinco graus) em todo o perímetro da obra.

1. Escavações, fundações e desmonte de rochas

Nesse tópico, a NR-18 estabelece o procedimento de preparação do local, o escoramento, a responsabilidade técnica pelos serviços, o desligamento de cabos, projetos, entre outros. Dos itens previstos na referida norma nos serviços de escavações, fundações e desmonte, destacam-se os seguintes:

— Os taludes instáveis das escavações com profundidade superior a 1,25 m (um metro e vinte e cinco centímetros) devem ter sua estabilidade garantida por meio de estruturas dimensionadas para esse fim.

— As escavações com mais de 1,25 m (um metro e vinte e cinco centímetros) de profundidade devem dispor de escadas ou rampas, colocadas próximas aos postos de trabalho, a fim de permitir, em caso de emergência, a saída rápida dos trabalhadores, independentemente do previsto no subitem 18.6.5.

— Os materiais retirados da escavação devem ser depositados a uma distância superior à metade da profundidade, medida a partir da borda do talude.

— Os taludes com altura superior a 1,75 m (um metro e setenta e cinco centímetros) devem ter estabilidade garantida.

— Os cabos de sustentação do pilão devem ter comprimento que permita, em qualquer posição de trabalho, um mínimo de 6 (seis) voltas sobre o tambor.

— Na operação de desmonte de rocha a fogo, fogacho ou mista, deve haver um blaster, responsável pelo armazenamento, pela preparação das cargas, pelo carregamento das minas, ordem de fogo, detonação e retirada das que não explodiram, destinação adequada das sobras de explosivos e pelos dispositivos elétricos necessários às detonações.

— Nas detonações, é obrigatória a existência de alarme sonoro.

— Em caso específico de tubulões a céu aberto e abertura de base, o estudo geotécnico será obrigatório para profundidade superior a 3 (três) metros.

2. Carpintaria

No serviço de carpintaria são utilizadas várias máquinas e ferramentas manuais que podem provocar lesões graves nos trabalhadores, além de produzir ruído e poeira de madeira, se não forem adotadas as medidas de proteção. Entre esses equipamentos, destaca-se a serra circular, muito utilizada nas obras de construção civil. Assim, a NR-18 dispõe:

A serra circular deve atender às disposições a seguir:

a) ser dotada de mesa estável, com fechamento de suas faces inferiores, anterior e posterior, construída de madeira resistente e de primeira qualidade, material metálico ou similar de resistência equivalente, sem irregularidades, com dimensionamento suficiente para a execução das tarefas;

b) ter a carcaça do motor aterrada eletricamente;

c) o disco deve ser mantido afiado e travado, devendo ser substituído quando apresentar trincas, dentes quebrados ou empenamentos;

d) as transmissões de força mecânica devem estar protegidas obrigatoriamente por anteparos fixos e resistentes, não podendo ser removidos, em hipótese alguma, durante a execução dos trabalhos;

e) ser provida de coifa protetora do disco e cutelo divisor, com identificação do fabricante e ainda coletor de serragem.

Nas operações de corte de madeira, devem ser utilizados dispositivo empurrador e guia de alinhamento.

3 . Armação de aço

Segundo a NR-18, a dobragem e o corte de vergalhões de aço em obra devem ser feitos sobre bancadas ou plataformas apropriadas e estáveis, apoiadas sobre superfícies resistentes, niveladas e não escorregadias, afastadas da área de circulação de trabalhadores. Além disso, a norma estabelece que as armações de pilares e vigas devem ser apoiadas e escoradas para evitar tombamento e desmoronamento; o local onde está situada a bancada de armação deve possuir cobertura resistente para proteção contra queda de materiais e intempéries; as lâmpadas de iluminação também devem ser protegidas contra impactos.

4 . Estruturas de concreto

Nesse tópico, a norma estabelece as regras da desforma, das armações de pilares e das operações de protensão. Entre os dispositivos da NR-18, destacam-se:

— Durante a desforma, devem ser viabilizados meios que impeçam a queda livre de seções de formas e escoramentos, sendo obrigatórios a amarração das peças e o isolamento e a sinalização no nível do terreno.

— As armações de pilares devem ser estatadas ou escoradas antes do cimbramento.

— Os vibradores de imersão e de placas devem ter dupla isolação, e os cabos de ligação devem ser protegidos contra choques mecânicos e cortes pela ferragem, devendo ser inspecionados antes e durante a utilização.

— As caçambas transportadoras de concreto devem ter dispositivos de segurança que impeçam o seu descarregamento acidental.

5 . Estruturas metálicas

Nesse tópico, dentre os itens da NR-18, destacam-se:

— Na edificação de estrutura metálica, abaixo dos serviços de rebitagem, parafusagem ou soldagem, deve ser mantido piso provisório, abrangendo toda a área de trabalho situada no piso imediatamente inferior.

— O piso provisório deve ser montado sem frestas, a fim de se evitar queda de materiais ou equipamentos.

— Quando for necessária a montagem, próximo às linhas elétricas energizadas, deve-se realizar o desligamento da rede, o afastamento dos locais energizados, a proteção das linhas, além do aterramento da estrutura e dos equipamentos que estão sendo utilizados.

6 . Operações de soldagem e corte a quente

As operações de soldagem geram gases (monóxido de carbono, gases nitrosos e ozona) e fumos metálicos que podem conter ferro, zinco, cádmio, chumbo, etc., dependendo do tipo de eletrodo e da peça soldada, além da radiação produzida no ar da solda. Por essa razão, a NR-18 estabelece o seguinte:

— Quando forem executadas operações de soldagem e corte a quente em chumbo, zinco ou materiais revestidos de cádmio, será obrigatória a remoção por ventilação local exaustora dos fumos originados no processo de solda e corte, bem como na utilização de eletrodos revestidos.

— O dispositivo usado para manusear eletrodos deve ter isolamento adequado à corrente usada, a fim de se evitar a formação de arco elétrico ou choques no operador.

— Nas operações de soldagem e corte a quente, é obrigatória a utilização de anteparo eficaz para a proteção dos trabalhadores circunvizinhos. O material utilizado nessa proteção deve ser do tipo incombustível.

Outros riscos envolvendo as operações de soldagem e corte são: explosões, queimaduras, choque elétrico, entre outros. Assim, a NR-18 estabelece as seguintes regras:

— Nas operações de soldagem ou corte a quente de vasilhame, recipiente, tanque ou similar, que envolvam geração de gases confinados ou semiconfinados, é obrigatória a adoção de medidas preventivas adicionais para eliminar riscos de explosão e intoxicação do trabalhador, conforme mencionado no item 18.20 — Locais confinados.

— As mangueiras devem possuir mecanismos contra o retrocesso das chamas na saída do cilindro e na chegada do maçarico.

— É proibida a presença de substâncias inflamáveis e/ou explosivas próximo às garrafas de O_2 (oxigênio).

— Os equipamentos de soldagem elétrica devem ser aterrados.

— Os fios condutores dos equipamentos, as pinças ou os alicates de soldagem devem ser mantidos longe de locais com óleo, graxa ou umidade e devem ser deixados em descanso sobre superfícies isolantes.

7. Escadas, rampas e passarelas

A queda de diferentes níveis é um dos principais riscos na indústria da construção civil. Desse modo, a NR-18 estabelece diversas medidas de proteção contra esses riscos, estabelecendo normas sobre construção e utilização de escadas, rampas e passarelas, tais como: uso de madeira de boa qualidade e mantidas em perfeitas condições de uso e segurança, dimensões adequadas de piso, patamar, extensão, espaçamento, entre outros. A obrigatoriedade do uso de escada ou rampas é na transposição de pisos com diferença de nível superior a 0,40 m. Entre os dispositivos contidos nesses tópicos, destacam-se:

— As escadas provisórias de uso coletivo devem ser dimensionadas em função do fluxo de trabalhadores, respeitando-se a largura mínima de 0,80 m (oitenta centímetros), devendo ter, pelo menos a cada 2,90 m (dois metros e noventa centímetros) de altura, um patamar intermediário.

— Os patamares intermediários devem ter largura e comprimento, no mínimo, iguais à largura da escada.

— As escadas de mão poderão ter até 7,00 m (sete metros) de extensão, e o espaçamento entre os degraus deve ser uniforme, variando entre 0,25 m (vinte e cinco centímetros) a 0,30 m (trinta centímetros).

A escada de mão deve:

a) ultrapassar em 1,00 m (um metro) o piso superior;

b) ser fixada nos pisos inferior e superior ou ser dotada de dispositivo que impeça o seu escorregamento;

c) ser dotada de degraus antiderrapantes;

d) ser apoiada em piso resistente.

— A escada de abrir deve ser rígida, estável e provida de dispositivos que a mantenham com abertura constante, devendo ter comprimento máximo de 6,00 m (seis metros), quando fechada.

— A escada fixa, tipo marinheiro, com 6,00 m (seis metros) ou mais de altura, deve ser provida de gaiola protetora a partir de 2,00 m (dois metros) acima da base até 1,00 m (um metro) acima da última superfície de trabalho.

— Para cada lance de 9,00 m (nove metros), deve existir um patamar intermediário de descanso, protegido por guarda-corpo e rodapé.

— As rampas provisórias devem ser fixadas nos pisos inferior e superior, não ultrapassando 30° (trinta graus) de inclinação em relação ao piso.

— Nas rampas provisórias, com inclinação superior a 18° (dezoito graus), devem ser fixadas peças transversais, espaçadas em 0,40 m (quarenta centímetros), no máximo, para apoio dos pés.

8 . Medidas de proteção contra queda

Nesse tópico, a norma estabelece as regras de proteção coletiva contra o risco de queda de trabalhadores ou de projeções de materiais, destacando-se os seguintes itens:

— Os vãos de acesso às caixas dos elevadores devem ter fechamento provisório de, no mínimo, 1,20 m (um metro e vinte centímetros) de altura, constituído de material resistente e seguramente fixado à estrutura, até a colocação definitiva das portas.

— É obrigatória, na periferia da edificação, a instalação de proteção contra queda de trabalhadores e projeção de materiais a partir do início dos serviços necessários à concretagem da primeira laje.

— A proteção contra quedas, quando constituída de anteparos rígidos, em sistema de guarda-corpo e rodapé, deve atender aos seguintes requisitos:

a) ser construída com altura de 1,20 m (um metro e vinte centímetros) para o travessão superior e 0,70 m (setenta centímetros) para o travessão intermediário;

b) ter rodapé com altura de 0,20 m (vinte centímetros);

c) ter vãos entre travessas preenchidos com tela ou outro dispositivo que garanta o fechamento seguro da abertura.

— Em todo perímetro da construção de edifícios com mais de 4 (quatro) pavimentos ou altura equivalente, é obrigatória a instalação de uma plataforma principal de proteção na altura da primeira laje que esteja, no mínimo, um pé-direito acima do nível do terreno.

— Essa plataforma deve ter, no mínimo, 2,50 m (dois metros e cinquenta centímetros) de projeção horizontal da face externa da construção e 1 (um) complemento de 0,80 m (oitenta centímetros) de extensão, com inclinação de 45º (quarenta e cinco graus), a partir de sua extremidade.

— A plataforma deve ser instalada logo após a concretagem da laje a que se refere e retirada, somente, quando o revestimento externo do prédio acima dessa plataforma estiver concluído.

— Acima e a partir da plataforma principal de proteção, devem ser instaladas, também, plataformas secundárias de proteção, em balanço, de 3 (três) em 3 (três) lajes.

— Essas plataformas devem ter, no mínimo, 1,40 m (um metro e quarenta centímetros) de balanço e um complemento de 0,80 m (oitenta centímetros) de extensão, com inclinação de 45º (quarenta e cinco graus), a partir de sua extremidade.

— Cada plataforma deve ser instalada logo após a concretagem da laje a que se refere e retirada, somente, quando a vedação da periferia, até a plataforma imediatamente superior, estiver concluída.

— Na construção de edifícios com pavimentos no subsolo, devem ser instaladas, ainda, plataformas terciárias de proteção, de duas em duas lajes, contadas em direção ao subsolo e a partir da laje referente à instalação da plataforma principal de proteção.

— Essas plataformas devem ter, no mínimo, 2,20 m (dois metros e vinte centímetros) de projeção horizontal da face externa da construção e um complemento de 0,80 m (oitenta centímetros) de extensão, com inclinação de 45º (quarenta e cinco graus), a partir de sua extremidade, devendo atender, igualmente, ao disposto no subitem 18.13.7.2.

— O perímetro da construção de edifícios, além do disposto nos subitens 18.13.6 e 18.13.7, deve ser fechado com tela a partir da plataforma principal de proteção.

— A tela deve constituir-se de uma barreira protetora contra projeção de materiais e ferramentas.

— A tela deve ser instalada entre as extremidades de duas plataformas de proteção consecutivas, só podendo ser retirada quando a vedação da periferia, até a plataforma imediatamente superior, estiver concluída.

— Em construções em que os pavimentos mais altos forem recuados, deve ser considerada a primeira laje do corpo recuado para a instalação de plataforma principal de proteção e aplicar o disposto nos subitens 18.13.7 e 18.13.9.

— As plataformas de proteção devem ser construídas de maneira resistente e mantidas sem sobrecarga que prejudique a estabilidade de sua estrutura.

9. Movimentação e transporte de materiais e pessoas

As operações, a movimentação e o transporte de materiais e pessoas na obra também constituem importante fonte de risco de acidentes. Desse modo, a NR-18 exige que o dimensionamento dos equipamentos de transporte de materiais deve ser feito por profissional legalmente habilitado e montado e desmontado por trabalhador qualificado, além da operação, que também deverá ser feita por trabalhador qualificado, devendo sua função ser anotada na carteira de trabalho. Entre as disposições contidas na NR-8, destacam-se:

— Quando o local de lançamento de concreto não for visível pelo operador do equipamento de transporte ou bomba de concreto, deve ser utilizado um sistema de sinalização, sonoro ou visual, e, quando isso não for possível, deve haver comunicação por telefone ou rádio para determinar o início e o fim do transporte.

— Os guinchos de coluna ou similar (tipo "Velox") devem ser providos de dispositivos próprios para sua fixação.

— O tambor do guincho de coluna deve estar nivelado para garantir o enrolamento adequado do cabo.

— A distância entre a roldana livre e o tambor do guincho do elevador deve ser de 2,50 m (dois metros e cinquenta centímetros) a 3,00 m (três metros), de eixo a eixo.

— O cabo de aço situado entre o tambor de rolamento e a roldana livre deve ser isolado por barreira segura, de forma que se evitem a circulação e o contato acidental de trabalhadores com esse cabo.

— O guincho do elevador deve ser dotado de chave de partida e bloqueio que impeça o seu acionamento por pessoa não autorizada.

— Em qualquer posição da cabina do elevador, o cabo de tração deve dispor, no mínimo, de 6 (seis) voltas enroladas no tambor.

— Os elevadores de caçamba devem ser utilizados apenas para o transporte de material a granel.

— É proibido o transporte de pessoas por equipamento de guindar.

a) **Torres de elevadores**

Nesse tópico, destacamos os seguintes subitens:

— As torres devem estar afastadas das redes elétricas ou estas devem estar isoladas conforme normas específicas da concessionária local.

— As torres para elevadores de caçamba devem ser dotadas de dispositivos que mantenham a caçamba em equilíbrio.

— O estaiamento ou fixação das torres à estrutura da edificação deve ser a cada laje ou pavimento.

— A distância entre a viga superior da cabina e o topo da torre, após a última parada, deve ser de 4,00 m (quatro metros).

— As torres devem ter os montantes posteriores estaiados a cada 6,00 m (seis metros) por meio de cabo de aço; quando a estrutura for tubular ou rígida, a fixação por meio de cabo de aço é dispensável.

— Em todos os acessos de entrada para a torre do elevador deve ser instalada uma barreira que tenha, no mínimo, 1,80 m (um metro e oitenta centímetros) de altura, impedindo que pessoas exponham alguma parte de seu corpo no interior da torre.

— As torres de elevadores de materiais devem ter suas faces revestidas com tela de arame galvanizado ou material de resistência e durabilidade equivalentes.

— Nos elevadores de materiais, onde a cabina for fechada por painéis fixos de, no mínimo, 2 (dois) metros de altura, e dotada de um único acesso, o entelamento da torre é dispensável.

— As torres de elevador de material e de elevador de passageiros devem ser equipadas com dispositivo de segurança que impeça a abertura da barreira (cancela), quando o elevador não estiver no nível do pavimento.

b) **Elevadores de passageiros**

— nesse tipo de elevador, os cuidados, procedimentos e dispositivos de segurança devem ser rigorosamente observados, pois um possível acidente nesse tipo de equipamento normalmente é de natureza grave. A obrigatoriedade do elevador de passageiros é nas construções de 12 (doze) pavimentos, ou altura equivalente, devendo seu percurso alcançar toda extensão vertical da obra.

O elevador de passageiro deve ser instalado, ainda, a partir da execução da sétima laje dos edifícios em construção com 8 (oito) ou mais pavimentos, ou altura equivalente, cujo canteiro possua, pelo menos, 30 (trinta) trabalhadores.

Entre as disposições da NR-18 nesse tópico, destaca-se que:

— Fica proibido o transporte simultâneo de carga e passageiros no elevador de passageiros.

— Quando ocorrer o transporte de carga, o comando do elevador deve ser externo.

— Em caso de utilização de elevador de passageiros para transporte de cargas ou materiais, não simultâneo, deverá haver sinalização por meio de cartazes em seu interior, em que constem, de forma visível, os seguintes dizeres, ou outros que traduzam a mesma mensagem: "É PERMITIDO O USO DESTE ELEVADOR PARA TRANSPORTE DE MATERIAL, DESDE QUE NÃO REALIZADO SIMULTANEAMENTE COM O TRANSPORTE DE PESSOAS."

— Quando o elevador de passageiros for utilizado para o transporte de cargas e materiais, não simultaneamente, e for o único da obra, será instalado a partir do pavimento térreo.

O elevador de passageiros deve dispor de:

a) interruptor nos fins de curso superior e inferior, conjugado com freio automático eletromecânico;

b) sistema de frenagem automática, a ser acionado em caso de ruptura do cabo de tração ou em outras situações que possam causar a queda livre da cabina;

c) sistema de segurança eletromecânico situado a 2,00 m (dois metros) abaixo da viga superior da torre ou outro sistema que impeça o choque da cabina com essa viga;

d) interruptor de corrente, para que se movimente apenas com as portas fechadas;

e) cabina metálica com porta;

f) freio manual situado na cabina, interligado ao interruptor de corrente que, quando acionado, desligue o motor.

— O elevador de passageiros deve ter um livro de inspeção, no qual o operador anotará, diariamente, as condições de funcionamento e de manutenção deste. Esse livro deve ser visto e assinado, semanalmente, pelo responsável pela obra.

— A cabina do elevador automático de passageiros deve ter iluminação e ventilação natural ou artificial durante o uso e indicação do número máximo de passageiros e de peso máximo equivalente (kg).

c) Gruas

Esses equipamentos podem provocar acidentes de grandes proporções nas obras. Assim, a NR-18 estabelece regras mínimas de segurança na operação e dispositivos de proteção desse equipamento, dos quais, destacamos os seguintes:

— A ponta da lança e o cabo de aço de sustentação devem ficar no mínimo a 3,00 m (três metros) de qualquer obstáculo e ter afastamento da rede elétrica que atenda à orientação da concessionária local.

— O primeiro estaiamento da torre fixa ao solo deve se dar necessariamente no oitavo elemento e, a partir daí, de 5 (cinco) em 5 (cinco) elementos.

— Quando o equipamento de guindar não estiver em operação, a lança deve ser colocada em posição de descanso.

— É proibido qualquer trabalho sob intempéries ou outras condições desfavoráveis que exponham a risco os trabalhadores da área.

— A grua deve estar devidamente aterrada e, quando necessário, dispor de para-raios situados a 2,00 m (dois metros) acima da ponta mais elevada da torre.

— É obrigatório existir trava de segurança no gancho do moitão.

— É proibida a utilização da grua para arrastar peças.

— É proibida a utilização de travas de segurança para bloqueio de movimentação da lança quando a grua não estiver em funcionamento.

— É obrigatória a instalação de dispositivos de segurança ou fins de curso automáticos como limitadores de cargas ou movimentos, ao longo da lança.

— A grua deve possuir alarme sonoro que será acionado pelo operador sempre que houver movimentação de carga.

d) Elevadores de cremalheira

Segundo a NR-18, os elevadores de cremalheira para transporte de pessoas e materiais deverão obedecer às especificações do fabricante para montagem, operação, manutenção e desmontagem e estar sob responsabilidade de profissional legalmente habilitado.

10. Andaimes

Os andaimes constituem uma medida de proteção coletiva de fundamental importância nas obras, pois podem evitar acidentes graves devido à queda de altura. Assim, a NR-18 estabelece que seu dimensionamento deve ser feito por profissional legalmente habilitado, devendo ser construído de forma a suportar, com segurança, as cargas de trabalho a que estarão sujeitos. Ademais, a madeira para confecção de andaimes deve ser de boa qualidade, seca, sem apresentar nós e rachaduras que comprometam a sua resistência, sendo proibido o uso de pintura que encubra imperfeições. O piso dos andaimes deve ter forração completa e ser antiderrapante. Acrescentem-se, ainda, as seguintes regras contidas na NR-18 quanto aos andaimes:

— Devem ser tomadas precauções especiais, quando da montagem, desmontagem e movimentação de andaimes próximos às redes elétricas.

— Os andaimes devem dispor de sistema guarda-corpo e rodapé, inclusive nas cabeceiras, em todo o perímetro, conforme subitem 18.13.5, com exceção do lado da face de trabalho.

— É proibido retirar qualquer dispositivo de segurança dos andaimes ou anular sua ação.

— É proibida, sobre o piso de trabalho de andaimes, a utilização de escadas e outros meios para se atingir lugares mais altos.

a) Andaimes simplesmente apoiados

Nesse item, destaca-se que:

— É proibido trabalho em andaimes apoiados sobre cavaletes que possuam altura superior a 2,00 m (dois metros) e largura inferior a 0,90 m (noventa centímetros).

— Os andaimes cujos pisos de trabalho estejam situados a mais de 1,50 m (um metro e cinquenta centímetros) de altura devem ser providos de escadas ou rampas.

— Os andaimes de madeira não podem ser utilizados em obras acima de 3 (três) pavimentos ou altura equivalente, podendo ter o lado interno apoiado na própria edificação.

— A estrutura dos andaimes deve ser fixada à construção por meio de amarração e entroncamento, de modo a resistir aos esforços a que estará sujeita.

— As torres de andaimes não podem exceder, em altura, 4 (quatro) vezes a menor dimensão da base de apoio, quando não estaiadas.

b) Andaimes fachadeiros

Nesse item, destaca-se que:

— Os acessos verticais ao andaime fachadeiro devem ser feitos em escada incorporada a sua própria estrutura ou por meio de torre de acesso.

— Os montantes do andaime fachadeiro devem ter seus encaixes travados com parafusos, contrapinos, braçadeiras ou similar.

— Os painéis dos andaimes fachadeiros destinados a suportar os pisos e/ou funcionar como travamento, após encaixados nos montantes, devem ser contrapinados ou travados com parafusos, braçadeiras ou similar.

— Os andaimes fachadeiros devem ser externamente cobertos por tela de material que apresente resistência mecânica condizente com os trabalhos e que impeça a queda de objetos.

— Os projetos de andaimes do tipo fachadeiro, suspensos e em balanço devem ser acompanhados pela respectiva Anotação de Responsabilidade Técnica (subitem 18.15.1.1 da NR-18).

— Somente empresas regularmente inscritas no CREA, com profissional legalmente habilitado pertencente ao seu quadro de empregados ou societário, podem fabricar andaimes completos ou quaisquer componentes estruturais (subitem 18.15.2.1 da NR-18).

c) Andaimes móveis

— Os rodízios dos andaimes devem ser providos de travas, de modo a evitar deslocamentos acidentais.

— Os andaimes móveis somente poderão ser utilizados em superfícies planas.

d) Andaimes em balanço

— Os andaimes em balanço devem ter sistema de fixação à estrutura da edificação capaz de suportar 3 (três) vezes os esforços solicitantes.

— A estrutura do andaime deve ser convenientemente contraventada e ancorada, de forma a eliminar quaisquer oscilações.

e) Andaimes suspensos

Nesse tipo de andaime, destacamos os seguintes itens:

— Os sistemas de fixação e sustentação e as estruturas de apoio dos andaimes suspensos deverão ser precedidos de projeto elaborado e acompanhado por profissional legalmente habilitado.

— O trabalhador deve utilizar cinto de segurança tipo paraquedista, ligado ao trava-quedas de segurança, e este deve ser ligado ao cabo-guia fixado em estrutura independente da estrutura de fixação e sustentação do andaime suspenso.

— A sustentação dos andaimes suspensos deve ser feita por meio de vigas, afastadores ou outras estruturas metálicas de resistência equivalente a, no mínimo, três vezes o maior esforço solicitante.

— Os dispositivos de suspensão devem ser diariamente verificados pelos usuários e pelo responsável pela obra, antes de iniciados os trabalhos.

— É proibida a interligação de andaimes suspensos para a circulação de pessoas ou execução de tarefas.

Os guinchos de elevação para acionamento manual devem observar os seguintes requisitos:

a) ter dispositivo que impeça o retrocesso do tambor para a catraca;

b) ser acionado por meio de alavancas, manivelas ou automaticamente, na subida e na descida do andaime;

c) possuir segunda trava de segurança para catraca;

d) ser dotado da capa de proteção da catraca.

— A largura mínima útil da plataforma de trabalho dos andaimes suspensos será de 0,65 m (sessenta e cinco centímetros).

— Quando utilizado apenas um guincho de sustentação por armação, é obrigatório o uso de um cabo de segurança adicional de aço, ligado a dispositivo de bloqueio mecânico automático, observando-se a sobrecarga indicada pelo fabricante do equipamento.

Na utilização de andaimes suspensos motorizados deverá ser observada a instalação dos seguintes dispositivos:

a) cabos de alimentação de dupla isolação;

b) plugs/tomadas blindadas;

c) aterramento elétrico;

d) dispositivo Diferencial Residual (DR);

e) fim de curso superior e batente.

f) Andaimes suspensos mecânicos leves

— As plataformas de trabalho com sistema de movimentação vertical em pinhão e cremalheira e as plataformas hidráulicas deverão observar as especificações técnicas do fabricante quanto à montagem, operação, manutenção, desmontagem e às inspeções periódicas, sob responsabilidade técnica de profissional legalmente habilitado.

— Em caso de equipamento importado, os projetos, as especificações técnicas e os manuais de montagem, operação, manutenção, inspeção e desmontagem deverão ser revisados e referendados por profissional legalmente habilitado no país, atendendo ao previsto nas normas técnicas da Associação Brasileira de Normas Técnicas (ABNT) ou de entidades internacionais por ela referendadas, ou, ainda, outra entidade credenciada pelo Conselho Nacional de Metrologia, Normalização e Qualidade Industrial (CONMETRO).

— A instalação, manutenção e inspeção periódica dessas plataformas de trabalho devem ser feitas por trabalhador qualificado, sob supervisão e responsabilidade técnica de profissional legalmente habilitado.

— O responsável pela verificação diária das condições de uso do equipamento deverá receber manual de procedimentos para a rotina de verificação diária.

g) Plataformas por cremalheira

As plataformas por cremalheira deverão dispor dos seguintes dispositivos:

a) cabos de alimentação de dupla isolação;

b) plugs/tomadas blindadas;

c) aterramento elétrico;

d) dispositivo Diferencial Residual (DR);

e) limites elétricos de percurso superior e inferior;

f) motofreio;

g) freio automático de segurança;

h) botoeira de comando de operação com atuação por pressão contínua.

h) Cadeira suspensa ou balancim individual

Esse dispositivo deve ser utilizado nas atividades em que não seja possível a instalação de andaime. Sua sustentação é feita por meio de cabo de aço, sendo o sistema de fixação independente do cabo-guia de trava-quedas. Além disso, a NR-18 dispõe:

A cadeira suspensa deve dispor de:

a) sistema dotado com dispositivo de subida e descida com dupla trava de segurança, quando a sustentação for por meio de cabo de aço;

b) sistema dotado com dispositivo de descida com dupla trava de segurança, quando a sustentação for por meio de cabo de fibra sintética;

c) requisitos mínimos de conforto previstos na NR-17 — Ergonomia;

d) sistema de fixação do trabalhador por meio de cinto.

— O trabalhador deve utilizar cinto de segurança tipo paraquedista, ligado ao trava-quedas em cabo-guia independente.

— A cadeira suspensa deve apresentar na sua estrutura, em caracteres indeléveis e bem visíveis, a razão social do fabricante e o número de registro respectivo no Cadastro Nacional de Pessoa Jurídica (CNPJ).

— É proibida a improvisação de cadeira suspensa.

11. Cabos de aço

Os cabos de aço são dispositivos fundamentais na segurança dos equipamentos de içamento e transporte vertical de cargas, recebendo, portanto, tratamento especial nas normas. Sendo assim, a NR-18 estabelece a obrigatoriedade da observância das condições de utilização, dimensionamento e conservação, conforme o disposto na NBR 6327/83 da ABNT. Além disso, deve-se observar ainda o seguinte:

— Os cabos de aço de tração não podem ter emendas nem pernas quebradas que possam vir a comprometer sua segurança.

— Os cabos de aço e de fibra sintética devem ser fixados por meio de dispositivos que impeçam seu deslizamento e desgaste.

— Os cabos de aço e de fibra sintética devem ser substituídos quando apresentarem condições que comprometam a sua integridade em face da utilização a que estiverem submetidos.

12. Serviços de alvenaria e acabamento

— Devem ser utilizadas técnicas que garantam a estabilidade das paredes de alvenaria da periferia.

— Os quadros fixos de tomadas energizadas devem ser protegidos sempre que no local forem executados serviços de revestimento e acabamento.

— Os locais abaixo das áreas de colocação de vidro devem ser interditados ou protegidos contra queda de material.

— Após a colocação, os vidros devem ser marcados de maneira visível.

13. Serviços em telhados

Outro risco de queda de altura são os serviços em telhados; os dispositivos de proteção, devido às características do trabalho, devem permitir a movimentação segura dos trabalhadores, sendo obrigatória a instalação de cabo-guia de aço, para fixação do cinto de segurança tipo paraquedista, nos termos do subitem 18.18 da NR-18. Os cabos-guias devem ter suas extremidades fixadas à estrutura definitiva da edificação por meio de suporte de aço inoxidável ou outro material de resistência e durabilidade equivalentes.

Nos locais onde se desenvolvem trabalhos em telhados devem existir sinalização e isolamento de forma a evitar que os trabalhadores no piso inferior sejam atingidos por eventual queda de materiais e equipamentos (subitem 18.18.2).

A NR-18 dispõe ainda o seguinte:

— *É proibido o trabalho em telhados sobre fornos ou qualquer outro equipamento do qual haja emanação de gases provenientes de processos industriais, devendo o equipamento ser previamente desligado, para a realização desses serviços.*

— *É proibido o trabalho em telhado com chuva ou vento, bem como concentrar cargas num mesmo ponto.*

14. Serviços flutuantes

Consistem em serviços com risco de queda na água, devendo ser usados coletes salva-vidas ou outros equipamentos de flutuação, de forma a evitar o afogamento. Entre os itens da NR-18, destacamos:

— Deve haver sempre, nas proximidades e em local de fácil acesso, botes salva-vidas em número suficiente e devidamente equipados.

— Na execução de trabalho noturno sobre a água, toda a sinalização de segurança da plataforma e o equipamento de salvamento devem ser iluminados com lâmpadas à prova d'água.

— Ao redor das plataformas de trabalho devem ser instalados guarda--corpos, firmemente fixados à estrutura.

— Em quaisquer atividades, é obrigatória a presença permanente de profissional especializado em salvamento, primeiros socorros e ressuscitamento cardiorrespiratório.

— Os serviços em flutuantes devem atender às disposições constantes no Regulamento para o Tráfego Marítimo e no Regulamento Internacional para Evitar Abalroamentos no Mar (RIPEAM) 72, do Ministério da Marinha.

— Os coletes salva-vidas devem ser de cor laranja, conter o nome da empresa e a capacidade máxima representada em quilogramas.

— Os coletes salva-vidas devem ser em número idêntico ao de trabalhadores e tripulantes.

— É proibido conservar a bordo trapos embebidos em óleo ou qualquer outra substância volátil.

15. Locais confinados

Os trabalhos em locais confinados devem ser tratados de forma especial, pois os possíveis acidentes (explosões, asfixia, intoxicações) nesses locais normalmente são graves. Além disso, devido às características do local, as doenças de trabalho também são preocupantes.

A NR-18 determina regras mínimas de segurança nos locais confinados, entre as quais, destacamos:

Nas atividades que exponham os trabalhadores a riscos de asfixia, explosão, intoxicação e doenças de trabalho devem ser adotadas medidas especiais de proteção, a saber:

a) treinamento e orientação para os trabalhadores quanto aos riscos a que estão submetidos, a forma de preveni-los e o procedimento a ser adotado em situação de risco;

b) nos serviços em que se utilizem produtos químicos, os trabalhadores não poderão realizar suas atividades sem a utilização de EPI adequado;

c) a realização de trabalho em recintos confinados deve ser precedida de inspeção prévia e elaboração de ordem de serviço com os procedimentos a serem adotados;

d) monitoramento permanente de substância que cause asfixia, explosão e intoxicação no interior de locais confinados, realizado por trabalhador qualificado sob supervisão de responsável técnico;

e) proibição de uso de oxigênio para ventilação de local confinado;

f) ventilação local exaustora eficaz que faça a extração dos contaminantes e ventilação geral que execute a insuflação de ar para o interior do ambiente, garantindo de forma permanente a renovação contínua do ar;

g) sinalização com informação clara e permanente durante a realização de trabalhos no interior de espaços confinados;

h) uso de cordas ou cabos de segurança e armaduras para amarração que possibilitem meios seguros de resgate;

i) acondicionamento adequado de substâncias tóxicas ou inflamáveis utilizadas na aplicação de laminados, pisos, papéis de parede ou similares;

j) a cada grupo de 20 (vinte) trabalhadores, 2 (dois) deles devem ser treinados para resgate;

k) manter ao alcance dos trabalhadores ar mandado e/ou equipamento autônomo para resgate;

l) no caso de manutenção de tanque, providenciar desgaseificação prévia antes da execução do trabalho.

16. Instalações elétricas

A prevenção de acidentes em instalação elétrica já foi objeto do subitem 3.1 deste capítulo.

Nas obras, em razão da temporariedade das instalações e dos equipamentos elétricos, os acidentes tendem a ser mais frequentes, devendo, portanto, as normas de segurança e os procedimentos adequados ser observados mais rigorosamente.

17. Máquinas e equipamentos

Da mesma forma que a eletricidade, este item já foi objeto do subitem 3.3 deste capítulo. A NR-18 estabeleceu vários procedimentos operacionais, entre os quais destacamos os dos equipamentos móveis pesados.

Nas operações com equipamentos pesados, devem ser observadas as seguintes medidas de segurança:

a) para encher/esvaziar pneus, não se posicionar de frente para eles, mas atrás da banda de rodagem, usando uma conexão de autofixação para encher o pneu. O enchimento só deve ser feito por trabalhadores qualificados, de modo gradativo e com medições sucessivas da pressão;

b) em caso de superaquecimento de pneus e sistema de freio, devem ser tomadas precauções especiais, prevenindo-se de possíveis explosões ou incêndios;

c) antes de iniciar a movimentação ou dar partida no motor, é preciso certificar-se de que não há ninguém trabalhando sobre, debaixo ou perto desse motor;

d) os equipamentos que operam em marcha a ré devem possuir alarme sonoro acoplado ao sistema de câmbio e retrovisores em bom estado;

e) o transporte de acessórios e materiais por içamento deve ser feito o mais próximo possível do piso, tomando-se as devidas precauções de isolamento da área de circulação, transporte de materiais e de pessoas;

f) as máquinas não devem ser operadas em posição que comprometa sua estabilidade;

g) é proibido manter sustentação de equipamentos e máquinas somente pelos cilindros hidráulicos, quando em manutenção;

h) devem ser tomadas precauções especiais quando da movimentação de máquinas e equipamentos próximos a redes elétricas.

a) Ferramentas manuais

Outro destaque também são os serviços que envolvem ferramentas manuais, conforme os itens abaixo:

— As ferramentas devem ser apropriadas ao uso a que se destinam, proibindo-se o emprego das defeituosas, danificadas ou improvisadas, devendo ser substituídas pelo empregador ou responsável pela obra.

— Os trabalhadores devem ser treinados e instruídos para a utilização segura das ferramentas, especialmente os que irão manusear as ferramentas de fixação a pólvora.

— É proibido o porte de ferramentas manuais em bolsos ou locais inapropriados.

— As ferramentas manuais que possuam gume ou ponta devem ser protegidas com bainha de couro ou outro material de resistência e durabilidade equivalentes, quando não estiverem sendo utilizadas.

— As ferramentas pneumáticas portáteis devem possuir dispositivo de partida instalado de modo a reduzir ao mínimo a possibilidade de funcionamento acidental.

— A válvula de ar deve fechar-se automaticamente, quando cessar a pressão da mão do operador sobre os dispositivos de partida.

— As mangueiras e conexões de alimentação das ferramentas pneumáticas devem resistir às pressões de serviço, permanecendo firmemente presas aos tubos de saída e afastadas das vias de circulação.

— O suprimento de ar para as mangueiras deve ser desligado e deve ser aliviada a pressão, quando a ferramenta pneumática não estiver em uso.

— As ferramentas de equipamentos pneumáticos portáteis devem ser retiradas manualmente e nunca pela pressão do ar comprimido.

— As ferramentas de fixação a pólvora devem ser obrigatoriamente operadas por trabalhadores qualificados e devidamente autorizados.

— É proibido o uso de ferramenta de fixação a pólvora por trabalhadores menores de 18 (dezoito) anos.

— É proibido o uso de ferramenta de fixação a pólvora em ambientes que contenham substâncias inflamáveis ou explosivas.

— É proibida a presença de pessoas nas proximidades do local do disparo, inclusive o ajudante.

— As ferramentas de fixação a pólvora devem estar descarregadas (sem o pino e o finca-pino) sempre que forem guardadas ou transportadas.

— Os condutores de alimentação das ferramentas portáteis devem ser manuseados de forma que não sofram torção, ruptura ou abrasão, nem obstruam o trânsito de trabalhadores e equipamentos.

— É proibida a utilização de ferramentas elétricas manuais sem duplo isolamento.

— Devem ser tomadas medidas adicionais de proteção quando da movimentação de superestruturas por meio de ferragens hidráulicas, prevenindo riscos relacionados ao rompimento dos macacos hidráulicos.

18. EPI

Os EPIs também já foram objetos de estudo no capítulo VI, todavia, destacamos o cinto de segurança, que é bastante usado nas obras. Assim, a NR-18 dispõe que:

— O cinto de segurança tipo abdominal somente deve ser utilizado em serviços de eletricidade e em situações em que funcione como limitador de movimentação.

— O cinto de segurança tipo paraquedista deve ser utilizado em atividades a mais de 2,00 m (dois metros) de altura do piso, nas quais haja risco de queda do trabalhador.

— O cinto de segurança deve ser dotado de dispositivo trava-quedas e estar ligado a cabo de segurança independente da estrutura do andaime.

— Os cintos de segurança tipo abdominal e tipo paraquedista devem possuir argolas e mosquetões de aço forjado, ilhoses de material não ferroso e fivela de aço forjado ou material de resistência e durabilidade equivalentes.

19. Armazenagem e estocagem de materiais

O armazenamento e a estocagem de materiais já foram objeto de estudo neste capítulo. Todavia, a NR-18 define normas de armazenamento e transporte específicos para obras de construção civil, entre as quais, destacam-se:

— Tubos, vergalhões, perfis, barras, pranchas e outros materiais de grande comprimento ou dimensão devem ser arrumados em camadas, com espaçadores e peças de retenção, separados de acordo com o tipo de material e a bitola das peças.

— A cal virgem deve ser armazenada em local seco e arejado.

— Os materiais tóxicos, corrosivos, inflamáveis ou explosivos devem ser armazenados em locais isolados, apropriados, sinalizados e de acesso permitido somente a pessoas devidamente autorizadas. Essas pessoas devem ter conhecimento prévio do procedimento a ser adotado em caso de eventual acidente.

— As madeiras retiradas de andaimes, tapumes, fôrmas e escoramentos devem ser empilhadas, depois de retirados ou rebatidos os pregos, os arames e as fitas de amarração.

20. Transporte de trabalhadores em veículos automotores

As obras de construção civil, muitas vezes, são de difícil acesso, devendo a empresa fornecer o transporte dos trabalhadores até o canteiro de obra. Sendo assim, a NR-18 estabelece normas sobre o transporte coletivo e de veículos, para o transporte de passageiros. Entre os dispositivos desse item, destacam-se:

— O transporte coletivo dos trabalhadores deve ter autorização prévia da autoridade competente, devendo o condutor mantê-la no veículo durante todo o percurso.

— A condução do veículo deve ser feita por condutor habilitado para o transporte coletivo de passageiros.

— A utilização de veículos, a título precário para transporte de passageiros, somente será permitida em vias que não apresentem condições de tráfego para ônibus. Nesse caso, os veículos devem apresentar as seguintes condições mínimas de segurança:

a) carroceria em todo o perímetro do veículo, com guardas altas e cobertura de altura livre de 2,10 m (dois metros e dez centímetros) em relação ao piso da carroceria, ambas com material de boa qualidade e resistência estrutural que evite o esmagamento e não permita a projeção de pessoas em caso de colisão e/ou tombamento do veículo;

b) assentos com espuma revestida de 0,45 m (quarenta e cinco centímetros) de largura por 0,35 m (trinta e cinco centímetros) de profundidade de 0,45 m (quarenta e cinco centímetros) de altura com encosto e cinto de segurança tipo 3 (três) pontos;

c) barras de apoio para as mãos a 0,10 m (dez centímetros) da cobertura e para os braços e mãos entre os assentos;

d) a capacidade de transporte de trabalhadores será dimensionada em função da área dos assentos acrescida do corredor de passagem de pelo menos 0,80m (oitenta centímetros) de largura;

e) o material transportado, como ferramentas e equipamentos, deve estar acondicionado em compartimentos separados dos trabalhadores, de forma a não causar lesões a estes em uma eventual ocorrência de acidente com o veículo;

f) escada com corrimão, para acesso pela traseira da carroceria, sistemas de ventilação nas guardas altas e de comunicação entre a cobertura e a cabine do veículo;

g) só será permitido o transporte de trabalhadores acomodados nos assentos acima dimensionados.

21. Proteção contra incêndio

A proteção contra incêndio também já foi objeto de estudo neste capítulo, no entanto, entre os dispositivos da NR-18, destaca-se que:

— Deve haver um sistema de alarme capaz de dar sinais perceptíveis em todos os locais da construção.

— É proibida a execução de serviços de soldagem e corte a quente nos locais onde estejam depositadas, ainda que temporariamente, substâncias combustíveis, inflamáveis e explosivas.

— Nos locais confinados e onde são executados pinturas, aplicação de laminados, pisos, papéis de parede e similares, com emprego de cola, bem como nos locais de manipulação e emprego de tintas, solventes e outras substâncias combustíveis, inflamáveis ou explosivas, devem ser tomadas as seguintes medidas de segurança:

a) proibir fumar ou portar cigarros ou assemelhados acesos, ou qualquer outro material que possa produzir faísca ou chama;

b) evitar, nas proximidades, a execução de operação com risco de centelhamento, inclusive por impacto entre peças;

c) utilizar obrigatoriamente lâmpadas e luminárias à prova de explosão;

d) instalar sistema de ventilação adequado para a retirada de mistura de gases, vapores inflamáveis ou explosivos do ambiente;

e) colocar nos locais de acesso placas com a inscrição “Risco de Incêndio” ou “Risco de Explosão”;

f) manter cola e solventes em recipientes fechados e seguros;

g) quaisquer chamas, faíscas ou dispositivos de aquecimento devem ser mantidos afastados de fôrmas, restos de madeiras, tintas, vernizes ou outras substâncias combustíveis, inflamáveis ou explosivas.

22. Sinalização de segurança

A NR-18 estabelece regras sobre a sinalização de canteiro de obras, com o objetivo de:

a) identificar locais de apoio que compõem o canteiro, saídas, acessos, circulação, locais com substâncias tóxicas ou explosivas e radioativas;

b) advertir quanto ao risco de queda;

c) advertir quanto ao perigo de contato ou acionamento acidental com partes móveis das máquinas e dos equipamentos;

d) advertir quanto ao risco de queda;

e) alertar quanto à obrigatoriedade do uso de EPI, específico para a atividade executada, com a devida sinalização e advertência próximas ao posto de trabalho;

f) alertar quanto ao isolamento das áreas de transporte e circulação de materiais por grua, guincho e guindaste.

Além disso, a norma estabelece a obrigatoriedade quanto ao uso de colete ou tiras refletivas na região do tórax e das costas quando o trabalhador estiver a serviço em vias públicas, sinalizando acessos ao canteiro de obras e frentes de serviços ou em movimentação e transporte vertical de materiais.

23. Tapumes e galerias

Os tapumes ou barreiras são obrigatórios na indústria da construção, de forma a impedir o acesso de pessoas estranhas aos serviços.

— Os tapumes devem ser construídos e fixados de forma resistente e ter altura mínima de 2,20 m (dois metros e vinte centímetros) em relação ao nível do terreno.

— Nas atividades da indústria da construção com mais de 2 (dois) pavimentos a partir do nível do meio-fio, executadas no alinhamento do logradouro, é obrigatória a construção de galerias sobre o passeio, com altura interna livre de, no mínimo, 3,00 m (três metros).

— Em caso de necessidade de realização de serviços sobre o passeio, a galeria deve ser executada na via pública, devendo, nesse caso, ser sinalizada em toda sua extensão, por meio de sinais de alerta aos motoristas nos 2 (dois) extremos e iluminação durante a noite, respeitando-se a legislação do Código de Obras Municipal e de trânsito em vigor.

— As bordas da cobertura da galeria devem possuir tapumes fechados com altura mínima de 1,00 m (um metro), com inclinação de aproximadamente 45º (quarenta e cinco graus).

— Quando a distância da demolição ao alinhamento do terreno for inferior a 3,00 m (três metros), deve ser feito um tapume no alinhamento do terreno, de acordo com o subitem 18.30.1.

24. Treinamento sobre ordem e limpeza

A NR-18 estabelece que todos os empregados da indústria da construção devem receber treinamentos admissional e periódicos, visando a garantir a execução de suas atividades com segurança. O treinamento admissional deve ter carga horária mínima de 6 horas, devendo ser ministrado antes do início das atividades e dentro do horário de trabalho. A NR-18 define o conteúdo mínimo do treinamento.

Quanto ao treinamento periódico, a norma estabelece que deve ser ministrado sempre que se tornar necessário e ao início de cada fase da obra. Nessa modalidade, não é definida carga horária.

Quanto à ordem e à limpeza, destacam-se:

— Quando houver diferença de nível, a remoção de entulhos ou sobras de materiais deve ser realizada por meio de equipamentos mecânicos ou calhas fechadas.

— É proibida a queima de lixo ou qualquer outro material no interior do canteiro de obras.

25. CIPA

A CIPA já foi objeto de estudo no capítulo V, todavia, a NR-18 estabelece disposições especiais para a indústria da construção, conforme transcrição a seguir:

— A empresa que possuir na mesma cidade 1 (um) ou mais canteiros de obra ou frentes de trabalho, com menos de 70 (setenta) empregados deve organizar CIPA centralizada.

— A CIPA centralizada será composta de representantes do empregador e dos empregados, devendo ter pelo menos 1 (um) representante titular e 1 (um) suplente, por grupo de até 50 (cinquenta) empregados em cada canteiro de obra ou frente de trabalho, respeitando-se a paridade prevista na NR-5.

— A empresa que possuir 1 (um) ou mais canteiros de obra ou frente de trabalho com 70 (setenta) ou mais empregados em cada estabelecimento fica obrigada a organizar CIPA por estabelecimento.

— Ficam desobrigadas de constituir CIPA os canteiros de obra cuja construção não exceda a 180 (cento e oitenta) dias, devendo, para o atendimento do disposto neste item, ser constituída comissão provisória de prevenção de acidentes, com eleição paritária de 1 (um) membro efetivo e 1 (um) suplente, a cada grupo de 50 (cinquenta) trabalhadores.

— As empresas que possuam equipes de trabalho itinerantes deverão considerar como estabelecimento a sede da equipe.

— As subempreiteiras que pelo número de empregados não se enquadrarem no subitem 18.33.3 participarão com, no mínimo, 1 (um) representante das reuniões, do curso da CIPA e das inspeções realizadas pela CIPA da contratante.

— Aplicam-se às empresas da indústria da construção as demais disposições previstas na NR-5, naquilo em que não conflitar com o disposto neste item.

26. Acidente fatal e dados estatísticos

A NR-18 estabelece os procedimentos a serem adotados em caso de acidente fatal e dados estatísticos de acidentes do trabalho na indústria da construção. No acidente fatal, a empresa é obrigada a comunicar de imediato a autoridade policial e ao Ministério do Trabalho, isolar o local, mantendo suas características até sua liberação pela autoridade policial e pelo órgão competente do MTE. Segundo a NR-18, a liberação do local poderá ser concedida após a investigação pelo órgão regional competente do Ministério do Trabalho, que ocorrerá num prazo máximo de 72 (setenta e duas) horas, contado do protocolo de recebimento da comunicação escrita ao referido órgão, podendo, após esse prazo, serem suspensas as medidas referidas na alínea “b” do subitem 18.31.1.

Quanto aos dados estatísticos de acidentes, destacamos:

— O empregador deve encaminhar, por meio do serviço de postagem, à FUNDACENTRO, o Anexo I, Ficha de Acidente do Trabalho, desta norma até 10 (dez) dias após o acidente, mantendo cópia e protocolo de encaminhamento por um período de 3 (três) anos, para fins de fiscalização do órgão regional competente do Ministério do Trabalho (MTb).

VIII — SEGURANÇA NA MINERAÇÃO

8.1. Processo de mineração

A mineração é um dos ramos de atividades que apresentam maior índice de acidente do trabalho, além da exposição aos fatores de risco físicos, químicos, biológicos e ergonômicos passíveis de produzirem doenças do trabalho. Desse modo, a legislação deu tratamento especial aos empregados desse setor e regras especiais, de forma a assegurar a segurança e a saúde dos trabalhadores.

As minerações podem ser a céu aberto ou subterrânea, sendo que a NR-22 também considera em seu campo de aplicação os garimpos, beneficiamentos minerais e pesquisa. De forma simplificada, o processo de mineração é composto das fases ilustradas no diagrama de bloco a seguir.

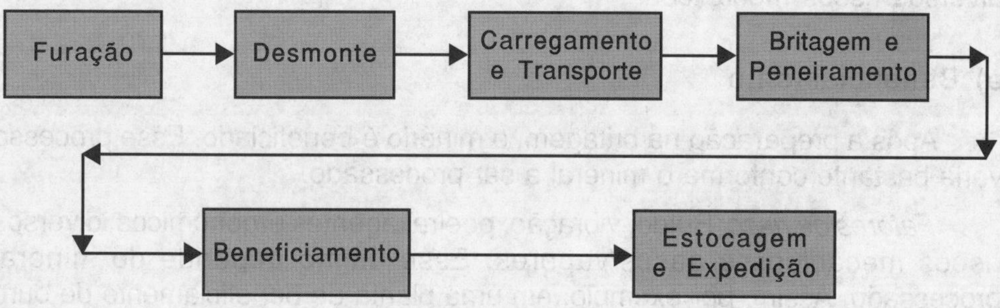

a) Furação

Nessa fase é feita a furação da rocha nas frentes de lavra, utilizando-se perfuratrizes para posterior carregamento com explosivos.

Fatores de risco: Ruído, vibração, poeira, agentes ergonômicos e riscos mecânicos.

b) Desmonte

O desmonte pode ser feito com explosivo, hidráulico ou carregadeira e escavadeira, dependendo das características da mina. No desmonte com explosivo é feito o carregamento, o transporte e manuseio dos explosivos, além da detonação e verificação do fogo falhado.

Fatores de risco: Os fatores de risco dependem do processo de desmonte, no entanto, em geral, destacam-se os seguintes: explosões, umidade excessiva no desmonte hidráulico, ruído, vibração, poeira, gases provenientes da detonação, além dos riscos ergonômicos e mecânicos.

c) Carregamento e transporte

O minério nas frentes de trabalho após o desmonte é transportado por meio de caminhão fora de estrada, correias transportadoras ou outros mecanismos, dependendo das características da mineração. O carregamento do minério nos transportadores ou caminhões normalmente é feito com auxílio de carregadeira.

Fatores de risco: Ruído, vibração, poeira, agentes ergonômicos e diversos riscos mecânicos.

d) Britagem/peneiramento

O minério é extraído, britado e peneirado dentro da granolometria adequada, nas plantas específicas de britagem.

Fatores de risco: Ruído, vibração, poeira, agentes ergonômicos e diversos riscos mecânicos.

e) Beneficiamento

Após a preparação na britagem, o minério é beneficiado. Esse processo varia bastante conforme o mineral a ser processado.

Fatores de risco: Ruído, vibração, poeira, agentes ergonômicos, diversos riscos mecânicos e gases/vapores. Esse último depende do mineral processado. Assim, por exemplo, em uma planta de beneficiamento de ouro pode ocorrer a exposição a cianeto, amônia, ácido, entre outros. Já no beneficiamento de ferro pode ocorrer a exposição à mina.

f) Estocagem/expedição

O minério beneficiado (produto acabado) normalmente é estocado em pilhas para posterior carregamento e transporte até o consumidor. Em certas minerações de ferro, o minério pode ser pelotizado. No processo de estocagem são utilizados equipamentos móveis, tais como empilhadeira, retomadora, carregadeira, locomotivas, entre outros.

Fatores de risco: Ruído, vibração, poeira, agentes ergonômicos e diversos riscos mecânicos.

Outro aspecto importante a ser considerado, na atividade de mineração, é que os fatores de risco dependem do tipo de mineração — subterrânea ou a céu aberto. Na primeira, as condições de saúde e segurança são agravadas por ser um local confinado. Por essa razão, a Consolidação das Leis do Trabalho (CLT) concede tratamento especial nesse tipo de mineração, conforme os arts. 297 a 301, a seguir:

Art. 297. Ao empregado no subsolo será fornecida, pelas empresas exploradoras de minas, alimentação adequada à natureza do trabalho, de acordo com as instruções estabelecidas pelo Departamento Nacional de Segurança e Higiene do Trabalho.

Art. 298. Em cada período de três horas consecutivas de trabalho, será obrigatória uma pausa de quinze minutos para repouso, a qual será computada na duração normal de trabalho efetivo.

Art. 299. Quando nos trabalhos de subsolo ocorrerem acontecimentos que possam comprometer a vida ou saúde do empregado, deverá a empresa comunicar o fato imediatamente à autoridade regional do trabalho, do Ministério do Trabalho.

Art. 300. Sempre que, por motivo de saúde, for necessária a transferência do empregado, a juízo da autoridade competente em matéria de higiene e segurança do trabalho, dos serviços no subsolo para os de superfície, é a empresa obrigada a realizar essa transferência, assegurando ao transferido a remuneração atribuída ao trabalhador de superfície em serviço equivalente, respeitada a capacidade profissional do interessado.

Parágrafo único. No caso de recusa do empregado em atender a essa transferência, será ouvida a autoridade competente em matéria de higiene e segurança do trabalho, que decidirá a respeito.

Art. 301. O trabalho no subsolo somente será permitido a homens, com idade compreendida entre 21 (vinte e um) e 50 (cinquenta) anos, assegurada a transferência para a superfície nos termos previstos no artigo anterior.

Já a NR-22 da Portaria n. 3.214, que visa à proteção da segurança e saúde dos trabalhadores em mineração, estabelece detalhadamente medidas de segurança que deverão ser adotadas em todo tipo de mineração, de forma a eliminar ou minimizar os fatores de risco nessa atividade. Portanto, a seguir, serão analisados e transcritos os principais dispositivos contidos na referida norma.

8.2. Organização dos locais de trabalho

Nesse item, além da exigência do projeto adequado nos locais do trabalho segundo os princípios ergonômicos, a NR-18 determina que certos trabalhos devem ser realizados em equipe com, no mínimo, 2 (dois) trabalhadores, conforme se segue:

a) no subsolo, nas atividades de:

I) abatimento manual de choco e blocos instáveis;

II) contenção de maciço desarticulado;

III) perfuração manual;

IV) retomada de atividades em fundo de saco com extensão acima de dez metros;

V) carregamento de explosivos, detonação e retirada de fogos falhados.

b) a céu aberto, nas atividades de carregamento de explosivos, detonação e retirada de fogos falhados.

8.3. Circulação e transporte de pessoas e materiais

As operações de transporte são responsáveis por diversos acidentes nas minerações, além dos riscos ambientais, tais como: ruído, poeira, vibração, choques e batidas de veículos, atropelamentos, queda, além de condições ergonômicas inadequadas. Sendo assim, a NR-22 estabeleceu regras e procedimentos de segurança a serem adotados, de forma a prevenir acidentes e doenças ocupacionais. Entre os dispositivos da referida norma destacam-se:

— toda mina deve possuir plano de trânsito, estabelecendo regras de preferência de movimentação e distâncias mínimas entre máquinas, equipamentos e veículos compatíveis com a segurança, e velocidades permitidas, de acordo com as condições das pistas de rolamento (subitem 22.7.1);

— Equipamentos de transporte de materiais ou pessoas devem possuir dispositivos de bloqueio que impeçam seu acionamento por pessoas não autorizadas (subitem 22.7.2);

— Equipamentos de transporte sobre pneus, de materiais e pessoas, devem possuir, em bom estado de conservação e funcionamento, faróis, luz e sinal sonoro de ré acoplado ao sistema de câmbio de marchas, buzina e sinal de indicação de mudança do sentido de deslocamento e espelhos retrovisores (subitem 22.7.3).

8.3.1. Transporte em mina a céu aberto

De acordo com o subitem 22.7.6, o transporte em minas a céu aberto deve obedecer aos seguintes requisitos mínimos:

a) os limites externos das bancadas utilizadas como estradas devem estar demarcados e sinalizados de forma visível durante o dia e à noite;

b) a largura mínima das vias de trânsito deve ser duas vezes maior do que a largura do maior veículo utilizado, no caso de pista simples, e três vezes maior para pistas duplas, e nas laterais das bancadas ou estradas onde houver riscos de quedas de veículos devem ser construídas leiras com altura mínima correspondente à metade do diâmetro do maior pneu de veículo que por elas trafegue.

Quando o plano de lavra e a natureza das atividades realizadas não permitirem a observância do constante na alínea "b" deste item, deverão ser adotados procedimentos e sinalização adicionais para garantir o tráfego com segurança (subitem 22.7.6.1).

Os veículos de pequeno porte que transitam em áreas de mineração a céu aberto devem possuir sinalização por meio de antena telescópica com bandeira, bandeira de sinalização e manter os faróis ligados, mesmo durante o dia, de forma a facilitar sua visualização pelos operadores de equipamentos de grande porte (subitem 22.7.7).

Sinalização luminosa é obrigatória em condições de visibilidade adversa e à noite (subitem 22.7.7.1).

As vias de circulação de veículos não pavimentadas devem ser umidificadas, de forma a minimizar a geração de poeira (subitem 22.7.8).

8.3.2. Transporte no subsolo

O deslocamento no subsolo é, muitas vezes, fatigante, porque além da longa distância percorrida nas galerias o trabalhador tem de portar lanterna (bateria pesada), botas e outros equipamentos também com peso significativo. Assim, a NR-22 estabelece que, quando o somatório das distâncias a serem percorridas a pé pelo trabalhador, na ida ou volta de seu local de atividade, em subsolo, for superior a 2 mil metros, a mina deverá ser dotada de sistema mecanizado para esse deslocamento. Assim, é necessária adoção de normas rígidas de segurança nos equipamentos de transporte de pessoas, entre as quais, destacam-se:

1 — Sempre que houver via única para circulação de pessoal e transporte de material ou trânsito de veículo no subsolo, a galeria deverá ter a largura mínima de 1 metro e 50 centímetros além da largura do maior veículo que nela trafegue, além do estabelecimento das regras de circulação.

2 — Quando o plano de lavra e a natureza das atividades não permitirem a existência da distância de segurança prevista neste item, deverão ser construídas, nas paredes das galerias ou rampas, aberturas com, no mínimo, 60 centímetros de profundidade, 2 metros de altura e 1 metro e 50 centímetros de comprimento, devidamente sinalizadas e desobstruídas a cada 50 metros, para abrigo de pessoal.

3 — Quando utilizados guinchos ou vagonetas no transporte de material em planos inclinados sem vias específicas e isoladas por barreiras para pedestres, estes devem permanecer parados enquanto houver circulação de pessoal.

4 — O transporte de trabalhadores em todas as áreas das minas deve ser realizado por meio de veículo adequado para transporte de pessoas, que atenda, no mínimo, aos seguintes requisitos:

a) condições seguras de tráfego;

b) assento com encosto;

c) cinto de segurança;

d) proteção contra intempéries ou contato acidental com tetos das galerias e escada para embarque e desembarque, quando necessário.

5 — Em situações em que o uso de cinto de segurança possa implicar riscos adicionais, esse será dispensado, observando-se normas internas de segurança para essas situações.

1) Transporte vertical

O transporte vertical de pessoas só será permitido em cabines ou gaiolas que possuam as seguintes características:

a) altura mínima de 2 metros;

b) portas com trancas que impeçam sua abertura acidental;

c) manter-se fechadas durante a operação de transporte;

d) teto resistente, com corrimão e saída de emergência;

e) proteção lateral que impeça o acesso acidental à área externa;

f) iluminação;

g) acesso convenientemente protegido;

h) distância inferior a 15 centímetros entre a plataforma de acesso e a gaiola;

i) fixação em local visível do limite máximo de capacidade de carga e de velocidade;

j) sistema de comunicação com o operador do guincho nos pontos de embarque e desembarque.

2) Transporte de pessoas durante a fase de abertura

Segundo o subitem 22.7.14.1, o transporte de pessoas durante a fase de abertura e equipagem de poços deve obedecer aos seguintes requisitos mínimos:

a) o poço deve ser dotado de tampa protetora com abertura basculante que impeça a queda de material ou pessoas e que deverá ser mantida fechada durante a permanência de pessoas no poço;

b) o colar do poço deve ser concretado;

c) o balde de transporte deve ser construído com material de qualidade, resistente à carga transportada e com altura lateral mínima de 1 metro e 20 centímetros;

d) velocidade máxima de 1 metro e 20 centímetros por segundo, que deverá ser reduzida durante a aproximação do fundo do poço;

e) dispor de sinalização sonora específica;

f) não transportar, em conjunto, pessoas e materiais.

Quanto aos equipamentos e transportes de pessoas em rampas ou planos inclinados sobre trilhos, a NR-22 determina a observância dos seguintes requisitos mínimos:

a) possuir assentos em número igual à capacidade máxima de usuários;

b) ter proteção frontal e superior, de forma a impedir o contato acidental com o teto;

c) ter fixado em local visível o limite máximo de carga ou de usuários e de velocidade;

d) embarcar ou desembarcar pessoas somente em locais apropriados.

Já o transporte de pessoas sobre trilhos deve obedecer aos seguintes requisitos mínimos:

a) velocidade máxima de 1 metro e 20 centímetros por segundo, que deverá ser reduzida durante a aproximação do fundo da rampa ou do plano inclinado;

b) dispor de estrado para apoio das pessoas transportadas;

c) dispor de sinalização sonora específica e não transportar, em conjunto, pessoas e materiais.

3) Transporte em vagonetas

Sobre o transporte manual de vagonetas, a NR-22 dispõe:

— é proibido o transporte de material por meio de movimentação manual de vagonetas;

— é permitida a movimentação manual de vagonetas em operações de manobra, em distância não superior a 50 metros e em inclinação inferior a 0,5%, desde que a força exercida pelos trabalhadores não comprometa sua saúde e sua segurança;

— cada vagoneta a ser movimentada em planos inclinados deve estar ligada a um dispositivo de acoplamento principal e a um secundário de segurança;

— o comboio só poderá se movimentar se estiver acoplado em toda sua extensão;

— é proibido manipular os dispositivos de acoplamento durante a movimentação das vagonetas, exceto se estes forem projetados para tal fim;

— as vagonetas devem possuir dispositivo limitador que garanta uma distância mínima de 50 centímetros entre as caçambas;

— nos locais onde forem executados serviços de acoplamento e desacoplamento de vagonetas, devem ser adotadas medidas de segurança com relação à limpeza, à iluminação e ao espaço livre para circulação de pessoas.

8.4. Transportadores contínuos por meio de correia

Esses equipamentos constituem fontes significativas de riscos de acidente, devendo, portanto, ser projetados e construídos em conformidade com as normas técnicas de segurança. Além disso, devem possuir dispositivos que interrompam o seu funcionamento quando forem atingidos os limites de segurança previstos nos projetos. Devem ser contempladas nesses projetos, no mínimo, as seguintes condições:

a) ruptura da correia;

b) escorregamento anormal da correia em relação aos tambores;

c) desalinhamento anormal da correia;

d) sobrecarga.

A norma prevê também vários procedimentos de segurança e proteção a serem observados na operação e manutenção dos transportadores contínuos, entre as quais, destacam-se:

1 — Só será permitida a transposição por cima dos transportadores contínuos por meio de passarelas dotadas de guarda-corpo e rodapé.

2 — O trânsito por baixo de transportadores contínuos só será permitido em locais protegidos contra queda de materiais.

3 — A partida dos transportadores contínuos só será permitida decorridos 20 segundos após sinal audível ou outro sistema de comunicação que indique o seu acionamento.

4 — Os transportadores contínuos, cuja altura do lado da carga esteja superior a 2 metros do piso, devem ser dotados em toda a sua extensão por passarelas com guarda-corpo e rodapé fechado com altura mínima de 20 centímetros.

5 — Os transportadores que, em função da natureza da operação, não puderem suportar a estrutura de passarelas deverão possuir sistema e procedimento de segurança para inspeção e manutenção.

6 — Os transportadores contínuos elevados devem ser dotados de dispositivos de proteção, onde houver risco de queda ou lançamento de materiais de forma não controlada.

7 — Os trabalhos de limpeza e manutenção dos transportadores contínuos só podem ser realizados com o equipamento parado e bloqueado, exceto quando a limpeza for por meio de jato d'água ou outro sistema, devendo, nesse caso, possuir mecanismo que impeça contato acidental do trabalhador com as partes móveis.

8.5. Superfícies de trabalho

A possibilidade de queda em altura é um fator de risco importante na mineração, sendo assim, a NR-18 obriga a instalação de plataformas móveis sempre que a altura das frentes de trabalho for superior a 2 metros ou a conformação do piso não possibilite a segurança necessária. Essas plataformas devem possuir piso antiderrapante de, no mínimo, 1 metro de largura, com rodapé de 20 centímetros de altura e guarda-corpo. As passarelas suspensas e seus acessos também devem possuir guarda-corpo e rodapé de vinte centímetros de altura. Sua largura deve ter, no mínimo, 60 centímetros para trânsito eventual e 80 centímetros nos demais casos.

As passarelas com inclinação superior a 15 graus e altura superior a 2 metros devem possuir rodapé de 20 centímetros e guarda-corpo com tela até a uma altura de 40 centímetros acima do rodapé em toda a sua extensão ou outro sistema que impeça a queda do trabalhador (subitem 22.9.6). Nos trabalhos em telhados ou em superfícies inclinadas, com risco de quedas superior a 2 (dois) metros, a norma exige o uso de cinto de segurança da mesma forma como disposto na NR-18. Já nos trabalhos em galerias as superfícies de trabalho devem ser adequadamente drenadas, visando a reduzir ou minimizar a umidade.

8.6. Escadas

As escadas também são utilizadas em trabalhos em altura, sendo assim, devem ser construídas e mantidas dentro das normas de segurança, de forma a prevenir as quedas. As escadas podem ser fixas ou móveis (escada de mão). Quanto ao material utilizado em sua confecção, podem ser de madeira, metálica ou de corrente.

1 — Escada fixa: segundo a NR-22, esse tipo de escada deve ser usado quando os meios de acesso aos locais de trabalho possuírem inclinação maior do que 20 graus e menor do que 50 graus com a horizontal, devendo possuir as seguintes características:

a) ser fixada de modo seguro;

b) possuir degraus e lances uniformes;

c) ter espelhos entre os degraus com altura entre 18 e 20 centímetros;

d) possuir distância vertical entre planos ou lances no máximo de 3 metros e 60 centímetros e ser provida de guarda-corpo resistente e com uma altura entre 90 centímetros e 1 metro.

2 — Escada de mão: segundo a NR-22, esse tipo de escada deve ser usado quando os meios de acesso aos locais de trabalho tiverem inclinação maior que 50 graus com a horizontal, devendo possuir as seguintes características:

a) ser de construção rígida e fixada de modo seguro, de forma a reduzir ao mínimo os riscos de queda;

b) ser livre de elementos soltos ou quebrados;

c) ter distância, entre os degraus, de 25 a 30 centímetros;

d) ter espaçamento, no mínimo, de 10 centímetros entre o degrau e a parede ou outra obstrução atrás da escada, proporcionando apoio seguro para os pés;

e) possuir instalação de plataforma de descanso com, no mínimo, 60 centímetros de largura e 120 centímetros de comprimento em intervalos de, no máximo, 7 metros, com abertura suficiente para permitir a passagem dos trabalhadores e ultrapassar a plataforma de descanso em, pelo menos, 1 metro.

Se a escada for instalada em poço de passagem de pessoas, deverá ser construída em lances consecutivos com eixos diferentes, com distâncias de, no mínimo, 60 centímetros (subitem 22.10.3.1).

3 — Escada com gaiola: a escada que possuir inclinação maior do que 70 graus com a horizontal deverá ser dotada de gaiola de proteção a partir de 2 metros do piso ou outro dispositivo de proteção contra quedas.

4 — Escadas de madeira: segundo a NR-18, as escadas de madeira devem possuir as seguintes características mínimas:

a) a madeira deve ser de boa qualidade, não apresentar nós ou rachaduras que comprometam sua resistência;

b) não ser pintadas ou tratadas de forma a encobrir imperfeições;

c) ter uma distância, entre degraus, de 25 e 30 centímetros;

d) ter espaçamento de pelo menos 10 centímetros entre os degraus e a parede ou outra obstrução atrás da escada, proporcionando apoio seguro para os pés;

e) projetar-se pelo menos 1 metro acima do piso ou da abertura, caso não haja corrimão resistente no topo da escada.

No de uso de escadas metálicas, deverão ser adotadas medidas adicionais de segurança, quando próximas a instalações elétricas (subitem 22.10.5), enquanto só é permitida a utilização de escadas de corrente nas fases de abertura de poços em minas subterrâneas (subitem 22.10.6).

8.7. Máquinas, equipamentos, ferramentas e instalações

A proteção de máquinas já foi objeto de estudo no item III deste capítulo, contudo, a NR-22 estabelece regras específicas para minerações, entre as quais, destacam-se:

8.7.1. Máquinas e equipamentos

As máquinas e os equipamentos de grande porte devem possuir sinal sonoro que indique o início de sua operação e a inversão de seu sentido de deslocamento, e aquelas que se deslocam também em marcha a ré devem possuir sinal sonoro que indique o início dessa manobra. Já as máquinas e os equipamentos cuja área de atuação esteja devidamente sinalizada e isolada, segundo a NR-22, estão dispensados de possuir sinal sonoro.

As máquinas e os equipamentos que operam em locais com riscos de queda de objetos e materiais devem dispor de proteção adequada contra impactos que possam atingir os operadores, devendo possuir também proteção do operador contra exposição ao sol e à chuva.

1) Motores de combustão interna

— No subsolo, os motores de combustão interna utilizados só podem ser movidos a óleo diesel e devem respeitar as seguintes condições:

a) existir sistema eficaz de ventilação em todos os locais de seu funcionamento;

b) possuir sistemas de filtragem do ar aspirado pelo motor, com sistemas de resfriamento e de lavagem de gás de exaustão ou catalisador;

c) possuir sistema de prevenção de chamas e faíscas do ar exaurido pelo motor, em minas com emanações de gases explosivos ou no transporte de explosivos, além disso, deverá ser executado o programa de amostragem periódica do ar exaurido, em intervalos que não excedam um mês, nos pontos mais representativos da área afetada, e de gases de exaustão dos motores, em intervalos que não excedam três meses, realizados em condições de carga plena e sem carga, devendo ser amostrados, pelo menos, gases nitrosos, monóxido de carbono e dióxido de enxofre.

É importante destacar, ainda, que a NR-22 determina que, em locais com possibilidade de ocorrência de atmosfera explosiva, as instalações, as máquinas e os equipamentos devem ser à prova de explosão e a manutenção e o abastecimento de veículos e equipamentos devem ser realizados por trabalhador treinado, utilizando-se de técnicas e dispositivos que garantam a segurança da operação.

2) Registro dos equipamentos e veículos

Todo equipamento ou veículo de transporte deve possuir registro (mantido por, no mínimo, um ano à disposição dos órgãos fiscalizadores) disponível no estabelecimento, em que constem:

a) suas características técnicas;

b) a periodicidade e o resultado das inspeções e manutenções;

c) acidentes e anormalidades;

d) medidas corretivas a adotar ou adotadas;

e) indicação de pessoa, técnico ou empresa que realizou as inspeções ou as manutenções.

3) Procedimento de operação de máquinas e equipamentos pesados

Nas operações com máquinas e equipamentos pesados devem ser observadas as seguintes medidas de segurança:

a) isolar e sinalizar a sua área de atuação, sendo o acesso à área somente permitido mediante autorização do operador ou da pessoa responsável;

b) antes de iniciar a partida e a movimentação, o operador deve certificar-se de que ninguém está trabalhando sobre ou debaixo dos equipamentos ou na zona de perigo;

c) não operar em posição que comprometa sua estabilidade;

d) tomar precauções especiais quando da movimentação próxima a redes elétricas.

As máquinas e os equipamentos pesados devem possuir, no mínimo:

a) indicação de capacidade máxima em local visível no corpo destes;

b) cadeira confortável, fixada de forma que sejam reduzidos os efeitos da transmissão da vibração.

4) Montagem e desmontagem de rodas

Nas atividades de montagem e desmontagem de pneumáticos das rodas devem ser observadas as seguintes condições:

a) os pneumáticos devem ser completamente esvaziados, removendo o núcleo da válvula de calibragem antes da desmontagem, da remoção do eixo ou dos reparos em que não haja necessidade de sua retirada;

b) o enchimento de pneumáticos só poderá ser executado dentro de dispositivo de clausura até alcançar uma pressão suficiente para forçar o talão sobre o aro e criar uma vedação pneumática;

c) o dispositivo de clausura citado na alínea "b" deve suportar o impacto de um aro de um pneumático com 150% da pressão máxima especificada.

5) Abatimento de choco

As hastes de abater choco devem ser — levando-se em conta a segurança da operação — ergonomicamente compatíveis com o trabalho a ser realizado, tendo comprimento e resistência suficientes e peso o menor possível para não gerar sobrecarga muscular excessiva.

6) Cabo sem fim

Todo cabo sem fim só poderá operar se seguir as seguintes condições:

a) possuir sistema de proteção antirrecuo que impeça a continuidade do movimento em caso de desligamento;

b) dispor de proteção das partes móveis das estações de impulso e inversão;

c) se forem instalados de maneira que seu acionamento exclua movimentos bruscos e descontrolados;

d) sua partida só será permitida decorridos 20 segundos após sinal audível ou outro sistema de comunicação que indique seu acionamento.

8.7.2. Ferramentas

As ferramentas devem ser apropriadas ao uso a que se destinam, proibindo-se o emprego de defeituosas, danificadas ou improvisadas inadequadamente.

As mangueiras e conexões de alimentação de equipamentos pneumáticos devem possuir as seguintes características:

a) permanecer protegidas, firmemente presas aos tubos de saída e entrada e, preferencialmente, afastadas das vias de circulação, além de serem dotadas de dispositivo auxiliar, que garanta a contenção da mangueira, evitando seu ricocheteamento, em caso de desprendimento acidental.

Na utilização e no manuseio de ferramentas de fixação a pólvora, devem ser observadas as seguintes condições:

a) o operador deve ser devidamente qualificado e autorizado;

b) o operador deve certificar-se de que quaisquer outras pessoas não estejam no raio de ação do projétil, inclusive atrás de paredes;

c) o operador deve certificar-se de que o ambiente de operação não contém substâncias inflamáveis e explosivas;

d) as ferramentas devem ser transportadas e guardadas descarregadas, sem o pino e o finca-pino;

e) as ferramentas devem ser guardadas em local de acesso restrito.

8.7.3. Equipamentos de guindar

Os equipamentos de guindar nas minerações, assim como ocorre na indústria de construção, merecem atenção especial, uma vez que os possíveis acidentes que envolvem esses equipamentos normalmente são de natureza grave, podendo inclusive envolver mais de um trabalhador. Desse modo, a NR-22 estabelece normas de segurança nas operações com esses equipamentos, entre as quais, se destacam:

Os equipamentos de guindar devem possuir:

a) indicação de carga máxima permitida e da velocidade máxima de operação e dispositivos que garantam sua paralisação em caso de ultrapassagem desses índices;

b) indicador e limitador de velocidade para máquinas com potência superior a 40 quilowatts;

c) em subsolo, indicador de profundidade que funcione independente do tambor;

d) freio de segurança contra recuo;

e) freio de emergência, quando utilizados para transporte de pessoas.

1) Poços com guinchos

Os poços com guincho devem ser equipados, no mínimo, com as seguintes instalações e estes dispositivos:

a) bloqueios que evitem o acesso indevido ao poço;

b) portões para acesso à cabine ou gaiola em cada nível;

c) dispositivos que interrompam a corrente elétrica do guincho quando a cabine ou gaiola, na subida ou na descida, ultrapasse os limites de velocidade e o posicionamento permitidos;

d) sinal mecanizado ou automático em cada nível do poço;

e) sistema de telefonia integrado com os níveis principais do poço, com o guincho e a superfície;

f) sistema de sinalização sonora e luminosa ou por meio de rádio ou telefone, que permita comunicação ao longo de todo o poço para fins de revisão e emergência.

2) Sistema de frenagem

O meio de transporte e extração, em subsolo, acionado por guincho, deve ser dotado de sistema de frenagem que possibilite a sua sustentação, parado e em qualquer posição, carregado com, no mínimo, 150% da carga máxima recomendada. O sistema de frenagem do equipamento de transporte vertical deve ser acionado quando:

a) houver um comando de parada;

b) o sistema de transporte estiver desativado;

c) os dispositivos de proteção forem ativados;

d) houver interrupção da energia;

e) for ultrapassado o limite de velocidade;

f) for ultrapassada a carga máxima permitida.

Ademais, o sistema de frenagem só poderá liberar o equipamento de transporte vertical quando os motores estiverem ligados.

3) Cabos, correntes e polias

Os cabos, correntes e outros meios de suspensão ou tração e suas conexões devem ser projetados, especificados, instalados e mantidos em poços e planos inclinados, conforme instruções dos fabricantes, e ser previamente certificados por organismo de certificação credenciado pelo Instituto Nacional de Metrologia, Normalização e Qualidade Industrial (INMETRO).

Segundo o subitem 22.13.2, os cabos, as correntes e outros meios de suspensão ou tração devem observar os seguintes requisitos:

a) no poço, possuir coeficiente de segurança de, no mínimo, igual a oito em relação à carga estática máxima;

b) em outros aparelhos dos sistemas de transportes, cuja ruptura possa ocasionar acidentes pessoais, possuir coeficiente de segurança de, no mínimo, igual a seis em relação à carga estática máxima;

c) para suspensão ou conjugação de veículos possuir, no mínimo, resistência de dez vezes a carga máxima.

Mediante justificativa técnica, os coeficientes de segurança e de resistência citados neste item poderão ser alterados, mediante responsabilidade técnica de profissional legalmente habilitado (subitem 22.13.2.1).

Devem ser realizadas, no mínimo a cada seis meses, medições topográficas para verificar o posicionamento dos eixos das polias dos cabos, de acordo com as características técnicas do respectivo projeto (subitem 22.13.2.2).

8.8. Estabilidade dos maciços

A estabilidade dos maciços é fundamental na segurança das atividades mineradoras, sendo assim, a NR-22 estabelece procedimentos técnicos de forma a controlar essa estabilidade. Dentre as prescrições contidas nesse item da referida norma, destacam-se:

— Quando se verificarem situações potenciais de instabilidade no maciço por meio de avaliações que levem em consideração as condições geotécnicas e geomecânicas do local, as atividades deverão ser imediatamente paralisadas, com afastamento dos trabalhadores da área de risco, deverão ser adotadas as medidas corretivas necessárias, executadas sob supervisão e por pessoal qualificado (subitem 22.14.4 da NR-22).

De acordo com o subitem 2.14.4.1, são consideradas indicativas de situações de potencial instabilidade no maciço as seguintes ocorrências:

a) em minas a céu aberto:

I — fraturas ou blocos desgarrados do corpo principal nas faces dos bancos da cava e abertura de trincas no topo do banco;

II — abertura de fraturas em rochas com eventual surgimento de água;

III — feições de subsidências superficiais;

IV — estruturas em taludes negativos;

V — percolação de água através de planos de fratura ou quebras mecânicas;

b) em minas subterrâneas:

I — quebras mecânicas com blocos desgarrados dos tetos ou das paredes;

II — quebras mecânicas no teto, nas encaixantes ou nos pilares de sustentação;

III — surgimento de água em volume anormal durante escavação, perfuração ou após detonação;

IV — deformação acentuada nas estruturas de sustentação.

Segundo a NR-22, a ocorrência das situações descritas sem o devido monitoramento implicarão a paralisação imediata das atividades, sem prejuízo da adoção das medidas corretivas necessárias, sendo que a retomada das atividades operacionais somente poderá ocorrer após a adoção de medidas corretivas e a liberação formal da área pela supervisão técnica responsável (subitem 22.14.4.2.1).

8.9. Abertura subterrânea

A NR-22 determina várias regras para as aberturas de vias subterrâneas de forma segura, durante o período de sua vida útil. Assim, os poços e os acessos à mina devem ser construídos e mantidos de forma a não permitir a entrada de água em quantidades que comprometam a sua estabilidade ou a ocorrência de desmoronamentos; as galerias devem ser construídas de maneira a impedir o contato acidental com o teto e as paredes; as aberturas que possam acarretar riscos de queda de material ou pessoas devem ser protegidas e sinalizadas; além disso, devem ser realizadas inspeções para identificar blocos instáveis e chocos, em especial, quando da retomada das frentes de lavra após as detonações. Os blocos instáveis devem ter sua área de influência isolada até que sejam tratados ou abatidos. Se for verificada a existência de chocos, estes devem ser abatidos imediatamente por meio de dispositivo adequado para a atividade, que deverá estar disponível em todas as frentes de trabalho e isso deve ser realizado por trabalhador qualificado.

A NR-22 estabelece ainda que:

— no desenvolvimento de galerias, eixos principais, lavra em áreas já mineradas, intemperizadas ou ao longo de zonas com distúrbios geológicos devem ser utilizadas técnicas adequadas de segurança;

— a base do poço de elevadores e gaiolas deve ser rebaixada além do último nível, adequadamente dimensionada, dotada de sistemas de drenagem e limpa periodicamente, de forma a manter uma profundidade segura;

— os depósitos de materiais desmontados, próximos aos níveis de acesso aos poços e planos inclinados, devem ser adequadamente protegidos contra deslizamento ou dispostos a uma distância superior a 10 metros da abertura;

— as vias de acesso de trânsito e outras aberturas com inclinações maiores do que 35 graus devem ser protegidas, a fim de neutralizar deslizamentos e evitar quedas de objetos e pessoas.

A NR-22 estabelece a necessidade de as aberturas subterrâneas serem tratadas e revestidas segundo suas características hidrogeomecânicas e às finalidades a que se destinam, devendo as minas com necessidade de tratamento possuir planos atualizados dos tipos utilizados e conter o seguinte:

a) fundamentação técnica do tipo adotado;

b) representação gráfica;

c) instruções precisas, em linguagem acessível, das técnicas de montagem e das condições dos locais a serem tratados.

Segundo a NR-22, no caso de comprometimento do tratamento, deverão ser adotadas medidas adicionais, a fim de prevenir o colapso e a desestruturação do maciço. O responsável técnico pela mina definirá as áreas em que serão recuperados os escoramentos, aprovará os métodos, as sequências de desmontagem dos elementos e quais equipamentos serão utilizados na recuperação. É importante destacar, ainda, que todo material de escoramento deve ser protegido contra umidade, apodrecimento, corrosão, além de outros tipos de deterioração, em função de sua vida útil programada, e o uso de macacos hidráulicos para escoramento deve estar associado a dispositivos que detectem eventuais movimentações na rocha sustentada.

8.10. Proteção contra poeira mineral

A NR-22 estabelece que a exposição dos trabalhadores à poeira deve ser monitorada periodicamente, por meio dos grupos homogêneos de exposição (ver capítulo III — Agentes químicos). Contudo, a norma não definiu expressamente a estratégia de avaliação de poeira; sendo assim, os profissionais encontram dificuldades na execução do monitoramento de poeira. Desse modo, a nosso ver, a norma deveria detalhar a estratégia de avaliação da poeira ou o Ministério do Trabalho editar Instrução Normativa orientando a aplicação correta do monitoramento proposto pela NR-22, como ocorre, por exemplo, na avaliação do benzeno determinado pela IN n. 1, de 20.12.95.

Quanto ao controle da poeira, a NR-22 determina algumas medidas, especialmente umidificação, entre as quais, destacam-se:

— em toda mina deve estar disponível água em condições de uso, com o propósito de controle da geração de poeiras nos postos de trabalho, onde rocha ou minério estiver sendo perfurado, cortado, detonado, carregado, descarregado ou transportado;

— as operações de perfuração ou corte devem ser realizadas por processos umidificados para evitar a dispersão da poeira no ambiente de trabalho;

— caso haja impedimento de umidificação, em função das características mineralógicas da rocha, impossibilidade técnica ou quando a água acarretar riscos adicionais, devem ser utilizados dispositivos ou técnicas de controle que impeçam a dispersão da poeira no ambiente de trabalho;

— os equipamentos geradores de poeira com exposição dos trabalhadores devem utilizar dispositivos para sua eliminação ou redução e ser mantidos em condições operacionais de uso.

8.11. Sistema de comunicação

A norma estabelece regras sobre sistema de comunicação padronizado em minas subterrâneas, de forma a informar o transporte em poços em planos inclinados. Dentre essas regras, destacam-se:

Segundo o subitem 22.18.2.1, não existindo na mina código padronizado para o sistema de comunicação, o código de sinais básicos, sonoros e luminosos deverá observar a sistemática constante na tabela a seguir:

NÚMERO DE TOQUES	TIPO DE TOQUE	AÇÃO
1	longo	parar
1	curto	subir
2	curto	descer
3	curto	entrada ou saída de pessoas
3+3+1	curto	subir lentamente
3+3+2	curto	descer lentamente
4	curto	início do transporte de pessoas
4+4	curto	fim do transporte de pessoas
5	curto	o sinalizador vai entrar na gaiola
1	contínuo	emergência

— o código do sistema de comunicação deve estar afixado em local visível, em todos os pontos de parada e nos postos de operação do sistema de transporte;

— quando detectada falha no sistema de comunicação, que comprometa a segurança dos trabalhadores, o transporte deverá ser imediatamente paralisado, sendo informado ao pessoal de supervisão e providenciado o necessário reparo;

— todo sistema de comunicação deve possuir retorno, por meio de repetição do sinal, que comprove ao emissor que o receptor recebeu corretamente a mensagem.

De acordo com a NR-22, setores da mina devem estar interligados, através de rede telefônica ou de outros meios de comunicação; esses setores são: supervisão da mina, próximo às frentes de trabalho, segurança e medicina do trabalho, manutenção, estação principal de ventilação, subestação principal, acesso de cada nível de poços e planos inclinados, posto de vigilância do depósito de explosivos, prevenção e combate a incêndios, central de transporte, salas de controle de beneficiamento e câmaras de refúgio para os casos de emergência.

8.12. Sinalização de áreas de trabalho ou circulação

A sinalização foi objeto de estudo no item 3.6, no entanto, a NR-22 estabelece normas de sinalização específicas para minerações, especialmente depósitos de substâncias tóxicas, explosivas, combustível, inflamáveis e circulação nas galerias, entre as quais, destacam-se:

1 — As áreas de utilização de material inflamável, assim como aquelas sujeitas à ocorrência de explosões ou incêndios devem estar sinalizadas com indicação de área de perigo e proibição de uso de fósforos, de fumar ou outros meios que produzam calor, faísca ou chama.

2 — Trabalhos em áreas citadas neste item que utilizem meios que produzam calor, faísca ou chama só serão realizados adotando-se procedimentos especiais ou mediante liberação por escrito do engenheiro responsável pela mina.

3 — Os tanques e depósitos de substâncias tóxicas, de combustíveis inflamáveis, de explosivos e de materiais passíveis de gerar atmosfera explosiva devem ser sinalizados com a indicação de perigo e proibição de uso de chama aberta nas proximidades e o acesso restrito a trabalhadores autorizados.

4 — Nos depósitos de substâncias tóxicas e de explosivos e nos tanques de combustíveis inflamáveis devem ser fixadas, em local visível, indicações do tipo do produto e da capacidade máxima desses produtos.

5 — Todas as galerias principais devem ser identificadas e sinalizadas de forma visível.

6 — Nos cruzamentos e locais de ramificações principais devem estar indicadas as direções e as saídas da mina, inclusive as de emergência.

7 — As áreas em subsolo já lavradas ou desativadas devem permanecer sinalizadas e interditadas, sendo o acesso permitido apenas a pessoas autorizadas.

8 — As áreas de superfície mineradas ou desativadas que ofereçam perigo devido a sua condição ou profundidade devem ser cercadas e sinalizadas ou vigiadas contra o acesso inadvertido.

9 — Nos locais de estocagem, manuseio e uso de produtos tóxicos, perigosos ou inflamáveis devem estar disponíveis fichas de emergência contendo informações acessíveis e claras sobre o risco à saúde e as medidas a serem tomadas em caso de derramamento ou contato acidental ou não.

10 — As áreas de basculamento devem ser sinalizadas, delimitadas e protegidas contra quedas acidentais de pessoas ou equipamentos.

8.13. Instalações elétricas

Essa matéria também foi objeto de estudo no item 2.1, todavia, a NR-22 define normas específicas de segurança em eletricidade nas atividades de mineração, entre as quais, destacam-se:

— Os cabos, as instalações e os equipamentos elétricos devem ser protegidos contra impactos, água e influência de agentes químicos, observando-se suas aplicações, de acordo com as especificações técnicas.

— Os fios condutores de energia elétrica instalados no teto de galerias para alimentação de equipamentos devem estar à altura compatível com o trânsito seguro de pessoas e equipamentos e protegidos contra contatos acidentais.

— Em locais com ocorrência de gases inflamáveis e explosivos, as tarefas de manutenção elétrica devem ser realizadas sob o controle de um supervisor, com a rede de energia desligada e chave de acionamento bloqueada, monitorando-se a concentração dos gases.

— No caso de uso dos trilhos para o retorno do circuito elétrico de locomotivas, devem existir conexões elétricas entre os trilhos.

— As instalações elétricas, com possibilidade de contato com água, devem ser projetadas, executadas e mantidas com especial cuidado quanto à blindagem, à estanqueidade, ao isolamento, ao aterramento e à proteção contra falhas elétricas.

— Os cabos e as linhas elétricas, especialmente no subsolo, devem ser dispostos de modo que não sejam danificados por qualquer meio de transporte, pelo lançamento de fragmentos de rochas ou pelo próprio peso.

— Em planos inclinados, galerias e poços, as instalações de cabos e linhas energizadas devem ser executadas com suportes fixos, para a segurança de sua sustentação.

— As estações de carregamento de baterias tracionárias no subsolo devem observar as seguintes condições:

a) ser identificadas e sinalizadas;

b) estar sujeitas à ventilação de ar fresco da mina, observando-se que a corrente do ar deverá passar primeiro pelos transformadores e depois pelas baterias, saindo diretamente no sistema de retorno da ventilação;

c) ser separadas das outras instalações elétricas e do local de manutenção de equipamentos e ter o acesso permitido somente a pessoas autorizadas e portando lâmpadas à prova de explosão.

8.14. Operações com explosivos e acessórios

O transporte, o manuseio e o armazenamento de explosivos e acessórios representam um dos principais fatores de risco nas minerações; desse modo, a NR-18 estabelece normas e procedimentos de segurança nas referidas operações, entre as quais, destacam-se:

— Em cada mina onde for necessário o desmonte de rocha com uso de explosivos deve estar disponível plano de fogo, no qual conste:

a) disposição e profundidade dos furos;

b) quantidade de explosivos;

c) tipos de explosivos e acessórios utilizados;

d) sequência das detonações;

e) razão de carregamento;

f) volume desmontado;

g) tempo mínimo de retorno após a detonação.

1) Armazenagem de explosivos

A localização, a construção, a armazenagem e a manutenção dos depósitos principais e secundários de explosivos e acessórios devem estar de acordo com a regulamentação vigente do Ministério da Defesa.

Os depósitos de explosivos e acessórios no subsolo não podem estar localizados junto a galerias de acesso de pessoal e de ventilação principal da mina e somente podem ser liberados a pessoal devidamente qualificado, treinado e autorizado pela empresa. Os locais de armazenamento de explosivos e acessórios no subsolo devem:

a) conter no máximo a quantidade a ser utilizada em um período de cinco dias de trabalho;

b) ser protegidos de impactos acidentais;

c) ser trancados sob responsabilidade de profissional habilitado;

d) ser independentes, separados e sinalizados;

e) ser sinalizados na planta da mina, indicando-se sua capacidade;

f) ser livres de umidade excessiva e onde a ventilação possibilite manter a temperatura adequada e minimizar o arraste de gases para as frentes de trabalho, em caso de acidente;

g) a menos de 20 metros de um depósito de explosivos e acessórios somente será permitido o acesso de pessoas que trabalhem naquela área, para execução de manutenção das galerias e de trabalho no depósito;

h) no subsolo, dentro de depósito de explosivos e acessórios e a menos de 25 metros desse depósito, o sistema de contenção será constituído, preferencialmente, de material incombustível, não podendo existir deposição de qualquer outro material;

i) explosivos e acessórios devem ser estocados em suas embalagens originais ou em recipientes apropriados e sobre material não metálico, resistente e livre de umidade;

j) os explosivos e acessórios não podem estar em contato com qualquer material que possa gerar faíscas, fagulhas ou centelhas.

2) Transporte de explosivos

a) O transporte de explosivos e acessórios deve ser realizado por veículo dotado de proteção, que impeça o contato de partes metálicas com explosivos e acessórios e atenda à regulamentação vigente do Ministério da Defesa e às recomendações do fabricante.

b) O carregamento e o descarregamento devem ser feitos com o veículo desligado e travado.

c) Os trabalhadores envolvidos no transporte de explosivos e acessórios devem receber treinamento específico para realizar sua atividade.

d) É proibido o transporte de explosivos e cordéis detonantes simultaneamente com acessórios e outros materiais, bem como com pessoas estranhas à atividade.

e) O transporte manual de explosivos e acessórios deve ser feito utilizando-se recipientes apropriados.

f) O guincheiro deve ser previamente comunicado de todo transporte de explosivo e acessórios no interior dos poços e planos inclinados.

g) Os explosivos comprometidos em seu estado de conservação, inclusive os oriundos de fogos falhados, devem ser destruídos, conforme regulamentação vigente do Ministério da Defesa e instruções do fabricante.

3) Desmonte com explosivos

O desmonte com o uso de explosivo deve obedecer às seguintes condições:

— ser precedido do acionamento de sirene, no caso de mina a céu aberto;

— a área de risco deve ser evacuada e devidamente vigiada;

— horários de fogo devem ser previamente definidos e consignados em placas visíveis na entrada de acesso às áreas da mina;

— dispor de abrigo para uso eventual daqueles que acionam a detonação e seguir as normas técnicas vigentes e as instruções do fabricante.

Segundo o subitem 22.21.24, na interligação de duas frentes em subsolo, devem ser observados os seguintes critérios:

— retirada total do pessoal das duas frentes, quando da detonação de cada frente;

— detonação não simultânea das frentes e estabelecimento de distância mínima de segurança para a paralisação de uma das frentes.

4) Manuseio de explosivos

A NR-22 estabelece que devem ser usadas somente ferramentas que não originem faíscas, fagulhas ou centelhas para abrir recipientes de material explosivo ou para fazer furos nos cartuchos de explosivos.

No carregamento dos furos, é permitido somente o uso de socadores de madeira, plástico ou cobre (subitem 22.21.26).

Os instrumentos e equipamentos utilizados para detonação elétrica e medição de resistências devem ser inspecionados e calibrados periodicamente, mantendo-se o registro da última inspeção (subitem 22.21.27).

Em minas com emanações comprovadas de gases inflamáveis ou explosivos somente será permitido o uso de explosivos adequados a essa condição (subitem 22.21.28).

É proibida a escorva de explosivos fora da frente de trabalho (subitem 22.21.29).

A fixação da espoleta no pavio deverá ser feita com instrumento específico a esse fim (subitem 22.21.30).

É proibido utilizar fósforos, isqueiros, chama exposta ou qualquer outro instrumento gerador de faíscas, fagulhas ou centelhas durante o manuseio e o transporte de explosivos e acessórios (subitem 22.21.31).

De acordo com o subitem 22.21.32, os fios condutores, utilizados nas detonações por descarga elétrica, devem possuir as seguintes características:

a) ser de cobre ou ferro galvanizado;

b) estar isolados;

c) possuir resistividade elétrica abaixo da estabelecida para o circuito;

d) não conter emendas;

e) ser mantidos em curto-circuito até sua conexão aos detonadores;

f) ser conectados ao equipamento de detonação pelo encarregado do fogo e após a retirada do pessoal da frente de detonação;

g) possuir comprimento adequado, que possibilite uma distância segura para o encarregado do fogo.

— Em minas com baixa umidade relativa do ar, sujeitas ao acúmulo de eletricidade estática, o encarregado do fogo deverá usar anel de aterramento ou outro dispositivo similar, durante a atividade de montagem do circuito e detonação elétrica (subitem 22.21.33).

5) Trabalhos em poços e rampas

Segundo o subitem 22.21.35, para os trabalhos de aprofundamento de poços e rampas, devem ser atendidos os seguintes requisitos adicionais:

a) o transporte dos explosivos e acessórios para o local do desmonte só pode ocorrer separadamente e após ter sido retirado todo o pessoal não autorizado;

b) antes da conexão das espoletas elétricas com o fio condutor, devem ser desligadas todas as instalações elétricas no poço ou na rampa;

c) a detonação só pode ser acionada da superfície ou de níveis intermediários;

d) os operadores de poços e rampas devem ser devidamente informados do início do carregamento.

6) Retorno à frente detonada

Após a detonação podem ocorrer elevadas concentrações de poeira e gases provocadas pela queima de explosivos (monóxido de carbono, gases nitrosos, entre outros), sendo assim, a NR-22 determina que o retorno à frente detonada só será permitido com autorização do responsável pela área e após verificação da existência das seguintes condições:

a) dissipação dos gases e poeiras, observando-se o tempo mínimo determinado pelo projeto de ventilação e pelo plano de fogo;

b) confirmação das condições de estabilidade da área;

c) marcação e eliminação de fogos falhados.

Na constatação ou suspeita de fogos falhados no material detonado, após o retorno das atividades, devem ser tomadas as seguintes providências:

a) os trabalhos devem ser interrompidos imediatamente;

b) o local deve ser evacuado;

c) deve-se informar ao encarregado do fogo para adoção das providências cabíveis.

8.15. Ventilação em minas de subsolo

A ventilação no subsolo é uma das medidas coletivas fundamentais no controle de poeira, particulados e gases provenientes do escapamento de equipamentos móveis e outras operações poluidoras, além de assegurar temperatura e umidade adequadas, suprimento de oxigênio, renovação contínua do ar, entre outros. Assim, a NR-22 estabelece normas e procedimentos visando à obtenção de ventilação adequada nas minas de subsolo, entre as quais, destacam-se:

1) Todas as frentes de lavra devem ser ventiladas por ar fresco proveniente da corrente principal ou secundária.

2) É proibida a utilização de um mesmo poço ou plano inclinado para a saída e entrada de ar, exceto durante o trabalho de desenvolvimento com exaustão ou adução tubuladas ou por meio de sistema que garanta a ausência de mistura entre os dois fluxos de ar.

3) Em minas com emanações de grisu, a corrente de ar viciado deve ser dirigida ascendentemente.

4) A corrente de ar viciado só poderá ser dirigida descendentemente mediante justificativa técnica.

5) Nos locais onde pessoas estiverem transitando ou trabalhando, a concentração de oxigênio no ar não deve ser inferior a 19% em volume.

1) Vazão

1) A vazão de ar necessária em minas de carvão, para cada frente de trabalho, deve ser de, no mínimo, 6 metros cúbicos por minuto, por pessoa.

2) A vazão de ar fresco em galerias de minas de carvão constituídas pelos últimos travessões arrombados deve ser de, no mínimo, 250 metros cúbicos por minuto.

3) Em outras minas, a quantidade de ar fresco nas frentes de trabalho deve ser de, no mínimo, 2 metros cúbicos por minuto, por pessoa.

4) No caso de utilização de veículos e equipamentos a óleo diesel, a vazão de ar fresco na frente de trabalho deve ser aumentada em 3,5 metros cúbicos por minuto para cada cavalo-vapor de potência instalada.

5) No caso de uso simultâneo de mais de um veículo ou equipamento a diesel em frente de desenvolvimento, deverá ser adotada a seguinte fórmula para o cálculo da vazão de ar fresco na frente de trabalho:

$$Q_T = 3{,}5\ (P_1 + 0{,}75 \times P_2 + 0{,}5 \times P_n)\ [\text{m/min}]$$

Onde: Q_T = vazão total de ar fresco em metros cúbicos por minuto

P_1 = potência em cavalo-vapor do equipamento de maior potência em operação

P_2 = potência em cavalo-vapor do equipamento de segunda maior potência em operação

P_n = somatório da potência em cavalo-vapor dos demais equipamentos em operação

6) No caso de desenvolvimento sem uso de veículos ou equipamentos a óleo diesel, a vazão de ar fresco deverá ser dimensionada à razão de 15 metros cúbicos por minuto, por metro quadrado, da área da frente em desenvolvimento.

7) Em outras minas e nas demais atividades subterrâneas, a vazão de ar fresco nas frentes de trabalho será dimensionada de acordo com o disposto no quadro a seguir, prevalecendo a vazão que for maior.

QUADRO II

a) Cálculo da vazão de ar fresco em função do número máximo de pessoas ou máquinas com motores a combustão a óleo diesel:

$$Q_T = Q_1 \times n_1 + Q_2 \times n_2 \ [m^3/min]$$

Onde : Q_T = vazão total de ar fresco em m^3/min

Q_1 = quantidade de ar por pessoa em m^3/min
(em minas de carvão = 6,0 m^3/min ; em outras minas = 2,0 m^3/min)

n_1 = número de pessoas no turno de trabalho

Q_2 = 3,5 $m^3/min/cv$ (cavalo-vapor) dos motores a óleo diesel

n_2 = número total de cavalo-vapor dos motores a óleo diesel em operação

b) Cálculo da vazão de ar fresco em função do consumo de explosivos:

$$Q_T = \frac{0{,}5 \times A}{t} \ [m^3/min]$$

Onde: Q_T = vazão total de ar fresco em m^3/min

A = quantidade total em quilogramas de explosivos empregados por desmonte
t = tempo de aeração (reentrada) da frente em minutos

c) Cálculo da vazão de ar fresco em função da tonelagem mensal desmontada:

$$Q_T = q \times T \ [m^3/min]$$

Onde: Q_T = vazão total de ar fresco em m3/min

q = vazão de ar em m^3/min para 1.000 toneladas desmontadas por mês
(mínimo de 180 $m^3/min/1.000$ toneladas por mês)

T = produção em toneladas desmontadas por mês.

2) Velocidade do ar

a) A velocidade do ar no subsolo não deve ser inferior a 0,2 metros por segundo nem superior à média de 8 metros por segundo onde haja circulação de pessoas.

b) Os casos especiais que demandem o aumento de limite superior da velocidade para até 10 metros por segundo deverão ser submetidos à instância regional do Ministério do Trabalho e Emprego (MTE).

c) Em poços, furos de sonda, chaminés ou galerias, exclusivos para ventilação, a velocidade pode ser superior a 10 metros por segundo.

3) Sistema de ventilação

O sistema de ventilação deve atender, no mínimo, aos seguintes requisitos:

a) possuir ventilador de emergência com capacidade que mantenha a direção do fluxo de ar, de acordo com as atividades para esse caso, previstas no projeto de ventilação;

b) as entradas aspirantes dos ventiladores devem ser protegidas;

c) o ventilador principal e o de emergência devem ser instalados de modo que não permitam a recirculação do ar e possuir sistema alternativo de alimentação de energia proveniente de fonte independente da alimentação principal para acionar o sistema de emergência nas seguintes situações:

I — minas sujeitas a acúmulo de gases explosivos ou tóxicos;

II — minas em que a falta de ventilação coloque em risco a segurança das pessoas durante sua retirada.

d) na falta de alimentação de energia e de fonte independente da alimentação principal, o responsável pela mina deverá providenciar a retirada imediata das pessoas;

e) a estação onde estão localizados os ventiladores principais e de emergência deve estar equipada com instrumentos para medição da pressão do ar;

f) o ventilador principal deve ser dotado de dispositivo de alarme que indique a sua paralisação;

g) os motores dos ventiladores a serem instalados nas frentes com presença de gases explosivos devem ser à prova de explosão;

h) todas as galerias de desenvolvimento, após 10 metros de avançamento, e as obras subterrâneas sem comunicação ou em fundo de saco devem ser ventiladas por meio de sistema de ventilação auxiliar, e o ventilador utilizado deverá ser instalado em posição que impeça a recirculação de ar;

i) é vedada a ventilação utilizando-se somente ar comprimido, salvo em situações de emergência ou se esse ar comprimido for tratado para a retirada de impurezas;

j) devem ser executadas, mensalmente, medições para avaliação da velocidade, vazão do ar, temperatura de bulbo seco e bulbo úmido, contemplando, no mínimo, os seguintes pontos:

— caminhos de entrada da ventilação;

— frentes de lavra e de desenvolvimento;

— ventilador principal.

k) no caso de minas grisutosas ou com ocorrência de gases tóxicos, explosivos ou inflamáveis, o controle da sua concentração deve ser feito a cada turno, nas frentes de trabalho em operação e nos pontos importantes da ventilação.

8.16. Beneficiamento

O beneficiamento é uma das fases do processo de mineração cujos fatores de risco variam em função do tipo de mineral processado. Desse modo, a NR-22 estabelece medidas especiais de segurança nas plantas de beneficiamento (alimentadores, moinhos, galgas, transportadores contínuos, entre outros) entre as quais se destacam:

a) uso de cinto de segurança fixado a cabo salva-vida;

b) realização dos trabalhos sob supervisão;

c) os equipamentos devem estar desligados, desenergizados, com os comandos bloqueados, travados e etiquetados;

d) descarregamento e ventilação prévia dos equipamentos;

e) monitoramento prévio, quando aplicável, de:

I — qualidade do ar;

II — explosividade;

III — radiações ionizantes, quando utilizados medidores radioativos.

f) somente o responsável pelo bloqueio pode desbloquear o comando de partida dos equipamentos, cujo procedimento deverá estar devidamente registrado;

g) nos casos em que houver trabalho manual auxiliar na alimentação por gravidade de britadores, outros equipamentos ou locais com risco de queda, o trabalhador deve usar, obrigatoriamente, cinto de segurança firmemente fixado;

h) deve haver, no mínimo, um sinal audível por todos os trabalhadores envolvidos ou afetados pela operação, pelo menos 20 segundos antes da movimentação efetiva de equipamentos que ofereçam riscos acentuados;

i) os locais de implantação de processos de lixiviação em pilha devem ser cercados e sinalizados de forma a alertar que o acesso é proibido a pessoas não autorizadas;

j) os processos de lixiviação devem ser executados por trabalhadores treinados e supervisionados por profissional legalmente habilitado.

8.17. Deposição de estéril, rejeitos e produtos

Os possíveis acidentes na deposição de rejeitos e produtos, além de serem de natureza grave, podem provocar danos ao meio ambiente; sendo assim, a NR-22 dispõe que:

1) Os depósitos de estéril, rejeitos ou de produtos e as barragens devem ser mantidos sob supervisão de profissional habilitado e dispor de monitoramento da percolação de água, da movimentação e estabilidade e do comprometimento do lençol freático.

2) Nas situações de risco grave e iminente de ruptura de barragens e taludes, as áreas de risco devem ser evacuadas e isoladas; a evolução do processo deve ser monitorada; e todo o pessoal potencialmente afetado deve ser informado.

3) O acesso aos depósitos de produtos, estéril e rejeitos deve ser sinalizado e restrito ao pessoal necessário aos trabalhos ali realizados.

4) A estocagem definitiva ou temporária de produtos tóxicos ou perigosos deve ser realizada com segurança e de acordo com a regulamentação vigente.

8.18. Iluminação

A iluminação escassa nas minas de subsolo tem sido apontada como causa do nistagmo dos mineiros, uma enfermidade caracterizada por um movimento rítmico e involuntário dos olhos.[13] Além disso, a falta de iluminação

(13) *OIT.* ENCI, p. 964.

pode ser a causa de diversos acidentes no subsolo, por essa razão, a NR-22 obriga a instalação de sistema de iluminação estacionária, suplementar e de lanternas individuais, inclusive estabelecendo nível de iluminamento médio em vários locais do subsolo.

a) Iluminação estacionária

Segundo o subitem 22.27.1.1, em subsolo é obrigatória a existência de sistema de iluminação estacionária, mantendo-se os seguintes níveis mínimos de iluminamento médio nos locais relacionados a seguir:

— 50 (cinquenta) lux no fundo do poço;

— 50 (cinquenta) lux na casa de máquina;

— 20 (vinte) lux nos caminhos principais;

— 20 (vinte) lux nos pontos de carregamento, descarregamento e trânsito sobre transportadores contínuos;

— 60 (sessenta) lux na estação de britagem;

— 270 (duzentos e setenta) lux no escritório e nas oficinas de reparos.

b) Iluminação suplementar

Devem dispor de iluminação suplementar à iluminação individual as seguintes atividades no subsolo:

— verificação de riscos de quedas de material;

— verificação de falhas e descontinuidades geológicas;

— abatimentos de chocos e blocos instáveis;

— manutenção elétrica e mecânica nas frentes de trabalho.

c) Lanternas individuais

A NR-22 determina que é obrigatório o uso de lanternas individuais nas seguintes condições:

a) para o acesso e o trabalho em mina subterrânea;

b) para deslocamento noturno na área de operação de lavra, basculamento e carregamento, nas minas a céu aberto.

Além disso, a norma determina também que, nos depósitos de explosivos e acessórios, a iluminação somente poderá ser externa, e nos trabalhos no interior de depósitos de explosivos e acessórios, só será permitido o uso de lanternas de segurança, sendo que as lanternas de reserva devem estar disponíveis em pontos próximos aos locais de trabalho e em condições de uso.

Convém salientar também que nas minas com ocorrência de gases explosivos só será permitido o uso de lanternas de segurança.

Com relação à iluminação na superfície, a norma determina que nos trabalhos em minerais com alto índice de refletância deverão ser tomadas medidas especiais de proteção da visão; nas instalações de superfície que dependam de iluminação artificial, cuja falha possa colocar em risco acentuado a segurança das pessoas, devem ser providas de iluminação de emergência. Caso não seja possível a instalação de iluminação de emergência, os trabalhadores devem dispor de equipamentos individuais de iluminação. Além disso, durante o trabalho noturno ou em condições de pouca visibilidade em minas a céu aberto, as frentes de basculamento ou descarregamento em operação devem possuir iluminação suficiente. A norma determina também que, quando as condições atmosféricas impedirem a visibilidade, mesmo com iluminação artificial, os trabalhos e o tráfego de veículos e equipamentos móveis deverão ser suspensos.

8.19. Proteção contra incêndios e explosões acidentais

A proteção contra incêndio já foi objeto de estudo no subitem 2.2, no entanto, a NR-22 estabelece normas especiais de prevenção nas minerações, além de medidas preventivas de explosões, entre as quais, destacam-se:

Segundo o subitem 22.28.1.1, as ações de prevenção e combate a incêndio e de prevenção de explosões acidentais devem ser implementadas pelo responsável pela mina e devem incluir, no mínimo:

a) indicação de um responsável pelas equipes, pelos serviços e equipamentos para realizar as medições;

b) registros dos resultados das medições permanentemente organizados, atualizados e disponíveis à fiscalização;

c) a periodicidade da realização das medições deverá ser determinada em função das características dos gases, podendo ser modificada a critério técnico.

A norma determina regras especiais com gás metano, pois, além de explosivo, é um asfixiante simples; assim sendo, em minas subterrâneas não deve ser ultrapassada a concentração de 1% (um por cento) em volume ou equivalente de metano no ambiente de trabalho, devendo as atividades ser imediatamente suspensas, caso isso ocorra. A chefia imediata deve ser informada, e somente poderão ser executados trabalhos para reduzir a concentração de metano.

Em caso de ocorrência de metano com concentração igual ou superior a 2% (dois por cento) em volume, ou equivalente, a zona em perigo deve ser imediatamente evacuada e interditada. Ademais, a concentração de metano na corrente de ar deverá ser controlada periodicamente, sendo que com concentração acima de 0,8% (zero vírgula oito por cento) em volume de metano no ar será proibido desmonte com explosivo.

Nas minas subterrâneas sujeitas à concentração de gases, que possam provocar explosões e incêndios, devem estar disponíveis próximos aos postos de trabalho equipamentos individuais de fuga rápida em quantidade suficiente para o número de pessoas presentes na área (subitem 22.28.4).

Em minas subterrâneas onde for utilizado sistema de transporte por correias transportadoras, deverá ser instalado sistema de combate a incêndio próximo ao seu sistema de acionamento e dos tambores (subitem 22.28.8).

Em minas de carvão, a NR-22 determina que as correias transportadoras deverão ser construídas de material resistente à combustão, além de serem tomadas todas as medidas necessárias para evitar o acúmulo de pó de carvão ao longo das partes móveis dos sistemas de transportadores de correia, onde possa ocorrer aquecimento por atrito.

8.20. Prevenção de explosão de poeiras inflamáveis em minas subterrâneas de carvão

De acordo com a NR-22, as minas subterrâneas de carvão devem identificar as fontes de geração de poeira, tomando as medidas preventivas cabíveis para reduzir o risco de inflamação causada por poeira e a propagação da chama, nos seguintes locais: frentes de lavra; pontos de transferência; pontos de carregamento de minério em correias transportadoras e onde existam fontes de ignição. As medidas preventivas mencionadas na referida norma são:

a) nas frentes de lavra: umidificação das operações que possam gerar poeira;

b) nos pontos de transferência e nos pontos de carregamento:

I — umidificação;

II — neutralização com material inerte;

III — lavagem periódica em intervalos de tempo a serem determinados para cada local, das paredes, teto e lapa;

c) nos locais onde existam fontes de ignição:

I — isolamento da fonte;

II — umidificação;

III — neutralização com material inerte.

8.21. Proteção contra inundações

A NR-22 estabelece que no subsolo deverão ser adotadas medidas de proteção contra inundações acidentais, mencionando as seguintes medidas:

a) controlar a quantidade de água bombeada e suas variações ao longo do tempo;

b) adotar sistema de comunicação adequado sempre que houver risco iminente de inundação das galerias de acesso ou saída de pessoal.

8.22. Equipamentos radioativos

Segundo o subitem 22.31.1, as minerações que utilizem fontes ou medidores radioativos em seus processos devem obedecer às Diretrizes Básicas e de Radioproteção da Comissão Nacional de Energia Nuclear (CNEN), especialmente nas NE ns. 3.01/83; 6.02/84; 3.02/88; 3.03/88 e alterações posteriores. Além disso, essas empresas deverão manter à disposição da fiscalização seu Plano de Radioproteção, os resultados de exposição dos trabalhadores e dos levantamentos radiométricos, além dos certificados de calibração dos aparelhos de medição (subitem 22.31.2). A NR-22 dispõe ainda que:

— todas as fontes radioativas e áreas com possibilidade de expor os trabalhadores a taxas de doses acima das permitidas para indivíduos do público devem ser mantidas sinalizadas;

— os trabalhadores sujeitos à exposição a radiações ionizantes e os que transitem por áreas onde haja fontes radioativas devem ser informados sobre os equipamentos, seu funcionamento e seus riscos;

— os trabalhos que envolvem radiações ionizantes devem possuir orientação de um Supervisor de Radioproteção habilitado pela CNEN;

— as fontes radioativas suplementares e as fora de uso devem estar armazenadas segundo as normas da CNEN.

8.23. Operações de emergência

A NR-22 determina que toda mina deverá elaborar, implementar e manter atualizado um plano de emergência que inclua, no mínimo, os seguintes requisitos:

a) identificação de seus riscos maiores;

b) normas de procedimentos para operações em caso de:

I) incêndios;

II) inundações;

III) explosões;

IV) desabamentos;

V) paralisação do fornecimento de energia para o sistema de ventilação;

VI) acidentes maiores;

VII) outras situações de emergência em função das características da mina, dos produtos e dos insumos utilizados;

c) localização de equipamentos e materiais necessários para as operações de emergência e prestação de primeiros socorros;

d) descrição da composição e dos procedimentos de operação de brigadas de emergência para atuar nas situações descritas nos incisos I a VII;

e) treinamento periódico das brigadas de emergência;

f) simulação periódica de situações de salvamento com a mobilização do contingente da mina diretamente afetado pelo evento;

g) definição de áreas e instalações devidamente construídas e equipadas para refúgio das pessoas e prestação de primeiros socorros;

h) definição de sistema de comunicação e sinalização de emergência, abrangendo o ambiente interno e externo;

i) a articulação da empresa com órgãos da defesa civil.

É importante destacar ainda as seguintes disposições:

— Devem ser realizadas, anualmente, simulações do plano de emergência com mobilização do contingente da mina diretamente afetado (subitem 22.32.3). Nas minas de subsolo deve existir uma área reservada para refúgio, em caso de emergência, devidamente construída e equipada para abrigar o pessoal e a prestação de primeiros socorros (subitem 22.32.4).

Com relação às vias e saídas de emergência, entre as disposições da NR-22, destacam-se:

— toda mina subterrânea em atividade (não se aplica à fase de abertura da mina) deve possuir, obrigatoriamente, no mínimo, duas vias de acesso à superfície, uma via principal e uma alternativa ou de emergência, separadas entre si e comunicando-se por vias secundárias, de forma que a interrupção de uma delas não afete o trânsito pela outra;

— na mina subterrânea em operação normal de suas atividades, as vias principais e secundárias devem proporcionar condições para que toda pessoa, a partir dos locais de trabalho, tenha alternativa de trânsito para as duas vias de acesso à superfície, sendo uma delas o caminho de emergência;

— as vias e saídas de emergência devem ser direcionadas o mais diretamente possível para o exterior, em zona de segurança ou ponto de concentração previamente determinado e sinalizado;

— as vias e saídas de emergência, assim como as vias de circulação e as portas que lhes dão acesso, devem ser devidamente sinalizadas e mantidas desobstruídas;

— os planos inclinados e as chaminés, destinados à saída de emergência, devem possuir escadas construídas e instaladas conforme as normas da NR-22.

8.24. Paralisação e retomada de atividades nas minas

Segundo a NR-22, a suspensão temporária ou definitiva da lavra deverá ser comunicada ao órgão regional do Ministério do Trabalho e Emprego, sendo que, para a segunda hipótese, todos os seus acessos deverão ser vedados, na forma da legislação em vigor.

De acordo com a NR-22, para o retorno das atividades de lavra, a empresa ou o Permissionário de Lavra Garimpeira deverá tomar as seguintes providências:

a) reavaliar o estado de conservação da mina, de suas dependências, seus equipamentos e sistemas;

b) restabelecer as condições de higiene e segurança do trabalho;

c) ventilar todas as frentes antes de se adentrar nas minas, no caso de minas subterrâneas, monitorando a qualidade do ar;

d) drenar as áreas inundadas ou alagadas;

e) verificar a estabilidade da estrutura da mina, reforçando-a, em especial aquelas danificadas;

f) realizar estudos e projetos adicionais exigidos pelos órgãos fiscalizadores;

g) manter à disposição da fiscalização do trabalho a autorização de reinício das atividades de lavra, expedida pelo DNPM.

8.25. Informação, qualificação e treinamento

Entre as disposições da NR-22 relativas à informação, à qualificação, ao treinamento e à reciclagem dos trabalhadores, destacam-se:

1) O treinamento admissional para os trabalhadores que desenvolverão atividades no setor de mineração ou daqueles transferidos da superfície para o subsolo, ou vice-versa, abordará, no mínimo, os seguintes tópicos:

a) treinamento introdutório geral com reconhecimento do ambiente de trabalho;

b) treinamento específico na função;

c) orientação em serviço.

2) O treinamento introdutório geral deve ter duração mínima de seis horas diárias, durante cinco dias, para as atividades de subsolo, e de oito horas diárias, durante três dias, para atividades em superfície, durante o horário de trabalho, sendo o currículo definido na NR-22.

3) O treinamento específico na função consistirá de estudo e práticas relacionados às atividades a serem desenvolvidas, aos seus riscos, à sua prevenção, aos seus procedimentos corretos e de execução e terá duração mínima de 40 horas para as atividades de superfície e 48 horas para as atividades de subsolo, durante o horário de trabalho e no período contratual de experiência ou antes da mudança de função.

4) O treinamento específico, com reciclagem periódica, deverá ser dado aos trabalhadores que executam as seguintes operações e atividades:

a) abatimento de chocos e blocos instáveis;

b) tratamento de maciços;

c) manuseio de explosivos e acessórios;

d) perfuração manual;

e) carregamento e transporte de material;

f) transporte por arraste;

g) operações com guinchos e içamentos;

h) inspeções gerais da frente de trabalho;

i) manipulação e manuseio de produtos tóxicos ou perigosos;

j) outras atividades ou operações de risco especificadas no PGR.

5) A orientação em serviço consistirá em período no qual o trabalhador desenvolverá suas atividades, sob orientação de outro trabalhador experiente ou sob supervisão direta, com a duração mínima de 45 dias.

6) A norma determina a orientação que inclua as condições atuais das vias de circulação das minas para os trabalhadores afastados do trabalho por mais de 30 dias consecutivos.

8.26. Comissão Interna de Prevenção de Acidentes na Mineração (CIPAMIN)

A CIPA foi objeto de estudo no capítulo V, todavia, dada a importância da comissão prevencionista nas minerações, a NR-22 estabelece disposições especiais para essa comissão, entre a quais, destacam-se:

O subitem 22.36.3 determina que a CIPAMIN será composta de representante do empregador e dos empregados e seus respectivos suplentes, de acordo com as proporções mínimas constantes no Quadro a seguir:

Número de empregados no estabelecimento	15 a 30	31 a 50	51 a 100	101 a 250	251 a 500	501 a 1.000	1.001 a 2.500	2.501 a 5.000	Acima de 5.000, para cada grupo de 500 acrescentar
número de representantes titulares do empregador	1	1	1	1	1	1	1	1	—
número de representantes suplentes do empregador	1	1	1	1	1	1	1	1	—
número de representantes titulares dos empregados	1	2	3	4	5	6	9	12	4
número de representantes suplentes dos empregados	1	1	1	1	2	2	3	4	2

1 — A composição da CIPAMIN deverá observar critérios que permitam estar representados os setores que ofereçam maior risco ou que apresentem maior número de acidentes do trabalho.

2 — Os setores de maior risco deverão ser definidos pela CIPAMIN com base nos dados do PGR, no relatório anual do PCMSO, na estatística de acidentes do trabalho elaborada pelo SESMT e outros dados e informações relativas à segurança e saúde no trabalho disponíveis na empresa.

3 — Quando o estabelecimento não se enquadrar no Quadro III dessa NR, a empresa ou o Permissionário de Lavra Garimpeira deverá designar

e treinar para prevenção de acidentes um representante para cumprir os objetivos da CIPAMIN, o qual deverá promover a participação dos trabalhadores nas ações de prevenção de acidentes e doenças profissionais.

4 — Em obediência aos critérios do subitem 22.36.3.1 para a composição da CIPAMIN, esta indicará as áreas a serem contempladas pela representatividade individual de empregados do setor.

5 — Observado o dimensionamento do Quadro III, a CIPAMIN deverá ser composta de forma a abranger a representatividade de todos os setores da empresa, podendo, se for o caso, agrupar áreas ou setores preferentemente afins.

6 — Os candidatos interessados deverão inscrever-se para representar sua área ou seu setor de trabalho.

7 — A eleição será realizada por área ou setor e os empregados votarão nos inscritos de sua área ou seu setor de trabalho.

8 — Assumirá a condição de titular da CIPAMIN o candidato mais votado na área ou no setor de trabalho.

9 — O currículo do curso para os membros da CIPAMIM deverá abranger os riscos de acidentes e doenças profissionais constantes no PGR, as medidas adotadas para eliminar e controlar aqueles riscos, além de técnicas para elaboração do Mapa de Riscos e das metodologias de análise de acidentes.

10 — A carga horária do curso de prevenção de acidentes e doenças profissionais deverá ser de 40 horas anuais, das quais 20 horas serão ministradas antes da posse dos membros da CIPAMIN.

CAPÍTULO IV

HIGIENE OCUPACIONAL

O termo Higiene Ocupacional foi escolhido internacionalmente para definir o campo de atuação dessa ciência, após as conclusões extraídas durante a Conferência Internacional de Luxemburgo, ocorrida de 16 a 21 de junho de 1986, que contou com a participação de representantes da Comunidade Econômica Europeia (CEC), da Organização Mundial da Saúde (OMS), da Comissão Internacional de Saúde Ocupacional (ICOH) e da American Conference of Governmental Industrial Hygienists (ACGIH).[1]

Entre as definições conhecidas e mais amplamente difundidas podemos citar:

• A definição da American Industrial Hygiene Association (AIHA) para a Higiene Industrial: "ciência que trata da antecipação, do reconhecimento, da avaliação e do controle dos riscos originados nos locais de trabalho e que podem prejudicar a saúde e o bem-estar dos trabalhadores, tendo em vista também o possível impacto nas comunidades vizinhas e no meio ambiente".

• O conceito preconizado por Olishifski: A Higiene Ocupacional é definida como "aquela ciência e arte devotada à antecipação, ao reconhecimento, à avaliação e ao controle dos fatores de risco ou estresses ambientais originados no — ou a partir do — local de trabalho, os quais podem causar doenças, prejudicar a saúde e o bem-estar ou causar significante desconforto sobre os trabalhadores ou entre os cidadãos de uma comunidade".

• A definição da American Conference of Governmental Industrial Hygienists (ACGIH): "ciência e arte do reconhecimento, da avaliação e do controle de fatores ou tensões ambientais originados do ou no local de trabalho e que podem causar doenças, prejuízos para a saúde e o bem-estar, desconforto e ineficiência significativos entre os trabalhadores ou entre os cidadãos da comunidade".

Pode-se observar, pelas definições, tendência da higiene ocupacional a reconhecer, avaliar e controlar não só os agentes ambientais capazes de produzir doença do trabalho, como também bem-estar e conforto nos ambientes de trabalho e na comunidade.

---

(1) MINISTÉRIO DO TRABALHO E EMPREGO. *Introdução a higiene ocupacional*. São Paulo: Fundacentro, 2001.

A NR-9 da Portaria n. 3.214 instituiu o PPRA (Programa de Prevenção de Riscos Ambientais), que é um programa de higiene ocupacional. Assim, no subitem 9.1.1, essa norma define que o PPRA visa a preservar a saúde do trabalhador por meio da antecipação, do reconhecimento, da avaliação e do controle de ocorrência dos riscos ambientais existentes no ambiente de trabalho, considerando a proteção do meio ambiente e dos recursos naturais. Ademais, a norma estabelece que são considerados riscos ambientais os agentes físicos, químicos e biológicos existentes nos ambientes de trabalho que, em função da natureza, da concentração ou da intensidade e do tempo de exposição, são capazes de causar danos à saúde do trabalhador.

a) Agentes físicos

São classificadas como agentes físicos as diversas formas de energia a que possam estar expostos os trabalhadores, tais como: ruído, vibrações, pressões anormais, temperaturas extremas, radiações ionizantes, radiações não ionizantes, bem como o infrassom e o ultrassom.

b) Agentes químicos

São classificados como agentes químicos as substâncias, os compostos ou produtos que possam penetrar no organismo pela via respiratória, nas formas de poeiras, fumos, névoas, neblinas, gases ou vapores, ou que, pela natureza da atividade de exposição, possam ter contato ou ser absorvidos pelo organismo através da pele ou por ingestão.

c) Agentes biológicos

Consideram-se agentes biológicos as bactérias, os fungos, os bacilos, os parasitas, os protozoários, os vírus, entre outros.

Portanto, neste capítulo, serão estudados o reconhecimento, a avaliação e o controle desses agentes.

I — RUÍDO

1.1. Conceitos e parâmetros básicos

a) Som

O som é qualquer vibração ou conjunto de vibração ou ondas mecânicas que podem ser ouvidas. Na higiene ocupacional, costuma-se denominar barulho como todo som indesejável, o barulho e o ruído são interpretações subjetivas e desagradáveis de um som.

Para a vibração ser ouvida, é necessário que a frequência do som situe-se entre 20 Hz e 20.000 Hz e a variação de pressão sonora provocada pela vibração atinja o limiar de audibilidade (2 x 10^{-5} N/m^2).

b) Ruído

Do ponto de vista de Higiene do Trabalho:

"O ruído é o fenômeno físico vibratório com características indefinidas de variações de pressão (no caso ar) em *função da frequência*, isto é, para uma dada frequência podem existir, em forma aleatória através do tempo, variações de diferentes pressões."

Do ponto de vista subjetivo, ruído ou barulho pode ser definido como um som indesejável.

c) Nível de pressão sonora (decibel)

O nível de pressão sonora determina a intensidade do som e representa a relação do logaritmo entre a variação da pressão (P) provocada pela vibração e a pressão que atinge o limiar de audibilidade. Por meio de pesquisas realizadas com pessoas jovens, sem problemas auditivos, foi revelado que o limiar de audibilidade é de 2 x 10^{-5} N/m^2 ou 0,00002 N/m^2. Desse modo, convencionou-se esse valor como sendo 0 (zero) dB, ou seja, o nível de pressão de referência utilizado pelos fabricantes dos medidores de nível de pressão sonora. Quando a pressão sonora atinge o valor de 200 N/m^2, a pessoa exposta começa a sentir dor no ouvido (limiar da dor), e esse valor corresponde a 140 dB.

A determinação do nível de pressão sonora é feita por meio de uma relação logarítmica, conforme a equação a seguir:

$$NPS = 10 \log \left(\frac{P}{Po}\right)^2 \text{ ou } 20 \log \left(\frac{P}{Po}\right)^2$$

Onde: P é a raiz média quadrática (rms) das variações dos valores instantâneos da pressão sonora

Po = Pressão de referência que corresponde ao limiar de audibilidade (2 x 10^{-5} N/m^2)

Do ponto de vista subjetivo, o ruído é um som indesejável.

Se for aplicado à fórmula o valor de 2 x 10^{-5} N/m^2 (constante), ela poderá também ser expressa da seguinte maneira:

$$NPS = 20 \log p + 94$$

d) Frequência do som

A frequência do som corresponde ao número de vibrações na unidade de tempo. Assim, uma vibração completa ou um ciclo sobre seu tempo de duração, por exemplo, de 0,01 segundos, é igual a:

$$F = \frac{1 \text{ ciclo ou vibração completa}}{0{,}01 \text{ segundo}} = \frac{100 \text{ ciclos ou Hertz}}{\text{segundo}}$$

Como vimos anteriormente, a faixa audível situa-se entre 20 Hz e 20.000 Hz.

e) Nível de intensidade sonora e nível de potência sonora

Além do nível de pressão sonora, outros parâmetros, como o nível de intensidade e potência sonora, são utilizados em acústica para especificar o ruído de equipamentos, os cálculos de isolamento e a estimativa de ruído que uma fonte produz a uma determinada distância.

O Nível de Intensidade sonora, também expresso em dB, é igual a NPS = 10 Log, que é igual a intensidade sonora em um ponto específico e a quantidade média de energia sonora, transmitida através de uma unidade de área perpendicular à direção de propagação do som. O nível de intensidade sonora expresso em dB é igual a:

Io = Intensidade de referência igual a $10^{-12} \frac{\text{Watt}}{m^2}$

Já o nível de potência sonora, também expresso em dB, é igual a:

$$NWS = 10 \log \frac{W}{Wo}$$

Onde:

W = Potência sonora da fonte em watts e representa a quantidade de energia acústica produzida por uma fonte sonora por unidade de tempo.

Wo = Potência sonora de referência igual a 10^{-12} watts.

f) Nível de decibel compensado ou ponderado

O ouvido humano responde de formas diferentes às diversas frequências. Portanto, ao ouvir um som em 3.000 Hz, a sensação é diferente da de ouvi-lo a 500 Hz. Desse modo, com base em estudos de nível de audibilidade, foram desenvolvidas as curvas de decibéis compensados ou ponderações nas frequências A, B, C e D, de forma a simular a resposta do ouvido. Essas curvas de compensação foram padronizadas internacionalmente e introduzidas nos circuitos elétricos dos medidores de nível de pressão sonora. A figura que se segue mostra as curvas de compensação:

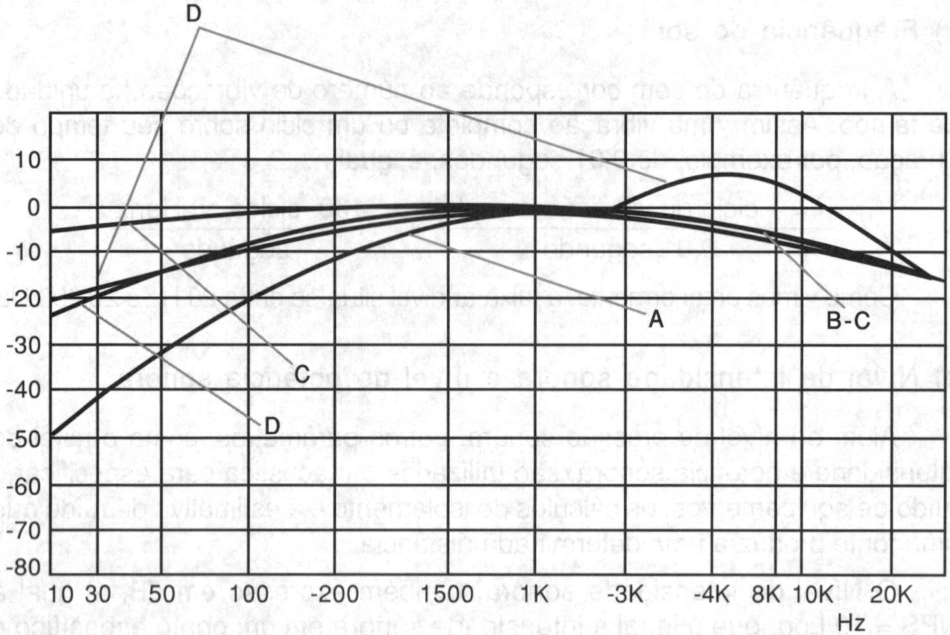

Pelo gráfico, observa-se que um som de 100 dB emitido numa frequência de 50 Hz, quando compensado pelas curvas, fornecerá as seguintes leituras no medidor de nível de pressão sonora:

Curva "A" — 70 dB (A)

Curva "B" — 88 dB (B)

Curva "C" — 99 dB (C)

Curva "D" — 88 dB (D)

As normas internacionais e o Ministério do Trabalho adotaram a curva de compensação "A" para medições de níveis de ruído contínuo e intermitente, devido à sua maior aproximação à resposta do ouvido humano.

O circuito "A" aproxima-se das curvas de igual audibilidade para baixos Níveis de Pressão Sonora; o circuito "B", para médios Níveis de Pressão Sonora, e o circuito "C", para Níveis de Pressão Sonora mais altos. Hoje, entretanto, somente o circuito "A" é amplamente usado, uma vez que os circuitos "B" e "C" não tiveram boa correlação em testes subjetivos. Uma curva especializada, a compensação "D", foi padronizada para medições em aeroportos.[2]

g) Fator de duplicação da dose

O incremento em decibéis ocorre quando o acréscimo a um determinado nível implica a duplicação da dose de exposição ou a redução pela metade do

(2) GERGES, Samir N. Y. (professor). *Curso de controle de ruído industrial.*

tempo máximo de exposição (NHO-1 FUNDACENTRO). Exemplo: Na NR-15, anexo 01, o incremento de duplicação é igual a 5. A maioria das normas tem adotado o fator de duplicação 3, inclusive a NHO-01.

h) Dose equivalente de ruído ou efeitos combinados

Quando a exposição ao ruído é composta de dois ou mais períodos de exposição de diferentes níveis, devem ser considerados seus efeitos combinados, em vez de seus efeitos individuais (NR15, anexo 1, item *c*). Esse efeito combinado, ou a dose equivalente, é calculado por meio da soma das seguintes frações:

$$\frac{C_1}{T_1} + \frac{C_2}{T_2} + \frac{C_3}{T_3} + \ldots\ldots\ldots\ldots \frac{C_n}{T_n}$$

Onde:

Cn = tempo total de exposição a um nível específico

Tn = É a duração total permitida a esse nível, conforme limites estabelecidos no anexo 1, NR-15

O resultado obtido não pode exceder a 1 (um).

Os efeitos combinados podem ser obtidos com maior precisão utilizando-se o audiodosímetro. Esse instrumento indica a dose em percentual. Assim, o limite será excedido quando a dose for superior a 100%.

A dose ou o efeito combinado podem ser obtidos também com o medidor de NPS. Entretanto, nesse caso, o procedimento é bem trabalhoso, pois é necessário estimar ou cronometrar com exatidão os tempos de exposição a cada nível.

i) Nível equivalente de ruído

Com base na dose, obtém-se o nível equivalente de ruído. Esse nível apresenta a exposição ocupacional do ruído durante o tempo de medição e representa a integração dos diversos níveis instantâneos de ruído ocorridos nesse período. A NR-15 considera o incremento de duplicação igual a 5 (q = 5), isto é, a cada incremento de 5 dB no nível equivalente, dobra a equivalência de energia e, consequentemente, o risco de dano auditivo. Assim, a equação que representa o critério adotado pela NR-15 é a seguinte:

$$D = \frac{T}{8} \cdot 2^{\left(\frac{leq}{5} - 17\right)}$$

Onde:

D = Dose equivalente em fração decimal, ou seja, o valor obtido no audiodosímetro deve ser dividido por 100

T = Tempo de medição

q = 5 (incremento) a cada aumento de 5 dB, a energia sonora irá duplicar

L_{eq} = nível equivalente de ruído

O cálculo do L_{eq} é feito explicitando esse fator na equação. Assim, teremos:

$$\frac{L_{eq} = \log \frac{D \times 8}{T} + 5{,}117}{0{,}06}$$

Desmembrando a fração, teremos:

$$L_{eq} = \frac{\log \frac{D \times 8}{T}}{0{,}06} + \frac{5{,}117}{0{,}06} \quad = \quad L_{eq} = \frac{\log \frac{D \times 8}{T}}{0{,}06} + 5{,}117$$

Essa equação pode ser expressa também da seguinte forma:

L_{eq} = 16,61x log $\frac{D x 8}{T}$ + 85, para fator de duplicação igual a 5.

L_{eq} = 10x log $\frac{D x 8}{T}$ + 85, para fator de duplicação igual a 3.

j) Nível de Exposição Normalizado — NEN

Segundo NHO-01 da FUNDACENTRO, o NEN (Nível de Exposição Normalizado) corresponde ao nível de exposição, convertido para uma jornada padrão de 8 horas diárias, para fins de comparação com o limite de exposição. Esse nível, para o fator de duplicação da dose q =3, é calculado conforme equação a seguir:

Onde:

$$NEN = NE + 10 \log \frac{TE}{480} dB$$

NE = Nível médio de exposição ocupacional diária ou LEQ

TE = Tempo de duração, em minutos, da jornada diária de trabalho

Para o fator de duplicação da dose q = 5, a equação é a seguinte:

$$NEN = NE + 10 \log \frac{TE}{480} dB$$

k) Ruído de impacto ou impulsivo

A NR-15, anexo 2, da Portaria n. 3.214, define como ruído de impacto os picos de energia acústica de duração inferior a 1 (um) segundo, a intervalos superiores a 1 (um) segundo.

Quando se utiliza a instrumentação específica pela norma ANSI S1.4, S1.25 ou IEC 804, o ruído impulsivo ou de impacto é automaticamente incluído na medição. A única exigência é que a faixa de medição seja de 80 dB a 140 dB (A), e que a faixa de detecção de pulso seja de, no mínimo, 63 dB (A). Não deve ser permitida nenhuma exposição para ouvidos desprotegidos a níveis de pico acima de 140 dB, medidos no circuito de compensação C. Se a instrumentação não permite a medição de pico no circuito C, uma medição linear com o nível de pico abaixo de 140 dB pode ser usada para implicar que o nível de pico ponderado no circuito C está abaixo de 140 dB.

l) Espectro sonoro

A faixa audível de frequência situa-se entre 20 Hz e 20.000 Hz, sendo inúmeras as possibilidades de distribuição da energia sonora na referida faixa. Daí, a necessidade de se avaliarem as frequências em certos tipos de avaliação de ruído. A análise desta distribuição de nível de pressão sonora na faixa de frequência é muito importante para determinar a nocividade do ruído e os meios adequados de controle.

Para realizar a análise de frequência, a faixa audível pode ser dividida em: Banda de oitava, terça de oitava e meia oitava, faixa de percentagem, faixa de largura constante, entre outros, sendo a banda de oitava mais usada na higiene ocupacional.

1.2. Efeitos do ruído no organismo

Os efeitos do ruído no organismo podem ser diretamente na audição ou extra-auditivos.

1.2.1. Efeitos auditivos

A exposição ocupacional ao ruído acima do limite de tolerância pode levar o trabalhador à perda da audição. Essa exposição a nível de ruído elevado produz estímulos excessivos das células ciliadas do órgão de Corti, levando a sua destruição gradual. Depois de destruídas, essa células não mais se regeneram resultando, portanto, numa perda irreversível da audição (ASTETE,1978).

Segundo Astete (1978), a destruição das células ciliadas inicia-se naquelas localizadas na volta inicial da cóclea, no ponto sensível a sons nas frequências de 3000 Hz a 6000Hz, espalhando progressivamente para as mais baixas e mais altas. Assim, no início do processo, o indivíduo não percebe a alteração da audição, uma vez que não atinge as frequências de comunicação oral, que está compreendida entre 250 Hz a 2000Hz. Todavia, com o aumento da exposição, as perdas progridem para referida faixa de frequência de comunicação.

O início de um processo de surdez profissional pode ser constatado por meio de um exame audiométrico, a perda de audição ao redor de 4000 Hz aparece no audiograma com um formato característico a que se deve sua denominação de gota acústica.(3)

Outro efeito do ruído diretamente na audição é o trauma acústico que é a perda auditiva repentina, após a exposição a um nível de ruído intenso, do tipo impacto, provocado, por exemplo, por explosões. O deslocamento de ar produzido pelo impacto, ao atingir o aparelho auditivo, pode causa perfurações do tímpano ou até desarticulações dos ossículos do ouvido médio (ASTETE,1978). O Trauma acústico diferencia-se da surdez permanente que se instala paulatinamente, após exposições prolongadas e repetitivas durante meses ou anos ao ruído excessivo. Quanto aos níveis que causam ruptura do tímpano, não existe um limite exato, pois a susceptibilidade individual é fator importante.

1.2.2. Efeitos extra-auditivos

Os efeitos do ruído não se limitam ao aparelho auditivo. Vários estudos descrevem alterações em outros órgãos e reações psíquicas devido a exposição ao ruído. Dentre os estudos sobre os efeitos extra-auditivos do ruído, descritos na literatura, há informação que a exposição pode afetar o sistema cardiovascular; provocar distúrbios gastrointestinais; irritabilidade, nervosismo, vertigens; alterações endócrinas entre outros.

Há pessoas que se adaptam ao ruído e, aparentemente, este não interfere com a habilidade manual e mental das mesmas. Porém, outras pessoas são extremamente sensíveis a este agente, sofrendo alterações diversas em local muito ruidoso. Portanto, a susceptibilidade individual tem grande influência nos efeitos do ruído.

Quanto ao ruído na comunidade, é altamente indesejável principalmente em zonas residenciais, junto a escolas, clínicas, etc. Um dos aspectos é a sua interferência com o sono, pois um repouso tranquilo é necessário para o bem-estar físico e mental.

1.3. Instrumentos de medição

a) Medidor de Nível de Pressão Sonora

A NR-15, Anexo I, estabelece que os níveis de ruído contínuo ou intermitente devem ser medidos em decibéis (dB), com o instrumento de nível de

(3) *Curso de engenharia de segurança.* São Paulo: Fundacentro, v. 3, p. 663.

pressão sonora operando no circuito de compensação “A” e no circuito de resposta lenta. Já a ACGIH recomenda que o nível de pressão sonora deve ser determinado por um medidor de nível de pressão sonora ou dosímetro que atenda, no mínimo, às especificações para medidores de nível de som S1.4 1983, tipo S2A ou à especificação para dosímetros individuais de ruído. Ambos da *American National Standards Institute* (ANSI). O medidor do nível de pressão sonora determina o nível instantâneo de ruído, sendo que os instrumentos mais modernos possuem analisador de frequência integrado, conforme mostra a figura que se segue (Figura 1):

Figura 1— Medidor de Nível de Pressão Sonora integrado com Analisador de Frequência

b) Analisador de Frequência

Esse instrumento é útil para se determinarem as frequências do ruído e, consequentemente, verificar se o NPS concentra-se nas frequências onde a resposta subjetiva ao ruído é maior (2.000 Hz a 5.000 Hz). Além disso, a análise de frequência permite especificar os isolamentos acústicos e calcular a atenuação dos protetores auriculares. O analisador de frequência pode ser separado ou integrado ao medidor de NPS, conforme mostrado na Figura 1.

c) Audiodosímetro (medidor integrado de uso pessoal)

Quando há exposição diária a diferentes níveis de ruído, devem ser considerados os efeitos combinados, em vez dos efeitos individuais de cada um deles.

A determinação da dose ou do efeito combinado e do nível equivalente de ruído deve ser feita, preferencialmente, por meio de medidores integrados de uso pessoal (dosímetros de ruído). Esse equipamento deve ser configurado de acordo com as exigências do critério estabelecido na NR-15, ou seja, jornada de trabalho de 8 (oito) horas, dose 100% ou 1 para 85 dB (A) e incremento igual a 5. (Ver Figura 2)

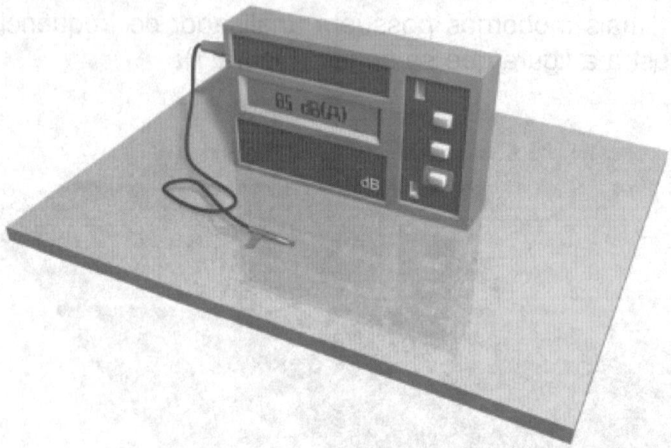

Figura 2 — Audiodosímetro

d) Calibrador acústico

Os instrumentos de medição devem ser calibrados antes e depois da medição. Para tanto, utiliza-se uma fonte-padrão que emite som na frequência de 1.000 Hz. Esse instrumento, ao ser ajustado no microfone do medidor, apresenta o nível de pressão sonora de 94 dB, 114 dB ou outro valor, de acordo com a marca do calibrador. Se o valor apresentado for diferente do padrão, o medidor poderá ser ajustado. A Figura 3 ilustra o calibrador acústico.

Figura 3 — Calibrador acústico

1.4. Limite de tolerância

O item 15.1.5, NR-15, da Portaria n. 3.214 define como limite de tolerância a concentração ou intensidade máxima ou mínima, relacionada com a natureza e o tempo de exposição ao agente, que não causará dano à saúde do trabalhador durante sua vida laboral. Já a ACGIH (*American Conference Governmental Industrial Hygienists*) estabelece que o limite de tolerância para o ruído não protege todos os trabalhadores dos efeitos adversos da exposição ao ruído. O limite de tolerância visa a proteger a maioria da popu-lação de forma que a perda auditiva média produzida pelo ruído nas frequências de 500 Hz, 1.000 Hz e 3.000 Hz, durante 40 anos de exposição, não exceda a 2 dB. Assim, os valores dos limites de tolerância são referenciais para um programa de conservação auditiva.

Consequentemente, o limite de tolerância representa as condições sob as quais se acredita que a maioria dos trabalhadores expostos, repetidamente, não sofram efeitos adversos à sua capacidade de ouvir e entender uma conversação normal (ACGIH).

A NR-15 definiu como ruído contínuo ou intermitente o ruído que não seja de impacto. Para o ruído contínuo ou intermitente, a NR-15, anexo 1, fixa para cada nível de pressão sonora o tempo diário máximo permitido. Os limites de tolerância e a metodologia de avaliação da NR-15 estão transcritos a seguir:

Limite de Tolerância para Ruído Contínuo ou Intermitente

Nível de ruído dB (A)	Máxima exposição diária permitida
85	8 horas
86	7 horas
87	6 horas
88	5 horas
89	4 horas e 30 minutos
90	4 horas
91	3 horas e 30 minutos
92	3 horas
93	2 horas e 40 minutos
94	2 horas e 15 minutos
95	2 horas
96	1 horas e 40 minutos
98	1 hora e 15 minutos
100	1 hora

Nível de ruído dB (A)	Máxima exposição diária permitida
102	45 minutos
104	35 minutos
105	30 minutos
106	25 minutos
108	20 minutos
110	15 minutos
112	10 minutos
114	8 minutos
115	7 minutos

1. Entende-se por Ruído Contínuo ou Intermitente, para os fins de aplicação de Limites de Tolerância, o ruído que não seja ruído de impacto.

2. Os níveis de ruído contínuo ou intermitente devem ser medidos em decibéis (dB) com instrumento de nível de pressão sonora operando no circuito de compensação "A" e circuito de resposta lenta (SLOW). As leituras devem ser feitas próximas ao ouvido do trabalhador.

3. Os tempos de exposição aos níveis de ruído não devem exceder os limites de tolerância fixados no Quadro deste anexo.

4. Para os valores encontrados de nível de ruído intermediário será considerada a máxima exposição diária permissível relativa ao nível imediatamente mais elevado.

5. Não é permitida exposição a níveis de ruído acima de 115 dB (A) para indivíduos que não estejam adequadamente protegidos.

6. Se durante a jornada de trabalho ocorrerem dois ou mais períodos de exposição a ruídos de diferentes níveis, devem ser considerados os seus efeitos combinados, de forma que se use a soma das seguintes frações:

$$\frac{C_1}{T_1} + \frac{C_2}{T_2} + \frac{C_3}{T_3} + \ldots\ldots\ldots \frac{C_n}{T_n}$$

Na equação apresentada na página anterior, Cn indica o tempo total que o trabalhador fica exposto a um nível de ruído específico e Tn indica a máxima exposição diária permissível a esse nível, segundo o Quadro deste Anexo.

7. As atividades ou operações que exponham os trabalhadores a níveis de ruído, contínuo ou intermitente, superiores a 115 dB (A), sem proteção adequada, oferecerão risco grave e iminente.

ANEXO N. 2
LIMITES DE TOLERÂNCIA PARA RUÍDOS DE IMPACTO

1. Entende-se por ruído de impacto aquele que apresenta picos de energia acústica de duração inferior a 1 (um) segundo, a intervalos superiores a 1 (um) segundo.

2. Os níveis de impacto deverão ser avaliados em decibéis (dB), com medidor de nível de pressão sonora operando no circuito linear e circuito de resposta para impacto. As leituras devem ser feitas próximas ao ouvido do trabalhador. O limite de tolerância para ruído de impacto será de 130 dB (linear). Nos intervalos entre os picos, o ruído existente deverá ser avaliado como ruído contínuo.

3. Em caso de não se dispor de medidor de nível de pressão sonora com circuito de resposta para impacto, será válida a leitura feita no circuito de resposta rápida (FAST) e circuito de compensação "C". Nesse caso, o limite de tolerância será de 120 dB (C).

4. As atividades ou operações que exponham os trabalhadores, sem proteção adequada, a níveis de ruído de impacto superiores a 140 dB (LINEAR), medidos no circuito de resposta para impacto, ou superiores a 130 dB (C), medidos no circuito de resposta rápida (FAST), oferecerão risco grave e iminente.

1.5. Adição e subtração de níveis de ruído

As operações em decibéis não são lineares. Assim sendo, 100 dB + 90 dB não é igual a 190 dB, pois a escala do nível de pressão sonora é uma relação logarítmica. Portanto, para adicionar ou subtrair níveis de pressão sonora, é necessário calcular a razão média quadrática das pressões de cada nível e, em seguida, efetuar a soma ou a subtração. Com esses dados, calcula-se o nível de pressão sonora total ou resultante. Contudo, para evitar cálculos complexos, foram criadas as curvas de adição e subtração em dB, conforme gráficos a seguir:

GRÁFICO 1 — Adição de Níveis de Pressão Sonora

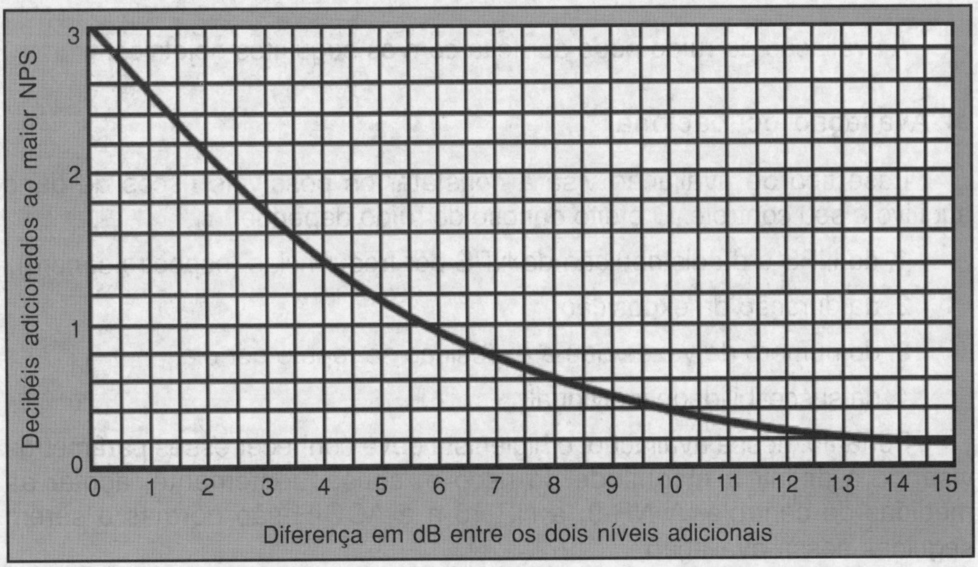

GRÁFICO 2 — Para subtração de Níveis de Pressão Sonora
Ruído de fundo

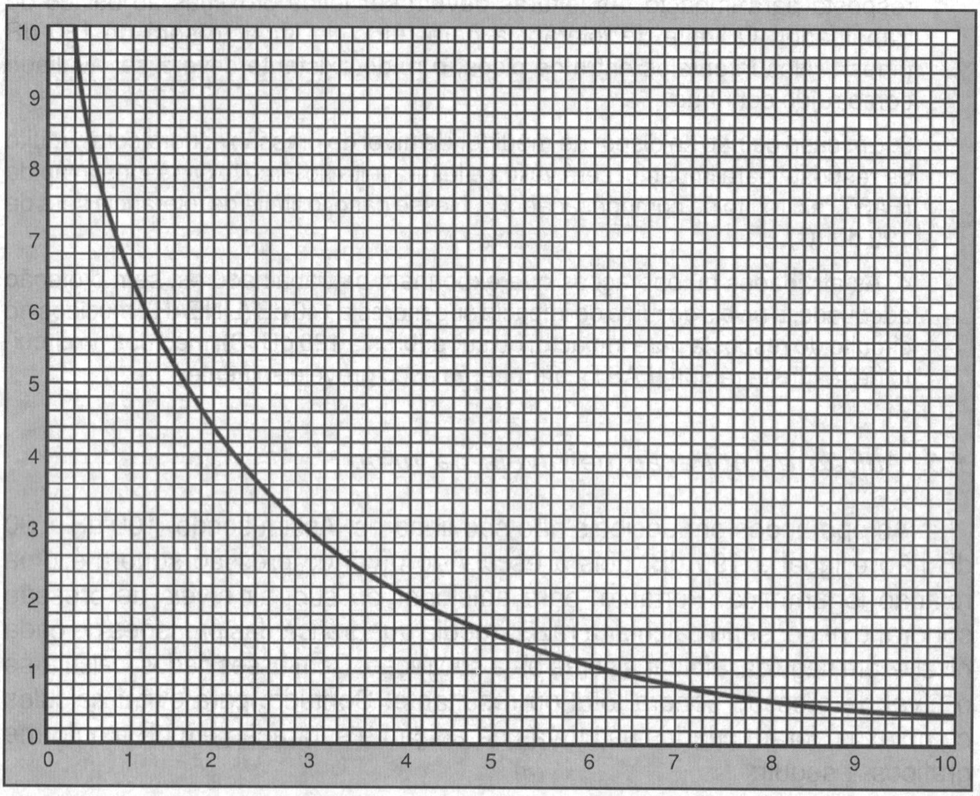

1.6. *Avaliação do ruído*

A avaliação do ruído pode ser feita com os seguintes objetivos:

a) Avaliação ocupacional

Esse tipo de avaliação visa a constatar os possíveis riscos de dano auditivo e seu controle. O efeito danoso do ruído depende:

1. do NPS e da distribuição de NPS por frequências (espectro sonoro);
2. da duração da exposição;
3. do número de vezes que a exposição se repete por dia;
4. da suscetibilidade individual.

Portanto, nessa avaliação, o higienista deve conhecer esses parâmetros visando a definir a magnitude do risco e, consequentemente, adotar as medidas de controle. A NR-9, a NR-15 e a ACGIH são normas a serem seguidas nessa avaliação.

b) Avaliação do ruído para caracterização da insalubridade

A perícia visando à possível caracterização da insalubridade tem como base legal a NR-15, Anexos 1 e 2, e na maioria das vezes é realizada em perícias judiciais.

c) Avaliação para fins de aposentadoria especial

Essa avaliação é realizada para fins de comprovação junto ao INSS da exposição a níveis de ruído prejudiciais à saúde. O critério utilizado são as normas da NR-15, ACGIH, e da Previdência Social (Decreto n. 3.048/99).

d) Avaliação para fins de conforto

O critério utilizado nessa avaliação está regulamentado na NR-17 da Portaria n. 3.214/78 e nas normas da ABNT, em especial, NBR 10152, que serão mais detalhadas no capítulo VII — Ergonomia.

e) Avaliação da perturbação do sossego público

Nessa avaliação, a regulamentação em legislação municipal, estadual ou federal e as normas técnicas pertinentes encontram-se, em especial, nas normas da NBR 10151 e 10152 da ABNT, que sugerimos aos leitores que fossem consultadas.

1.7. Medidas de controle

As medidas de controle do ruído podem ser consideradas basicamente de 3 (três) maneiras distintas: na fonte, na trajetória e no homem. As medidas na fonte e na trajetória deverão ser prioritárias, quando viáveis tecnicamente.

1.7.1. Controle na fonte

Entre as medidas de controle na fonte, podemos destacar:

— substituir equipamento por outro mais silencioso;

— balancear e equilibrar partes móveis;

— lubrificar eficazmente rolamentos, mancais, etc.;

— reduzir impactos, na medida do possível;

— alterar o processo;

— programar as operações, de forma que permaneça o menor número de máquinas funcionando simultaneamente;

— aplicar material de modo a atenuar as vibrações;

— regular os motores;

— reapertar as estruturas;

— substituir engrenagens metálicas por outras de plástico ou celeron.

1.7.2. Controle no meio

Não sendo possível o controle na fonte, o segundo passo é a verificação de possíveis medidas aplicadas no meio. Esse processo consiste em:

— Evitar a propagação — por meio de isolamento.

— Conseguir um máximo de perdas energéticas por absorção.

O isolamento acústico pode ser feito das seguintes formas:

1 — Evitando que o som se propague a partir da fonte:

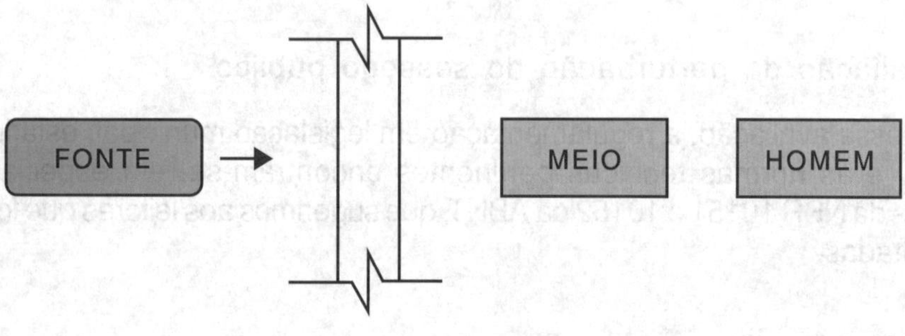

2 — Evitando que o som chegue ao receptor:

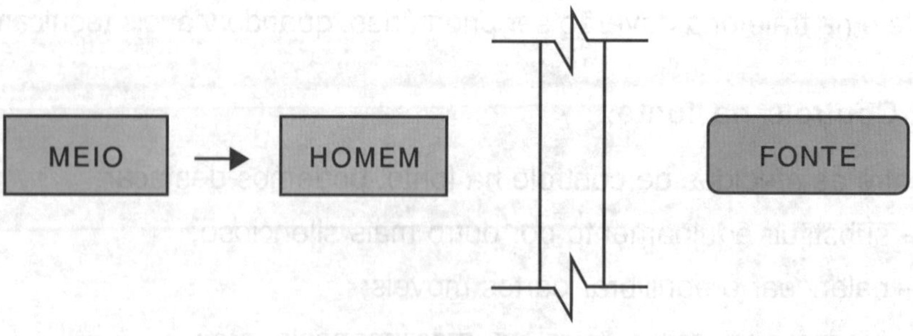

Isolar a fonte — Significa a construção de barreira que separe a causa do ruído do meio que o rodeia, para evitar que esse som se propague.

Isolar o receptor — Construção de barreiras que separem a causa e o meio do indivíduo exposto ao ruído.

O isolamento acústico das fontes ruidosas consiste na colocação de barreiras isolantes e absorventes de som. Melhores resultados serão obtidos se as barreiras forem revestidas internamente com material absorvente de som (cortiça, lã de vidro, etc.) e a face externa com material isolante de som (paredes de alvenaria). Ver desenho a seguir:

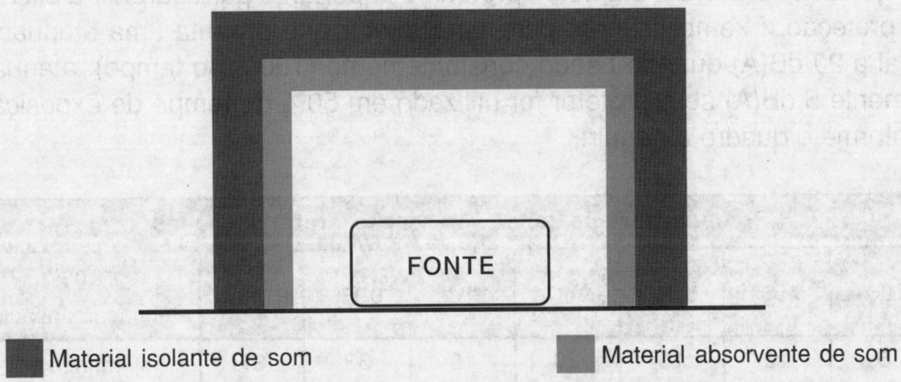

Outra medida de controle na trajetória é procurar alcançar o máximo de perdas energéticas por absorção pelo tratamento acústico das superfícies. Essa medida é feita revestindo o local com material absorvente de som, no sentido de se evitar reflexão do mesmo.

1.7.3. Controle no homem

Não sendo possível o controle do ruído na fonte e na trajetória, deve-se, como último recurso, adotar medidas de controle no trabalhador.

Essas podem ser adotadas como complemento às medidas anteriores ou quando as mesmas não forem suficientes para corrigir o problema.

Como medida de controle no homem, sugerem-se:

1) Limitação do tempo de exposição:

Consiste em reduzir o tempo de exposição aos níveis de ruído superiores a 85 dB (A), tomando o cuidado para que o valor limite para exposição a dois ou mais níveis de ruído diferentes não seja ultrapassado.

2) Equipamentos de proteção individual — protetores auriculares:

São protetores colocados no ouvido do trabalhador, devendo ser utilizados quando não for possível o controle para atenuação do ruído a níveis satisfatórios.

Deve-se ressaltar que a simples utilização do EPI não implica a eliminação de o risco do trabalhador vir a sofrer diminuição da capacidade auditiva. Os protetores auriculares, para serem eficazes, deverão ser usados de forma correta e obedecer aos requisitos mínimos de qualidade representada pela capacidade de atenuação, que deverá ser devidamente testada por órgão competente. O uso constante do protetor é importante para garantir a eficácia da proteção. Exemplificando: para um protetor que garanta uma atenuação igual a 20 dB(A) quando usado constantemente (100% do tempo), atenuará somente 5 dB(A) se o protetor for utilizado em 50% do tempo de exposição, conforme o quadro a seguir:

Porcentagem do tempo em que o protetor é usado							
50%	75%	88%	94%	98%	99%	99,5%	100% atenuação nominal
5	10	15	20	18	33	(37)	Infinita
5	10	14	18	22	23	24	25
5	9	13	16	18	19	19	20
4	8	11	13	14	14	15	15
3	6	8	9	9	10	10	10
2	3	4	4	5	5	5	5
240	120	60	30	10	5	2,5	0
Tempo em minutos em não uso na jornada							

Os protetores auriculares devem ser capazes de reduzir a intensidade do ruído abaixo do limite de tolerância; sendo assim, é necessário calcular sua atenuação com base em seu fator de proteção. Os métodos normalizados para o cálculo são:

a) Método longo (análise de frequência)

O método longo consiste na confrontação dos níveis de pressão sonora em dB(A) encontrados no ambiente com os dados de atenuação do EPI fornecido pelo fabricante, por bandas de frequência, de 125 Hz a 8.000 Hz, deduzidos os desvios-padrão. A soma logarítmica dessas diferenças é a expressão do nível de pressão sonora total a que o indivíduo estará submetido após a colocação do referido EPI.

b) Método simplificado, valor único (NRR)

b.1) Método corrigido (Norma ANSI S.12.6 — 1984)

Esse método consiste em realizar medição do ruído na curva "C" e subtrair o NRR (*Noise Redution Rating*) ou o RC corrigido para uso real, isto é, o NRR fornecido pelo laboratório deve ser corrigido para o uso real da seguinte forma:

- Protetor concha — redução de 25% do valor do NRR ou RC;
- Protetor de inserção moldável — redução de 50% do valor do NRR ou RC;
- Protetor de inserção pré-moldável — redução de 70% do NRR ou RC.

Portanto, o cálculo da atenuação será:

NPS_C = NPS_M em dB(A) — NRR.f

Onde:

NPS_C = Nível de Pressão Sonora com proteção

NRR = Nível de Redução do Protetor

f = fator de correção igual a 0,75, 0,30 e 0,3, conforme a redução do NRR para uso real

Quando o NPS é medido em dB(A), a fórmula é a seguinte:

NPS_C = NPS em dB(A) — (NRR.f - 7)

Nesse caso, há outra correção por meio da constante 7,0 devido à diferença média entre os valores do NPS em dB(A) e dB(C) no espectro sonoro.

b.2) Método direto (sem correção) ANSI 12.6 — 1997 B

Nesse método, o cálculo da atenuação é o seguinte:

NPS_C = NPS em dB(A) — NRRsf

Onde:

NRRsf = Nível de Ruído (*subject tit*)

O NRR (sf) é a redução obtida em testes de laboratório feitos com pessoas sem treinamento, apenas laudo de instruções das embalagens. O NRR (sf) é calculado a partir desses dados de atuação, com algumas peculiaridades: o nível de proteção estatístico é de 84% (contra 98% do método tradicional) e subtrai-se diretamente do dB(A) com correção de 5 em vez de 7, já embutido no índice. Portanto, não é necessário fazer nenhuma outra correção, com exceção do tempo de uso real.[4]

---

(4) FANTAZZINI, Mário Luiz. *Revista Proteção.* n. 77, nov. 2002.

II — VIBRAÇÃO

2.1. Conceitos básicos/classificação

A exposição ocupacional à vibração não é tão estudada quanto os outros agentes; todavia, sua ocorrência na indústria é bastante frequente. Os efeitos desse agente na saúde humana é considerável, sendo, portanto, necessários a avaliação e o controle.

A vibração é um movimento oscilatório de um corpo devido a forças desequilibradas de componentes rotativos e movimentos alternados de uma máquina ou um equipamento. Se o corpo vibra, descreve um movimento oscilatório e periódico, envolvendo deslocamento em um certo tempo. Teremos, então, envolvidas no movimento, uma velocidade, uma aceleração e uma frequência (número de ciclos completos/minuto).

a) Unidades

Como a vibração é um movimento oscilatório, para sua quantificação pode-se utilizar os parâmetros deslocamento, velocidade e aceleração. Para efeito de higiene ocupacional, a avaliação da vibração será feita por meio de aceleração em m/s^2 ou em dB. Para aceleração de vibração, o decibel será obtido conforme a fórmula abaixo.

$$dB = 20 \log \frac{a}{a_0}$$

Onde:

a = aceleração avaliada (m/s^2)

a_0 = aceleração de referência ($10^{-6} m/s^2$)

b) Aceleração equivalente

Quando a exposição à vibração for diferente em dois ou mais períodos da jornada, deve ser considerada a aceleração equivalente, conforme fórmula a seguir:

$$A_{EQ} = \sqrt{\frac{a_1^2 . t_1 + a_2^2 . t_2 .... a_n^2 . t_n}{t_1 + t_2 .... t_n}}$$

Onde:

A_{EQ} = Magnitude da aceleração equivalente

A_n = Magnitude da vibração para exposição de duração T_n

Exemplo: Um operador de auto de linha fica exposto à seguinte situação:

a (m/s^2)	Tempo (min)	Situação
0,14	60	Marcha lenta
0,99	360	Velocidade de 80 km/h
0,0	60	Não exposto a vibração

A vibração equivalente será de:

$$A_{eq} = \frac{[(0{,}14^2 \times 60) + (0{,}99^2 \times 360) + (0{,}0 \times 60)]\ 1/2}{480} = 0{,}85\ m/s^2$$

$$A_{eq} = 0{,}85\ m/s^2$$

Se observarmos o gráfico do guia de efeitos à saúde, verificaremos que, para 8 (oito) horas de exposição e aceleração equivalente a 0,85 m/s^2, estaremos na região B, significando precaução em relação aos riscos potenciais à saúde.

c) Classificação das vibrações

1) *Vibração ocupacional do corpo inteiro* — são vibrações transmitidas ao corpo como um todo, geralmente por meio da superfície de suporte, tal como pés, costas, nádegas de um homem sentado, ou na área de suporte de um homem reclinado.

2) *Vibração ocupacional de mão e braço ou localizada* — são vibrações que atingem certas partes de um corpo, principalmente mãos, braços e outras. Como os sistemas corpo inteiro e braços/mãos são mecanicamente diferentes, deverão ser estudados separadamente.

3) *Vibração para conforto* — determinada ocupação pode causar desconforto intolerável em uma situação e ser agradável ou desejada em outra. Logo, os valores de conforto dependem de vários fatores, alguns são até subjetivos. Desse modo, a ISO 2631 não estabelece limite para o conforto, limitando-se apenas em indicar valores de acelerações em que as reações das pessoas são prováveis.

4) *Vibração no meio ambiente* — são vibrações capazes de provocar desconforto e perturbação do sossego público, como, por exemplo, prédios, veículos, entre outros.

5) *Vibração de máquinas* — são vibrações que podem indicar problemas de manutenção em máquinas e equipamentos. Logo, são medidas pelos técnicos de manutenção preventiva e comparadas com valores das normas técnicas pertinentes.

d) Aceleração ponderada

Dependendo dos efeitos da exposição às medições de corpo inteiro, mão e braço e conforto são ponderados nas frequências conforme será explicado adiante.

2.2. Critério legal

A legislação brasileira prevê, por intermédio da NR-15 — Anexo 8, com redação dada pela Portaria n. 12 de 1983, que as atividades e operações que exponham os trabalhadores sem proteção adequada às vibrações localizadas ou de corpo inteiro serão caracterizadas como insalubres, apuradas por perícia realizada no local de trabalho. A perícia, visando à comprovação ou não da exposição, deve tomar por base os limites de exposição definidos pela Organização Internacional para a Normalização, em suas normas ISO 2.631 e ISO 5.349 ou suas substitutas. Em relação ao laudo pericial, a legislação determina que os seguintes itens devem constar obrigatoriamente:

a) o critério adotado;

b) o instrumental utilizado;

c) a metodologia de avaliação;

d) a descrição das condições de trabalho e do tempo de exposição às vibrações;

e) o resultado da avaliação quantitativa;

f) as medidas para eliminação e/ou neutralização da insalubridade, quando houver.

A insalubridade, quando constatada no caso das vibrações, está classificada como de grau médio, assegurando ao trabalhador a percepção de adicional incidente equivalente a 20% (vinte por cento) sobre o salário mínimo da região.

A norma ISO 2631 estabelece os critérios de avaliação de vibração de corpo inteiro; enquanto a ISO/DIS 5349, de mão e braço.

2.3. Vibração de corpo inteiro

a) Direção da vibração

As vibrações retilíneas transmitidas ao ser humano devem ser medidas nas direções corretas de um sistema ortogonal de coordenadas que tenham sua origem na posição do coração, conforme o esquema a seguir:

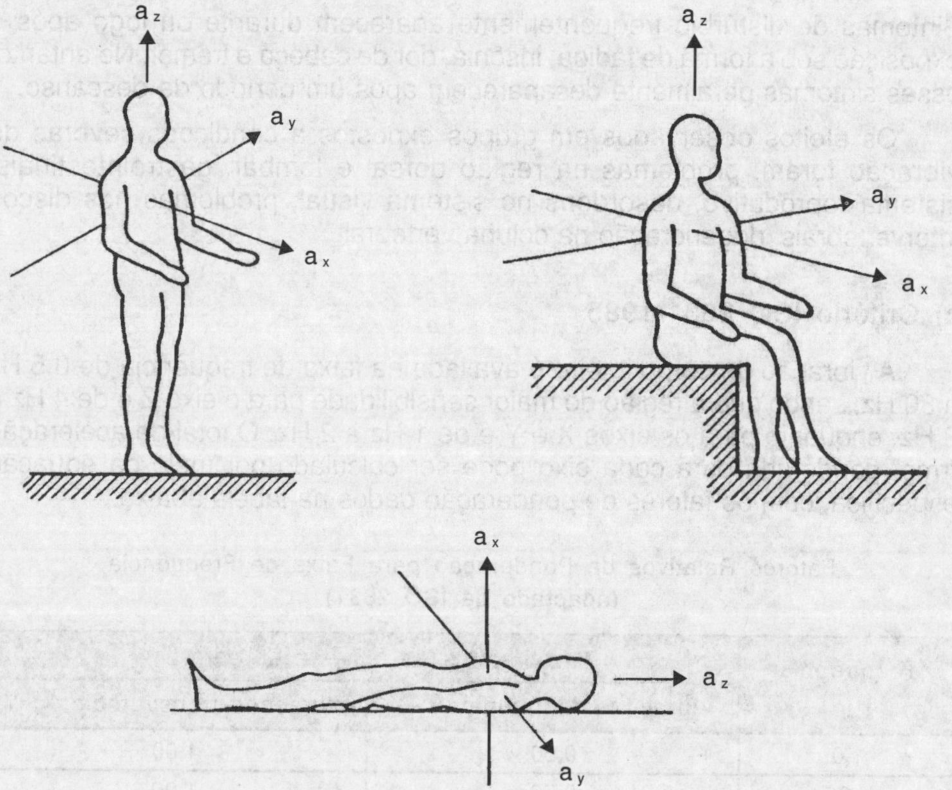

A terminologia comumente usada em biodinâmica relaciona o sistema de coordenadas ao esqueleto humano, em uma posição anatômica normal. As acelerações (movimento) no eixo do pé (ou das nádegas) para a cabeça (ou longitudinal) são designadas $\pm a_z$; a aceleração no eixo antes e depois (anteposterior ou peito-costas), $\pm a_x$; e no eixo lateral (esquerda para direita), $\pm a_y$. As vibrações angulares (ou rotacionais) sobre um centro de rotação são partes importantes de um ambiente vibratório, tais como tratores e avião em turbulência; os movimentos das marés podem ser mais perturbadores do que as vibrações retilíneas acima e abaixo. Entretanto, poucas informações sobre os efeitos das vibrações angulares (ou rotacionais) estão disponíveis. Assim, sempre que possível, as vibrações rotacionais que ocorrem em giro, arfagem e guinada devem ser medidas e reportadas com a finalidade de aumentar nosso conhecimento sobre a resposta humana a essas excitações.

b) Efeitos sobre a saúde

A exposição à vibração de corpo inteiro pode causar danos físicos permanentes ou distúrbios no sistema nervoso. A exposição diária à vibração de corpo inteiro poderá resultar em danos na região espinhal, podendo também afetar o sistema circulatório e/ou urológico, além do sistema nervoso central.

Sintomas de distúrbio frequentemente aparecem durante ou logo após a exposição sob a forma de fadiga, insônia, dor de cabeça e tremor. No entanto, esses sintomas geralmente desaparecem após um período de descanso.

Os efeitos observados em grupos expostos a condições severas de vibração foram: problemas na região dorsal e lombar, gastrointestinais, sistema reprodutivo, desordens no sistema visual, problemas nos discos intervertebrais, degeneração na coluna vertebral.

c) Critério ISO 2631/1985

A vibração de corpo inteiro é avaliada na faixa de frequência de 0,5 Hz a 80 Hz, sendo que a região de maior sensibilidade para o eixo Z é de 4 Hz a 8 Hz, enquanto para os eixos X e Y é de 1 Hz a 2 Hz. O total de aceleração "rms" ponderada para cada eixo pode ser calculado por meio da equação específica, com os fatores de ponderação dados na tabela abaixo.

Fatores Relativos de Ponderação para Faixa de Frequência (adaptado da ISO 2631)

Frequência (Hz)	Fatores de ponderação para	
	Vibrações longitudinais Y	Vibrações transversais X, Y
1,0	0,50	1,00
1,25	0,56	1,00
1,6	0,63	1,00
2,0	0,71	1,00
1,5	0,80	0,80
3,15	0,90	0,63
4,0	1,00	0,50
5,0	1,00	0,40
6,3	1,00	0,315
8,0	1,00	0,25
10,0	0,80	0,20
12,5	0,63	0,16
16,0	0,50	0,125
20,0	0,40	0,10
25	0,315	0,08
31,5	0,25	0,063
40	0,20	0,05
50	0,16	0,04
63	0,125	0,0315
80	0,10	0,025

4 Hz a 8 Hz, no caso de +/- a_z ressonância de vibração.

1 Hz a 2 Hz, no caso de +/- a_y ou a_x ressonância de vibração.

A norma ISO 2631/1, de 1985, estabelece limites de tolerância diferentes para os eixos Z e XY. A avaliação da vibração prevista nessa norma é pelo método detalhado, ou seja, com análise das frequências de vibração. A ACGIH adota esse limite de tolerância.

d) Critério ISO 2631-1:1997

1) Ponderação nas frequências

A norma ISO 2.631-1:1997 estabelece a ponderação nas frequências em função da resposta da sensibilidade do corpo à vibração. Na avaliação ocupacional de corpo inteiro, a faixa de frequência considerada é de 0,5 Hz a 80 Hz, e as ponderações são:

W_k — aceleração ponderada no eixo z.

W_d — aceleração ponderada nos eixos x e y.

Cabe ressaltar que a resposta do corpo humano à vibração não é linear em todas as frequências; por essa razão, é necessário corrigir as respostas de sensibilidade nas diferentes frequências. Essas ponderações estão nas curvas da figura 1, e os valores numéricos, na tabela 1.

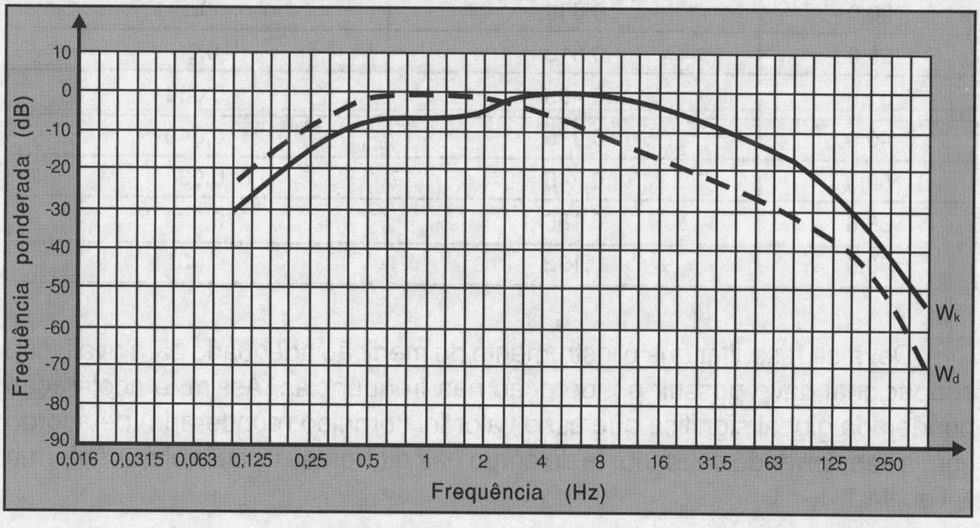

Examinando a curva e a tabela de ponderação, percebemos que a maior sensibilidade do corpo é nas frequências de 4,0 Hz a 8,0 Hz no eixo z e de 1,0 Hz a 2,0 Hz nos eixos x e y.

TABELA 1

Frequência (Hz)	Fatores de ponderação	
	W_k	W_d
0,5	0,148	0,853
0,63	0,459	0,944
0,8	0,477	0,992
1,0	0,482	1,011
1,25	0,484	1,008
1,6	0,494	0,968
2,0	0,531	0,89
2,5	0,631	0,776
3,15	0,804	0,642
4,0	0,967	0,512
5,0	1,039	0,409
6,3	1,054	0,323
8,0	1,036	0,253
10,0	0,988	0,212
12,5	0,902	0,161
16,0	0,768	0,125
20,0	0,636	0,1
25,0	0,513	0,08
31,5	0,405	0,063
40,0	0,315	0,049
50,0	0,246	0,038
63,0	0,186	0,029
80,0	0,132	0,021

Deve-se ressaltar que o instrumento de medição adequado para avaliação ocupacional deve possuir ponderação nas frequências. Assim, a aceleração ponderada global significa que esse valor foi corrigido (ponderado) de acordo com a sensibilidade de resposta do corpo nas diferentes frequências, conforme a Tabela 1.

Em certos casos, pode-se utilizar instrumento de medição que fornece a aceleração nas bandas de frequência de terça de oitava. Nesse caso, com base nos valores ponderados para cada frequência, conforme a Tabela 1, calcula-se a aceleração global de acordo com a seguinte equação:

$$A_{eq} = \sqrt{\sum_{i=1}^{n}(a_i \cdot w_i)^2}$$

Onde:

n — é número de banda de frequência

W_i — é o fator de ponderação para cada banda de frequência correspondente

a_i — é a aceleração obtida em cada frequência

2) Limite de tolerância

O limite de tolerância para vibração de corpo inteiro atualmente vigente é aquele estabelecido pela 2ª edição da ISO 2.631-1:1997, que cancela e substitui a ISO 2631-1:1995 e a ISO 2631-3:1995. O conceito de proficiência reduzida pela fadiga foi excluído, permanecendo apenas os limites para efeitos sobre a saúde e o conforto.

A norma ISO 2631-1:1997, no anexo B, estabelece um guia de efeitos à saúde. Esse guia apresenta recomendações baseadas principalmente em exposições na faixa de 4 a 8 horas, para pessoas sentadas — eixo z. Segundo essa norma, a experiência na aplicação dessa parte da norma é limitada para os eixos x e y (pessoas sentadas) e para todos os eixos nas posições em pé, deitada ou inclinada.

A interpretação do gráfico do guia de efeitos à saúde pela vibração deve ser feita do seguinte modo:

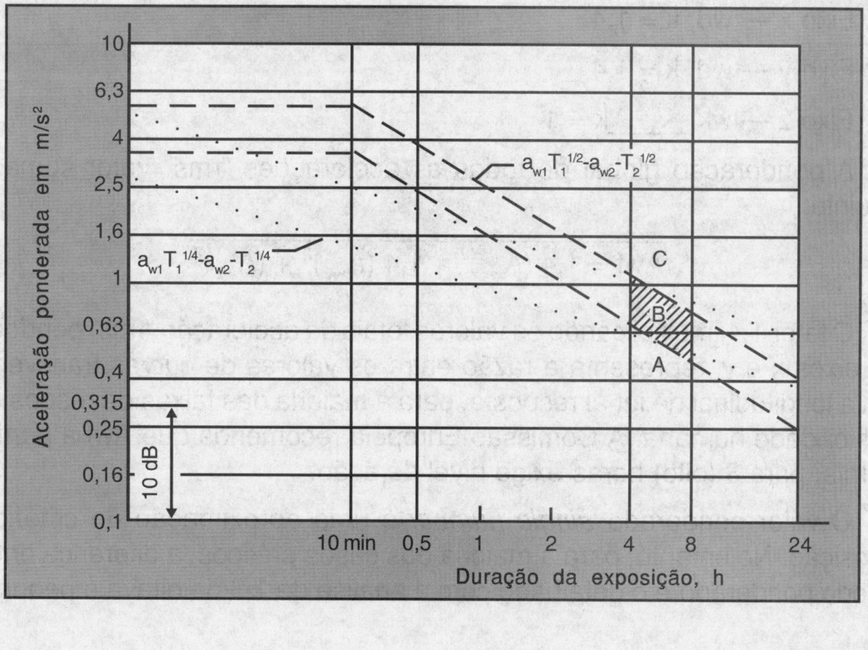

— *A região A* da curva significa que os efeitos à saúde não têm sido claramente documentados e/ou observados objetivamente.

— *A região B* (área hachurada da curva) significa precauções em relação aos riscos potenciais à saúde.

— *A região C* significa riscos prováveis à saúde.

A comparação dos limites de tolerância utilizando a curva de segunda potência ($aw_1\, T_1^{1/2} = aw_2\, T_2^{1/2}$) pode ser usada quando o fator de crista for $\leq 9{,}0$. Para certos tipos de vibração, especialmente aquelas contendo choques adicionais, o método de segunda potência pode subestimar a necessidade de exposição. Poderá, então, ser utilizado o método da quarta potência, pois é mais sensível a picos do que o anterior:

$$[(aw_1 \,.\, T_1^{1/2}) = (aw_2 \,.\, T_2^{3/4})]$$

3) Vetor soma dos três eixos

A avaliação do efeito à saúde deve ser feita independentemente para cada eixo. A análise da vibração deve ser feita considerando-se o maior componente da aceleração ponderada em frequência medida nos diversos eixos de assento.

Quando a vibração em dois ou mais eixos for comparável, o vetor resultante é, algumas vezes, utilizado para estimar o risco à saúde. A ponderação em frequência deve ser aplicada em indivíduos sentados, com os fatores de multiplicação K, conforme abaixo:

Eixo x — wd, k = 1,4

Eixo y — wd, k = 1,4

Eixo z — wk _____k = 1

A ponderação global de todas as acelerações "rms" vetor soma é a seguinte:

$$\sqrt{Awf = 1{,}4\,(A_{wx})^2 + 1{,}4\,(A_{wy})^2 + (A_{wz})^2}$$

O fator 1,4, multiplicando os valores totais de aceleração "rms" ponderada dos eixos x e y, representa a razão entre os valores de curvas transversais com a longitudinal de igual resposta, para a maioria das faixas de resposta da sensibilidade humana. A Comissão Europeia recomenda que Awf a partir de 0,5 m/s^2 para 8 (oito) horas exige nível de ação.

O valor ponderado *single number* é uma aproximação do critério de exposição. No entanto, para a maioria dos casos práticos, a diferença entre o método ponderado e o detalhado com a análise de 1/3 de oitava é pequena.

e) Critério da Comunidade Europeia

A diretiva 2002/44/EC estabelece os seguintes níveis de exposição para vibração de corpo inteiro:

0,5 m/s^2*ou 9,1 VDV** — Nível de ação

1,15 m/s^2* ou 21,0 VDV** — Limite de exposição para jornada de 8 (oito) horas*

*A avaliação da exposição à vibração de corpo inteiro baseia-se na determinação da exposição diária A(8) expressa pela aceleração equivalente para um período normalizado de 8 horas, obtida a partir da maior parcela dos valores eficazes ou a parcela mais elevada do valor de dose da vibração (VDV), das acelerações ponderadas em frequência segundo os três eixos ortogonais (1,4 a_{wx};1,4 a_{wy}; $_{awz}$) para trabalhadores sentados ou em pé, conforme capítulos 5, 6 e 7 e anexos A e B da ISO 2631-1 (1997).

**Valor de dose da vibração, parâmetro a ser utilizado conforme ISO 2631-1 (1997), quando houver presença de picos ou choques significativos.

f) Equipamento/local de medição

Os equipamentos de medição de vibração geralmente são compostos das seguintes partes: um transdutor ou *pick-up*, um dispositivo amplificador (elétrico, mecânico ou ótico) e um indicador ou registrador de amplitude. O equipamento fornecerá a magnitude de uma vibração, isto é, a aceleração deve ser expressa por um valor médio de raiz quadrada (rms) em cada eixo x, y e z, pelos valores de pico, bem como pela aceleração resultante nos três eixos.

A vibração deverá ser avaliada no seu ponto de entrada no corpo humano (ou seja, na superfície do corpo), e não na estrutura (por exemplo, na estrutura de um assento almofadado), o que pode transformar a vibração antes de atingir o corpo humano. As medições da vibração devem ser executadas tão próximo quanto possível do ponto ou da área em que a vibração é transmitida ao corpo.

Se um homem está em pé em um piso, sobre uma plataforma, sem qualquer matéria amortecedora entre o corpo e a estrutura suporte, então o transdutor de medição deverá ser preso a essa estrutura. Se houver um material amortecedor entre o corpo e a estrutura vibratória, é permissível a colocação de um transdutor rígido (por exemplo, uma folha de metal fina adequadamente perfilada) entre o sujeito e a almofada. Se não for possível se medir a vibração no ponto de entrada no ser humano dessa forma, então as características de transmissão do elemento amortecedor devem ser determinadas e levadas em consideração no cálculo real da vibração transmitida ao corpo.

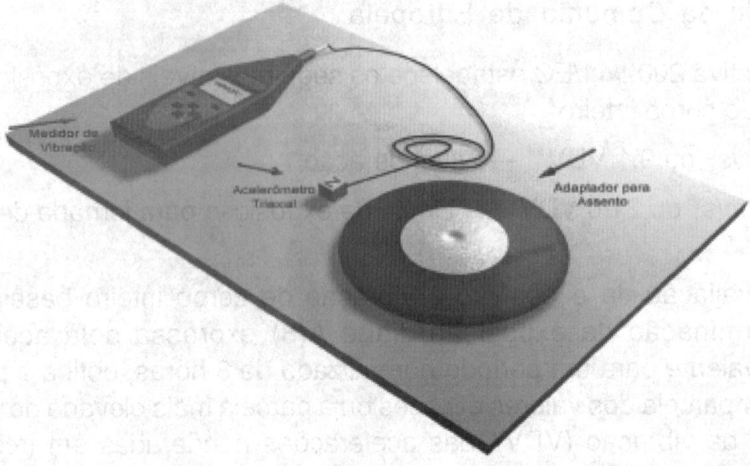

Figura 4 — Medidor de Vibração acoplado ao acelerômetro de assento

g) Medidas de controle

— assentos com suspensão a ar;

— cabines com suspensão;

— calibração adequada do pneu;

— utilização de bancos com descanso para os braços, apoio lombar e ajuste do assento e do apoio das costas;

— implantação de programa de supervisão médica.

2.4. *Vibração localizada ou mão e braço*

a) Direção da vibração

As direções da vibração devem ser reportadas às direções de um sistema de coordenadas ortogonais, conforme sugerido abaixo.

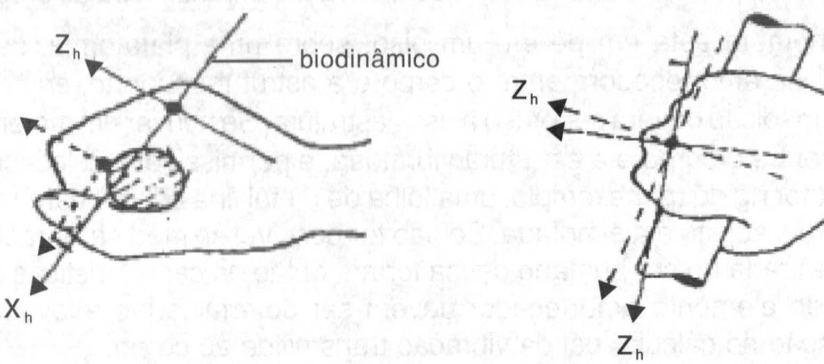

A fim de se evitar um conflito entre a terminologia proposta aqui e a usada em biodinâmica para definir a exposição humana de corpo inteiro, é proposto que os movimentos da mão para várias direções do sistema de coordenadas sejam designados pelo subscrito h (*hand*). Assim, a aceleração da mão na direção z deve ser designada por azh e similarmente para as direções x e y. A aceleração de corpo inteiro no eixo longitudinal é designada somente por az.

b) Efeitos sobre a saúde

Os principais efeitos decorrentes da exposição à vibração no sistema mão/braço podem ser de ordem vascular, neurológica, osteoarticular e muscular. A evolução da doença nos seus diversos estágios em função da exposição diária, ao longo de meses, pode ser observada por meio da descrição realizada por Taylor e Pelmear, conforme resumo a seguir:

— Formigamento ou adormecimento leve e intermitente, ou ambos, são frequentemente ignorados pelo paciente porque não interferem no trabalho ou em outras atividades. São os primeiros sintomas da síndrome.

— Mais tarde, o paciente pode experimentar ataques de branqueamento de dedos, confinados primeiramente às pontas; entretanto, com a continuidade da exposição, os ataques podem se estender à base do dedo.

— O frio frequente provoca os ataques, mas há outros fatores envolvidos com o mecanismo de disparo, como a temperatura central do corpo, a taxa metabólica, o tônus vascular (especialmente cedo, pela manhã) e o estado emocional.

— Os ataques de branqueamento geralmente duram de 15 a 60 minutos, mas, nos casos avançados, podem durar uma ou duas horas. A recuperação se inicia com um rubor, uma hiperemia reativa, especialmente vista na palma da mão, avançando do pulso para os dedos.

— Nos casos avançados, devido aos repetidos ataques isquêmicos, o tato e a sensibilidade à temperatura ficam comprometidos. Há perda de destreza e incapacidade para a realização de trabalhos minuciosos.

— Prosseguindo a exposição, o número de ataques de branqueamento se reduz, sendo substituído por uma aparência cianótica dos dedos.

— Finalmente, pequenas áreas de necrose da pele aparecem na ponta dos dedos (acrocianose).

Os estudos epidemiológicos dos trabalhadores expostos a vibrações de mão e braço indicam prevalência de distúrbios neurológicos. Assim, no encontro de Estocolmo, foi proposta uma escala de três estágios da evolução em razão da síndrome de dedos brancos induzidos pela vibração, também denominados fenômeno de Raynaud (ACGIH, 2010), conforme Tabela 1.

TABELA 1

Estágio	Sintomas
OSN	Exposto à vibração, mas sem sintomas
1SN	Adormecimento intermitente com ou sem formigamento
2SN	Adormecimento intermitente ou persistente, percepção sensorial reduzida
3SN	Adormecimento intermitente ou persistente, redução na discriminação tátil e/ou destreza manipulativa

Fonte: ACGIH 2010.

A severidade dos efeitos biológicos pode ser influenciada por:

— direção de vibração transmitida à mão;

— método de trabalho, habilidade e destreza do operador;

— fatores predisponentes de saúde do indivíduo (fumo, doenças que afetam a circulação, utilização de certos medicamentos).

c) Critério ISO 5349:1986

A norma ISO 5349/86 determina a medição da vibração de mão/braço ou localizada, ponderada nas frequências de terça de oitava na faixa compreendida entre 6,3 Hz a 1.250 Hz, sendo o fator de ponderação de acordo com a Tabela 2 a seguir:

TABELA 2

Frequência (Hz)	Fator de ponderação K_j	Frequência (Hz)	Fator de ponderação K_j
6,3	1,0	100	0,16
8,0	1,0	125	0,125
10,0	1,0	160	0,1
12,5	1,0	200	0,08
16	1,0	250	0,063
20	0,8	315	0,05
25	0,63	400	0,04
31,5	0,5	500	0,03
40	0,4	630	0,025
50	0,3	800	0,02
63	0,25	1000	0,016
80	0,2	1250	0,0125

1) Limite de tolerância

O limite de tolerância para vibração localizada refere-se a níveis de duração de exposição a componentes de aceleração que representam condições sob as quais se acredita que praticamente todos os trabalhadores podem ser repetidamente expostos cotidianamente sem que evoluam para além do estágio 1 do Sistema de Classificação de Encontro de Estocolmo para Dedos Brancos induzidos por vibração, também conhecido como fenômeno de *Raynaud,* de origem ocupacional.

A ISO 5349 não fixa limite de tolerância expressamente para exposição ocupacional à vibração, estabelecendo apenas gráfico de percentual de trabalhadores expostos (10% a 50%) que poderão evoluir para o estágio 1 de doença de branqueamento dos dedos, dependendo dos anos de exposição e de aceleração ponderada (aeq), conforme gráfico abaixo.

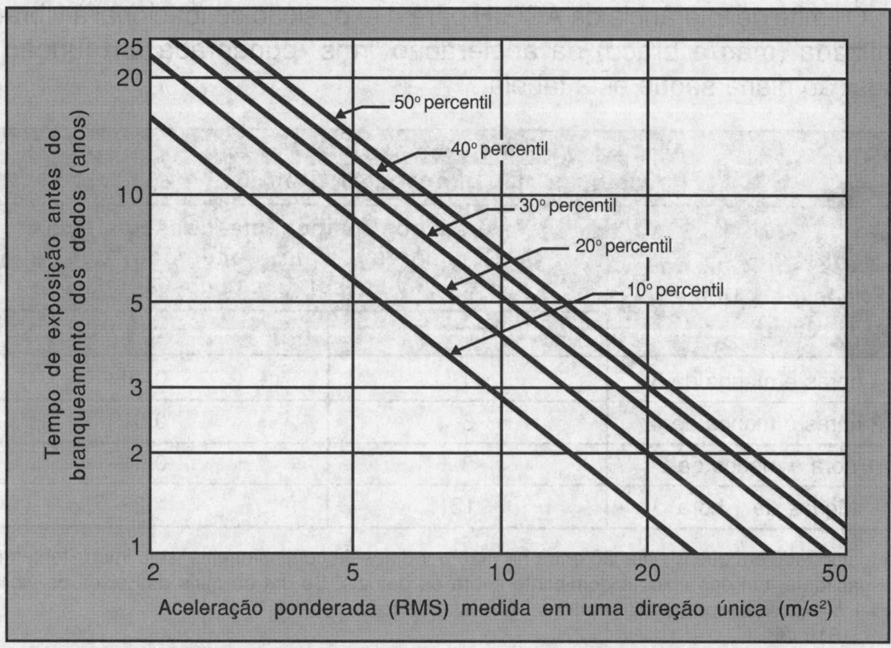

2) Limite de tolerância ACGIH

A ACGIH, com base nesse gráfico, definiu os seus limites de tolerância estabelecendo o tempo diário de exposição em função da aceleração ponderada (aeq). Analisando esses limites, pressupõe-se que a ACGIH tomou como base o tempo de cinco anos, em que 10% dos trabalhadores expostos evoluíram para estágio 1, conforme critério gráfico sugerido pela ISO 5349. Outros países, como a Dinamarca, adotam o critério de que 10% dos trabalhadores expostos podem evoluir para o estágio 1 em dez anos.

O MTE estabelece que, nas perícias visando à caracterização de insalubridade por vibração, deve-se seguir as normas da ISO e suas substitutas sem, todavia, definir ou orientar os intérpretes sobre qual critério deve ser adotado. Por outro lado, a NR-9 estabelece que os resultados da avaliação quantitativa devem ser comparados com os limites recomendados pela ACGIH, quando não houver limites definidos na NR-15. Desse modo, considerando que os limites da ACGIH foram baseados no gráfico recomendado pela ISO 5349 e que a NR-15 não definiu o limite expressamente, a nosso ver, o limite da ACGIH é o que deverá ser adotado para fins de caracterização da insalubridade e da aposentadoria especial.

Do ponto de vista prevencionista, no entanto, deverão ser adotados limites mais rigorosos, como, por exemplo, percentual de 10% de probabilidade de os trabalhadores expostos evoluírem para o estágio 1 da doença em dez anos.

O limite de tolerância da ACGIH para a exposição ocupacional à vibração localizada (mão e braço) da aceleração "rms" ponderada em função da exposição diária segue esta tabela:

Limites para a Exposição da Mão em Qualquer das Direções X_h, Y_h ou Z_h		
Duração Total da Exposição Diária[(a)]	Valores do Componente de Aceleração Dominante[(b)], *rms*, Ponderada, que Não Devem ser Excedidos a_k ($a_{k_{eq}}$)	
	m/s²	g[(c)]
4 horas e menos de 8	4	0,40
2 horas e menos de 4	6	0,61
1 hora e menos de 2	8	0,81
Menos de 1 hora	12	1,22

(a) o tempo total em que a vibração entra na mão por dia, seja continuamente, seja intermitentemente.
(b) usualmente, um dos eixos é dominante sobre os demais. Se um ou mais dos eixos de vibração exceder à exposição total diária, então o TLV estará excedido.
(c) g = 9,81 m/s².

d) Critério ISO 5349-1:2001

1) Ponderação nas frequências

A norma ISO 5349-1:2001 estabelece a ponderação por frequência em função da sensibilidade de resposta da mão nas diferentes frequências, conforme a curva, e a tabela a seguir apresenta os valores numéricos dessa ponderação, de acordo com a ISO 8041:2005.

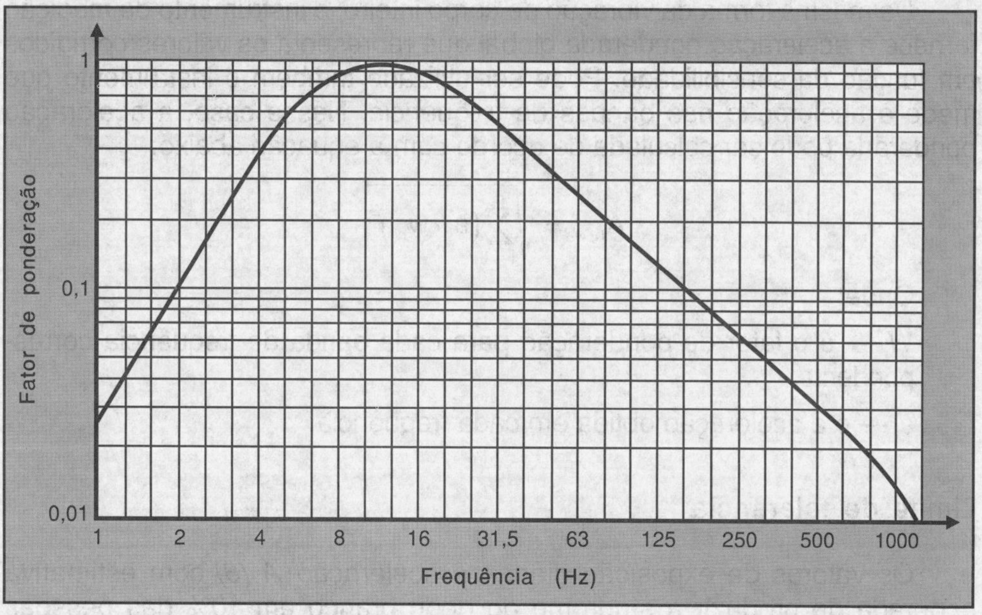

Ponderação nas Frequências de Terça de Oitava

Frequência (Hz)	Fator de ponderação W_{hi}	Frequência (Hz)	Fator de ponderação W_{hi}
4	0,375	100	0,160
5	0,545	125	0,127
6,3	0,727	160	0,101
8,0	0,873	200	0,0799
10,0	0,951	250	0,364
12,5	0,958	315	0,0503
16	0,896	400	0,0398
20	0,782	500	0,0314
25	0,647	630	0,0245
31,5	0,519	800	0,0186
40	0,411	1000	0,0135
50	0,324	1250	0,00894
63	0,256	1600	0,00536
80	0,202	2000	0,00295

NOTA: Para as respostas e a tolerância dos filtros, ver ISO 8041.

Da mesma forma da vibração de corpo inteiro, o instrumento de medição fornece a aceleração ponderada global que representa os valores corrigidos em função da sensibilidade. Pode ser utilizado também o instrumento que mede a aceleração nas bandas de frequência. Nesse caso, a aceleração ponderada pode ser calculada de acordo com a equação abaixo:

$$A_{h,\,w} = \sqrt{\sum_{i=1}^{n} \left(a_i \cdot w_{hi}\right)^2}$$

Onde:

W_i — é o fator de ponderação para cada banda de frequência correspondente

a_i — é a aceleração obtida em cada frequência.

Limite de tolerância

Os valores de exposição diária de aceleração *A (8)* com estimativa esperada de produzir a síndrome do dedo branco em 10% das pessoas expostas para determinado número de anos (D_y).

Relação Dose-Resposta para Exposição da Vibração em Mãos e Braços

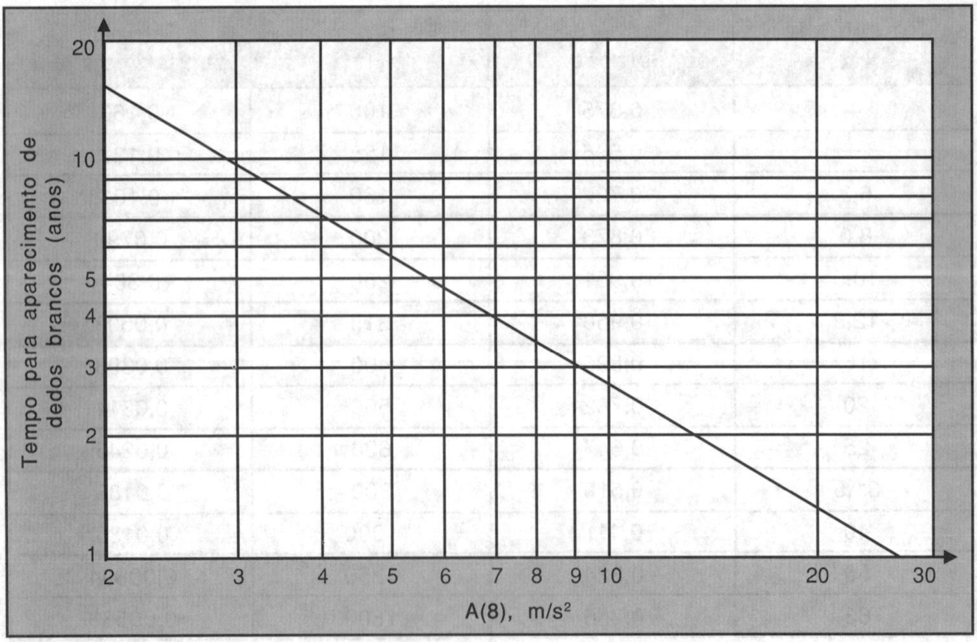

D_y, years	1	2	4	8
A(8), m/s²	26	14	7	3,7

O valor a ser comparado com o valor soma (aceleração total) dos eixos X, Y e Z se dá conforme a equação:

$$\sqrt{A_T = ax^2 + ay^2 + az^2}$$

Assim, a exposição diária a uma aceleração equivalente de 3,7 m/s^2 indica que 10% das pessoas expostas irão adquirir a síndrome do dedo branco em oito anos.

A relação em A(8) e D_y é dada pela seguinte expressão:

$$D_y = 31{,}8[A(8)]^{-106}$$

Onde:

D_y = Duração total da exposição do grupo, em anos, necessária para ocorrência dos episódios de branqueamento nos dedos em 10% dos expostos.

$$A(8) = a_{hv}\sqrt{\frac{T}{T_0}}$$

A(8) = Exposição diária normalizada para um período de oito horas, obtida a partir da expressão:

Onde:

T — corresponde à duração total diária à vibração a_{hv}

T_0 — corresponde à duração de oito horas

A_{hv} — corresponde à aceleração média resultante, representativa da exposição ocupacional diária, considerando a soma vetorial dos três eixos ortogonais

Se a atividade do trabalhador implicar exposição a diferentes operações com diferentes magnitudes de vibração, a exposição diária normalizada pode ser determinada pelo somatório das componentes parciais, usando a seguinte expressão:

$$A(8) = a_{hv}\sqrt{\frac{1}{T_0}\sum_{i=1}^{n} a_{hvi}^2 \cdot T_i}$$

Onde:

A_{hvi} — corresponde à aceleração média resultante relativa a i-ésima operação

T_i — corresponde à duração total diária da i-ésima operação

T_0 — corresponde à duração de oito horas

A aceleração total é maior do que o eixo dominante entre 1 a 1,7 vezes.

Exemplo:

Em uma medição de vibração, foram obtidos os seguintes dados:

Eixo X ———————— 6,0 m/s^2

Eixo Y ———————— 10,0 m/s^2

Eixo Z ———————— 12,0 m/s^2

e) Critério da Comunidade Europeia

A Diretiva n. 2002/44/EC estabelece os seguintes níveis de exposição para vibração de mãos e braços:

2,5 m/s^2 — Nível de ação

5,0 m/s^{2*} — Limite de exposição para jornada de oito horas

Nota: Valor normalizado para oito horas, expresso pela raiz quadrada da soma dos quadrados dos valores da aceleração ponderada em frequência, rms, segundo os eixos x, y, z, conforme procedimentos e metodologias definidos pela ISO 5349:2001, partes 1 e 2.

f) Equipamento/local de medição

O equipamento de medição de vibração geralmente consiste em um transdutor, um dispositivo amplificador e um indicador de registrador de amplitude ou nível. As medições nos três eixos devem ser feitas na superfície das mãos, nas áreas claramente relatadas, onde a energia entra no corpo. Se a mão do indivíduo está em contato direto com a superfície vibrante do punho do cabo, o transdutor deve ser fixado na estrutura vibratória. Se a magnitude de vibração varia significativamente entre diferentes partes do cabo, então o valor máximo de um ponto que esteja em contato com a mão deve ser registrado. Se um elemento elástico está sendo usado entre a mão e a estrutura vibratória (por exemplo, punho almofadado), é permitido o uso de um suporte adequado entre a mão e a superfície do material elástico.

A medição de vibração deve ser realizada de acordo com os procedimentos e a instrumentação especificados na norma ISO 5349. Esse instrumento deve ser capaz de determinar a aceleração "rms" ponderada nos eixos x, y e z em m/s^2, sendo a aceleração de maior magnitude a base da avaliação ocupacional. O acelerômetro deverá ser posicionado no ponto em que a vibração entra na mão (ponto de acoplamento).

A Figura 5, a seguir, mostra o medidor de vibração acoplado a um acelerômetro triaxial.

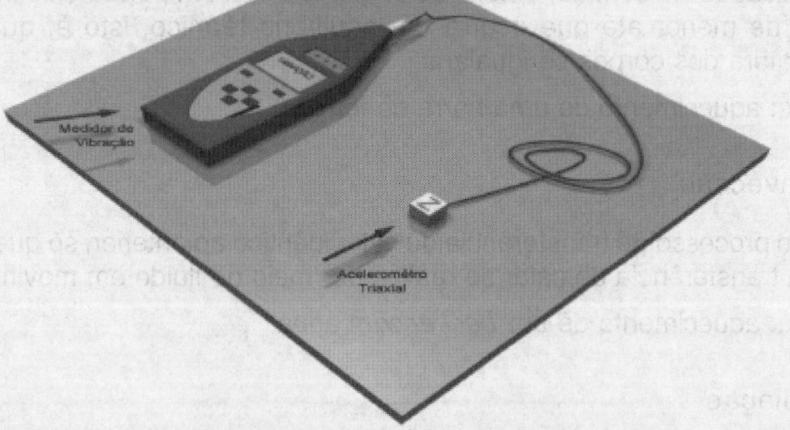

Figura 5 — Medidor de Vibração

g) Medidas de controle

— usar ferramentas com características antivibratórias

— utilizar luvas antivibração

— executar práticas adequadas de trabalho que permitam manter as mãos e o corpo do trabalhador aquecidos bem como minimizar o acoplamento mecânico entre o trabalhador e a ferramenta vibratória

— implantar programa de supervisão médica

III — CALOR

3.1. Conceitos básicos

Quando o trabalhador está exposto a uma ou várias fontes de calor, ocorrem as seguintes trocas térmicas entre o ambiente e o organismo:

— Condução/Convecção — C

— Radiação — R

— Evaporação — E

— Metabolismo — M

a) Condução

É o processo de transferência de calor que ocorre quando dois corpos sólidos ou fluidos que não estão em movimento, em diferentes temperaturas, são colocados em contato. O calor do corpo de maior temperatura se transfere para o de menor até que ocorra um equilíbrio térmico, isto é, quando a temperatura dos corpos se igualam.

Ex.: aquecimento de uma barra de ferro.

b) Convecção

É o processo de transferência de calor idêntico ao anterior, só que, neste caso, a transferência de calor se realiza por meio de fluido em movimento.

Ex.: aquecimento de um *becker* com água.

c) Radiação

Quando há transferência de calor sem suporte material algum, o processo é denominado radiação. A energia radiante passa através do ar sem aquecê-lo apreciavelmente e aquecerá a superfície atingida. A energia radiante passa através do vácuo ou de outros meios a uma velocidade que depende do meio.

Ex.: radiação emitida por um forno elétrico.

d) Evaporação

É o processo de passagem de um líquido, a determinada temperatura, para a fase gasosa, passando, portanto, para o meio ambiente. Não é necessário diferença de temperatura para desenvolvimento do processo. O calor transferido dessa forma é chamado calor latente, diferenciando-se assim do que se transmite através de variação de temperatura, que é chamado calor sensível. No fenômeno de evaporação, o líquido retira calor do sólido para passar a vapor, podendo-se, portanto, afirmar que o sólido perdera calor para o meio ambiente por evaporação.

Ex.: suor emanado após uma atividade física (jogar futebol).

3.2. Equilíbrio homeotérmico

3.2.1. Fatores que influem nas trocas térmicas entre o ambiente e o organismo

A complexidade do estudo do calor reside no fato de haver diversos fatores variáveis, que influenciam nas trocas térmicas entre o corpo humano e o meio ambiente, definindo, dessa forma, a severidade da exposição ao calor.

Entre os inúmeros fatores que influenciam nas trocas térmicas, cinco principais devem ser considerados na quantificação da sobrecarga térmica:

— temperatura do ar;

— umidade relativa do ar;

— velocidade do ar;

— calor radiante;

— tipo de atividade.

a) Temperatura do ar

Como foi observado anteriormente, é necessário que haja um gradiente de temperatura para que possibilite os mecanismos de troca térmica: condução, convecção e radiação. Desse modo, o sentido de transmisão de calor dependerá de defasagem positiva ou negativa entre a temperatura do ar e a temperatura da pele. Se a temperatura do ar for maior do que a da pele, o organismo ganhará calor por condução — convecção, e se a temperatura do ar for menor do que a da pele, o organismo perderá valor por condução — convecção. A quantidade de calor ganha ou perdida é diretamente proporcional à defasagem entre as temperaturas.

b) Umidade relativa do ar

Este parâmetro influi na troca térmica entre o organismo e o ambiente pelo mecanismo de evaporação. Desse modo, a perda de calor no organismo por evaporação dependerá da umidade relativa do ar, isto é, da quantidade de água presente em uma determinada quantidade de ar.

Sabe-se que o organismo humano perde em média 600 kcal/h pela evaporação do suor, isso se a umidade relativa for de 0%. Quanto maior a umidade relativa (maior saturação de água no ar), menor será a perda de calor por evaporação.

c) Velocidade do ar

A velocidade do ar no ambiente pode alterar as trocas tanto na condução e na convecção quanto na evaporação.

Quando houver aumento de velocidade do ar no ambiente, haverá aceleração da troca de camadas de ar mais próximas ao corpo, aumentando, desse modo, o fluxo de calor entre esse corpo e o ar. Se houver maior velocidade do ar, haverá substituição mais rápida das camadas de ar mais saturadas com água e substituição por outras menos saturadas, favorecendo, então, a evaporação.

É importante verificar o sentido de transmissão de calor, pois o aumento de velocidade do ar poderá favorecer ou desfavorecer o ganho de calor pelo organismo, dependendo de o gradiente de temperatura ser positivo ou negativo. Assim, se a temperatura do ar for menor do que a do corpo, o aumento da velocidade do ar favorecerá o aumento de perda de calor do corpo para o meio. Caso contrário, o corpo ganhará mais calor com o aumento da velocidade do ar.

$$M \pm C \pm R - E = S$$

No caso de evaporação, o aumento de velocidade do ar sempre favorecerá a evaporação.

d) Calor radiante

Quando um indivíduo estiver na presença de fontes apreciáveis de calor radiante, o organismo ganhará calor pelo mecanismo de radiação. Caso não haja fontes de calor radiante ou se essas forem controladas, o organismo humano poderá perder calor pelo mesmo mecanismo.

e) Tipo de atividade

Quanto mais intensa for a atividade física exercida pelo indivíduo, tanto maior será o calor produzido pelo metabolismo, constituindo, portanto, parte do calor total ganho pelo organismo.

1) Equilíbrio homeotérmico

Os mecanismos de termorregulação do organismo têm como finalidade manter a temperatura interna do corpo constante, e é evidente que haja um equilíbrio entre a quantidade de calor gerado no corpo e sua transmissão para o meio ambiente. A equação que descreve o estado de equilíbrio se denomina balanço térmico:

Onde:

M — calor produzido pelo metabolismo

C — calor ganho ou perdido por condução — convecção

R — calor ganho ou perdido por radiação

E — calor perdido por evaporação

S — calor acumulado no organismo (sobrecarga térmica)

O organismo encontrar-se-á em equilíbrio térmico quando S for igual a zero.

3.3. Efeitos do calor no organismo

Quando o indivíduo está exposto ao calor intenso, há possibilidade de elevação da temperatura interna do corpo, pois a quantidade de calor recebida, por metabolismo, condução, convecção, irradiação, pode ser maior que a quantidade que o corpo é capaz de dissipar. A ACGIH determina que o objetivo do limite de tolerância para exposição ao calor é manter a temperatura do núcleo do corpo dentro de mais + 1°C da temperatura normal (37°C). Essa norma menciona também que os riscos potenciais à saúde para trabalhos em ambientes quentes são extremamente dependentes dos fatores fisiológicos que levam a uma variação da susceptibilidade em função do nível de aclimatização (ACGIH, 2010).

No organismo sujeito a uma sobrecarga térmica, várias reações fisiológicas ocorrem visando manter o equilíbrio, porém, essas reações provocam outras alterações que somadas podem resultar em distúrbio fisiológico. Uma das reações do organismo é *Vasodilatação periférica,* que tem a finalidade de aumentar a circulação sanguínea na superfície do corpo, através da qual se fazem as trocas de calor com o ambiente, pelos mecanismos mencionados. Outra reação é *Ativação das glândulas sudoríparas,* ou seja, há aumento do intercâmbio de calor por mudança do suor do estado líquido para vapor. A evaporação do calor tende a equilibrar as trocas de calor entre o organismo e o ambiente. Todavia, há limitações fisiológicas na perda de calor pelo suor.

Existem quatro categorias principais de doenças decorrentes do calor: Exaustão do calor, Desidratação, Câimbras de calor e Choque térmico (WELLS, 1993).

a) *Exaustão do calor:* Com a dilatação dos vasos sanguíneos em resposta ao calor, há uma insuficiência do suprimento de sangue do córtex cerebral, resultando numa baixa pressão arterial.

b) *Desidratação:* A desidratação provoca principalmente a redução do volume de sangue, promovendo a exaustão do calor.

c) *Câimbras de calor:* Na sudorese, há perda de água e sais minerais, principalmente de NaCl (cloreto de sódio). Com a redução dessa substância no organismo, poderão ocorrer espasmos musculares e câimbras.

d) *Choque térmico:* Ocorre quando a temperatura do núcleo do corpo atinge determinado nível que coloca em risco algum tecido vital que permanece em contínuo funcionamento.

3.4. Limite de tolerância

O anexo 3 da NR-15, Portaria n. 3.214, estabelece os limites de tolerância para exposição ao calor para o índice de bulbo úmido — termômetro de globo, conforme transcrição que se segue:

A exposição ao calor deve ser avaliada através do "Índice de Bulbo Úmido Termômetro de Globo" — IBUTG definido pelas equações que se seguem:

Ambientes internos ou externos sem carga solar:

IBUTG = 0,7 tbn + 0,3 tg

Ambientes externos com carga solar:

IBUTG = 0,7 tbn + 0,1 tbs + 0,2 tg

Onde:

tbn = temperatura de bulbo úmido natural

tg = temperatura de globo

tbs = temperatura de bulbo seco.

Os aparelhos que devem ser usados nesta avaliação são: termômetro de bulbo úmido natural, termômetro de globo e termômetro de mercúrio comum.

As medições devem ser efetuadas no local onde permanece o trabalhador, à altura da região do corpo mais atingida.

Limites de tolerância para exposição ao calor, em regime de trabalho intermitente com períodos de descanso no próprio local de prestação de serviço.

Em função do índice obtido, o regime de trabalho intermitente será definido no quadro a seguir:

Regime de trabalho intermitente com descanso no próprio local de trabalho (por hora)	Tipo de atividade — IBUTG em °C		
	Leve	**Moderada**	**Pesada**
Trabalho contínuo	até 30,0	até 26,7	até 25,0
45 minutos de trabalho 15 minutos de descanso	30,1 a 30,6	26,8 a 28,0	25,1 a 25,9
30 minutos de trabalho 30 minutos de descanso	30,7 a 31,4	28,1 a 29,4	26,0 a 27,9
15 minutos de trabalho 45 minutos de descanso	31,5 a 32,2	29,5 a 31,1	28,0 a 30,0
Não é permitido o trabalho, sem a adoção de medidas de controle	acima de 32,2	acima de 31,1	acima de 30,0

Os períodos de descanso serão considerados tempo de serviço para todos os efeitos legais.

A determinação do tipo de atividade (leve, moderada ou pesada) é feita por intermédio de consulta do Quadro 3.

Limites de tolerância para exposição ao calor, em regime de trabalho intermitente, com períodos de descanso em outro local (de descanso).

Para os fins deste item, considera-se como local de descanso ambiente termicamente mais ameno, com o trabalhador em repouso ou exercendo atividade leve. Os limites de tolerância são dados segundo o quadro a seguir:

M (Kcal/h)	Máximo IBUTG (°C)
175	30,5
200	30,0
250	28,5
300	27,5
350	26,5
400	26,0
450	25,5
500	25,0

Onde: M é a taxa de metabolismo média ponderada para uma hora, determinada pela seguinte fórmula:

$$M = \frac{Mt \cdot Tt + Md \cdot Td}{60}$$

Sendo:

Mt — taxa de metabolismo no local de trabalho.

Tt — soma dos tempos, em minutos, em que se permanece no local de trabalho.

Md — taxa de metabolismo no local de descanso.

Td — soma dos tempos, em minutos, em que se permanece no local de descanso.

IBUTG é o valor IBUTG médio ponderado para uma hora, determinado pela seguinte fórmula:

$$IBUTG = \frac{IBUTGt \cdot Tt + IBUTGd \cdot Td}{60}$$

Sendo:

IBUTGt — valor do IBUTG no local de trabalho.

IBUTGd — valor do IBUTG no local de descanso.

Tt e Td — como anteriormente definidos.

Os tempos Tt e Td devem ser tomados no período mais desfavorável do ciclo de trabalho, sendo Tt + Td = 60 minutos corridos.

Os períodos de descanso serão considerados tempo de serviço para todos os efeitos legais. As taxas de metabolismo Mt e Md serão obtidas por meio de consulta do quadro a seguir:

Taxas de Metabolismo por Tipo de Atividade

Tipo de Atividade	Kcal/h
Sentado em repouso	100
Trabalho leve	
Sentado, movimentos moderados com braços e tronco. (Ex.: datilografia)	125
Sentado, movimentos moderados com braços e pernas. (Ex.: dirigir)	150
De pé, trabalho leve, em máquina ou bancada, principalmente com os braços.	150
Trabalho moderado	
Sentado, movimentos rigorosos com braços e pernas.	180
De pé, trabalho leve em máquina ou bancada, com alguma movimentação.	175
De pé, trabalho moderado em máquina ou bancada, com alguma movimentação.	220
Em movimento, trabalho moderado de levantar ou empurrar.	300
Trabalho pesado	
Trabalho intermitente de levantar, empurrar ou arrastar pesos. (Ex.: remoção com a pá)	440
Trabalho fatigante.	550

3.5. Instrumentos de medição

a) Termômetro de globo (Tg): graduação de 0 °C a 150 °C, com subdivisão de 0,1 °C, com bulbo de mercúrio

O termômetro de mercúrio deve ser fixado no interior do orifício da rolha, e ambos devem ser inseridos no globo. A rolha deve ser fixada no globo com certa pressão a fim de não se soltar durante o uso. A posição relativa entre termômetro e rolha deve ser tal que, após montado no globo, o bulbo do termômetro fique posicionado no centro da esfera (ver figura a seguir).

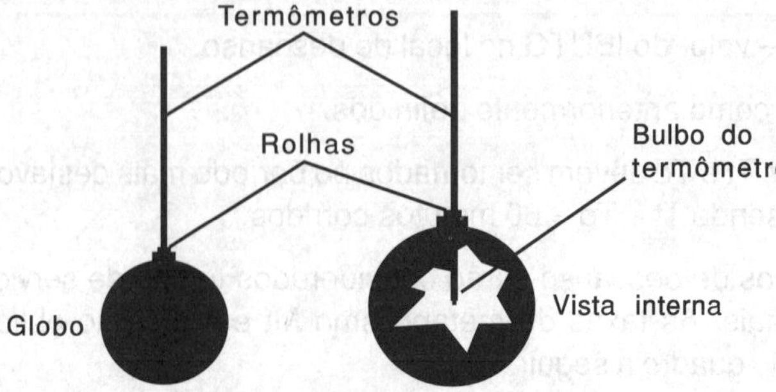

b) Termômetro de bulbo úmido natural (tbn): graduação de 0 °C a 60 °C com subdivisão de 0,1 °C, com bulbo de mercúrio

O termômetro de mercúrio deve ser montado na posição vertical e revestido com uma camisa de algodão branca que deverá envolver totalmente o bulbo de mercúrio. Na montagem, verificar que a distância entre a extremidade do bulbo (revestido pela camisa) e a lâmina d'água destilada contida no *erlenmeyer* deve ser de 25 mm ou de 2,5 cm. No momento da utilização do sistema, umedecer o pano totalmente com água destilada e encher o *erlenmeyer* até a extremidade com água destilada (ver figura a seguir):

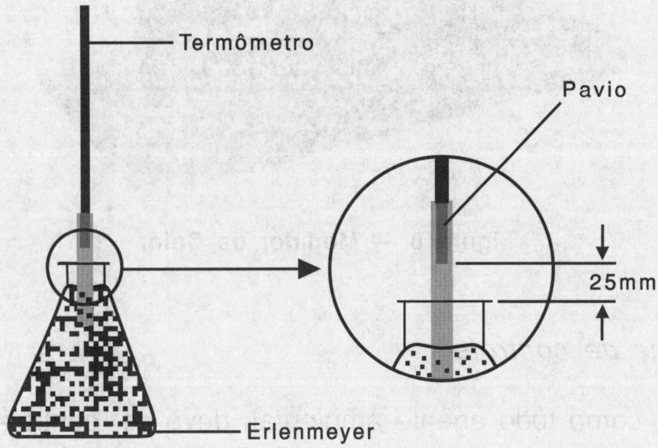

c) Termômetro de bulbo seco (tbs): graduação de 0 °C até 60 °C, com subdivisão de 0,1 °C, com bulbo do mercúrio

Esses termômetros devem ser montados em um tripé e devem ficar no mesmo plano horizontal.

d) Medidor eletrônico de calor

Atualmente, o uso de medidor de calor eletrônico vem substituindo os termômetros convencionais. O princípio de funcionamento é o mesmo, porém, a precisão é maior. Além disso, esses equipamentos fornecem os valores tbn, tg e tbs, isoladamente, e o cálculo do IBUTG. A figura 8 ilustra um medidor eletrônico de calor.

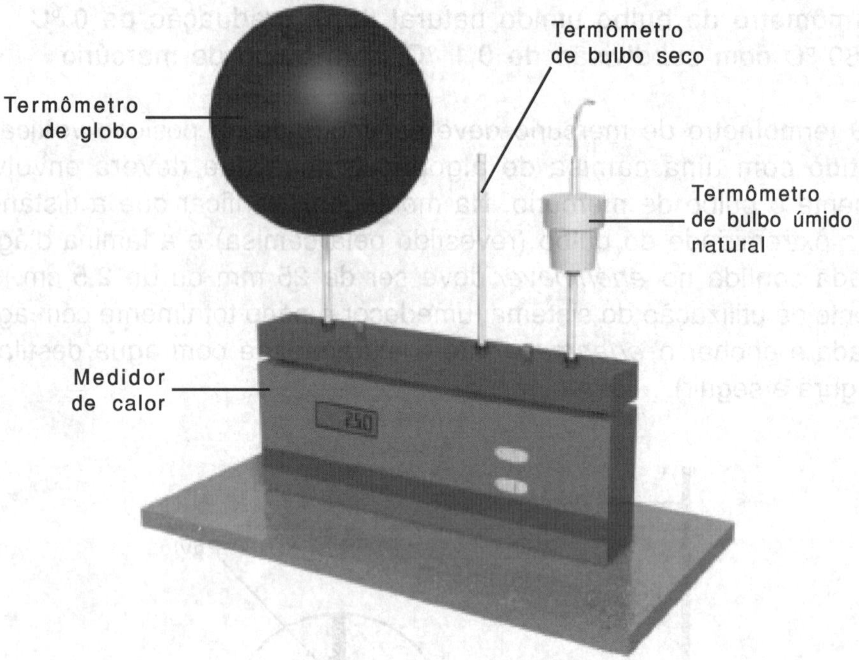

Figura 8 — Medidor de Calor

3.6. Medidas de controle

O calor, como todo agente ambiental, deve ser controlado primeiramente na fonte ou na trajetória, constituindo medidas aplicáveis ao ambiente. Não sendo possível esse tipo de controle por razões de ordem técnica ou econômica, devem ser adotadas medidas aplicáveis ao trabalhador.

A finalidade das medidas de controle é, obviamente, procurar diminuir a quantidade de calor que o organismo produz ou recebe, na possibilidade de dissipá-lo.

A) Medidas relativas ao ambiente

Deve-se procurar diminuir a quantidade de calor que o organismo produz ou recebe e aumentar sua possibilidade de dissipá-lo. É necessária, então, uma avaliação precisa de todos os fatores que atuam na sobrecarga térmica.

Assim, as medidas devem visar, de preferência, ao fator que mais contribui para a sobrecarga térmica, conforme a equação do equilíbrio homeotérmico:

$$M \pm C \pm R = E$$

1. Metabolismo

Muitas vezes, é difícil influir sobre o calor produzido pelo metabolismo. A mecanização (automatização) da operação, a fim de minimizar o esforço físico do trabalhador, acarreta a diminuição da sobrecarga térmica.

Em determinadas situações, a automatização completa das operações eliminará o problema.

2. Convecção

A redução da temperatura do ar diminui este fenômeno, e isso é conseguido por meio de insuflação de ar fresco, com velocidade adequada e, em certos casos, com exaustão de ar quente.

Se a insuflação de ar fresco for inviável, o aumento da velocidade do ar poderá ser obtido pela simples circulação do ar feita por ventiladores, com velocidades apropriadas.

Deve ser salientada a importância da localização adequada dos ventiladores, a fim de evitar que circule ar das zonas mais quentes para as zonas adjacentes mais frias.

3. Radiação

A redução deste fator é de grande importância para a diminuição da sobrecarga térmica. Para reduzir o calor radiante, a medida mais eficiente é a utilização de barreiras que refletam os raios infravermelhos. O alumínio polido é muito eficiente para essa finalidade. Nos casos em que é necessária a visão através da barreira, existem vidros especiais que refletem os raios infravermelhos, bem como filmes especiais que podem ser aplicados sobre o vidro comum com a mesma finalidade.

A manutenção contínua das barreiras é de suma importância, pois a ação de produtos químicos agressivos faz com que elas percam a propriedade de reflexão. Quando isso ocorre, elas passam a absorver a radiação incidente, tornando-se fontes emissoras de calor radiante e, consequentemente, reduzindo sua eficácia como medida de controle.

As barreiras devem ser localizadas entre o trabalhador e a fonte de calor, e nunca posicionadas atrás dele, mesmo que visem à proteção de outros indivíduos.

Se o trabalhador permanecer entre a fonte de calor radiante e a barreira, a sobrecarga térmica a que está exposto pode, em certos casos, sofrer aumentos significativos.

4. Evaporação

Devem ser criadas condições que favoreçam a evaporação do suor e também auxiliem na manutenção do equilíbrio térmico, aumentando a Emáx (máxima capacidade evaporativa da pele).

Existem limitações fisiológicas (no máximo 1 litro de suor/hora, o que corresponde a uma perda por evaporação de 2.400 BTU/h ou 605 kcal/h), além das ambientais, para a perda de calor por esse processo.

As condições ambientais podem ser modificadas, favorecendo o fenômeno da evaporação, por intermédio das seguintes medidas:

Redução da umidade relativa do ar — Nos casos de fontes localizadas de vapor d'água, recomenda-se ventilação local exaustora.

Aumento na movimentação do ar — O aumento da velocidade do ar favorece a evaporação do suor, no entanto, essa medida deverá ser estudada cuidadosamente quando a temperatura for superior a 35,0 °C, uma vez que o ganho de calor por convecção poderá contribuir para o aumento da sobrecarga térmica.

O quadro a seguir relaciona algumas medidas que podem ser adotadas com os correspondentes fatores alterados produzidos pelo metabolismo.

Medida adotada	Fator alterado
Insulflação de ar fresco no local onde permanece o trabalhador e revestimento adequado das tubulações condutoras de fluido térmico.	Temperatura do ar
Maior circulação do ar no local de trabalho.	Velocidade do ar
Exaustão dos vapores d'água emanados de um processo.	Umidade
Utilização de barreiras refletoras (alumínio polido, aço inoxidável) ou absorventes (ferro ou aço) de radiação infravermelha colocados entre a fonte e o trabalhador.	Calor radiante
Automatização do processo.	Calor produzido pelo metabolismo

B) Medidas relativas ao homem

Na solução de um problema de higiene industrial, devem ser consideradas, em primeiro lugar, as medidas relativas ao ambiente, sendo complementadas, às vezes, pelas medidas relativas ao pessoal.

Em determinados casos, por razões de ordem técnica, as únicas medidas aplicáveis são as relativas ao pessoal, que podem ser bastante eficazes.

Há uma série de medidas que podem ser aplicadas diretamente ao trabalhador, com o objetivo de minimizar a sobrecarga térmica. Entre elas, destacam-se:

1. Aclimatização

A aclimatização do calor constitui uma adaptação fisiológica do organismo a um ambiente quente. Essa medida é de fundamental importância na prevenção dos riscos decorrentes da exposição ao calor intenso. A aclimatização será total em, aproximadamente, duas semanas. É importante mencionar que a perda de cloreto de sódio pela sudorese será menor no indivíduo aclimatizado, ou seja, quando ocorre o equilíbrio dos sais minerais nas células do corpo.

2. Limitação do tempo de exposição

Esta medida consiste em adotar um período de descanso, visando a reduzir a sobrecarga térmica a níveis compatíveis com o organismo humano.

Como se pode observar no índice analisado (IBUTG), a limitação do tempo de exposição é medida de controle sempre presente. Quando os tempos de exposição não forem compatíveis com as condições de trabalho observadas, deve-se promover um reestudo dos procedimentos de trabalho, no sentido de determinar um regime de trabalho — descanso que atenda aos limites recomendados.

3. Exames médicos

Recomenda-se a realização de exames médicos pré-admissionais com a finalidade de detectar possíveis problemas de saúde que possam ser agravados com a exposição ao calor, tais como: problemas cardiocirculatórios, deficiências glandulares (principalmente glândulas sudoríparas), problemas de pele, hipertensão, etc. Tais exames permitem selecionar um grupo adequado de profissionais que reúna condições para executar tarefas sob o calor intenso. Exames periódicos também devem ser realizados com a finalidade de promover um contínuo acompanhamento dos trabalhadores expostos ao calor, a fim de identificar estados patológicos em estágios iniciais.

4. Equipamentos de proteção individual

Existe no mercado uma grande variedade de equipamentos de proteção individual (EPI) para os mais diversos usos e finalidades. Deve-se, portanto, fazer uma escolha adequada, objetivando o maior grau de eficiência e conforto.

As vestimentas dos trabalhadores devem ser confeccionadas com tecido leve e de cor clara. Para situações de exposições críticas, existem diversos tipos de vestimentas para o corpo inteiro, sendo que algumas possuem sistema de ventilação acoplado.

5. Educação e treinamento

São de fundamental importância a educação e o treinamento dos trabalhadores expostos ao calor intenso: a orientação quanto à prática correta de suas tarefas pode, por exemplo, evitar esforços físicos desnecessários ou longos tempos de permanência próximos à fonte. Deve-se conscientizar o trabalhador sobre o risco que representa a exposição ao calor intenso, educando-o quanto ao uso correto dos equipamentos de proteção individual, alertando-o sobre a importância de asseio pessoal e promovendo a utilização e a manutenção correta das medidas de proteção no ambiente.

IV — FRIO

4.1. Equilíbrio homeotérmico

Conforme demonstrado anteriormente no item calor, as trocas térmicas entre o organismo e o ambiente dependem de:

— temperatura do ar;

— velocidade do ar;

— variação do calor radiante.

Estes fatores influenciam no equilíbrio homeotérmico do corpo, segundo a seguinte equação:

$$M \pm C \pm R - E = S$$

Onde:

M = calor produzido pelo metabolismo

C = calor ganho/perdido por condução/convecção

R = calor ganho/perdido por radiação

E = calor perdido por evaporação

S = calor no núcleo do organismo

O desequilíbrio térmico (exposição ao frio), segundo a equação anterior, se apresentará quando o valor de S for inferior a zero, ou seja, quando o corpo estiver perdendo calor para o ambiente, podendo ocorrer a hipotermia.

O aspecto mais importante na hipotermia, que poderá trazer a morte, é a queda da temperatura profunda do corpo. Deve-se proteger os trabalhadores da exposição ao frio, de modo que a temperatura profunda do corpo não caia a menos de 36 °C.

A exposição ao frio intenso é ainda encontrada em diversos tipos de indústrias que possuem e utilizam câmaras frigoríficas. Entre estas, incluem-se a indústria alimentícia e de enlatados, a de beneficiamento de pescados, fábricas de sorvetes, etc.

4.2. Efeitos do frio no organismo

A vasoconstrição periférica é a primeira resposta do organismo para tentar realizar uma regularização entre perda e ganho de calor, ou seja, o fluxo sanguíneo é reduzido na mesma proporção que o abaixamento da temperatura.

Esse abaixamento acarretará, quando a temperatura corpórea chegar a 35 °C, em uma diminuição gradual de todas as atividades fisiológicas, tais como frequência do pulso, pressão arterial e taxa metabólica. Em contrapartida, o corpo reage de forma que o indivíduo começa a tremer compulsivamente de maneira a produzir calor (aumento da atividade muscular). Se isso não for suficiente para produzir o calor necessário, o corpo continuará a perder calor e, por volta dos 29 °C, o hipotálamo perderá sua capacidade termorreguladora; as células cerebrais irão deprimir-se, consequentemente, o indivíduo poderá entrar em sonolência e posterior coma, ou seja, o indivíduo adquire o quadro de hipotermia.

Além da hipotermia, vários outros estados patológicos, conhecidos como lesões do frio, podem afetar o trabalhador. Entre eles, destacam-se:

— Enregelamento dos membros, que poderá levar à gangrena e amputação destes.

— Pés de imersão: quando os trabalhadores permanecem com os pés umedecidos ou imersos em água fria por longos períodos, produzindo estagnação do sangue, paralisação dos pés e das pernas.

— Ulcerações do frio: feridas, bolhas, rachaduras e necrose que poderão ocorrer devido à exposição ao frio intenso.

Além disso, o frio interfere na eficiência do trabalho e incidência de acidentes, além de desencadear inúmeras doenças reumáticas e respiratórias.

4.3. Limite de tolerância

Pouco se conhece sobre a quantificação do frio, embora os mesmos fatores ambientais analisados no estudo do calor influam na intensidade da exposição ao frio.

Têm-se construído modelos engenhosos que procuram simular o processo que envolve a perda de calor, realizando-se experiências no interior de câmaras frias. No entanto, até o presente momento, todos os índices de *stress* por frio têm limitações, mas em condições adequadas proporcionam informações úteis, como veremos no item seguinte.

Embora a legislação brasileira não fixe limites de tolerância para exposição ao frio, a ACGIH estabelece limites para exposição a esse agente em função da velocidade do ar, da temperatura de bulbo seco, obtendo-se índice de temperatura equivalente de resfriamento, valor esse que determina o grau de risco da exposição. Além disso, a ACGIH estabelece alternância trabalho/descanso, em um período de quatro horas, em função de velocidade do ar, temperatura e tipo de atividades.

Além dos limites estabelecidos pela ACGIH, poderá ser utilizado como parâmetro o quadro abaixo, que leva em consideração a temperatura de bulbo seco, zona climática onde atua o trabalhador, e fornece a máxima exposição diária permissível, de acordo com o estabelecido no art. 253 da CLT.

<table>
<tr><th>Faixa de temperatura de bulbo seco (°C)</th><th>Faixa de temperatura de bulbo seco (°C)</th></tr>
<tr><td>15,0 a –17,9(*)</td><td rowspan="3">Tempo total de trabalho no ambiente frio de 6 (seis) horas e 40 (quarenta) minutos, sendo quatro períodos de 1 (uma) hora e 40 (quarenta minutos, alternados com 20 (vinte) minutos de repouso e recuperação térmica, fora do ambiente frio.</td></tr>
<tr><td>12,0 a –17,9(**)</td></tr>
<tr><td>10,0 a –17,9(***)</td></tr>
<tr><td>18,0 a –33,9</td><td>Tempo total de trabalho no ambiente frio de 4 (quatro) horas, alternando-se 1 (uma) hora de trabalho com 1 (uma) hora para recuperação térmica fora do ambiente frio.</td></tr>
<tr><td>34,0 a –56,9</td><td>Tempo total de trabalho no ambiente frio de 1 (uma) hora, sendo dois períodos de 30 (trinta) minutos com separação mínima de 4 (quatro) horas para recuperação térmica fora do ambiente frio.</td></tr>
<tr><td>57,0 a –73,0</td><td>Tempo total de trabalho no ambiente frio de 5 (cinco) minutos, sendo restante da jornada cumprida obrigatoriamente fora do ambiente frio.</td></tr>
<tr><td>abaixo de –73,0</td><td>Não é permitida exposição ao ambiente frio, seja qual for a vestimenta utilizada.</td></tr>
</table>

(*) Faixa de temperatura válida para trabalhos em zona climática quente, de acordo com o mapa oficial do IBGE.

(**) Faixa de temperatura válida para trabalhos em zona climática subquente, de acordo com o mapa oficial do IBGE.

(***) Faixa de temperatura válida para trabalhos em zona climática mesotérmica, de acordo com o mapa oficial do IBGE.

4.4. Medidas de controle

a) Aclimatização

É uma medida que, para a exposição ao frio, não foi ainda muito estudada, mas sabe-se que alguns indivíduos conseguem respostas termorreguladoras satisfatórias, quando gradualmente são expostos a ambientes frios, ou seja, segundo determinados gradientes térmicos e sob controle da velocidade do ar, alguns indivíduos têm boa adaptação.

b) Vestimentas de trabalho

É necessário que o isolamento do corpo pela vestimenta de trabalho seja satisfatório e que a camada de ar compreendida entre a pele e a roupa elimine parcialmente a transpiração para que haja uma troca regular de temperatura.

c) Regime de trabalho

Quando a exposição ao frio é intensa, o trabalhador deve ter em mente que será necessário intercalar períodos de descanso em local termicamente superior ao local frio, de forma a manter uma resposta termorreguladora satisfatória do corpo humano.

d) Exames médicos

Na seleção de pessoal para execução de trabalhos em locais de frio intenso, devem-se realizar exames médicos pré-admissionais para se conhecer o histórico ocupacional do indivíduo e saber se ele é portador de diabetes, epilepsia, se é fumante, alcoólatra ou se já sofreu lesões por exposição ao frio, ou se apresentam problema no sistema circulatório, etc.

Tais trabalhadores em hipótese alguma deverão se expor a trabalho sob frio intenso.

Rotineiramente, deverão ser realizados exames médicos periódicos para controle e verificação com antecedência de problemas ou ruídos da exposição ao frio.

e) Educação e treinamento

Todo trabalhador que for executar atividades sob frio intenso deverá ser instruído sobre o risco de atividades nessas condições, bem como ser treinado quanto ao uso de proteções adequadas (vestimentas, luvas, etc.) e a rotinas de trabalho (tempo/local de trabalho x tempo/local de descanso).

V — RADIAÇÕES IONIZANTES E NÃO IONIZANTES

5.1. Conceituação

O espectro eletromagnético é um conjunto de todas as formas de energia radiante. Em sua forma mais simples, a radiação eletromagnética consiste em ondas elétricas vibratórias que se transladam no espaço acompanhadas por um campo magnético vibratório, com as características de um movimento ondulatório. As características das radiações eletromagnéticas são: possuir frequência, comprimento de onda e energia.

A radiação eletromagnética pode atuar como partículas discretas de energia (*quantum*), tendo o *quantum* um valor definido de energia.

O espectro eletromagnético engloba desde a radiação ionizante de grande energia, com frequências elevadas e comprimentos de onda menores, a radiações não ionizantes, com baixas frequências e comprimentos de onda maiores.

A região não ionizante do espectro eletromagnético é aquela em que a energia das partículas incidentes é insuficiente para desalojar elétrons dos tecidos do corpo humano. À medida que diminui o nível de energia das partículas incidentes, cessa a ionização.

No espectro eletromagnético, podemos distinguir diferentes regiões espectrais, conforme esquema abaixo (Quadro 6).

Quadro 6

O Espectro Eletromagnético e os TLVs relacionados

	Radiação Não ionizante						Radiação Ionizante
Região	Sub-radiofrequência	Radiofrequência	Micro-onda	Infravermelho	Visível	Ultravioleta	Raios x
Banda de Onda	ELF			IV-C IV-B IV-A		UV-A UV-B UV-C	
Comprimento de onda	1000 Km 10 Km	1 m	1 mm	3 µm 1,4 µm 760 nm	400 nm	315 nm 280 nm 180 nm	100 nm
Frequência	300 Hz 30 KHz	300 MHz	300 GHz				
LT Aplicável	Sub-radiofrequência	Radiofrequência e Micro-onda		Infravermelho próximo e visível		Ultravioleta	Radiação Ionizante

As radiações não ionizantes englobam: radiação ultravioleta, radiação visível e infravermelha, *laser*, micro-ondas e radiofrequências. Podem incluir-se os ultrassons, já que os riscos produzidos por eles são similares aos da radiação não ionizante, devido a sua natureza ondulatória e sua alta frequência.

As radiações ionizantes englobam: raios X, raios Y, partículas α, ß e nêutrons.

Normalmente a emissão de uma radiação ionizante estará acompanhada de outras radiações.

Parte das radiações ionizantes está incluída no espectro eletromagnético, tais como os raios X e Y, que não têm carga elétrica nem massa.

Outras radiações ionizantes têm natureza corpuscular, isto é, são partículas com massa e carga definidas.

5.2. Efeitos no organismo

a) Radiações ionizantes

Os efeitos das radiações ionizantes podem ser somáticos (não se transmitem hereditariamente) ou genéticos (se transmitem hereditariamente). A resposta dos diferentes órgãos e tecidos à radiação é variável tanto em relação ao tempo de aparecimento quanto à gravidade dos sintomas. Assim, poderão ocorrer alterações no sistema hematopoiético (perda de leucócitos, diminuição do número de plaquetas, anemia), no aparelho digestivo (inibição da proliferação celular, diminuição ou supressão de secreções), na pele (inflamação, eritema e descamação), no sistema reprodutor (redução da fertilidade ou esterilidade), nos olhos, no sistema cardiovascular (pericardites), no sistema urinário (fibrose renal) e no fígado (hepatite de radiação).

b) Radiações não ionizantes

1. Radiações ultravioleta

Quando incidentes sobre o organismo, podem ser remetidas, transmitidas ou absorvidas e produzir reações fotoquímicas e efeito biológico do tipo térmico. O grau de penetração da R-UV depende do comprimento de onda e do grau de pigmentacão da pele; com relação aos olhos, são absorvidas pela córnea e pelo cristalino. As radiações UV-B e C penetram unicamente na epiderme e as UV-A podem atingir a derme, podendo chegar a produzir lesões em terminações nervosas. Os efeitos das R-UV podem ser escurecimento da pele, eritemas, pigmentação retardada, interferência no crescimento celular, perda de elasticidade da pele, queratose actínica e até mesmo câncer de pele. A ação mais frequente das R-UV sobre os olhos é a fotoqueratose.

2. Radiação visível

A radiação visível engloba a região do espectro entre 400 nm e 750 nm, podendo ser remetida, transmitida ou absorvida pelo organismo, produzindo efeitos fotoquímicos e térmicos. A exposição a altos níveis de brilho pode produzir perda da acuidade visual, fadiga ocular e ofuscamento.

3. Radiação infravermelha

A radiação infravermelha engloba parte do espectro, desde a luz visível até as micro-ondas e, devido a seu baixo poder energético, produz unicamente efeitos térmicos. As lesões pela exposição a essa radiação podem aparecer na pele e nos olhos, causando queimaduras e aumento de pigmentação da pele, lesões e opacidade na córnea.

4. Micro-ondas e radiofrequências

Possuem poder energético muito baixo, mas uma capacidade de penetração grande, produzindo no interior da matéria campos magnéticos com efeitos térmicos. As micro-ondas se encontram na região do espectro eletromagnético entre 1 nm e 1.000 nm e as radiofrequências entre 1 m e 3 m, e seus efeitos no organismo dependerão da capacidade de absorção da matéria e da intensidade dos campos elétricos e magnéticos que se produzem no seu interior; em geral, existirá um aumento da temperatura corporal que dependerá de qual parte do corpo foi exposta. De maneira geral, quanto maior a frequência, menor será o perigo. As micro-ondas superiores a 3.000 mHz são facilmente absorvidas pela pele, e as de menor frequência podem penetrar na superfície externa da pele.

5. *Laser*

A palavra *laser* é um acrônimo de *light amplification by stimulated emission of radiation.* As emissões estimuladas produzem uma superposição de ondas, resultando outra onda perfeita, muito estrita e de larga duração. Existem quatro tipos de classes de *lasers*, segundo os possíveis perigos, sendo os de classe I menos perigosos e os de classe IV, mais perigosos. Os riscos em operações com *lasers* dependem do tipo de *laser* e das características do entorno de trabalho. Os riscos da radiação *laser* estão limitados aos olhos, variando os efeitos adversos produzidos em diferentes regiões espectrais. Mesmo assim, podem atingir, de maneira leve, a pele.

5.3. Ocorrências

a) Radiações ionizantes

As radiações ionizantes são amplamente utilizadas na medicina para diagnóstico médico e odontológico e tratamento de doenças e em atividades industriais para medição de nível de silos, densidade de polpas, análises laboratoriais, radiografia industrial, entre outros.

b) Radiações não ionizantes

1. Radiações ultravioleta

A principal fonte natural é o sol, e as artificiais são: lâmpadas de vapor de mercúrio, de hidrogênio e deutério, arcos de soldagem, lâmpadas incandescentes, fluorescentes e mistas.

2. Radiação visível

Pode ser de origem natural (sol) e (artificial), lâmpadas e corpos incandescentes e arcos de soldagem, tubos de néon, fluorescentes, entre outros.

3. Radiações infravermelha

A principal fonte natural é o sol, e entre as artificiais podemos citar os corpos incandescentes e as superfícies muito quentes, as chamas, as lâmpadas incandescentes, fluorescentes ou as descargas de alta intensidade.

4. Micro-ondas e radiofrequências

A radiação de micro-onda e radiofrequência se produz de forma natural, principalmente pela eletricidade atmosférica, que é estática, embora de intensidade muito baixa. As fontes de MO e RF artificiais podem estar presentes nas estações de rádio e televisão, nos radares e nos sistemas de telecomunicação, além de nos fornos de micro-ondas e nos equipamentos utilizados em processos de soldagem, fusão e esterilização.

5. Laser

Os equipamentos a *laser* são utilizados no tratamento de doenças e em cirurgias.

5.4. Limites de tolerância

a) Radiação ionizante

O Anexo 5 da NR-15, Portaria n. 3.214, estabelece que as atividades ou operações em que os trabalhadores ficam expostos a radiações ionizantes, os limites de tolerância, os princípios, as obrigações e controle básicos para a proteção do homem e do meio ambiente, contra possíveis efeitos indevidos causados pela radiação ionizante, são as constantes da Norma CNEN-NE 3.01, de julho de 1988, aprovada, em caráter experimental, pela Resolução CNEN n. 12/88, ou por aquela que venha a substituí-la.

b) Radiação não ionizante

O Anexo 7 da NR-15, Portaria n. 3.214/78, não estabelece limites de tolerância para esse tipo de radiação, caracterizando a insalubridade pela avaliação qualitativa, conforme transcrição a seguir:

> *1. Para os efeitos desta norma, são radiações não ionizantes as micro-ondas, os ultravioletas e o laser.*
>
> *2. As operações ou atividades que exponham os trabalhadores às radiações não ionizantes, sem a proteção adequada, serão consideradas insalubres, em decorrência de laudo de inspeção realizada no local de trabalho.*
>
> *3. As atividades ou operações que exponham os trabalhadores às radiações da luz negra (ultravioleta na faixa 400-320 nanômetros) não serão consideradas insalubres.*

Já a NR-9, Portaria n. 3.214/78, diferentemente da NR-15, não restringe as radiações que serão consideradas não ionizantes, ao contrário, amplia o conceito, incluindo nessa classificação o infrassom e o ultrassom.

5.5. Critério ACGIH

A ACGIH, cujos valores-limites são aceitos internacionalmente, estabelece limites de tolerância para radiações ionizantes e não ionizantes em suas diferentes formas, incluindo, ainda, o ultrassom. Faremos, a seguir, um breve comentário sobre os limites propostos, devendo o leitor consultar a ACGIH para se aprofundar no assunto.

a) Radiação ionizante

A ACGIH estabelece limites de tolerância para as radiações ionizantes, estabelecendo doses efetivas e equivalentes anuais em função da parte do corpo atingida, evitando sempre qualquer exposição desnecessária à radiação.

As radiações ionizantes incluem radiação corpuscular e radiação eletromagnética com energia superior a 12,4 eletron-volts (eV), correspondendo a um comprimento de onda inferior a aproximadamente 100 nm.

b) Radiação não ionizante

1. Radiações ultravioleta

Os limites estabelecidos pela ACGIH se referem à radiação ultravioleta da região espectral entre 180 nm e 400 nm; os valores para exposição ocular e da pele aplicam-se à R-UV oriunda de arcos, descargas gasosas e em vapor, fontes incandescentes e fluorescentes e radiação solar, porém não se aplicam a *laser*. Os limites de tolerância são fixados em função do comprimento de onda e da eficiência espectral, para exposição no período de oito horas. Há, ainda, tabela especificando o tempo máximo de exposição diária em função de irradiância efetiva.

2. Radiação visível e infravermelho próximo

Os limites de exposição se referem a valores para radiação visível e infravermelho próximo, com comprimentos de onda compreendidos entre 400 e 3.000 nm, e representam condições sob as quais se acredita que a maioria dos trabalhadores possa ser exposta sem efeitos adversos à saúde. Como parâmetro para o limite de exposição ocular ocupacional próximo de banda larga, aplica-se a exposição ocorrida em qualquer jornada de trabalho de oito horas e requer o conhecimento da radiância espectral e irradiância total da fonte, medidas na posição dos olhos do trabalhador.

3. Micro-ondas e radiofrequências

Os limites de tolerância estabelecidos referem-se à radiação de radiofrequência (RF) e micro-ondas nas faixas de frequência entre 30 quilohertz (KHz) e 300 gigahertz(GHz), e são dados em termos de raiz média quadrática (ms) da intensidade de campos elétricos (E) e magnéticos (H) de densidade equivalente de potência para ondas planas em espaço livre (S) e de correntes induzidas (I) no corpo, as quais possam estar associadas com a exposição a tais campos como função da frequência (F), em megahertz (MHz). Os limites de tolerância estão especificados em tabelas e gráficos em função dos parâmetros acima citados.

4. *Laser*

O *laser* deve ter um rótulo afixado pelo fabricante, que descreverá a sua classe de risco. Normalmente, não é necessário determinar as irradiâncias do *laser* ou as exposições radiantes para comparação com os limites de tolerância. Na prática, os riscos para os olhos e a pele podem ser controlados pela adoção de medidas de controle apropriadas para cada classificação de *laser*. Os limites de tolerância são apresentados na ACGIH em gráficos de limite para visão de irradiância, duração da exposição e comprimento de onda.

5. Campos magnéticos estáticos

As exposições ocupacionais de rotina não devem exceder a 60 militesla (mT), equivalente a 600 Gauss (G) corpo inteiro ou 600 mT (6000 G) para os membros, sobre uma base diária, média ponderada no tempo. Os valores-teto são 2T para corpo inteiro e 5T para os membros.

6. Campos magnéticos de subfrequência

Os limites de exposição referem-se a amplitudes de fluxo magnético (B) de campos magnéticos de subfrequência na faixa de frequência de 30 KHz e abaixo, às quais se acredita que a maioria dos trabalhadores pode estar repetidamente exposta sem efeitos adversos à saúde. É também estabelecido valor-teto de 0,2 mT para frequências na faixa entre 300 Hz e 30 KHz, para exposições localizadas e de corpo inteiro. Para frequências abaixo de 300 Hz, o limite de tolerância para extremidades do corpo pode ser aumentado por um fator de 10 para mãos e por um fator de 5 para braços e pernas. A 30 KHz, o limite de tolerância é de 0,2 mT, o qual corresponde a uma intensidade de campo magnético de 160 A/m.

7. Subfrequência (30 KHz e abaixo) e campos eletrostáticos

Os limites de tolerância se referem às magnitudes máximas de campo não protegido no local de trabalho, compreendendo campos elétricos de sub-radiofrequência e campos eletrostáticos, que representam as condições que a maioria dos trabalhadores possa ser exposta repetidamente sem efeitos adversos à saúde. As exposições ocupacionais não devem exceder a intensidade de campo de 25 KV/m de 0HZ (DC) a 100 Hz.

A ACGIH estabelece ainda limites de tolerância para o ultrassom, incluído na NR-9 como sendo radiação não ionizante. Os limites foram estabelecidos de modo que a maioria dos trabalhadores, se repetidamente expostos a essas condições, não sofreria efeitos adversos em sua capacidade auditiva e compreensão de conversação. Os limites de exposição para 8 horas são uma extensão dos limites de exposição para o ruído, que consideram 8 horas para 85 dB (A). Os valores-teto devem ser verificados por meio da utilização de um medidor de nível de pressão sonora com resposta lenta e bandas de 1/3 de oitava.

5.6. Avaliação das radiações

A radiação ionizante pode ser avaliada no ambiente, utilizando-se o contador GEIGER, ou individualmente, com os dosímetros de filmes de bolso. Já para radiação não ionizante, os medidores são específicos para cada tipo de radiação (micro-ondas, *laser* e ultravioleta).

5.6.1. Medidas de controle

As medidas de controle das radiações, entre outras, são:

a) Radiação ionizante

— Controle da distância entre o trabalhador e a fonte.
— Blindagem.
— Limitação de tempo de exposição.
— Impedir que fontes radioativas atinjam vias de absorção do organismo.
— Sinalização.
— Controle médico.
— Uso de barreiras.
— Limpeza adequada do ambiente de trabalho.

b) Micro-ondas

— Enclausuramento das fontes.
— Uso de barreiras.
— Sinalização.
— Exames médicos.

c) Radiação ultravioleta

— Uso de barreiras.
— Equipamentos de proteção individual, tais como óculos com lentes filtrantes, roupas apropriadas para proteção do braço, tórax, mãos e outros.
— Exames médicos.

d) *Laser*

— EPI: protetores para os olhos, luvas protetoras, roupas, escudo.
— Sinalização.
— Blindagem.
— Treinamento.

VI — AGENTES QUÍMICOS

6.1. Conceitos, definições e classificação

a) Gás

É a denominação dada a uma substância que, em condições normais de temperatura e pressão (25 °C e 760 mmHg), está no estado gasoso. Ex.: hidrogênio, oxigênio e nitrogênio.

b) Vapor

É a fase gasosa de uma substância que, a 25 °C e 760 mmHg, é líquida ou sólida. Ex.: vapor de água, vapor de gasolina.

É importante salientar que a concentração de vapores de uma substância, a uma determinada temperatura, não pode aumentar indefinidamente. Existe um ponto máximo denominado saturação, a partir do qual qualquer aumento na concentração transformará o vapor em líquido ou sólido.

A principal diferença entre gás e vapor é a concentração de cada um, que deve existir no ambiente. Como para a Higiene do Trabalho as concentrações que interessam são pequenas, situando-se normalmente abaixo da concentração de saturação, não se torna necessário distinguir os gases dos vapores, sendo os dois estudados de uma só vez.

c) Particulado

De forma ampla, o material particulado contaminado é todo aquele aerossol que se encontra em suspensão no ar e que pode ser nocivo à saúde. Segundo a ACGIH, aerossol é uma suspensão de partículas sólidas ou de gotículas líquidas em meio gasoso. De acordo com sua formação, os particulados ou aerossóis podem ser classificados como sólidos ou líquidos. Como particulados líquidos temos as névoas e neblinas, e como particulados sólidos as poeiras (fibras) e os fumos.

d) Poeiras

São partículas sólidas produzidas por ruptura mecânica de um sólido, seja pelo simples manuseio (limpeza de bancadas) ou em consequência de uma operação mecânica (trituração, moagem, peneiramento, polimento, entre outras).

Ex.: Poeira de sílica, asbesto e carvão.

e) Fumos

São partículas sólidas resultantes da condensação de vapores ou de uma reação química, geralmente após a volatilização de metais fundidos.

Ex.: Fumos de Pb — ponteamento de arames

Fumos de Zn — galvanoplastia

f) Névoas e neblinas

Névoas e neblinas são partículas líquidas, produzidas por ruptura mecânica de líquido ou por condensação de vapores de substâncias que são líquidas à temperatura ambiente.

Ex.: Névoa de tinta — resultante de pintura à pistola

g) Fibras

São partículas sólidas produzidas por ruptura mecânica de sólidos, que se diferenciam das poeiras por que têm forma alongada, com um comprimento de três a cinco vezes superior a seu diâmetro.

Exemplos: Animal — lã, seda, pelo de cabra e camelo

Vegetal — algodão, linho, cânhamo

Mineral — asbestos, vidros e cerâmica

Deve-se salientar que essa classificação é apenas para facilitar a compreensão, pois, do ponto de vista da Higiene do Trabalho, não é muito significativa a maneira como as partículas são originadas para fins de avaliação e controle.

6.2. Parâmetros utilizados nas avaliações de particulados e gases e vapores

a) Tamanho das partículas

O tamanho das partículas é de fundamental importância na avaliação de poeiras, uma vez que dele dependem os efeitos na saúde, o tempo em que as partículas ficam em suspensão, entre outros. A ACGIH, há muitos anos, tem recomendado o limite de tolerância por seleção de partículas (respiráveis) para sílica cristalizada, pois há uma associação bem estabelecida entre a silicose e as concentrações de poeira respirável. A intenção da ACGIH (*American Conference of Governmental Industrial Hygienists*) é de estabelecer todos os seus limites para fração respirável, inalável e torácica.

Quanto ao tamanho das partículas, podem ser classificadas conforme o quadro a seguir:

Tipo de particulado	Tamanho aproximado (µ)
Sedimentável	10 < Ø < 150
Inalável	Ø < 10
Respirável	Ø < 5
Visível	Ø < 40

b) Partícula respirável

São as partículas que conseguem penetrar na região de troca de gases do pulmão. Esse tipo de particulado é o de maior risco, pois pode alcançar os alvéolos pulmonares.

c) Partícula inalável

São partículas que ficam depositadas em qualquer lugar do trato respiratório. A ACGIH recomenda o limite de tolerância para partículas inaláveis para alguns agentes, como, por exemplo, madeira.

d) Particulado torácico

São partículas que oferecem risco quando depositadas em qualquer lugar no interior das vias aéreas, dos pulmões e da região de troca de gases.

e) Particulado total

É todo o material em suspensão no ar, independente do tamanho das partículas. A NR-15 estabelece o limite para sílica livre cristalizada e para particulados total e respirável. A ACGIH recomenda o limite de tolerância para poeira total, para vários tipos de poeira, embora haja uma tendência de fixar todos os limites para fração respirável, inalável ou torácica.

f) Contagem de partícula

É o método de análise por meio da microscopia utilizado especialmente para fibras de asbesto. A concentração é expressa em número de fibras respiráveis retidas no filtro sobre o volume amostrado em centímetros cúbicos. Entende-se por fibras de asbestos aquelas com diâmetro inferior a 3 mµ, comprimento maior ou igual a 5 mµ e relação entre comprimento e diâmetro igual ou superior a 3:1 (NR-15, anexo 12).

g) Análise gravimétrica

O filtro é pesado antes e após a coleta do pó por meio de balança analítica. A massa retida no filtro dividido pelo volume coletado é o que define a concentração. Este método analítico é utilizado para a vários particulados, tais como: algodão, cereais, madeira, entre outros.

h) Estratégia de amostragem

Leidel, Busch e Lynch estudaram os parâmetros que influenciaram na avaliação dos contaminantes ambientais, mediante amostra, com o objetivo de se fazer uma ótima avaliação.

Foram aplicados conceitos de intervalos de confiança e estimativa do verdadeiro valor na concentração ambiental, além da teoria da existência de risco por comparação com os limites de tolerância, mediante contrastes de hipóteses e com o grau de confiança de 95%. Esse estudo é recomendado pelo NIOSH (*National Institute for Occupational Safety and Health*) com a estratégia de avaliar os contaminantes ambientais.

i) Grupo homogêneo de exposição

O grupo homogêneo de exposição corresponde a um grupo de trabalhadores que ficam expostos de modo semelhante, de forma que o resultado da avaliação da exposição de qualquer trabalhador ou do grupo seja representativa da exposição do restante dos trabalhadores do mesmo grupo. Instrução Normativa n. 1, de 20.12.95, do MTE (DOU de 4.1.96).

A seleção dos trabalhadores amostrados no grupo deve ser feita de acordo com a seguinte tabela:

Tamanho do grupo — N*	Número de amostras exigidas — (n)
8	7
9	8
10	9
11-12	10
13-14	11
15-17	12
18-20	13
21-24	14
25-29	15
30-37	16
38-49	17
50	18

N* — tamanho original do grupo homogêneo de risco

n — tamanho da amostra ou do subgrupo

Obs.: n = N* se N* for menor do que 7

Lembramos que o ideal é realizar amostragens em todos os trabalhadores expostos ao risco, todavia, o procedimento pode ser simplificado pelo critério de seleção por grupo homogêneo. Aliás, mesmo na seleção por grupo homogêneo de risco, que é uma seleção normalizada, na prática há dificuldades em sua aplicação, devido à questão do custo de avaliação desse agente.

Na maioria das organizações, dificilmente é realizada mais de uma amostragem em todo grupo homogêneo de exposição, especialmente devido ao custo. Em outras, às vezes, ocorre o contrário. Ou seja, são realizadas inúmeras coletas sem planejamento adequado e, desse modo, são feitas avaliações desnecessárias.

j) Tipos de amostragem

1. Amostragem completa da jornada com várias amostras consecutivas

É a melhor forma de amostragem para caracterizar a existência de risco porque proporciona o menor intervalo de confiança na busca do verdadeiro valor da concentração ambiental. A precisão cresce com o número de amostras, por exemplo, oito amostragens de uma hora cada é mais precisa do que quatro amostragens de duas horas. Todavia, o aumento do número de amostras eleva o custo. Desse modo, é recomendável amostragens consecutivas com duração de quatro horas.

2. Amostragem completa da jornada com uma única amostra (amostra única)

É o segundo método em ordem de preferência, sempre que se dispuser de sistemas de amostragem de análises adequadas a tão larga duração. Nesse caso, a amostra é coletada continuamente durante pelo menos 70% da jornada.

3. Amostragem parcial da jornada com amostras curtas

É o pior tipo de amostragem a se considerar em uma concentração ambiental. A confiabilidade dessa amostragem é muito pequena e, portanto, é difícil tomar decisões a respeito da existência ou não do risco.

k) Unidades de medida

Os limites de tolerância para exposição à poeira, exceto asbestos, são expressos em miligramas por metro cúbico, isto é, a massa retirada do filtro dividida pelo volume amostrado. Assim sendo, na avaliação quantitativa, temos que determinar esses parâmetros.

1 — Volume amostrado (m^3)

O volume amostrado é determinado pela seguinte fórmula:

$$Va = Q \times Ta$$

Onde: Va = volume amostrado
Q = Vazão média durante a amostragem
Ta = Tempo de amostragem em minutos

Sendo a vazão da bomba em l/min e tempo de amostragem (Ta) em minutos, o volume obtido na fórmula será expresso em litros. Para transformar esse volume em metro cúbico, divide-se o resultado obtido por 1.000. Assim, temos:

$$Va = \frac{Q \times Ta}{1.000}$$

2 — Concentração

A concentração de poeira em mg/m^3 é obtida pela seguinte fórmula:

$$C = \frac{m}{Va}$$

Onde: C = Concentração de poeira
m = Massa da amostra em mg
Va = Volume amostrado em m^3, conforme explicado no item anterior

3 — Parte por Milhão (PPM)

Essa unidade é muito utilizada, sendo o ppm a concentração expressa em volume/volume, conforme demonstrado a seguir:

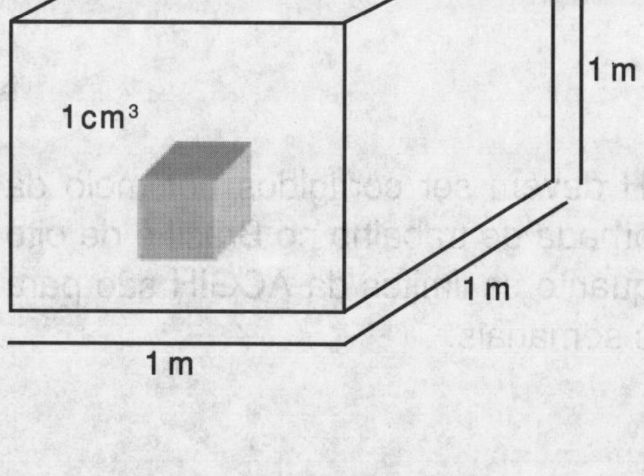

$1m^3$ de ar

$1cm^3$ de ar contaminado

$$ppm = \frac{1cm^3}{1m^3} = \frac{1cm}{1.000.000} = 1\ ppm$$

4 — Conversão das fórmulas (transformação de ppm para mg/m²)

$$ppm = \frac{24{,}45 \times mg/m^3}{PM} \quad e \quad mg/m^3 = \frac{ppm \times PM}{24{,}45}$$

1 % = 10.000 ppm

1 ppm = 0,0001 %

Onde:

PM = peso molecular da substância

ppm = parte por milhão

Exemplos:

1) Transformar 10 ppm de Benzeno (C_6H_6) em mg/m

Dados: Peso atômico — C = 12 g/mol
— H = 1 g/mol

PM = 12 x 6 + 6 x 1 = 78 g

$$mg/m^3 = \frac{10 \times 78}{24{,}45} = 31{,}9\ mg/m^3$$

2) Transformar 130 mg/m de CO_2 em ppm

Dados: C = 12g/mol
O = 16g/mol

PM = 12 + 2 x 16 = 44g

$$ppm = \frac{24{,}45 \times 130}{44} = 72{,}2\ ppm$$

3) Transformar 39 ppm de CO em mg/m³

Dados: Peso atômico — C = 12 g/mol
— O = 16 g/mol

PM = 12 + 16 = 28

$$mg/m^3 = \frac{28 \times 39}{24{,}45} = 44{,}7\ mg/m^3$$

I) *Brief & Scala*

Os limites de tolerância da ACGIH devem ser corrigidos por meio da fórmula *Brief & Scala*, uma vez que a jornada de trabalho no Brasil é de oito horas diárias e 44 horas semanais, enquanto os limites da ACGIH são para jornada de oito horas por dia e 40 horas semanais.

O fator de redução do limite de tolerância *Brief & Scala* é o seguinte:

$$FR = \frac{40}{h} \times \frac{168 - h}{128}$$

Onde: FR = Fator de Redução
h = Jornada de trabalho em horas

Exemplo:

O fator de redução do limite da jornada de trabalho de 40 horas semanais para 44 horas semanais é:

$$FR = \frac{40}{44} \times \frac{168 - 44}{128} = 0,88$$

Assim sendo, o limite de tolerância, por exemplo, de 10mg/m^3, recomendado pela ACGIH para poeira de cimento, deverá ser corrigido no Brasil com a seguinte redução:

$$LT_{corrigido} = 0,88 \times 10 mg/m^3 = 8,8 mg/m^3$$

6.3. Efeito no organismo

6.3.1. Gases e vapores

Os gases e vapores podem ser classificados segundo a sua ação sobre o organismo humano. Assim, podem ser divididos em três grupos: irritantes, anestésicos, asfixiantes. Se uma substância é classificada em um dos grupos citados, isso não implica que não possua também características dos outros grupos. Essa classificação baseia-se no efeito mais importante, isto é, mais significativo sobre o organismo (GANA, 1980).

a) Gases e vapores irritantes

Existe uma grande variedade de gases e vapores classificados neste grupo, os quais diferem em suas propriedades físico-químicas, mas têm uma característica comum: produzem irritação nos tecidos com os quais entram em contato direto, tais como a pele, a conjuntiva ocular e as vias respiratórias.

O modo de ação dos gases e vapores irritantes é determinado principalmente pela sua solubilidade.

No caso de irritantes gasosos altamente solúveis em água, o nariz e a garganta são os que sofrem mais com sua ação, ao passo que, nos poucos solúveis, o efeito maior é nos pulmões, pois é nesses órgãos que a substância irá se solubilizar.

Quanto aos gases e vapores de solubilidade moderada, os efeitos são mais ou menos uniformes em toda a via respiratória. Os gases e vapores irritantes são classificados:

1) *Irritantes de ação sobre as vias respiratórias superiores.* Exemplos: Ácido clorídrico, ácido sulfúrico, formaldeído, entre outros.

2) *Irritantes de ação sobre os brônquios.* Exemplos: Anidrido sulfuroso e cloro.

3) *Irritantes sobre os pulmões.* Exemplos: Ozona, gases nitrosos.

4) *Irritantes atípicos.* Exemplos: Acroleína ou aldeído acrílico.

5) *Irritantes secundários.* Exemplo: Gás sulfídrico (H_2S).

b) Gases e vapores anestésicos

O efeito anestésico se deve à ação depressiva sobre o sistema nervoso central.

1. *Anestésicos primários.* Exemplos: Hidrocarbonetos alifáticos, cetonas.

2. *Anestésicos de efeito sobre as vísceras.* Exemplos: Hidrocarbonetos clorados, tais como: tetracloreto de carbono, tricloroetileno, percloroetileno.

3. *Anestésicos de ação sobre o sistema formador do sangue.* Exemplos: Hidrocarbonetos aromáticos, como tolueno e xileno.

A substância que apresenta maior risco é o benzeno, que, em exposições repetidas a baixas concentrações, pode produzir uma anemia irreversível. Os homólogos, tolueno e xileno, têm efeitos anestésicos similares aos do benzeno, mas possuem efeitos tóxicos consideravelmente menores. Por essa razão, são recomendados para substituir o benzeno, diminuindo assim o risco a que estão expostos os trabalhadores (GANA, 1980).

4. *Anestésicos de ação sobre o sistema nervoso.* Exemplos: Álcoois (metílico e etílico), ésteres de ácidos orgânicos, dissulfeto de carbono.

6.3.2. Particulados

A classificação quanto ao tipo de dano que a poeira pode produzir no nosso organismo é a seguinte:

a) *Pneumoconiótica*: aquela que pode provocar algum tipo de pneumoconiose. Exemplos: silicose, asbestose, antracose, bissinose.

b) *Tóxica*: pode causar enfermidade tanto por inalação quanto por ingestão. Exemplos: metais como chumbo, mercúrio, arsênico, cádmio, manganês, cromo, etc.

c) *Alérgica*: aquela que pode causar algum tipo de processo alérgico. Ex.: poeira de resina epóxi e algumas poeiras de madeira.

d) *Inerte*: produzem enfermidades leves e reversíveis, produzindo geralmente bronquite, resfriados, etc.

6.4. Instrumentos de medição

Para amostragem de particulados (poeira mineral, algodão, fumos, gases e vapores) são necessários os seguintes instrumentos:

— Bomba gravimétrica de poeira;

— Sistema filtrante (filtros, porta-filtros e suportes);

— Sistema separador de tamanho de partícula (ciclone);

— Elutriador vertical para poeira de algodão;

— Calibradores do tipo bolha de sabão;

— Calibrador eletrônico;

— Tubos colorimétricos;

— Tubos de carvão ativado.

Os meios de coleta são feitos por:

— Filtros;

— Tubo de sílica-gel;

— Tubo de carvão ativado;

— *Impinger*, entre outros.

6.4.1. Bomba gravimétrica de poeira

Consiste numa bomba de uso individual com capacidade de vazão de 1 a 3 litros/min, alimentada por baterias de níquel-cádmio recarregáveis.

Esse equipamento é responsável pela aspiração de ar contaminado até o sistema de coleta. Atualmente, existem no mercado diversas marcas e modelos de bombas gravimétricas. Há modelos simples e modelos com tecnologia mais avançada, que possuem o sensor eletrônico de fluxo laminar, garantindo uma vazão constante, por meio da compensação da tensão da bateria, altitude, temperatura e quantidade de amostra retida no filtro. A Figura 7 ilustra esse equipamento.

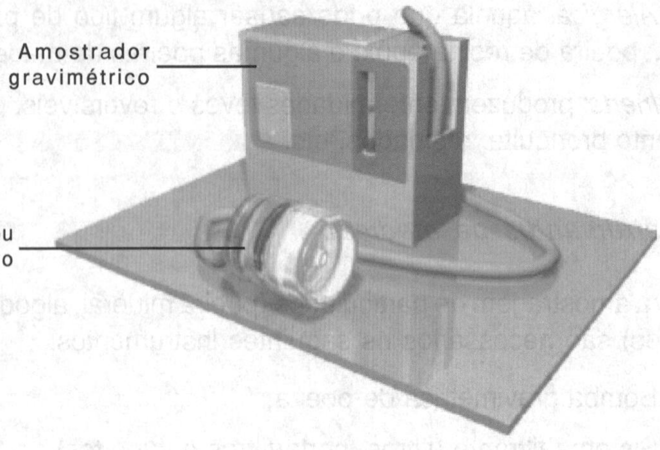

Figura 7 — Bomba gravimétrica de poeira

6.4.2. Elutriador vertical para poeira de algodão

O elutriador vertical é utilizado para avaliar a concentração de poeira de algodão. É constituído de uma bomba e um orifício crítico, que regula o fluxo de 7,4 l/min na entrada do elutriador. Com essa vazão de aspiração são separadas as partículas menores que 15 μm, ou seja, somente as partículas desse tamanho irão impactar no filtro. A Figura 8 ilustra um elutriador vertical.

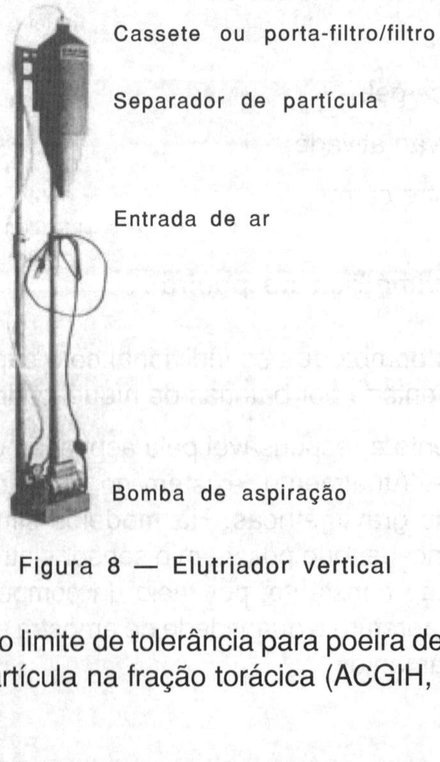

Figura 8 — Elutriador vertical

A ACGIH alterou o limite de tolerância para poeira de algodão, passando a exigir a coleta de partícula na fração torácica (ACGIH, 2010).

6.4.3. Detector de gases/tubos reagentes ou colorimétricos

Os detectores de gases podem ser de pistão ou fole e são utilizados com os tubos reagentes ou colorimétricos. A medição com esse instrumento consiste na aspiração de volume conhecido de ar que passa pelo tubo reagente. O poluente contido no ar reage com substância específica do tubo e muda a cor, sendo que a extensão dessa mancha permite realizar a leitura direta da concentração na escala do tubo. É importante ressaltar que os tubos são específicos para cada gás ou vapor. A Figura 9 mostra o detector de gás e os tubos reagentes ou colorimétricos.

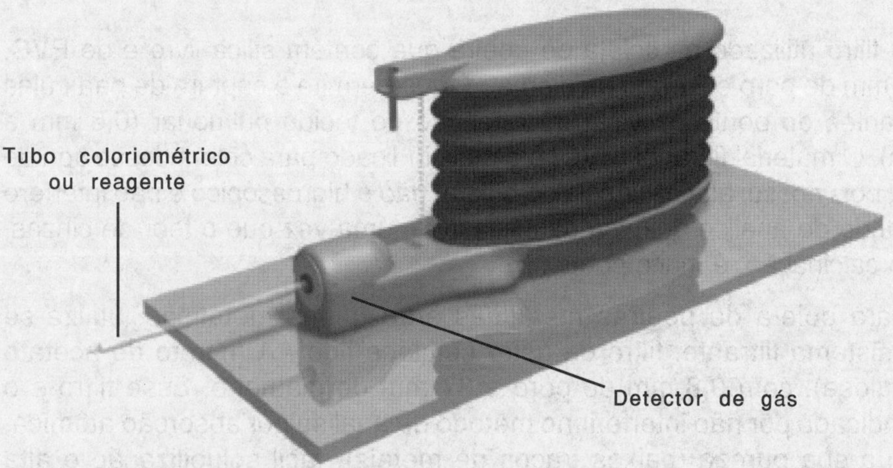

Figura 9 — Detector de gás e os tubos reagentes ou colorimétricos

6.4.4 . Medidor com sensor eletroquímico

Esses medidores realizam medição direta e imediata dos contaminantes presentes, sendo constituídos de sensores que, pelos diferentes princípios de detecção (elétrico, térmico, eletromagnético, etc.), determinam a concentração do contaminante.

São bastante úteis quando se necessita de resultados imediatos e com boa precisão; no entanto, são específicos para cada tipo de contaminante, de modo que, quando se deseja realizar estudo de contaminação por vários tipos de gases e vapores, podem se tornar inviáveis devido ao seu custo elevado.

6.4.5. Dosímetro passivo

Os amostradores passivos constituem um procedimento para obter amostras ambientais sem necessidade de forçar a passagem de ar por bombas, utilizando o fenômeno de difusão e adsorção, ou seja, podem fornecer leitura direta ou indireta por meio de análises laboratoriais.

Por exemplo, no caso de vapores orgânicos (benzeno, tolueno e xileno), utiliza-se o dosímetro passivo de carvão ativado e posterior análise dos gases adsorvidos por cromatografia gasosa. No caso de monóxido de carbono e amônia, a leitura é direta, por meio de mudança de cor. No entanto, existem dosímetros para número limitado de substâncias químicas.

6.4.6. Sistemas filtrantes (filtros, porta-filtros e suportes)

a) Filtros

O filtro utilizado na coleta de poeira que contém sílica livre é de PVC, com 5 mm de poro e 37 mm de diâmetro, que permite a captura de partículas importantes do ponto de vista de retenção no tecido pulmonar (0,5 mm a 10 mm). O material filtrante (PVC) é o mais indicado para coleta desse tipo de poeira, pois possui alta eficiência de coleta, não é higroscópico e não interfere no método de análise química da sílica livre, uma vez que o teor de cinzas, após a calcinação, é muito pequeno.

Para coleta de poeiras metálicas e/ou fumos metálicos, utiliza-se como sistema filtrante: filtro de éster celulose tipo AA (nitrato de acetato de celulose), com 0,8 mm de poro e 37 mm de diâmetro. Esse filtro é o mais indicado por não interferir no método de análise por absorção atômica, devido a sua pureza (baixos traços de metais), fácil solubilização e alta eficiência de coleta.

Para a coleta de asbestos, utiliza-se, também, filtro de éster celulose, com 0,8 μm de porosidade, 25 mm de diâmetro, recomendando-se que o filtro seja quadriculado para facilitar a posterior contagem de fibras.

b) Porta-filtros

Os porta-filtros ou cassetes são constituídos de poliestireno e podem possuir duas ou três peças que deverão sempre ser vedadas após a preparação dos filtros, com bandas de celulose ou teflon, de modo a evitar contaminações, umidade, etc.

c) Suporte

São placas de prata ou papelão de 25 mm ou 37 mm de diâmetro, utilizadas para apoiar os filtros dentro do cassete. No caso de utilização do tipo papelão, as placas deverão ser descartadas após cada coleta, de modo a evitar contaminação nas amostras.

d) Sistema separador de tamanho de partículas (ciclone)

Para separação de partículas é utilizado um miniciclone com a função de selecionar essas partículas de acordo com suas dimensões, isto é, as partículas maiores de 10 μm não passam pelo filtro. Essa separação obedece à curva de penetração das partículas no trato respiratório, conforme a seguinte tabela:

Ø AERODINÂMICO	% RESPIRÁVEL
1	0
5	25
3,5	50
2,5	75
≤ 2,0	100

A Figura 10 mostra a bomba gravimétrica juntamente com o separador de partículas (ciclone).

Figura 10

e) Tubos colorimétricos (reagentes)

O método utilizado nos indicadores colorimétricos é bastante simples. Consiste fundamentalmente em se passar uma quantidade conhecida de ar através de um reagente, o qual sofrerá alteração de cor, caso a substância contaminante esteja presente.

A concentração do contaminante é, então, determinada pela comparação da intensidade da coloração obtida com escalas padronizadas, que tanto podem estar gravadas no próprio tubo quanto impressas na carta informativa que o acompanha. Essas escalas podem, portanto, ser utilizadas:

— por comparação da cor obtida com as cores padrão;

— pelo número de bombadas (quantidade de ar) necessárias para se chegar a uma cor-padrão.

f) Tubos de carvão ativado e sílica-gel

Consiste em se fazer passar um volume de ar conhecido, através de bomba gravimétrica calibrada em vazões adequadas, por tubo de carvão ativado ou sílica-gel, que devem ser adequadamente escolhidos conforme o tipo da substância a ser coletada e a posterior análise em laboratório.

Conforme comentado anteriormente, o tubo de carvão ativado é utilizado para coleta de determinados vapores orgânicos (benzeno, tolueno, xileno, tricloroetileno, acetona, etc.), e o tubo de sílica-gel para outras substâncias, tais como anilina, amina, diclorobenzidina, etc.

g) *Impinger*

Consiste em passar um volume de ar conhecido, por meio de bomba gravimétrica calibrada em vazões adequadas, em um líquido absorvente específico para cada tipo de contaminante a ser coletado. Assim, por exemplo, para coleta de ácido sulfúrico, utiliza-se água como substância absorvente; para o ácido clorídrico, utiliza-se acetato de sódio 0,5 m (pH = 5); para amônia, utiliza-se solução diluída de H_2SO_4. A solução absorvente que contém o contaminante será analisada posteriormente em laboratório por meio de análise química específica.

Para cada tipo de substância contaminante devem-se consultar os métodos do NIOSH, que fornecem toda a metodologia de amostragem de campo (vazão, tempo de coleta, tipo de meio de retenção) e análise laboratorial.

A seguir, apresentamos uma tabela com dados resumidos dos métodos do NIOSH para coleta dos principais contaminantes presentes nos ambientes de trabalho.

h) Filtros de PVC, éster celulose ou fibra de vidro

Consiste em se fazer passar um volume de ar conhecido, utilizando bomba gravimétrica devidamente calibrada, por meio de filtros específicos (PVC, éster celulose ou fibra de vidro).

6.4.7. Calibradores do tipo bolha de sabão

Existem modernos tipos de calibradores de bombas gravimétricas que permitem a calibração quase instantânea desse equipamento. No entanto, devido ao baixo custo e a resultados extremamente satisfatórios, o calibrador do tipo bolha de sabão é muito utilizado.

A vazão nesse calibrador é obtida por meio da cronometragem do tempo de percurso da bolha de sabão na bureta. Nesse tipo de calibrador, a vazão é obtida por meio da seguinte fórmula:

$$Q = \frac{\text{volume}}{\text{tempo}}$$

Onde:

Q = vazão

Para a bureta de 1 litro e tempo em segundos, a vazão l/m é:

$$Q = \frac{1l}{t/60} = \frac{60}{t\ (seg)}$$

Exemplo:

Para se obter a vazão de 2l/mm, o tempo de percurso da bolha é:

$$t\ (seg)\ \frac{60}{2{,}0} = 30\ seg$$

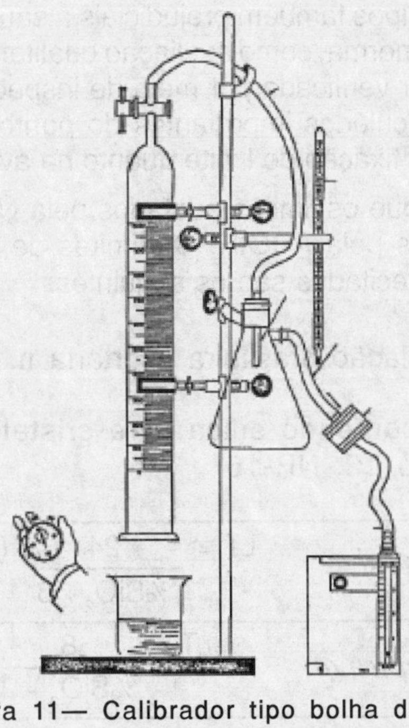

Figura 11— Calibrador tipo bolha de sabão

6.4.8. Calibrador eletrônico

Atualmente, existem no mercado medidores de vazão eletrônicos digitais, nos quais a vazão da bomba é dada diretamente no *display*. O princípio de funcionamento é o mesmo do calibrador tipo bolha de sabão.

Figura 12 — Calibrador eletrônico digital

6.5. Limite de tolerância

A Portaria n. 3.214, NR-15 do MTb, que estabelece critérios para a caracterização de insalubridade, fixa limites de tolerância para alguns tipos de particulados. Outros tipos também prejudiciais à saúde foram relacionados no Anexo 13 da referida norma, como avaliação qualitativa, ou seja, a possível insalubridade deverá ser verificada por meio de inspeção realizada no local. Além disso, vários particulados importantes do ponto de vista ocupacional foram omitidos, tanto na fixação de limite quanto na avaliação qualitativa.

Convém ressaltar que os limites adotados pela NR-15 foram baseados naqueles recomendados pela ACGIH. Os limites de tolerância atualmente fixados pelas normas precitadas são os seguintes:

6.5.1. Limites da legislação brasileira (Portaria n. 3.214 do MTE)

a) Poeiras minerais contendo sílica livre cristalizada (Quartzo) — Anexo 12, NR-15

Poeira total	$LT = \dfrac{24}{\%SiO_2 + 3}$ (mg/m^3)
Poeira respirável	$LT = \dfrac{8}{\%SiO_2 + 2}$ mg/m^3

A Norma define que "Quartzo" deverá ser sempre entendido como sílica livre cristalizada.

No caso de poeira respirável, a Norma estabelece que tanto a concentração como a porcentagem de quartzo para aplicação desse limite devem ser determinadas a partir da porção que passa por um seletor com as características do quadro contido no Anexo 12 da NR-15 (ver subitem 4.6 letra "d").

Os limites são válidos para 48 horas semanais, sendo que as jornadas excedentes a esses valores deverão ser reduzidas pela autoridade competente.

A Portaria n. 43, de 11 de março de 2008 (DOU de 13.3.08), incluiu no art. 1º o item 8 no título "Sílica Livre Cristalizada" do Anexo 12 da Norma Regulamentadora n. 15 — Atividades e Operações Insalubres, aprovada pela Portaria n. 3.214, de 8 de junho de 1978, com a seguinte redação:

> "8. As máquinas e ferramentas utilizadas nos processos de corte e acabamento de rochas ornamentais devem ser dotadas de sistema de umidificação capaz de minimizar ou eliminar a geração de poeira decorrente de seu funcionamento."
>
> Art. 2º Ficam proibidas adaptações de máquinas e ferramentas elétricas que não tenham sido projetadas para sistemas úmidos.

b) Fibras de asbestos

O Anexo 12 da NR-15, Portaria n. 3.214, estabelece o limite de tolerância de 2 (duas) fibras/cm^3 para fibras respiráveis de asbestos crisotila. Fibras respiráveis são aquelas com diâmetro inferior a 3 micrômetros, comprimento maior ou igual a 5 micrômetros e relação entre comprimento e diâmetro igual ou superior a 3:1.

c) Chumbo

O Anexo 11 da NR-15, Portaria n. 3.214, estabelece o limite de tolerância de 0,1 mg/m^3 para chumbo, independente da forma em que ele se encontra no ambiente (poeira ou fumos metálicos).

d) Manganês

O Anexo 12 da NR-15, Portaria n. 3.214, estabelece os seguintes limites de tolerância para o manganês:

— 5,0 mg/m^3 — para exposição à poeira de manganês e seus compostos nas operações de extração, moagem, transporte de minério, entre outros.

— 1,0 mg/m^3 — para exposição a fumos de manganês e seus compostos, nas operações de fabricação de baterias de pilhas secas, vidros especiais e cerâmicas, fabricação e uso de eletrodos de solda, tintas fertilizantes, entre outros.

A Norma estabelece também que, quando os limites de tolerância forem ultrapassados, as atividades com manganês e seus compostos serão consideradas insalubres de grau máximo, sendo que o pagamento do adicional não isenta o empregador de adotar medidas de controle que visem à diminuição dos riscos no ambiente de trabalho.

e) Negro de fumo

O Anexo 11 da NR-15, Portaria n. 3.214, estabelece o limite de tolerância de 3,5 mg/m^3 para negro de fumo em uma jornada de até 48 horas semanais.

Entende-se por "negro de fumo" as formas finamente divididas do carbono, produzidas pela combustão incompleta da decomposição térmica do gás natural ou do óleo de petróleo (Portaria n. 9, de 9.10.92 do MTb).

Entende-se por exposição ao "Negro de Fumo" a exposição permanente no trabalho ao Negro de Fumo em suspensão no ar, originado pelo manuseio dessa substância (Portaria n. 9, de 9.10.92).

f) Outros particulados

O Anexo 13 da NR-15, Portaria n. 3.214, estabelece como insalubres pelo método de inspeção no local de trabalho as atividades ou operações com arsênico, carvão mineral, cromo, silicatos, bagaço de cana, cimento, cal, entre outros.

A ACGIH — American Conference of Governmental Industrial Higyenists recomenda limites de tolerância para vários tipos de particulados, gases e vapores, inclusive para maioria dos agentes mencionados no anexo 13 da NR-15. Portanto, sugere-se aos leitores a consulta do manual de limites de tolerância da ACGIH.

6.5.2. Limites de tolerância para gases e vapores

A Portaria n. 3.214/78, em sua NR-15, Anexo 11, estabelece limites de tolerância para gases e vapores, e o Anexo 13 traz a relação das atividades e operações que envolvem agentes químicos considerados insalubres em decorrência de inspeção realizada no local de trabalho. O Anexo 11 da NR-15 está transcrito a seguir:

1. Nas atividades ou operações nas quais os trabalhadores ficam expostos a agentes químicos, a caracterização de insalubridade ocorrerá quando forem ultrapassados os limites de tolerância constantes no Quadro n. 1 deste Anexo.

2. Todos os valores fixados no Quadro n. 1 — Tabela de Limites de Tolerância — são válidos para absorção apenas por via respiratória.

3. Todos os valores fixados no Quadro n. 1 como "Asfixiantes Simples" determinam que nos ambientes de trabalho, em presença destas substâncias, a concentração

mínima de oxigênio deverá ser 18 (dezoito) por cento em volume. As situações nas quais a concentração de oxigênio estiver abaixo desse valor serão consideradas de *risco grave e iminente*.

4. Na coluna "VALOR TETO" estão assinalados os agentes químicos cujos limites de tolerância não podem ser ultrapassados em momento algum da jornada de trabalho.

5. Na coluna "ABSORÇÃO TAMBÉM PELA PELE" estão assinalados os agentes químicos que podem ser absorvidos por via cutânea, e portanto exigindo na sua manipulação o uso de luvas adequadas, além do EPI necessário à proteção de outras partes do corpo.

6. A avaliação das concentrações dos agentes químicos através de métodos de amostragem instantânea, de leitura direta ou não, deverá ser feita pelo menos em 10 (dez) amostragens, para cada ponto — em nível respiratório do trabalhador. Entre cada uma das amostragens deverá haver um intervalo de, no mínimo, 20 (vinte) minutos.

7. Cada uma das concentrações obtidas nas referidas amostragens não deverá ultrapassar os valores obtidos na equação que segue, sob pena de ser considerada situação de *risco grave e iminente*.

Valor máximo = LT x FD

Onde:

LT = Limite de tolerância para o agente químico, segundo o Quadro n. 1.

FD = Fator de desvio, segundo definido no Quadro n. 2.

LT (ppm(*) ou mg/m³(**))	FD
0 a 1	3,0
1 a 10	2,0
10 a 100	1,5
100 a 1000	1,25
Acima de 1000	1,10

(*) ppm — partes de vapor ou gás por milhão de partes de ar contaminado.
(**) mg/m³ — miligramas por metro cúbico de ar.

8. O limite de tolerância será considerado excedido quando a média aritmética das concentrações ultrapassar os valores fixados no Quadro n. 1.

9. Para os agentes químicos que tenham "VALOR TETO" assinalado no Quadro n. 1 (Tabela de Limites de Tolerância) considerar-se-á excedido o limite de tolerância, quando qualquer uma das concentrações obtidas nas amostragens ultrapassar os valores fixados no mesmo Quadro.

10. Os limites de tolerância fixados no Quadro n. 1 são válidos para jornadas de trabalho de até 48 (quarenta e oito) horas por semana, inclusive.

10.1. Para jornadas de trabalho que excedam as 48 (quarenta e oito) horas semanais dever-se-á cumprir o disposto no art. 60 da CLT.

Agentes Químicos	Valor Teto	Absorção também pela pele	Concentrações — até 48 horas semanais		Grau de insalubridade a ser considerado no caso de sua caracterização
			ppm(*)	mg/m³(**)	
Acetaldeído			78	140	máximo
Acetato de cellosolve		+	78	420	médio
Acetato de éter monoetílico de etileno glicol (*vide* acetato de cellosolve)			-	-	-
Acetato de etila			310	1090	mínimo
Acetato de 2-etóxi etila (*vide* acetato de cellosolve)			-	-	-
Acetileno			asfixiante	simples	-
Acetona			780	1870	mínimo
Acetontrila			30	55	máximo
Ácido acético			8	20	médio
Ácido cianídrico		+	8	9	máximo
Ácido clorídrico	+		4	5,5	máximo
Ácido crômico (névoa)			-	0,04	máximo
Ácido etanoico (*vide* ácido acético)			-	-	-
Ácido fluorídrico			2,5	1,5	máximo
Ácido fórmico			4	7	médio
Ácido metaníco (*vide* ácido fórmico)			-	-	-
Acrilato de metila		+	8	27	máximo
Acrilonitrila		+	16	35	máximo
Álcool isoamílico			78	280	mínimo
Álcool n-butílico	+	+	40	115	máximo
Álcool isobutílico			40	115	médio
Álcool sec-butílico (2-butanol)			115	350	médio
Álcool tero-butílico			78	235	médio
Álcool etílico			780	1480	mínimo
Álcool furfurílico		+	4	15,5	médio

Agentes Químicos	Valor Teto	Absorção também pela pele	Concentrações — até 48 horas semanais		Grau de insalubridade a ser considerado no caso de sua caracterização
			ppm(*)	mg/m3(**)	
Álcool metil armílico (*vide* metil isoburtil carbinol)			-	-	-
Álcool metílico		+	156	200	máximo
Álcool n-propílico		+	156	390	médio
Álcool isopropílico		+	310	765	médio
Aldeído acético (*vide* acetaldeído)			-	-	-
Aldeído fórmico (*vide* formaldeído)			-	-	-
Amônia			20	14	médio
Anídrico sulfuroso (*vide* dióxido de enxofre)			-	-	-
Anilina		+	4	15	máximo
Argônico			asfixiante	simples	-
Arsinia (arsenaminal)			0,04	0,16	máximo
Brometo de etila			156	695	máximo
Brometo de metila		+	12	47	máximo
Bromo			0,08	0,6	máximo
Bromoetano (*vide* brometo de etila)			-	-	-
Bromofórmio		+	0,4	4	médio
Bromometano (*vide* brometo de metila)			-	-	-
1,3 Butadieno			780	1720	médio
n-Butano			470	1090	médio
n-Butanol (*vide* álcool butílico)			-	-	-
sec-Butanol (*vide* álcool sec-butílico)			-	-	-
Butanona (*vide* metil etil cetona)			-	-	-
1-Butanodiol (*vide* butil mercaptana)			-	-	-

Agentes Químicos	Valor Teto	Absorção também pela pele	Concentrações — até 48 horas semanais		Grau de insalubridade a ser considerado no caso de sua caracterização
			ppm(*)	mg/m3(**)	
n-Butilamina	+	+	4	12	máximo
Butil cellosolve		+	39	190	médio
n-Butil mercaptana			0,4	1,2	médio
2-Butóxi etanol (*vide* butil cellosolve)			-	-	-
Cellosolve (*vide* 1-etóxi etanol)			-	-	-
Chumbo			-	0+1	máximo
Cianeto de metila (*vide* acetonitrila)			-	-	-
Cianeto de vinila (*vide* acrilonitrila)			-	-	-
Cianogênio			8	16	máximo
Ciclohexano			235	620	médio
Ciclohexanol			40	160	máximo
Ciclohexilamina		+	8	32	máximo
Cloreto de carbonila (*vide* fosgênio)			-	-	-
Cloreto de etila			780	2030	médio
Cloreto de fenila (*vide* cloro benzeno)			-	-	-
Cloreto de metila			78	165	máximo
Cloreto de metileno			156	560	máximo
Cloreto de vinila	+		156	398	máximo
Cloreto de vinilideno			8	31	máximo
Cloro			0,8	2,3	máximo
Clorobenzeno			59	275	médio
Colobromometano			156	820	máximo
Cloroetano (*vide* cloreto de etila)			-	-	-
Cloroetileno (*vide* cloreto de vinila)			-	-	-

Agentes Químicos	Valor Teto	Absorção também pela pele	Concentrações — até 48 horas semanais		Grau de insalubridade a ser considerado no caso de sua caracterização
			ppm(*)	mg/m^3(**)	
Clorodifluometano (freon 22)			780	2730	mínimo
Clorofórmio			20	94	máximo
1-Cloro 1-nitropropano			16	78	máximo
Cloroprene		+	20	70	máximo
Cumeno		+	39	190	máximo
Decaborano		+	0,04	0,25	máximo
Demeton		+	0,008	0,08	máximo
Diamina (*vide* hidrazina)			-	-	-
Diborano			0,08	0,08	máximo
1,2 — Dibramoetano		+	16	110	médio
o-Diclorobenzeno			39	235	máximo
Diclorodifluometano (freon 12)	+		780	3860	mínimo
1,1 Dicloroetano			156	640	médio
1,2 Dicloroetano			39	156	máximo
1,1 Dicoloetileno (*vide* cloreto de vinilideno)			-	-	-
1,2 Dicloroetileno			155	615	médio
Diclorometano (*vide* cloreto de metileno)			-	-	-
1,1-Dicloro-1-nitroetano	+		8	47	máximo
1,2 Dicloropropano			59	275	máximo
Diclorotetrafluoretano (freon 114)			780	5460	mínimo
Dietil amina			20	59	médio
Dietil éter (*vide* éter etílico)			-	-	-
2,4 Diisocianato de tolueno (TDI)	+		0,016	0,11	máximo
Diisopropilamina		+	4	16	máximo

Agentes Químicos	Valor Teto	Absorção também pela pele	Concentrações — até 48 horas semanais		Grau de insalubridade a ser considerado no caso de sua caracterização
			ppm(*)	mg/m³(**)	
Dimetilacetamida		+	8	28	máximo
Dimetilamina			8	14	médio
Dimetilformamida			8	24	médio
1,1 Dimetil hidraniza		+	0,4	0,8	máximo
Dióxido de carbono			3900	7020	máximo
Dióxido de cloro			0,08	0,25	máximo
Dióxido de enxofre			4	10	máximo
Dióxido de nitrogênio	+		4	7	máximo
Dissulfeto de carbono		+	16	47	máximo
Estibina			0,08	0,4	máximo
Estireno			78	328	médio
Etanal (*vide* acetaldeído)			-	-	-
Etano			asfixiante	simples	-
Etano (*vide* álcool etílico)			-	-	-
Etanotiol (*vide* etil mercaptana)			-	-	-
Éter decloroetílico		+	4	24	máximo
Éter etílico			310	940	médio
Éter monobutílico de etileno glicol			310	940	médio
Éter monobutílico do etileno glicol (*vide* butil cellosolve)			-	-	-
Éter monoetílico de etileno glicol (vide cellosolve)			-	-	-
Éter monometílico do etileno glicol (*vide* metil cellosolve)			-	-	-
Etilamina			8	14	máximo
Etilbenzeno			78	340	médio

Agentes Químicos	Valor Teto	Absorção também pela pele	Concentrações — até 48 horas semanais		Grau de insalubridade a ser considerado no caso de sua caracterização
			ppm(*)	mg/m³(**)	
Etileno			asfixiante	simples	-
Etilenoimina		+	0,4	0,8	máximo
Etil mercaptana			0,4	0,8	médio
n-Etil morfolina		+	16	74	médio
2-Etoxietanol		+	78	290	médio
Fenol		+	4	15	máximo
Fluortriclorometano (freon 11)			780	4370	médio
Formaldeído (formol)	+		1,6	2,3	máximo
Fosfina (Fosfamina)			0,23	0,3	máximo
Fosgênio			0,08	0,3	máximo
Freon 11 (*vide* fluortriclorometano			-	-	-
Freon 12 (*vide* diclorodifluometano)			-	-	-
Freon 22 (*vide* clorodifluormetano)			-	-	-
Freon 113 (*vide* 1,1,2 tricloro 1,2,2-trifluoretano)			-	-	-
Freon 114 (*vide* diclorotetrafluoretano)			-	-	-
Gás amoníaco (*vide* amônia)			-	-	-
Gás carbônico (*vide* dióxido de carbono)			-	-	-
Gás cianídrico (*vide* ácido cianídrico)			-	-	-
Gás clorídrico (*vide* ácido clorídrico)			-	-	-
Gás sulfúrico			8	12	máximo
Hélio			asfixiante	simples	-
Hidrazina		+	0,08	0,08	máximo

Agentes Químicos	Valor Teto	Absorção também pela pele	Concentrações — até 48 horas semanais		Grau de insalubridade a ser considerado no caso de sua caracterização
			ppm(*)	mg/m3(**)	
Hidreto de antimônio (*vide* Estibina)			-	-	-
Hidrogênio			asfixiante	simples	-
Isobutanol (*vide* álcool isobutanol)			-	-	-
Isopropilamina			4	9,5	médio
Isopropil benzeno (*vide* cumento)			-	-	-
Mercúrio (todas as formas exceto orgânicas)			-	0,04	máximo
Metacrilato de metila			79	320	mínimo
Metano			asfixiante	simples	-
Metanol (*vide* álcool metílico)			-	-	-
Metilamina			8	9,5	máximo
Metil cellosolve		+	20	60	máximo
Metil ciclohexano			39	180	médio
Metil clorofórmico			275	1480	médio
Metil demeton		+	-	0,4	máximo
Metil etil cetona			155	460	médio
Metil isobutilcarbinol		+	20	78	máximo
Metil mercaptana (metanotiol)			0,04	0,8	médio
2-Metóxiol etanol (*vide* metil cellosolve)			-	-	-
Monometil hidrazina	+	+	0,16	0,27	máximo
Monóxido de carbono			33	43	máximo
Negro de fumo (1)			-	3,5	máximo
Neônio			asfixiante	simples	-
Níquel carbonila (níquel tetracarbonila)			0,04	0,28	máximo

Agentes Químicos	Valor Teto	Absorção também pela pele	Concentrações — até 48 horas semanais		Grau de insalubridade a ser considerado no caso de sua caracterização
			ppm(*)	mg/m³(**)	
Nitrato de n-propila			20	85	máximo
Nitroetano			78	245	médio
Nitrometano			78	195	máximo
1-Nitropropano			20	70	médio
2-Nitropropano			20	70	médio
Óxido de etileno			39	70	máximo
Óxido nítrico (NO)			20	23	máximo
Óxido nitroso (N2O)			asfixiante	simples	-
Ozona			0,08	0,16	máximo
Pentaborano			0,004	0,008	máximo
n-Pentano		+	470	1400	mínimo
Percloroetileno			78	525	médio
Piridina			4	12	médio
n-Propano			asfixiante	simples	-
n-Propanol (*vide* álcool n-propílico)			-	-	-
iso-Propanol (*vide* álcool sipropílico)			-	-	-
Propanona (*vide* acetona)			-	-	-
Propileno			asfixiante	simples	-
Propilena imina		+	1,6	4	máximo
Sulfato de dimetila	+	+	0,08	0,4	máximo
Sulfeto de hidrogênio (*vide* gás sulfídrico)			-	-	-
Systox (*vide* demeton)			-	-	-
1,1,2,2 Tetrabromoetano			0,8	11	médio
Tetracloreto de carbono		+	8	50	máximo
Tetracloroetano		+	4	27	máximo
Tetracloroetileno (*vide* percloroetileno)			-	-	-

Agentes Químicos	Valor-Teto	Absorção também pela pele	Concentrações — até 48 horas semanais		Grau de insalubridade a ser considerado no caso de sua caracterização
			ppm(*)	mg/m³(**)	
Tetrahidrofurano			156	450	máximo
Tolueno (toluol)		+	78	290	médio
Tolueno — 2,4 — diisocianato (TDI) (*vide* 2,4 diisocianato de tolueno)			-	-	-
Tribromometano (*vide* bromofórmico)			-	-	-
Tricloreto de vinila (*vide* 1,1,2 tricloroetano)			-	-	-
1, 1,1 Tricloroetano (*vide* metil clorofórmico)			-	-	-
1,1,2 Tricloroetano		+	8	35	médio
Tricloroetileno			78	420	máximo
Triclorometano (*vide* clorofórmico)			-	-	-
1,2,3 Tricloropropano			40	235	máximo
1,1,2 Tricloro — 1,2,2 trifluoretano (freon 113)			780	5930	médio
Trietilamina			20	78	máximo
Trifluomonobramo-metano			780	4760	médio
Vinilbenzeno (*vide* estireno)			-	-	-
Xileno (xilol)			78	340	médio

(*) ppm — partes de vapor ou gás por milhão de partes de ar contaminado.
(**) mg/m³ — miligramas por metro cúbico de ar.

6.5.3. Limites de tolerância recomendados pela ACGIH

Conforme comentado anteriormente, a NR-15 não estabelece limites de tolerância para vários tipos de agentes químicos, omitindo-se importantes substâncias do ponto de vista ocupacional, como, por exemplo, algodão e madeira. De forma a preencher essa lacuna, a NR-9 da Portaria n. 3.214 dispõe:

> Quando os resultados das avaliações quantitativas da exposição dos trabalhadores excederem os valores dos limites previstos na NR-15, ou, na ausência destes, os limites de exposição ocupacional recomendados pela ACGIH — ou aqueles que venham a ser estabelecidos em negociação coletiva, desde que mais rigorosos, deverão ser adotadas medidas de controle.

Convém ressaltar, no entanto, que os limites da ACGIH deverão sofrer correção em função da jornada de trabalho, conforme comentado anteriormente (*Brief & Scala*). Assim, por exemplo, o ácido nítrico não possui limite estabelecido no Anexo 11 da NR-15, podendo-se utilizar o limite da ACGIH que é de 2,0 ppm e multiplicado por 0,88 (fator de correção), obtendo-se, então, o valor de 1,76 ppm.

6.6. Avaliação de agentes químicos

Conforme mostrado anteriormente, as amostragens de agentes químicos basicamente são: instantânea ou contínua. O primeiro tipo normalmente é utilizado na avaliação de gases e são realizadas com detectores de gases juntamente com tubos colorimétricos ou reagentes, além de sensores eletroquímicos. As amostragens contínuas são efetuadas utilizando-se o amostrador gravimétrico juntamente com o meio de coleta adequado (filtros, tubos de carvão ativado, *impinger,* entre outros).

Para cada tipo de substância contaminante devem-se consultar os métodos do NIOSH, que fornecem toda a metodologia de amostragem de campo (vazão, tempo de coleta, tipo de meio de retenção) e análise laboratorial.

A seguir, apresentamos tabela contendo dados resumidos dos métodos do NIOSH para coleta dos principais contaminantes presentes nos ambientes de trabalho.

Contaminante	Meio de retenção	Vazão	Volume coletado	Número do método NIOSH	Análise Laboratorial	Limite de tolerância NR-15	Limite de tolerância ACGIH
Ácido clorídrico	Tubo de sílica-gel	0,2 – 0,5 l/min	3 — 100l	7903	Cromatografia	4 ppm (teto)	5 ppm (teto)
Ácido acético	Tubo de carvão ativado	0,01 – 1 l/min	20 — 300l	1603	Cromatografia gasosa	8 ppm	10 ppm

Contaminante	Meio de retenção	Vazão	Volume coletado	Número do método NIOSH	Análise Laboratorial	Limite de tolerância NR-15	Limite de tolerância ACGIH
Ácido nítrico	Tubo de sílica-gel	0,2 – 0,5 l/min	3 – 100 l	7930	Cromatografia	—	2 ppm
Ácido sulfúrico	Tubo de sílica-gel	0,2 – 0,5 l/min	3 – 300 l	7903	Cromatografia	—	3 mg/m³
Ácido cianídrico	Filtro de éster celulose+ impinger	0,5 – 1 l/min	10 – 180 l	7904	Elétrodo de íon específico	8 ppm	4,7 ppm (teto)
Amônia	Sílica-gel tratada com H_2SO_4	0,1 – 0,2 l/min	01 – 96 l	6015	Espectrometria	20 ppm	25,0 ppm
Anilina	Tubo de sílica gel	0,02 – 0,2 l/min	5 – 30 l	2002	Cromatografia	4 ppm	2 ppm
Benzeno	Tubo de carvão	0,2 l/min	10 l	1501	Cromatografia gasosa	1,0 ppm 2,5 ppm	0,5 ppm
Bromofórmio	Tubo de carvão	0,01 – 0,2 l/min	10 l	1003	Cromatografia gasosa	0,4 ppm	0,5 ppm
Cloro	PTFE Membrana de prata	0,3-1 l/min	2 – 90 l	6011	Cromatografia	0,8 ppm	0,5 ppm
Dióxido de enxofre	Filtro de éster celulose	0,5 – 1,5 l/min	4 – 200 l	6004	Cromatografia	4 ppm	2 ppm
Dióxido de nitrogênio	Bolsa interna de amostragem	5 bolsas 5 l	25 l	6014-1	Cromatografia	4 ppm	3 ppm
Estireno	Tubo de carvão ativado	1 l/min	1 – 14 l	1501	Cromatografia gasosa	78 ppm	20 ppm
Éter etílico	Tubo de carvão ativado	0,01 – 0,2 l/min	0,25 – 3 l	1610	Cromatografia gasosa	310 ppm	400 ppm
Fenol	Tubo de resina (XAD -7)	0,01 – 01 l/min	1 – 24 l	2546	Cromatografia gasosa	4 ppm	5 ppm
Formaldeído	Filtro + impinger com bissulfato de sódio 1%	0,2 – 1,0 l/min	1 – 100 l	3500	Espectrofotometria	1,6 ppm (teto)	0,3 ppm (teto)
Hexano	Tubo contendo carbono grafitado	0,01 – 0,05 l/min	1 – 6 l	2549	Cromatografia gasosa	—	50 ppm
Hidróxido de sódio	Filtro de membrana PTFE	1 – 4 l/min	70 – 1000 l	7401	Titration	—	2,0 mg/m³
Monóxido de carbono	Sensor eletro-químico ou balão	—	—	6604	—	39 ppm	25 ppm
Mercúrio (formas orgânicas)	Tubo absorvente	0,15 – 0,25 l	2 – 100 l	6009	Absorção atômica	0,04 mg/m³	0,025 mg/m³

Contaminante	Meio de retenção	Vazão	Volume coletado	Número do método NIOSH	Análise Laboratorial	Limite de tolerância NR-15	Limite de tolerância ACGIH
Metil etil e butil mercaptana	Filtro de fibra de vidro com acetato de mercúrio	0,1 — 0,2 l/min	10 — 150 l	2542	Cromatografia gasosa	0,4 ppm	0,5 ppm
Peróxido de hidrogênio	Impinger com oxissulfato de titânio	0,05 — 0,5 l/min	20 — 100 l	OSHA VI — 6	Espectrofotometria de absorção	—	1 ppm
Sulfeto de hidrogênio	2 Impinger em série com hidróxido de cádmio	0,2 — 1 l/min	1 -10 l	S 8	Espectrofotometria de absorção	8 ppm	10 ppm
TDI — Dusocianato de tolueno	Lã de vidro com reagente	0,2 — 1 l/min	2 — 170 l	2535	Cromatografia	0,016 ppm (teto)	0,005 ppm
Tricloroetileno	—	—	—	1022	—	78 ppm	50 ppm
Tolueno	Tubo de carvão	0,2 l/min	10 l	1501	Cromatografia gasosa	78 ppm	50 ppm
Xileno	Tubo de carvão	0,2 l/min	0,2 l/min	1501	Cromatografia gasosa	78 ppm	100 ppm
Poeira total contendo sílica	Filtro de PVC	1,5	Variável	7500	Difratometria de Raios-X	Variável	—
Poeira Respirável contendo sílica	Filtro de PVC	1,7	Variável	7500	Difratometria de Raios-X	Variável	0,05
Poeira não classificadas	Filtro de PVC	1,5	Variável	0500	Difratometria de Raios-X e gravimetria	—	8,8 ou 2,4
Poeira metálica ou fumos metálicos	Filtro éster de celulose	1,5	Variável	—	Absorção atômica	Diversos	Diversos
Poeira de algodão	Filtro de PVC	7,4 l	Variável	DHHS 75-118	Gravimetria	0,188	0,19

6.7. Medidas de controle

As medidas de controle da exposição aos particulados são:

— Medidas relativas ao ambiente;

— Medidas relativas ao homem.

6.7.1. Medidas relativas ao ambiente

A) Substituição do produto tóxico ou nocivo

Esse procedimento técnico nem sempre é possível em se tratando do pouco avanço tecnológico e científico em que se encontra o parque industrial brasileiro, mas, quando for possível, é a maneira mais segura de se eliminar ou minimizar o risco da exposição.

Podemos exemplificar citando, por exemplo, a substituição do chumbo por óxidos menos tóxicos, tais como: óxido de titânio e zircônio. Na fabricação e manipulação de camadas vitrificadas e tintas, podemos substituir o chumbo pelos sais de zinco. Outro exemplo importante é o da substituição da areia contendo sílica livre por granalha de aço, nas operações de jateamento de peças, visto que se reduz sensivelmente o risco de silicose (quando não se tratar de peças fundidas).

B) Mudanças ou alteração do processo ou operação

Consiste na alteração do processo produtivo, como, por exemplo:

— Utilização de pintura por imersão em vez de pintura utilizando pistola;

— Mecanização e automatização de processos — ensacamento de pós.

C) Encerramento ou enclausuramento da operação

Consiste no confinamento da operação, objetivando, assim, impedir a dispersão do contaminante para todo o ambiente de trabalho. O confinamento pode ou não incluir o trabalhador. Quando houver processos produtivos que gerem grandes quantidades de contaminantes e o trabalhador estiver inserido no enclausuramento, a ele deverá ser obrigatoriamente fornecido equipamento adequado de proteção pessoal, independentemente de haver ou não sistema de exaustão.

D) Segregação da operação ou do processo

Consiste, basicamente, no isolamento da operação, limitando seu espaço físico fora da área de produção. Normalmente se utiliza esse controle quando não se pode mudar o processo produtivo e o agente agressivo atinge outros trabalhadores, contaminando-os sem que eles participem da operação.

A adoção desse processo implica diminuir o número de trabalhadores expostos aos riscos, sem, contudo, deixar de levar em conta que os trabalhadores expostos ao risco deverão necessariamente fazer uso de medidas de proteção individual.

A segregação pode ser feita no ESPAÇO ou no TEMPO.

Segregação no espaço consiste em isolar o processo a distância. Segregação no tempo significa executar uma tarefa fora do horário normal, reduzindo igualmente o número de trabalhadores expostos.

Como exemplo temos: jateamento de areia fora da área produtiva, segregação no espaço de serviços de manutenção e reparo de alto risco realizado fora da jornada de trabalho convencional e segregação no tempo.

E) Umidificação

É a medida mais antiga utilizada no controle da poeira. A eficiência da umidificação de poeira depende de dois fatores: do umidecimento da poeira e de sua adequada disposição depois de molhada.

Como aplicações clássicas desse método podemos citar a utilização de água nas operações de perfuração em minas e a aspersão de água sobre as mandíbulas de britadores, entre outras.

F) Ventilação geral diluidora

A ventilação geral diluidora consiste na insuflação e exaustão de ar em um ambiente de trabalho, de forma a promover a redução de concentrações de poluentes nocivos. Tal redução ocorre uma vez que, ao se introduzirem grandes volumes de ar puro em um ambiente que contenha determinada massa de um poluente, haverá dispersão ou diluição dessa massa, reduzindo-se assim a concentração dos poluentes (ver capítulo IV).

G) Ventilação local exaustora

A ventilação local exaustora consiste na captação dos poluentes de uma fonte, antes que esses poluentes se dispersem no ar do ambiente de trabalho e atinjam a zona de respiração do trabalhador.

Também no que se refere ao controle da poluição do ar da comunidade, a ventilação local exaustora tem papel importante.

Tal tipo de ventilação possui várias vantagens em relação à geral diluidora, entre elas: captura e controle completo do contaminante; vazões requeridas mais baixas; os contaminantes são recolhidos em um menor volume de ar capturado, reduzindo-se também os custos (ver capítulo IV).

H) Ordem e limpeza

A ordem e a limpeza constituem medida eficaz no controle da exposição à poeira, pois os restos de materiais acumulados em máquina, bancada ou piso podem espalhar a poeira no ar.

Uma boa ordem e limpeza significa limpeza dos pisos, das máquinas e de quaisquer superfícies horizontais, previsão de depósitos para materiais nocivos e de métodos adequados a seu transporte e emprego, disposição das operações de modo a limitar o número de operários expostos ao risco, etc.

Os métodos de limpeza também podem gerar poeira. Assim sendo, deve-se evitar o uso de vassoura, escova ou ar comprimido, pois esses processos provocam a emanação de poeira e, muitas vezes, são responsáveis exclusivos pela exposição do trabalhador a esse agente. Portanto, a limpeza a úmido ou por aspiração são os métodos recomendados.

6.7.2. Medidas relativas ao homem

A) Limitação do tempo de exposição

A redução dos períodos de trabalho é uma importante medida de controle, quando todas as outras medidas possíveis forem impraticáveis ou insuficientes no controle de um agente. Assim, a limitação da exposição ao risco, dentro de critérios técnicos bem definidos, pode tornar-se a solução mais efetiva e econômica.

B) Educação e treinamento

A conscientização do trabalhador quanto aos riscos inerentes às operações, aos riscos ambientais e às formas operacionais adequadas que garantam a efetividade das medidas de controle adotadas, além do treinamento em procedimentos de emergência e noções de primeiros socorros, deverá ter lugar sempre, independentemente da utilização de outras medidas de controle, servindo-lhes como importante complemento.

C) Equipamentos de proteção individual

Os equipamentos de proteção individual devem ser sempre considerados como segunda linha de defesa, após criteriosas considerações sobre todas as possíveis medidas de controle relativas ao ambiente que possam ser tomadas e aplicadas prioritariamente.

Entretanto, há situações especiais, nas quais as medidas de controle ambientais são inaplicáveis parcial ou totalmente. Nesses casos, a única forma de proteger o trabalhador será dotá-lo de equipamentos de proteção individual.

Nas operações em que as concentrações de poluentes são superiores ao limite de tolerância, devem ser usados respiradores de filtro químico (gases e vapores) e mecânico (fumos, poeira, etc.).

Nos locais onde há presença de gases e poeira devem ser usados respiradores de filtro combinado.

É importante esclarecer que os respiradores devem ser usados obrigatoriamente, durante todo o tempo de exposição. A não utilização do protetor, em curto espaço de tempo, diminui significativamente o seu fator de proteção. Outras informações a respeito dos respiradores estão no Capítulo IX — Programa de Proteção Respiratória (PPR).

D) Controle médico

Os exames médicos pré-admissionais e periódicos devem ser feitos como forma de controle da saúde geral dos trabalhadores, de detecção de fatores predisponentes a doenças profissionais, assim como para avaliação da efetividade dos métodos de controle empregados.

VII — AGENTES BIOLÓGICOS

A) Ocorrência

A exposição a agente biológico ocorre em hospitais, ambulatórios, laboratórios, esgoto, lixo urbano, entre outros ambientes.

B) Avaliação

A NR-15 da Portaria n. 3.214/78 não estabele limites de tolerância para esse agente. O Anexo 14 da NR-15 determina que a avaliação de agentes biológicos é feita pelo método qualitativo, estabelecidos graus de insalubridade médio e máximo, de acordo com a natureza da exposição. Assim, o contato com pacientes em isolamento gera insalubridade de grau máximo, ao passo que, no contato com pacientes em ambulatório, o grau de insalubridade é médio (ver norma no Capítulo VIII). Com relação à aposentadoria especial, as normas previdenciárias vigentes consideram como especial somente o contato com pacientes portadores de doenças infectocontagiosas.

Os contaminantes de origem biológica e veiculados pelo ar, bioaerossóis (partículas veiculadas pelo ar compostas de organismos vivos ou deles derivados) e compostos orgânicos voláteis liberados por esses organismos. Os bioaerossóis incluem micro-organismos (dos quais é possível fazer cultura ou não) e organismos mortos e fragmentos. Os contaminantes de origem biológica são amplamente dispersos na natureza e podem ser modificados pela atividade humana. O ser humano está constantemente exposto, dia após dia, a uma grande variedade desses materiais.[(5)]

Segundo a ACGIH, não há TLVs para interpretar avaliações ambientais de: a) bioaerossóis totais cultiváveis ou contáveis (por exemplo, bactérias totais ou fungos totais); b) partículas ou organismos específicos cultiváveis ou contáveis (por exemplo, *Aspergillus fumigatus*); c) agentes infecciosos (por exemplo, *Legionella pneumophila*); ou d) contaminantes de origem biológica analisáveis (por exemplo, endotoxinas, micotoxinas, antígenos ou compostos orgânicos microbiológicos voláteis). Para esses últimos, os limites de exposição podem ser definidos no futuro. Além disso, técnicas moleculares inovadoras estão se tornando disponíveis para alguns bioaerossóis específicos que hoje são detectáveis apenas por cultura ou contagem.

C) Medidas de controle

A exposição aos agentes biológicos é inerente às atividades; sendo assim, nem sempre as medidas de controle são totalmente eficientes no controle da exposição. Contudo, a adoção de medidas pode minimizar os riscos; entre as quais, destacam-se:

— uso de luvas ao manipular objetos contaminados, secreções, excreções, sejam humanas, sejam animais;

— lavar as mãos após o contato com todo e qualquer paciente ou animal;

— usar botas nos serviços em cemitérios, cavalarias e estábulos;

— instruir o empregado quanto ao melhor manuseio de um animal;

— instruir o empregado quanto a conhecer os hábitos de um animal;

— usar máscaras faciais no contato com pacientes com doenças transmissíveis por gotículas de saliva;

— uso de material sempre descartável ou esterilizado;

— observar sempre as normas da Vigilância Sanitária.

---

(5) *Limites de exposição (TLVs) para substâncias químicas e agentes físicos e índices biológicos de exposição.* Associação Brasileira de Higienistas Ocupacionais (ABHO), 2003. p. 197-198.

CAPÍTULO V

VENTILAÇÃO INDUSTRIAL

A ventilação constitui medida bastante aplicada no controle dos riscos ocupacionais e conforto nos ambientes de trabalho. Quando executada e projetada adequadamente, torna-se uma das medidas mais eficientes na eliminação dos riscos precitados.

I — CLASSIFICAÇÃO DOS SISTEMAS DE VENTILAÇÃO

1.1. Ventilação geral

A ventilação geral pode ser utilizada na manutenção do conforto ou na proteção da saúde, podendo ser implantada pelos seguintes métodos: mecânico e natural.

1.2. Ventilação local exaustora

A ventilação local exaustora tem como objetivo principal a saúde do trabalhador, uma vez que capta os poluentes (poeira, gases, fumos, etc.) na fonte. De forma indireta, a ventilação local exaustora também influi no conforto térmico, por exemplo, retirando do ambiente uma parcela de calor gerado pela fonte quente que eventualmente exista. Ademais, esse tipo de ventilação também contribui para o controle da poluição ao meio ambiente, quando os poluentes são tratados adequadamente.

II — VENTILAÇÃO GERAL

Os locais de trabalho deverão ter ventilação natural compatível com o serviço realizado, sendo a ventilação artificial obrigatória sempre que a natural não preencher as condições de conforto (art. 176 da CLT). Portanto, a ventilação natural é sempre recomendável, todavia, em várias situações, especialmente na proteção à saúde do trabalhador, muitas vezes, ela é insuficiente.

2.1. *Ventilação natural*

É o deslocamento controlado ou intencional de ar por meio de aberturas no edifício, tais como janelas, portas, entre outros.

O fluxo de ar que entra e sai de um edifício depende da diferença de pressão interna e externa. Essa diferença de pressões pode ser causada pelo vento ou pela diferença de densidade do ar fora e dentro do edifício. Esse efeito de diferença de densidade é chamado chaminé, ou seja, quando a temperatura dentro de um edifício é menor que a exterior, o fluxo de ar entra nas partes inferiores e sai nas partes superiores, conforme mostra a figura abaixo.

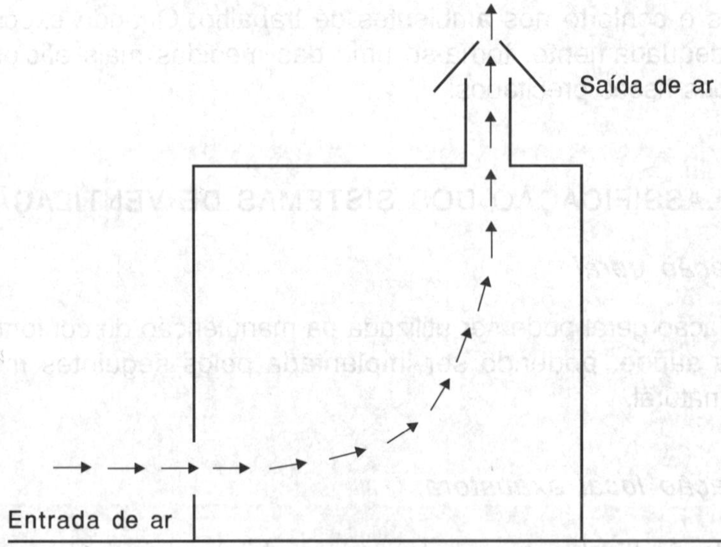

A ventilação natural pode ser obtida através de janelas, portas e claraboias; nas aberturas no telhado, todavia, é necessário a proteção contra a entrada de chuva.

2.2. *Ventilação mecânica ou forçada*

Esse tipo de ventilação é obtida por meio de ventiladores que insuflam ou circulam o ar no ambiente, quando a ventilação natural não é suficiente para alcançar a eficiência desejada. Pode ser por insuflação de ar no ambiente, exaustão ou ambos.

A ventilação natural, forçada ou a combinação das duas são usadas nas seguintes situações: conforto térmico nos locais de trabalho ou proteção contra exposição a riscos ocupacionais prejudiciais à saúde do trabalhador.

a) Ventilação para conforto térmico

A ventilação para conforto visa a reduzir a temperatura do ar de forma a adequá-la às normas pertinentes (Índice temperatura efetiva 20°C a 23°C — NR-17). Pode ser feita por meio de ventilação natural, forçada ou combinando-se as duas.

O sistema de ar condicionado é bastante utilizado para fins de conforto, especialmente em escritórios, podendo ser utilizado o aparelho individual (janela) ou sistema central de ar. Em ambos os casos é importante dimensionar adequadamente a carga térmica do local e a manutenção, especialmente a qualidade do ar, conforme determina a Portaria n. 3.523 da Agência Nacional de Vigilância Sanitária (ANVISA), regulamentada pela Resolução n. 176 de 24.10.00. É importante ressaltar, no entanto, que a ventilação natural é sempre prioritária, devendo a ventilação artificial ser usada quando não for possível a utilização de ventilação natural ou esta for insuficiente.

b) Ventilação geral para proteção da saúde (ventilação diluidora)

A ventilação geral diluidora consiste na insuflação e exaustão de ar em um ambiente de trabalho, de forma a promover a redução de concentrações de poluentes nocivos. Tal redução ocorre quando, ao se introduzirem grandes volumes de ar puro em um ambiente contendo uma certa massa de determinado poluente, há dispersão ou diluição dessa massa, reduzindo-se assim a concentração dos poluentes.

A observação a ser feita é a de que esse método de ventilação não impede a emissão de poluentes para o ambiente de trabalho, mas simplesmente os dilui.

Para o correto aproveitamento dessa medida, é necessário observar as seguintes condições:

1) O poluente gerado não deve estar presente em quantidade excedente à que pode ser diluída com adequado volume de ar;

2) A distância entre os trabalhadores e os pontos de geração do poluente deve ser suficiente para assegurar a não exposição dos trabalhadores a concentrações superiores aos limites de tolerância;

3) A toxicidade do poluente deve ser baixa (deve ter alto LT, isto é, LT > 500 ppm);

4) O poluente deve ser gerado em uma quantidade razoavelmente uniforme.

A vantagem desse tipo de ventilação é que ela não interfere nas operações e nos processos industriais, além de ter custo de instalação muito baixo.

Diversas razões levam à não utilização frequente da ventilação geral diluidora para poeiras e fumos. A quantidade de material gerado é usualmente muito grande, e sua dissipação pelo ambiente é desaconselhável. Além disso, o material pode ser muito tóxico, requerendo, portanto, uma excessiva quantidade de ar de diluição.

III — VENTILAÇÃO LOCAL EXAUSTORA

Esse tipo de ventilação tem como objetivo a proteção da saúde do trabalhador, constituindo uma das principais medidas de controle dos riscos químicos (poeira, gases, fumos, entre outros). Consiste em poluentes na fonte, antes de sua dispersão para o ambiente. Exemplos: capela de laboratório, ventilação em tanques de decapagem. Basicamente, o sistema de ventilação local exaustora possui pelo menos os componentes conforme esquema apresentado abaixo

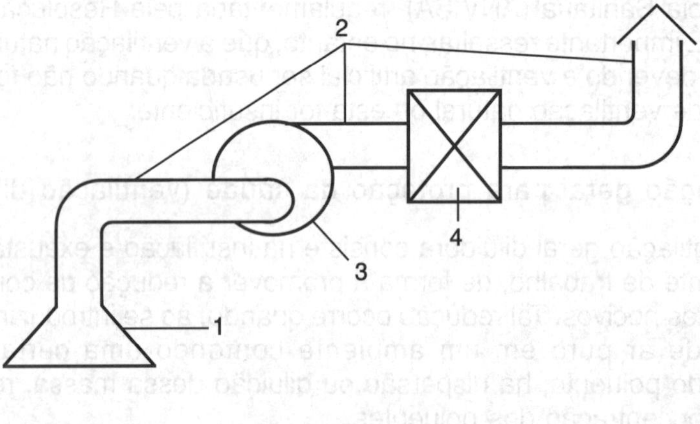

1) Captador: é o ponto de entrada dos poluentes a serem exauridos pelo sistema.

2) Sistema de dutos: os dutos são os responsáveis pelo transporte de poluentes captados.

3) Ventilador: fornece a energia necessária para movimentação dos poluentes nos dutos.

4) Equipamentos de controle de poluição do ar: são responsáveis pela retenção dos poluentes, impedindo seu lançamento na atmosfera.

3.1. Captor

O captor é a parte mais importante do sistema de ventilação local exaustora. O dimensionamento incorreto desse dispositivo prejudica todo o sistema, pois impede a captação total dos poluentes. A ACGIH (*American Conference of Governmental Industrial Hygienists*) fornece a forma do captor e os parâmetros mínimos para o projeto (vazão de captação, velocidade, perda de carga, entre outros), para diversos processos, tais como peneiras, cabine de pintura, fornos, etc.

No dimensionamento dos captores devem ser observados os seguintes princípios:

a) Posição do captor

O captor deve ser colocado o mais próximo possível da zona de emissão dos poluentes, pois a velocidade de captação diminui significativamente com o aumento da distância do ponto de emissão, conforme mostra a figura a seguir:

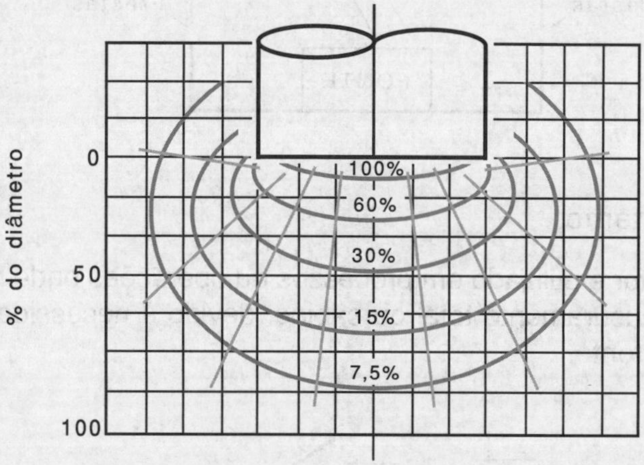

b) Captor com enclausuramento total da fonte

O enclausuramento total da fonte aumenta a eficiência de aspiração e diminui a vazão requerida para exaustão dos poluentes, pois a vazão de captação é dada pela fórmula:

$Q = V.S$

Onde:

V — velocidade de captação

S — área aberta

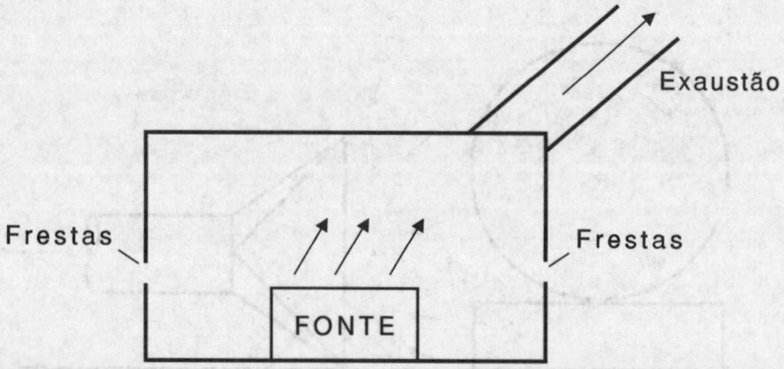

c) Captor do tipo cabine

Esse tipo de captor é semelhante ao anterior, diferenciando-se apenas porque uma das faces é aberta.

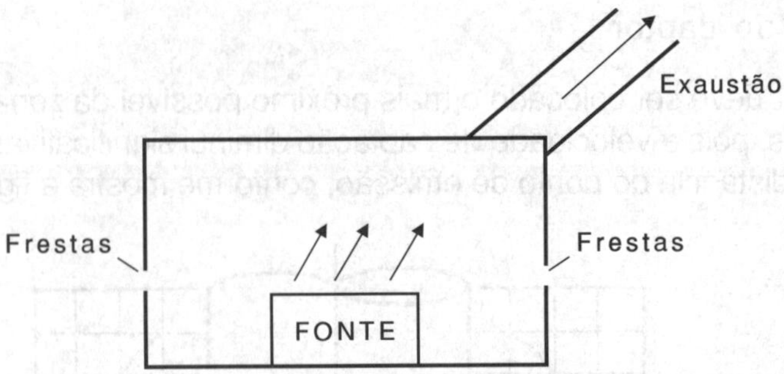

d) Captor externo

Esse captor é utilizado em processos ou operações onde não é possível utilizar o enclausuramento total ou cabine, devido à necessidade do acesso do operador à fonte.

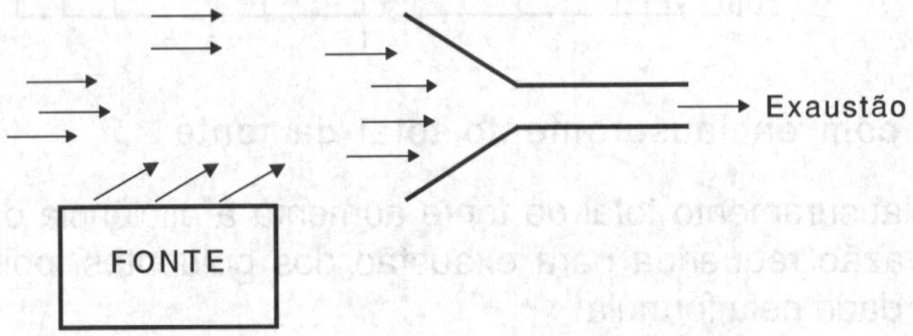

e) Captor natural

Esse tipo de captor aproveita os movimentos naturais do poluente.

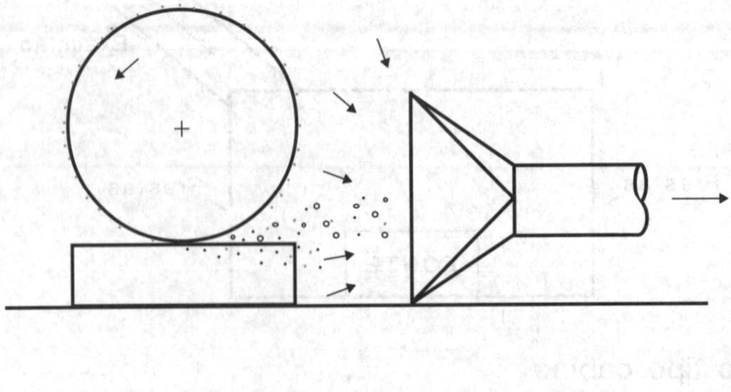

Em todos os casos, o captor dever ser instalado de forma que o operador não permaneça entre ele e a fonte, conforme mostra a figura a seguir:

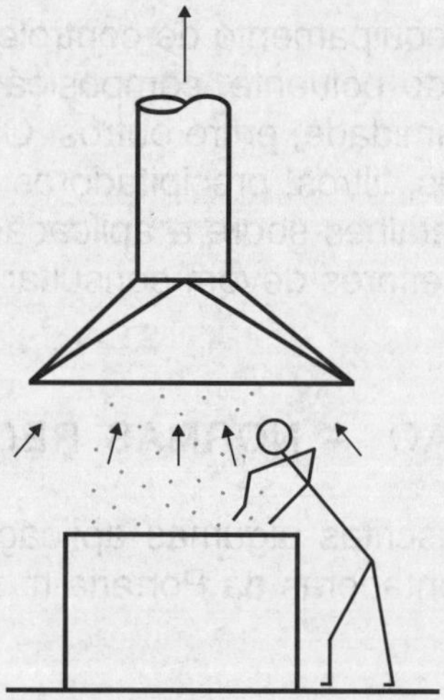

Além disso, deve-se dimensionar adequadamente a velocidade de captação e distribuí-la adequadamente. O projeto deve prever também outras hipóteses que possam prejudicar a captação em função da natureza do processo e da fonte.

3.2. Sistema de dutos

Conforme citado anteriormente, o duto é responsável pelo transporte do poluente captado. Assim, no projeto do sistema deve-se escolher a característica geométrica dos dutos (retos, redondos), em seguida, calcular as perdas de carga nos dutos, nos cotovelos, nas junções, entre outros. Para mais detalhes do dimensionamento, tais como valores de perda de carga e cálculos, os leitores devem consultar a bibliografia mencionada.

3.3. Ventiladores

Os ventiladores fornecem a energia para o fluido no sistema de ventilação a ele conectado. Em geral os ventiladores mais usados são os axiais e os centrífugos. A escolha pode ser feita por meio de consulta aos fabricantes que oferecem grandes variedades de modelos, potências, etc. Nessa solução, no entanto, devem ser levados em conta, entre outros, a vazão requerida, a pressão estatística do ventilador, as características do fluido (presença de poeira, por exemplo), a limitação de espaço, o nível de ruído e a eficiência desejada.

3.4. Equipamentos de controle

Esses equipamentos são usados para reter o poluente captado, evitando seu lançamento na atmosfera e, por via de consequência, contaminar o meio ambiente. A escolha do equipamento de controle depende de vários fatores, tais como estado físico do poluente, composição química, grau de limpeza desejado, temperatura, umidade, entre outros. Os equipamentos de controle mais usados são ciclones, filtros, precipitadores eletrostáticos, lavadores de gases, etc. Para mais detalhes sobre a aplicação desses equipamentos em função do processo, os leitores devem consultar a bibliografia.

IV — VENTILAÇÃO — NORMAS REGULAMENTADORAS

A seguir estão transcritas algumas aplicações de ventilação exigidas pelas Normas Regulamentadoras da Portaria n. 3.214/78.

4.1. Norma Regulamentadora — NR-13

13.2.3. Quando a caldeira for instalada em ambiente aberto, a "Área de Caldeiras" deve satisfazer aos seguintes requisitos:

a) ...

b) ...

c) ...

d) ter sistema de captação e lançamento dos gases e material particulado, provenientes da combustão, para fora da área de operação, atendendo às normas ambientais vigentes.

13.2.4. Quando a caldeira estiver instalada em ambiente confinado, a "Casa de Caldeiras" deve satisfazer aos seguintes requisitos:

a) ...

b) ...

c) dispor de ventilação permanente com entradas de ar que não possam ser bloqueadas.

4.2. Norma Regulamentadora — NR-14

14.3.1. Os fornos devem ser dotados de chaminé, suficientemente dimensionada para a livre saída dos gases queimados, de acordo com normas técnicas oficiais sobre poluição do ar.

4.3. Norma Regulamentadora — NR-18

18.11.1. As operações de soldagem e corte a quente somente podem ser realizadas por trabalhadores qualificados.

18.11.2. Quando forem executadas operações de soldagem e corte a quente em chumbo, zinco ou materiais revestidos de cádmio, será obrigatória a remoção por ventilação local exaustora dos fumos originados no processo de solda e corte, bem como na utilização de eletrodos revestidos.

18.20.1. Nas atividades que exponham os trabalhadores a riscos de asfixia, explosão, intoxicação e doenças do trabalho devem ser adotadas medidas especiais de proteção, a saber:

a) ...

b) ...

c) ...

d) ...

e) proibição de uso de oxigênio para ventilação de local confinado;

f) ventilação local exaustora eficaz que faça a extração dos contaminantes e ventilação geral que execute a insuflação de ar para o interior do ambiente, garantindo de forma permanente a renovação contínua do ar.

4.4. Norma Regulamentadora — NR-22

Essa norma define com detalhes a ventilação em mineração de subsolo. Esse tipo de ventilação, pela natureza dos serviços realizados, exige cuidados e procedimentos especiais no dimensionamento e na manutenção. Os dispositivos dessa norma relativos à ventilação estão transcritos no Capítulo II (Segurança em mineração).

4.5. Norma Regulamentadora — NR-25

25.1. Resíduos gasosos.

25.1.1. Os resíduos gasosos deverão ser eliminados dos locais de trabalho por meio de métodos, equipamentos ou medidas adequadas, sendo proibido o lançamento ou a liberação nos ambientes de trabalho de quaisquer contaminantes gasosos, sob a forma de matéria ou energia, direta ou indiretamente, de forma a serem ultrapassados os limites de tolerância estabelecidos pela NR-15.

25.1.2. As medidas, os métodos, equipamentos ou dispositivos de controle do lançamento ou a liberação dos contaminantes gasosos deverão ser submetidos ao exame e à aprovação dos órgãos competentes do Ministério do Trabalho, que, a seu critério exclusivo, tomará e analisará amostras do ar dos locais de trabalho para fins de atendimento a estas Normas.

25.1.3. Os métodos e procedimentos de análise dos contaminantes gasosos estão fixados na NR-15.

25.1.4. Na eventualidade de utilização de métodos de controle que retirem os contaminantes gasosos dos ambientes de trabalho e os lancem na atmosfera externa, ficam as emissões resultantes sujeitas às legislações competentes nos níveis federal, estadual e municipal.

CAPÍTULO VI

SERVIÇO ESPECIALIZADO EM ENGENHARIA DE SEGURANÇA E MEDICINA DO TRABALHO (SESMT) E COMISSÃO INTERNA DE PREVENÇÃO DE ACIDENTES (CIPA)

I — SERVIÇO ESPECIALIZADO EM ENGENHARIA DE SEGURANÇA E MEDICINA DO TRABALHO (SESMT)

1.1. Considerações

No Brasil, o primeiro texto legal a prever a criação pelas empresas de serviço especializado em segurança e higiene do trabalho foi o Decreto-Lei n. 229, de 28 de fevereiro de 1967, que deu nova redação ao Capítulo V do título II da CLT. Entretanto, o art. 164 da CLT, na sua antiga redação, só foi regulamentado cinco anos após pela Portaria n. 3.237, de 27 de julho de 1972, mesmo assim para entrar em vigor somente a partir de 1º de janeiro de 1975. A justificativa para um prazo tão longo de instalação do SESMT se deve à necessidade de formação de pessoal especializado em segurança e medicina do trabalho. Essa mesma justificativa serviu para adiar a obrigatoriedade da instalação para 1º de janeiro de 1976, por intermédio da Portaria n. 3.442/74.[(1)]

Atualmente, a obrigatoriedade dos Serviços Especializados em Engenharia de Segurança e Medicina do Trabalho (SESMT) encontra-se no art. 162 da CLT, que dispõe:

> As empresas, de acordo com normas a serem expedidas pelo Ministério do Trabalho, estarão obrigadas a manter serviços especializados em segurança e em medicina do trabalho.
>
> Parágrafo único. As normas a que se refere este artigo estabelecerão:
>
> a) classificação das empresas segundo o número de empregados e a natureza do risco de suas atividades;
>
> b) o número mínimo de profissionais especializados exigido de cada empresa, segundo o grupo em que se classifique, na forma da alínea anterior;
>
> c) a qualificação exigida para os profissionais em questão e o seu regime de trabalho;

---

(1) OLIVEIRA, Sebastião Geraldo de. *Proteção jurídica à saúde do trabalhador.* 3. ed. São Paulo: LTr, 2001. p. 357.

d) as demais características e atribuições dos serviços especializados em segurança e em medicina do trabalho, nas empresas.

O MTE, por meio da NR-4, regulamentou a matéria, estabelecendo, entre outros, o dimensionamento, o SESMT, a qualificação dos profissionais, bem como as atribuições do SESMT e a jornada de trabalho.

1.2. Dimensionamento

O dimensionamento do serviço especializado em segurança e medicina do trabalho é feito de acordo com a gradação de risco da atividade principal e o número total de empregados do estabelecimento, conforme quadro abaixo:

Quadro I
Dimensionamento do SESMT

Grau de Risco	Número de empregados no estabelecimento / Técnicas	50 a 100	101 a 250	251 a 500	501 a 1000	1001 a 2000	2001 a 3500	3501 a 5000	Acima de 5000 Para cada grupo de 4000 ou fração acima de 2000(**)
1	Técnico Seg. Trabalho				1	1	1	2	1
	Engenheiro Seg. Trabalho						1(*)	1	1(*)
	Aux. Enferm. do Trabalho						1	1	1
	Enfermeiro do Trabalho							1(*)	
	Médico do Trabalho					1(*)	1	1	1
2	Técnico Seg. Trabalho				1	1	2	5	1
	Engenheiro Seg. Trabalho					1(*)	1	1	1(*)
	Aux. Enferm. do Trabalho					1	1	1	1
	Enfermeiro do Trabalho							1	
	Médico do Trabalho					1(*)	1	1	1
3	Técnico Seg. Trabalho		1	2	3	4	6	8	3
	Engenheiro Seg. Trabalho				1(*)	1	1	2	1
	Aux. Enferm. do Trabalho					1	2	1	1
	Enfermeiro do Trabalho							1	
	Médico do Trabalho				1(*)	1	1	2	1
4	Técnico Seg. Trabalho	1	2	3	4	5	8	10	3
	Engenheiro Seg. Trabalho		1(*)	1(*)	1	1	2	3	1
	Aux. Enferm. do Trabalho				1	1	2	1	1
	Enfermeiro do Trabalho							1	
	Médico do Trabalho		1(*)	1(*)	1	1	2	3	1

(*) Tempo parcial (mínimo de três horas).
(**) O dimensionamento total deverá ser feito levando-se em consideração o dimensionamento da faixa de 3501 a 5000 mais o dimensionamento do(s) grupo(s) de 4000 ou fração acima de 2000.

OBS.: Hospitais, ambulatórios, maternidade, casas de saúde e repouso, clínicas e estabelecimentos similares com mais de 500 (quinhentos) empregados deverão contratar um enfermeiro em tempo integral.

Obs.: O grau de risco de cada atividade encontra-se no quadro da NR-4.

Ademais, essa norma estabelece as regras detalhadas de dimensionamento em situações atípicas de distribuição de empregados por estabelecimento, como, por exemplo, as contratadas, entre outras. A seguir serão destacados os pontos que julgamos mais importantes. Na NR-4, no entanto, sugere-se aos leitores sua consulta.

a) Serviço Especializado em Segurança e Saúde do Trabalhador Portuário (SESSTP)

Nos trabalhos portuários, o dimensionamento do Serviço Especializado em Segurança e Saúde do Trabalhador Portuário (SESSTP) será feito com a soma dos seguintes fatores:

a) média aritmética obtida pela divisão do número de trabalhadores avulsos tomados no ano civil anterior e pelo número de dias efetivamente trabalhados;

b) média do número de empregados com vínculo empregatício do ano civil anterior.

Nos portos organizados e nas instalações portuárias de uso privativo em início de operação, o dimensionamento terá por base o número estimado de trabalhadores a serem tomados no ano.

Quadro II — Dimensionamento Mínimo do SESSTP

Profissionais especializados	Número de trabalhadores			
	20 – 250	251 – 750	751 – 2000	2001 – 3500
Engenheiro de segurança	—	01	02	03
Técnico de segurança	01	02	04	11
Médico do trabalho	—	01(*)	02	03
Enfermeiro do trabalho	—	—	01	03
Auxiliar de enfermagem do trabalho	01	01	02	04

(*) Horário parcial três horas.

Acima de 3.500 (três mil e quinhentos) trabalhadores para cada grupo de 2.000 (dois mil) trabalhadores, ou fração acima de 500, haverá um acréscimo de um profissional especializado por função, exceto no caso do Técnico de Segurança do Trabalho, no qual haverá um acréscimo de três profissionais.

Os profissionais do SESSTP devem cumprir jornada de trabalho integral, observada a exceção prevista no Quadro I.

b) O Serviço Especializado de Segurança e Saúde no Trabalho Rural (SESTR)

A NR-31 estabelece três modalidades de SESTR: próprio, externo e coletivo. O serviço especializado próprio é aquele em que os profissionais especializados são empregados da empresa ou equiparada, enquanto o externo ocorrerá quando o empregador rural ou equiparado contar com serviço de consultoria externa de profissionais especializados. O prestador de serviço deverá ser credenciado junto à unidade regional do Ministério do Trabalho e Emprego.

Outra possibilidade prevista na norma é a estruturação de serviço especializado coletivo, que ocorrerá quando um segmento empresarial ou econômico coletivizar a contratação dos profissionais especializados. Contudo, nessa modalidade, a norma regulamentadora exige que haja previsão em acordo ou convenção coletiva, além de credenciamento do serviço coletivo junto à Delegacia Regional do Trabalho.

No caso de estrutura própria ou coletiva, a previsão é variável, conforme os valores referidos no quadro abaixo:

Número de trabalhadores	Profissionais legalmente habilitados				
	Eng. Seg.	Méd. Trab.	Téc. Seg.	Enf. Trab.	Aux. Enf.
51 a 150	—	—	1	—	—
151 a 300	—	—	1	—	1
301 a 500	—	1	2	—	1
501 a 1000	1	1	2	1	1
Acima de 1000	1	1	3	1	2

No caso de estrutura de SESTR externo e coletivo, a previsão é variável conforme os seguintes dados:

Número de trabalhadores	Profissionais legalmente habilitados				
	Eng. Seg.	Méd. Trab.	Téc. Seg.	Enf. Trab.	Aux. Enf.
Até 500	1	1	2	1	1
501 a 1000	1	1	3	1	2
Acima de 1000	2	2	4	2	3

1.3. Qualificação dos profissionais

A qualificação dos profissionais que integram o SESMT, segundo as Normas Regulamentadoras 4, 29 e 3, é a seguinte:

a) engenheiro de segurança do trabalho — engenheiro ou arquiteto portador de certificado de conclusão de curso de especialização em Engenharia de Segurança do Trabalho, em nível de pós-graduação;

b) médico do trabalho — médico portador de certificado de conclusão de curso de especialização em Medicina do Trabalho, em nível de pós--graduação, ou portador de certificado de residência médica em área de concentração em saúde do trabalhador ou denominação equivalente, reconhecida pela Comissão Nacional de Residência Médica, do Ministério da Educação, ambos ministrados por universidade ou faculdade que mantenha curso de graduação em Medicina;

c) enfermeiro do trabalho — enfermeiro portador de certificado de conclusão de curso de especialização em Enfermagem do Trabalho, em nível de pós-graduação, ministrado por universidade ou faculdade que mantenha curso de graduação em enfermagem;

d) auxiliar de enfermagem do trabalho — auxiliar de enfermagem ou técnico de enfermagem portador de certificado de conclusão de curso de qualificação de auxiliar de enfermagem do trabalho, ministrado por instituição especializada reconhecida e autorizada pelo Ministério da Educação;

e) técnico de segurança do trabalho — técnico portador de comprovação de registro profissional expedido pelo Ministério do Trabalho.

1.4. Atribuições dos profissionais

As atribuições dos profissionais que integram o SESMT de acordo com a NR-4 são as seguintes:

a) aplicar os conhecimentos de engenharia de segurança e de medicina do trabalho ao ambiente de trabalho e a todos os seus componentes, inclusive máquinas e equipamentos, de modo a reduzir até eliminar os riscos ali existentes à saúde do trabalhador;

b) determinar, quando esgotados todos os meios conhecidos para a eliminação do risco e este persistir, mesmo reduzido, a utilização pelo trabalhador de Equipamentos de Proteção Individual (EPI), de acordo com o que determina a NR-6, desde que a concentração, a intensidade ou característica do agente assim o exija;

c) colaborar, quando solicitado, nos projetos e na implantação de novas instalações físicas e tecnológicas da empresa, exercendo a competência disposta na alínea "a";

d) responsabilizar-se, tecnicamente, pela orientação quanto ao cumprimento do disposto nas NRs aplicáveis às atividades executadas pela empresa e/ou pelos seus estabelecimentos;

e) manter permanente relacionamento com a CIPA, valendo-se ao máximo de suas observações, além de apoiá-la, treiná-la e atendê-la, conforme dispõe a NR-5;

f) promover a realização de atividades de conscientização, educação e orientação dos trabalhadores para a prevenção de acidentes do trabalho e doenças ocupacionais, tanto por meio de campanhas quanto de programas de duração permanente;

g) esclarecer e conscientizar os empregadores sobre acidentes do trabalho e doenças ocupacionais, estimulando-os em favor da prevenção;

h) analisar e registrar em documento(s) específico(s) todos os acidentes ocorridos na empresa ou no estabelecimento, com ou sem vítima, e todos os casos de doença ocupacional, descrevendo a história e as características do acidente e/ou da doença ocupacional, os fatores ambientais, as características do agente e as condições do(s) indivíduo(s) portador(es) de doença ocupacional ou acidentado(s);

i) registrar mensalmente os dados atualizados de acidentes do trabalho, doenças ocupacionais e agentes de insalubridade, preenchendo, no mínimo, os quesitos descritos nos modelos de mapas constantes nos Quadros III, IV, V e VI, devendo a empresa encaminhar um mapa contendo avaliação anual dos mesmos dados à Secretaria de Segurança e Medicina do Trabalho até o dia 31 de janeiro, por meio do órgão regional do MTb;

j) manter os registros de que tratam as alíneas "h" e "i" na sede dos Serviços Especializados em Engenharia de Segurança e em Medicina do Trabalho ou facilmente alcançáveis a partir da mesma, sendo de livre escolha da empresa o método de arquivamento e recuperação, desde que sejam asseguradas condições de acesso aos registros e entendimento de seu conteúdo, devendo ser guardados somente os mapas anuais dos dados correspondentes às alíneas "h" e "i" por um período não inferior a 5 (cinco) anos;

k) as atividades dos profissionais integrantes dos Serviços Especializados em Engenharia de Segurança e em Medicina do Trabalho são essencialmente prevencionistas, embora não seja vedado o atendimento de emergência, quando se tornar necessário. Entretanto, a elaboração de planos de controle de efeitos de catástrofes, de disponibilidade de meios que visem ao combate a incêndios e ao salvamento e de imediata atenção à vítima deste ou de qualquer outro tipo de acidente estão incluídos em suas atividades.

1.5. Comentário sobre a NR-4

Encontra-se em discussão há alguns anos a alteração da NR-4 de forma profunda, objetivando melhorar a atuação do serviço na prevenção de acidentes e doenças do trabalho. O SESMT, desde o início de sua existência, prestou grande contribuição na evolução prevencionista no Brasil, no entanto, algumas deficiências podem ser verificadas:

a) Quanto ao dimensionamento

O dimensionamento dos profissionais do quadro II da NR-4, transcrito anteriormente, muitas vezes, é insuficiente para cobrir a empresa de atividades de risco elevado. Assim, por exemplo, a siderúrgica (risco 4) com 48 empregados não necessita de SESMT.

b) Quanto à garantia de emprego

Os profissionais que integram o SESMT não têm garantia de emprego, podendo ser dispensados a qualquer momento sem justificativa. Logo, aqueles profissionais mais atuantes, muitas vezes, entram em conflito com os interesses da empresa e não continuam seu contrato de trabalho. O art. 10 da Convenção n. 161 da OIT (Organização Internacional do Trabalho) dispõe:

> O pessoal prestador de serviços de saúde no trabalho deverá gozar de independência profissional completa com relação ao empregador, aos trabalhadores e aos seus representantes, quando estes existirem, no que tange às funções ...

Portanto, como ensina o ilustre juiz do TRT, 3ª Região, Sebastião Geraldo de Oliveira, a plena independência do SESMT não será realizada enquanto o empregador puder dispensá-los a qualquer momento e sem qualquer justificativa.[(2)]

Portanto, concordamos com o ilustre juiz que a atuação com dependência não é possível sem o mínimo de garantia no emprego dos profissionais que compõem o SESMT, e a norma deveria evoluir nesse sentido.

c) Quanto à formação

Os cursos de formação de profissionais também não são suficientes para preparação adequada. A nosso ver, enquanto esses cursos eram realizados em convênio com a FUNDACENTRO, sua qualidade era bem superior. Atualmente, as instituições que promovem tais cursos, na maioria dos casos, estão mais preocupadas com o lado financeiro. Assim, escolas de pós-graduação em engenharia, medicina e curso técnico não possuem laboratórios, bibliotecas nem corpo docente preparado e, desse modo, a formação dos profissionais fica comprometida. A NR-4 deverá ser, portanto, com base no exposto, aperfeiçoada, especialmente nos itens comentados, devendo os profissionais, os conselhos e as associações participar efetivamente desse processo.

---

(2) Ob. cit.

d) Modalidades de SESMT

1. SESMT comum

A Portaria n. 17, de 1º.8.2007, alterou a redação do subitem 4.5.3 e acrescentou os subitens 4.14.3 e 4.14.4 na NR-4, instituindo o SESMT comum. A constituição desse serviço é possível nas seguintes hipóteses:

— Empresas que contratam outras para prestar serviços em seu estabelecimento;

— Empresas da mesma atividade econômica localizadas no mesmo município ou em municípios limítrofes cujos estabelecimentos se enquadrem no Quadro II da NR-4. Nesse caso, a organização pode ser feita pela empresa ou pelo sindicato patronal, além disso, o serviço pode ser estendido também às empresas que não se enquadram no Quadro II;

— Empresas que desenvolvem atividades no mesmo polo industrial ou comercial.

Outro aspecto importante a ser observado é que a norma exige que a organização do SESMT comum atenda aos seguintes requisitos:

— Ser previsto em Acordo ou Convenção Coletiva;

— Seu funcionamento deve ser avaliado semestralmente por Comissão composta de representantes da empresa contratante, do sindicato de trabalhadores e da Delegacia Regional do Trabalho, ou na forma e periodicidade previstas na Convenção ou no Acordo Coletivo de Trabalho;

— O número de empregados assistidos pelo SESMT comum não integra a base de cálculo para dimensionamento do SESMT das empresas.

A Norma inovou flexibilizando a organização do SESMT nas hipóteses apontadas anteriormente, além de criar mecanismos visando a dar maior independência, imparcialidade e garantia de sua atuação, ao exigir a avaliação de sua atuação por meio de comissão formada pelo sindicato e Ministério do Trabalho. Todavia, embora o espírito da norma tenha sido buscar maior efetividade na atuação dos serviços especializados em segurança e saúde, a nosso ver, na prática, a resistência da maioria dos empregadores na implantação do SESMT comum será grande, devido à avaliação do Ministério do Trabalho e, principalmente, devido à participação dos sindicatos.

2. SESMT externo e coletivo

Essa modalidade está prevista na NR-31, que estabelece a obrigatoriedade da constituição de SESTR, próprio ou externo, para os estabelecimentos com mais de 50 empregados. Esse serviço deverá ser credenciado junto à unidade regional do Ministério do Trabalho; ser organizado por instituição ou possuir personalidade jurídica própria; exercer exclusivamente atividades de prestação de serviços em segurança e saúde no trabalho, além de apresentar a relação dos profissionais que compõem o SESTR.

O SESTR externo poderá ser descredenciado pela autoridade regional do MTE competente, ouvida a CPRR, sempre que os serviços não atenderem aos critérios estabelecidos nesta Norma Regulamentadora.

A NR-31 prevê outra opção de serviço de segurança e saúde SESTR coletivo, desde que estabelecido em acordos ou convenções coletivos de trabalho e se configure uma das seguintes situações:

a) vários empregadores rurais ou equiparados instalados em um mesmo estabelecimento;

b) empregadores rurais ou equiparados, que possuam estabelecimentos que distem entre si menos de 100 quilômetros;

c) vários estabelecimentos sob controle acionário de um mesmo grupo econômico, que distem entre si menos de 100 quilômetros;

d) consórcio de empregadores e cooperativas de produção.

Da mesma forma que o SESTR externo, esse serviço também deverá ser credenciado pelo Ministério do Trabalho.

Cabe salientar que os SESTR externo ou coletivo poderão ser descredenciados pela autoridade regional do MTE competente, ouvida a CPRR, sempre que os serviços não atenderem aos critérios estabelecidos nesta Norma Regulamentadora.

Responderão solidariamente pelo SESTR coletivo todos os seus integrantes.

II — COMISSÃO INTERNA DE PREVENÇÃO DE ACIDENTES (CIPA)

Como fruto da consolidação do processo da Revolução Industrial, no final do século XIX e início do século XX, ficaram evidentes a importância e a necessidade de serem criados instrumentos que conjugassem a participação ativa de empregados e empregadores objetivando a prevenção de acidentes de trabalho e de doenças ocupacionais. Diante disso, impõe-se reconhecer que os comitês de segurança ou comitês de fábricas instituídos nos países europeus que tomaram a dianteira do processo de industrialização representam, na verdade, o embrião da Comissão Interna de Prevenção de Acidentes (CIPA), nos moldes em que se acha atualmente institucionalizada em nosso país.

A Organização Internacional do Trabalho (OIT), demonstrando crescente preocupação com o tema da infortunística acidentária do trabalho, aprovou, no ano de 1921, recomendação no sentido de que todos os estabelecimentos industriais que empreguem regularmente pelo menos 25 trabalhadores deveriam possuir um comitê de segurança. No Brasil, mesmo antes da absorção de tal recomendação prevencionista da OIT; a literatura especializada destaca a concessionária de energia elétrica São Paulo Light and Power.

Por meio do Decreto-Lei n. 7.036, de 10 de novembro de 1944, foi instituída a obrigatoriedade de as empresas brasileiras criarem organismos internos, consagrando a comunhão de esforços de trabalhadores e de empregadores em busca da prevenção de acidentes de trabalho. Nesse sentido, o art. 82 do citado Decreto-Lei é tido como o nascedouro legal de nossas comissões internas de prevenção de acidentes.[3]

Atualmente, a obrigatoriedade de constituição da CIPA encontra-se nos arts. 163 e 164 da CLT, sendo regulamentada pela NR-5 da Portaria n. 3.214, com nova redação dada pela Portaria n. 8, de 23.2.99. A NR-5 estabelece as regras da constituição da CIPA, a organização, a atribuição, o funcionamento, o processo eleitoral, entre outros. A seguir serão transcritos e comentados os pontos que julgamos mais importantes nessa norma.

2.1. Constituição

Segundo o subitem 5.2, a CIPA deve ser constituída por estabelecimento, devendo ser mantida em regular funcionamento nas empresas públicas, sociedades de economia mista, nos órgãos da administração direta e indireta, nas instituições beneficentes, associações recreativas, cooperativas, bem como em outras instituições que admitam trabalhadores como empregados.

Portanto, a NR-5 abrange somente os trabalhadores empregados nos termos da definição dos arts. 2º e 3º da CLT. Todavia, os estatutos dos servidores públicos devem estabelecer também a obrigatoriedade da constituição de CIPA; conforme determina o art. 37 da CF/88, aplica-se a esses trabalhadores o inciso XXII do art. 7º, isto é, a redução dos riscos inerentes ao trabalho por meio de normas de saúde, higiene e segurança, e a CIPA constitui uma das ferramentas mais importantes na prevenção dos riscos de acidente e doença do trabalho.

2.2. Organização

A organização da CIPA será feita de forma paritária com representantes do empregador e dos empregados. O número de membros será em função do grau de risco e do número de empregados do estabelecimento.

---

(3) GONÇALVES, Edwar Abreu. *Manual de segurança e saúde no trabalho,* p. 88.

Os representantes dos empregadores, titulares e suplentes, serão por eles designados, e os representantes dos empregados, titulares e suplentes, serão eleitos em escrutínio secreto, do qual participem, independentemente de filiação sindical, exclusivamente, os empregados interessados (subitens 5.6.1 e 5.6.2).

O número de membros titulares e suplentes da CIPA, considerando a ordem decrescente de votos recebidos, observará o dimensionamento previsto no Quadro I desta NR, ressalvadas as alterações disciplinadas em atos normativos de setores econômicos específicos (subitem 5.6.3).

Quando o estabelecimento não se enquadrar no Quadro I, a empresa designará um responsável pelo cumprimento dos objetivos desta NR, podendo ser adotados mecanismos de participação dos empregados por meio de negociação coletiva (subitem 5.6.4).

O mandato dos membros eleitos da CIPA terá a duração de um ano, e é permitida uma reeleição (subitem 5.7). Na área rural e portuária, a duração do mandato dos membros da CIPA será de dois anos, permitida uma recondução ou reeleição.

Quadro I
Dimensionamento de CIPA

GRUPOS(*)	Número de empregados no Estabelecimento / Número de membros da CIPA	0 a 19	20 a 29	30 a 50	51 a 80	81 a 100	101 a 120	121 a 140	141 a 300	301 a 500	501 a 1000	1001 a 2500	2501 a 5000	5001 a 10.000	Acima de 10.000 para cada grupo de 2.500 acrescentar
C-1	Efetivos		1	1	3	3	4	4	4	4	6	9	12	15	2
	Suplentes		1	1	3	3	3	3	3	3	4	7	9	12	2
C-1a	Efetivos		1	1	3	3	4	4	4	4	6	9	12	15	2
	Suplentes		1	1	3	3	3	3	3	4	5	8	9	12	2
C-2	Efetivos		1	1	2	2	3	4	4	5	6	7	10	11	2
	Suplentes		1	1	2	2	3	3	4	4	5	6	7	9	1
C-3	Efetivos		1	1	2	2	3	3	4	5	6	7	10	10	2
	Suplentes		1	1	2	2	3	3	4	4	5	6	8	8	2
C-3a	Efetivos				1	1	2	2	2	3	3	4	5	6	1
	Suplentes				1	1	2	2	2	3	3	3	4	5	1

GRUPOS(*)	Número de empregados no Estabelecimento / Número de membros da CIPA	0 a 19	20 a 29	30 a 50	51 a 80	81 a 100	101 a 120	121 a 140	141 a 300	301 a 500	501 a 1000	1001 a 2500	2501 a 5000	5001 a 10.000	Acima de 10.000 para cada grupo de 2.500 acrescentar
C-4	Efetivos			1	1	1	1	1	2	2	2	3	5	6	1
	Suplentes			1	1	1	1	1	2	2	2	3	4	4	1
C-5	Efetivos		1	1	2	3	3	4	4	4	6	9	9	11	2
	Suplentes		1	1	2	3	3	3	4	4	5	7	7	9	2
C-5a	Efetivos				1	1	2	2	2	3	3	4	6	7	1
	Suplentes				1	1	2	2	2	3	3	3	4	5	1
C-6	Efetivos			1	2	3	3	4	5	5	6	8	10	12	2
	Suplentes			1	2	3	3	3	4	4	4	6	8	10	2
C-7	Efetivos				1	1	2	2	2	2	3	4	5	6	1
	Suplentes				1	1	2	2	2	2	3	3	4	4	1
C-8	Efetivos		1	1	2	2	3	3	4	5	6	7	8	10	1
	Suplentes		1	1	2	2	3	3	3	4	4	5	6	8	1
C-9	Efetivos				1	1	1	2	2	2	3	5	6	7	1
	Suplentes				1	1	1	2	2	2	3	4	4	5	1
C-10	Efetivos		1	1	2	2	3	3	4	4	5	8	9	10	2
	Suplentes		1	1	2	2	3	3	3	4	4	6	7	8	2
C-11	Efetivos		1	1	2	3	3	4	4	5	6	9	10	12	2
	Suplentes		1	1	2	3	3	3	3	4	4	7	8	10	2
C-12	Efetivos		1	1	2	3	3	4	5	7	8	9	9	10	2
	Suplentes		1	1	2	3	3	3	4	6	6	7	7	8	2
C-13	Efetivos		1	1	3	3	3	3	3	5	6	9	11	13	2
	Suplentes		1	1	3	3	3	3	4	4	5	7	8	10	2
C-14	Efetivos		1	1	2	2	3	4	4	5	6	9	11	11	2
	Suplentes		1	1	2	2	3	3	4	4	5	7	9	9	2
C-14a	Efetivos				1	1	2	2	2	3	3	4	5	6	1
	Suplentes				1	1	2	2	2	3	3	3	4	4	1
C-15	Efetivos		1	1	3	3	4	4	4	5	6	8	10	12	2
	Suplentes		1	1	3	3	3	3	3	4	4	6	8	10	2

GRUPOS(*)	Número de empregados no Estabelecimento / Número de membros da CIPA	0 a 19	20 a 29	30 a 50	51 a 80	81 a 100	101 a 120	121 a 140	141 a 300	301 a 500	501 a 1000	1001 a 2500	2501 a 5000	5001 a 10.000	Acima de 10.000 para cada grupo de 2.500 acrescentar
C-16	Efetivos		1	1	2	3	3	3	4	5	6	8	10	12	2
	Suplentes		1	1	2	3	3	3	3	4	4	6	7	9	2
C-17	Efetivos		1	1	2	2	4	4	4	4	6	8	10	12	2
	Suplentes		1	1	2	2	3	3	3	4	5	7	8	10	2
C-18	Efetivos				2	2	4	4	4	4	6	8	10	12	2
	Suplentes				2	2	3	3	3	4	5	7	8	10	2
C-18a	Efetivos				3	3	4	4	4	4	6	9	12	15	2
	Suplentes				3	3	3	3	3	4	5	7	9	12	2
C-19	Efetivos				1	1	2	2	2	3	3	4	5	6	1
	Suplentes				1	1	2	2	2	3	3	3	4	4	1
C-20	Efetivos			1	1	3	3	3	3	4	5	5	6	8	2
	Suplentes			1	1	3	3	3	3	3	4	4	5	6	1
C-21	Efetivos				1	1	2	2	2	3	3	4	5	6	1
	Suplentes				1	1	2	2	2	3	3	3	4	5	1

Nos grupos C-18 e C18-a, constituir CIPA por estabelecimento a partir de 70 trabalhadores, e quando o estabelecimento possuir menos de 70 trabalhadores, observar o dimensionamento descrito na NR-18 — subitem 18.33.1.

Quadro II
Dimensionamento de CIPA

GRUPOS(*)	Número de empregados no Estabelecimento / Número de membros da CIPA	0 a 19	20 a 29	30 a 50	51 a 80	81 a 100	101 a 120	121 a 140	141 a 300	301 a 500	501 a 1000	1001 a 2500	2501 a 5000	5001 a 10.000	Acima de 10.000 para cada grupo de 2.500 acrescentar
C-22	Efetivos		1	1	2	2	3	3	4	4	6	8	10	12	2
	Suplentes		1	1	2	2	3	3	3	3	5	6	8	9	2
C-23	Efetivos				1	1	2	2	2	2	3	4	5	6	1
	Suplentes				1	1	2	2	2	2	3	3	4	5	1
C-24	Efetivos			1	1	1	1	1	2	2	2	3	5	6	1
	Suplentes			1	1	1	1	1	2	2	2	3	4	4	1

GRUPOS(*)	Número de empregados no Estabelecimento / Número de membros da CIPA	0 a 19	20 a 29	30 a 50	51 a 80	81 a 100	101 a 120	121 a 140	141 a 300	301 a 500	501 a 1000	1001 a 2500	2501 a 5000	5001 a 10.000	Acima de 10.000 para cada grupo de 2.500 acrescentar
C-24a	Efetivos				1	1	2	2	2	2	3	4	5	6	1
	Suplentes				1	1	2	2	2	2	3	3	4	4	1
C-24b	Efetivos		1	1	3	3	4	4	4	4	6	9	12	15	2
	Suplentes		1	1	3	3	3	3	3	3	4	7	9	12	2
C-25	Efetivos				1	1	2	2	2	2	3	4	5	6	1
	Suplentes				1	1	2	2	2	2	3	3	4	5	1
C-26	Efetivos									1	2	3	4	5	1
	Suplentes									1	2	3	3	4	1
C-27	Efetivos						1	1	2	3	4	5	6	6	1
	Suplentes						1	1	2	3	3	4	5	5	1
C-28	Efetivos						1	1	2	3	4	5	6	6	1
	Suplentes						1	1	2	3	4	5	5	5	1
C-29	Efetivos									1	2	3	4	5	1
	Suplentes									1	2	3	3	4	1
C-30	Efetivos		1	1	1	2	4	4	4	5	7	8	9	10	2
	Suplentes		1	1	1	2	3	3	4	4	6	7	8	9	1
C-31	Efetivos				1	1	2	2	2	3	3	4	5	6	1
	Suplentes				1	1	2	2	2	3	3	3	4	5	1
C-32	Efetivos				1	1	2	2	2	3	3	4	5	6	1
	Suplentes				1	1	2	2	2	3	3	3	4	5	1
C-33	Efetivos						1	1	1	1	2	3	4	5	1
	Suplentes						1	1	1	1	2	3	3	4	1
C-34	Efetivos		1	1	2	2	4	4	4	4	6	8	10	12	2
	Suplentes		1	1	2	2	3	3	3	4	5	7	8	9	2
C-35	Efetivos				1	1	2	2	2	2	3	4	5	6	1
	Suplentes				1	1	2	2	2	2	3	3	4	5	1

Os membros efetivos e suplentes terão representantes dos empregadores e dos empregados.
(*) As atividades econômicas integrantes dos grupos estão especificadas por CNAE nos QUADROS II e III.
(*) A relação das atividades para fins de dimensionamento e o estabelecido na CNAE (Classificação Nacional de Atividades Econômicas) estão transcritos no final do capítulo.

COMISSÃO INTERNA DE PREVENÇÃO DE ACIDENTES DO TRABALHO RURAL (CIPATR)

A NR-31 estabelece regras para CIPATR, das quais se destacam:

31.7.1 A CIPATR tem como objetivo a prevenção de acidentes e doenças relacionados ao trabalho, de modo a tornar compatível permanentemente o trabalho com a preservação da vida do trabalhador.

31.7.2 O empregador rural ou equiparado que mantenha vinte ou mais empregados contratados por prazo indeterminado fica obrigado a manter em funcionamento, por estabelecimento, uma CIPATR.

31.7.2.1 Nos estabelecimentos com número de onze a dezenove empregados, nos períodos de safra ou de elevada concentração de empregados por prazo determinado, a assistência em matéria de segurança e saúde no trabalho será garantida pelo empregador diretamente ou através de preposto ou de profissional por ele contratado, conforme previsto nos subitens 31.6.6 e 31.6.6.1 desta Norma Regulamentadora.

31.7.3 A CIPATR será composta por representantes indicados pelo empregador e representantes eleitos pelos empregados de forma paritária, de acordo com a seguinte proporção mínima:

Número de trabalhadores Número de membros	20 a 35	36 a 70	71 a 100	101 a 500	501 a 1000	Acima de 1000
Representantes dos trabalhadores	1	2	3	4	5	6
Representantes do empregador	1	2	3	4	5	6

31.7.4 Os membros da representação dos empregados na CIPATR serão eleitos em escrutínio secreto.

31.7.5 Os candidatos votados e não eleitos deverão ser relacionados na ata de eleição, em ordem decrescente de votos, possibilitando a posse como membros da CIPATR em caso de vacância.

31.7.5.1 O coordenador da CIPATR será escolhido pela representação do empregador, no primeiro ano do mandato, e pela representação dos trabalhadores, no segundo ano do mandato, dentre seus membros.

31.7.7 Organizada a CIPATR, as atas de eleição e posse e o calendário das reuniões devem ser mantidas no estabelecimento à disposição da fiscalização do trabalho.

31.7.8 A CIPATR não poderá ter seu número de representantes reduzido, bem como não poderá ser desativada pelo empregador antes do término do mandato de seus membros, ainda que haja redução do número de empregados, exceto no caso de encerramento das atividades do estabelecimento.

31.7.8.1 Os casos em que ocorra redução do número de empregados, por mudanças na atividade econômica, devem ser encaminhados à Delegacia Regional do Trabalho, que decidirá sobre a redução ou não da quantidade de membros da CIPATR.

31.7.8.2 Nas Unidades da Federação com Comissão Permanente Regional Rural (CPRR) em funcionamento esta será ouvida antes da decisão referida no subitem 31.7.8.1 desta Norma Regulamentadora.

31.7.9 A CIPATR terá por atribuição:

a) acompanhar a implementação das medidas de prevenção necessárias, bem como da avaliação das prioridades de ação nos locais de trabalho;

b) identificar as situações de riscos para a segurança e saúde dos trabalhadores, nas instalações ou áreas de atividades do estabelecimento rural, comunicando-as ao empregador para as devidas providências;

c) divulgar aos trabalhadores informações relativas à segurança e saúde no trabalho;

d) participar, com o SESTR, quando houver, das discussões promovidas pelo empregador, para avaliar os impactos de alterações nos ambientes e processos de trabalho relacionados à segurança e saúde dos trabalhadores, inclusive quanto à introdução de novas tecnologias e alterações nos métodos, condições e processos de produção;

e) interromper, informando ao SESTR, quando houver, ou ao empregador rural ou equiparado, o funcionamento de máquina ou setor onde considere haver risco grave e iminente à segurança e saúde dos trabalhadores;

f) colaborar no desenvolvimento e na implementação das ações da Gestão de Segurança, Saúde e Meio Ambiente de Trabalho Rural;

g) participar, em conjunto com o SESTR, quando houver, ou com o empregador, da análise das causas das doenças e acidentes de trabalho e propor medidas de solução dos problemas encontrados;

h) requisitar à empresa cópia das CAT emitidas;

i) divulgar e zelar pela observância desta Norma Regulamentadora;

j) propor atividades que visem a despertar o interesse dos trabalhadores pelos assuntos de prevenção de acidentes de trabalho, inclusive a semana interna de prevenção de acidentes no trabalho rural;

k) propor ao empregador a realização de cursos e treinamentos que julgar necessários para os trabalhadores, visando à melhoria das condições de segurança e saúde no trabalho;

l) elaborar o calendário anual de reuniões ordinárias;

m) convocar, com conhecimento do empregador, trabalhadores para prestar informações por ocasião dos estudos dos acidentes de trabalho;

n) encaminhar ao empregador, ao SESTR e às entidades de classe as recomendações aprovadas, bem como acompanhar as respectivas execuções;

o) constituir grupos de trabalho para o estudo das causas dos acidentes de trabalho rural.

31.7.9.1 No exercício das atribuições elencadas no subitem 31.7.11, a CIPATR contemplará os empregados contratados por prazo determinado e indeterminado.

2.3. Garantias dos cipistas

O subitem 5.8 da NR-5 dispõe:

É vedada a dispensa arbitrária ou sem justa causa do empregado eleito para cargo de direção de Comissões Internas de Prevenção de Acidentes desde o registro de sua candidatura até um ano após o final de seu mandato.

Já o art. 165 da CLT dispõe:

Os titulares da representação dos empregados nas CIPAs não poderão sofrer despedida arbitrária, entendendo-se como tal a que não se fundar em motivo disciplinar, técnico, econômico ou financeiro.

No mesmo sentido, a CF/88 também estabeleceu a estabilidade provisória para os membros eleitos da CIPA (representantes dos empregados), desde o registro de sua candidatura até um ano após o final de seu mandato (art. 10, II, *a*, das Disposições Constitucionais Transitórias).

Cabe ressaltar também que a Súmula n. 339 do TST estendeu a garantia de emprego ao suplente da CIPA.

Outra garantia importante dos membros da CIPA é o disposto no subitem 5.9 da NR-5, vedando condições que não descaracterizem suas atividades normais na empresa, e a transferência para outro estabelecimento sem a sua anuência, ressalvado o disposto nos §§ 1º e 2º do art. 469, da CLT.

O empregador deverá garantir que seus indicados tenham a representação necessária para a discussão e o encaminhamento das soluções de questões de segurança e saúde no trabalho analisadas na CIPA (subitem 5.10).

Portanto, com base no exposto, pode-se constatar que os membros da CIPA possuem garantias legais que permitem a atuação com maior independência, no entanto, em muitas empresas, a atuação da CIPA na área da prevenção de acidentes ainda é inoperante, uma vez que o empregador não oferece as condições adequadas para tal. A nosso ver, a CIPA organizada por representantes comprometidos com a cultura prevencionista, juntamente com a boa política da empresa, é fundamental na busca de melhores condições de trabalho e, via de consequência, na proteção à saúde dos trabalhadores.

2.4. Atribuições da CIPA

O subitem 5.16 da NR-5 dispõe:

A CIPA terá por atribuição:

a) identificar os riscos do processo de trabalho e elaborar o mapa de riscos, com a participação do maior número de trabalhadores, com assessoria do SESMT, onde houver;

b) elaborar plano de trabalho que possibilite a ação preventiva na solução de problemas de segurança e saúde no trabalho;

c) participar da implementação e do controle da qualidade das medidas de prevenção necessárias, bem como da avaliação das prioridades de ação nos locais de trabalho;

d) realizar, periodicamente, verificações nos ambientes e das condições de trabalho visando à identificação de situações que venham a trazer riscos para a segurança e saúde dos trabalhadores;

e) realizar, a cada reunião, avaliação do cumprimento das metas fixadas em seu plano de trabalho e discutir as situações de risco que foram identificadas;

f) divulgar aos trabalhadores informações relativas à segurança e saúde no trabalho;

g) participar, com o SESMT, onde houver, das discussões promovidas pelo empregador, para avaliar os impactos de alterações no ambiente e processo de trabalho relacionados à segurança e saúde dos trabalhadores;

h) requerer ao SESMT, quando houver, ou ao empregador, a paralisação de máquina ou setor onde considere haver risco grave e iminente à segurança e saúde dos trabalhadores;

i) colaborar no desenvolvimento e na implementação do PCMSO e PPRA e de outros programas relacionados à segurança e saúde no trabalho;

j) divulgar e promover o cumprimento das Normas Regulamentadoras, bem como cláusulas de acordos e convenções coletivas de trabalho, relativas à segurança e saúde no trabalho;

l) participar, em conjunto com o SESMT, onde houver, ou com o empregador, da análise das causas das doenças e dos acidentes de trabalho e propor medidas de solução dos problemas identificados;

m) requisitar ao empregador e analisar as informações sobre questões que tenham interferido na segurança e saúde dos trabalhadores;

n) requisitar à empresa as cópias das CAT emitidas;

o) promover, anualmente, em conjunto com o SESMT, onde houver, a Semana Interna de Prevenção de Acidentes do Trabalho (SIPAT);

p) participar, anualmente, em conjunto com a empresa, de Campanhas de Prevenção da AIDS.

Analisando o dispositivo legal transcrito, pode ser constatado que a norma concedeu ampla atribuição à CIPA na área de segurança e saúde dos trabalhadores, devendo destacar o seguinte:

A CIPA possui atribuição de identificar os riscos de processo de trabalho e elaborar o mapa de risco, com a participação do maior número de trabalhadores e assessoramento do SESMT. A finalidade da norma foi permitir ao próprio trabalhador identificar os riscos a que ele está exposto e sugerir o controle. Ninguém melhor que o indivíduo exposto para reconhecer a situação de risco, pois é ele que sente as condições adversas à sua saúde. Assim, a elaboração do mapa de risco é ferramenta importante na prevenção e no reconhecimento dos riscos ocupacionais do PPRA nos termos da NR-9.

Contudo, lamentavelmente, essa finalidade da norma é bastante distorcida por grande parte dos empregadores e até mesmo dos profissionais do SESMT, pois, muitas vezes, a empresa adquire o mapa de risco pronto em programas de computador, elaborados sem nenhuma participação da CIPA ou dos trabalhadores.

Outro aspecto importante a ser considerado é que o mapa de risco não se confunde com o PPRA; conforme comentado anteriormente, o mapa de risco é ferramenta importante na etapa do reconhecimento do PPRA, todavia, não é atribuição da CIPA realizar avaliação quantitativa dos riscos, sendo sua avaliação apenas qualitativa. Ademais, somente os agentes físicos, químicos e biológicos são objetos do PPRA, enquanto no mapa de risco os agentes ergonômicos e mecânicos também são contemplados.

Outra atribuição importante da CIPA é a divulgação e promoção das normas regulamentadoras e cláusulas de acordo ou convenção coletiva relativas a segurança e saúde no trabalho, além da promoção, juntamente com o SESMT da SIPAT (Semana Interna de Prevenção de Acidentes).

Finalizando, podem-se verificar, nos dispositivos relativos às atribuições, diversas ações conjuntas da CIPA e do SESMT nos subitens 5.17 ao 5.22. A norma estabelece as responsabilidades e as atribuições do empregador, dos empregados, do presidente, vice-presidente e secretário. Convém ressaltar que o secretário será indicado de comum acordo com os membros da CIPA, entre os componentes ou não da comissão, sendo, nesse caso, necessária a concordância do empregador (subitem 5.13).

2.5. Funcionamento da CIPA

a) Reuniões ordinárias

A CIPA terá reuniões ordinárias mensais, de acordo com o calendário preestabelecido (subitem 5.23).

As reuniões ordinárias da CIPA serão realizadas durante o expediente normal da empresa e em local apropriado (subitem 5.24).

As reuniões da CIPA terão atas assinadas pelos presentes com encaminhamento de cópias para todos os membros (subitem 5.25).

As atas ficarão no estabelecimento à disposição dos Agentes da Inspeção do Trabalho (AIT) (subitem 5.26).

b) Reuniões extraordinárias

As reuniões extraordinárias deverão ser realizadas quando (subitem 5.27):

a) Houver denúncia de situação de risco grave e iminente que determine a aplicação de medidas corretivas de emergência;

b) Ocorrer acidente do trabalho grave ou fatal;

c) Houver solicitação expressa de uma das representações.

c) Decisões da CIPA

As decisões da CIPA serão preferencialmente por consenso (subitem 5.28).

Não havendo consenso, e frustradas as tentativas de negociação direta ou com mediação, será instalado processo de votação, registrando-se a ocorrência na ata da reunião (subitem 5.28.1).

Das decisões da CIPA caberá pedido de reconsideração, mediante requerimento justificado (subitem 5.29).

O pedido de reconsideração será apresentado à CIPA até a próxima reunião ordinária, quando será analisado, devendo o presidente e o vice-presidente efetivar os encaminhamentos necessários (subitem 5.29.1).

d) Perda do mandato

O membro titular perderá o mandato, sendo substituído por suplente, quando faltar a mais de quatro reuniões ordinárias sem justificativa (subitem 5.30).

A vacância definitiva de cargo, ocorrida durante o mandato, será suprida por suplente, obedecida a ordem de colocação decrescente registrada na ata de eleição, devendo o empregador comunicar à unidade descentralizada do Ministério do Trabalho e Emprego as alterações e justificar os motivos (subitem 5.31).

No caso de afastamento definitivo do presidente, o empregador indicará o substituto, em dois dias úteis, preferencialmente entre os membros da CIPA (subitem 5.31.1).

No caso de afastamento definitivo do vice-presidente, os membros titulares da representação dos empregados escolherão o substituto, entre seus titulares, em dois dias úteis (subitem 5.31.2).

2.6. Treinamento

A empresa deverá promover treinamento para os membros da CIPA, seus titulares e suplentes, antes da posse (subitem 5.32).

O treinamento de CIPA em primeiro mandato será realizado no prazo máximo de 30 dias, contados a partir da data da posse (subitem 5.32.1).

As empresas que não se enquadram no Quadro I, promoverão anualmente treinamento para o designado responsável pelo cumprimento do objetivo desta NR (subitem 5.32.2).

O treinamento terá carga horária de 20 horas, distribuídas em, no máximo, 8 horas diárias e será realizado durante o expediente normal da empresa (subitem 5.34).

O treinamento poderá ser ministrado pelo SESMT da empresa, pela entidade patronal, pela entidade de trabalhadores ou por profissional que possua conhecimentos sobre os temas ministrados (subitem 5.35).

A CIPA será ouvida sobre o treinamento a ser realizado, inclusive quanto à entidade ou ao profissional que o ministrará, constando sua manifestação em ata, cabendo à empresa escolher a entidade ou o profissional que ministrará o treinamento (subitem 5.36).

Quando comprovada a não observância ao disposto nos itens relacionados ao treinamento, a unidade descentralizada do Ministério do Trabalho e Emprego determinará a complementação ou a realização de outro, que será efetuado no prazo máximo de 30 dias, contados da data de ciência da empresa sobre a decisão (subitem 5.37).

2.7. Processo eleitoral

Compete ao empregador convocar eleições para escolha dos representantes dos empregados na CIPA, no prazo mínimo de 60 (sessenta) dias antes do término do mandato em curso (subitem 5.38).

A empresa estabelecerá mecanismos para comunicar o início do processo eleitoral ao sindicato da categoria profissional (subitem 5.38.1).

O presidente e o vice-presidente da CIPA constituirão entre seus membros, no prazo mínimo de 55 (cinquenta e cinco) dias antes do término do mandato em curso, a Comissão Eleitoral (CE), que será a responsável pela organização e pelo acompanhamento do processo eleitoral (subitem 5.39).

Nos estabelecimentos onde não houver CIPA, a Comissão Eleitoral será constituída pela empresa (subitem 5.39.1).

O processo eleitoral observará as seguintes condições (subitem 5.40):

a) Publicação e divulgação de edital, em locais de fácil acesso e visualização, no prazo mínimo de 55 (cinquenta e cinco) dias antes do término do mandato em curso;

b) Inscrição e eleição individual, sendo que o período mínimo para inscrição será de 15 dias;

c) Liberdade de inscrição para todos os empregados do estabelecimento, independentemente de setores ou locais de trabalho, com fornecimento de comprovante;

d) Garantia de emprego para todos os inscritos até a eleição;

e) Realização da eleição no prazo mínimo de 30 (trinta) dias antes do término do mandato da CIPA, quando houver;

f) Realização de eleição em dia normal de trabalho, respeitando os horários de turnos e em horário que possibilite a participação da maioria dos empregados;

g) Voto secreto;

h) Apuração dos votos, em horário normal de trabalho, com acompanhamento de representante do empregador e dos empregados, em número a ser definido pela comissão eleitoral;

i) Faculdade de eleição por meios eletrônicos;

j) Guarda, pelo empregador, de todos os documentos relativos à eleição, por um período mínimo de cinco anos.

Havendo participação inferior a 50% dos empregados na votação, não haverá a apuração dos votos e a comissão eleitoral deverá organizar outra votação, que ocorrerá no prazo máximo de dez dias (subitem 5.41).

Em caso de anulação, a empresa convocará nova eleição no prazo de cinco dias, a contar da data de ciência, garantidas as inscrições anteriores (subitem 5.42.2).

2.8. Das contratantes e contratadas

Quando se tratar de empreiteiras ou empresas prestadoras de serviços, considera-se estabelecimento, para fins de aplicação desta NR, o local em que seus empregados estiverem exercendo suas atividades (subitem 5.46).

Sempre que duas ou mais empresas atuarem em um mesmo estabelecimento, a CIPA, ou o designado da empresa contratante, deverá, em conjunto com as contratadas ou com os designados, definir mecanismos de integração e de participação de todos os trabalhadores em relação às decisões das CIPAs existentes no estabelecimento (subitem 5.47).

A contratante e as contratadas que atuam em um mesmo estabelecimento deverão implementar, de forma integrada, medidas de prevenção de acidentes e doenças de trabalho decorrentes da presente NR, de forma a garantir o mesmo nível de proteção em matéria de segurança e saúde a todos os trabalhadores do estabelecimento (subitem 5.48).

A empresa contratante adotará medidas necessárias para que as empresas contratadas, suas CIPAs, os designados e os demais trabalhadores lotados naquele estabelecimento recebam as informações sobre os riscos presentes nos ambientes de trabalho, bem como sobre as medidas de proteção adequadas (subitem 5.49).

A empresa contratante adotará as providências necessárias para acompanhar o cumprimento pelas empresas contratadas que atuam no seu estabelecimento das medidas de segurança e saúde no trabalho (subitem 5.50).

NR-5 — Alterada pela Portaria n. 14, de 21 de junho de 2007
(DOU de 26.6.07)

QUADRO III

Relação da Classificação Nacional de Atividades Econômicas (CNAE), com correspondente agrupamento para dimensionamento de CIPA

CNAE	Descrição	Grupo
05.00-3	Extração de carvão mineral	C-1
06.00-0	Extração de petróleo e gás natural	C-1
07.10-3	Extração de minério de ferro	C-1
07.21-9	Extração de minério de alumínio	C-1
07.22-7	Extração de minério de estanho	C-1
07.23-5	Extração de minério de manganês	C-1
07.24-3	Extração de minério de metais preciosos	C-1
07.25-1	Extração de minerais radioativos	C-1
07.29-4	Extração de minerais metálicos não ferrosos não especificados anteriormente	C-1
08.10-0	Extração de pedra, areia e argila	C-1
08.91-6	Extração de minerais para fabricação de adubos, fertilizantes e outros produtos químicos	C-1
08.92-4	Extração e refino de sal marinho e sal-gema	C-1
08.93-2	Extração de gemas (pedras preciosas e semipreciosas)	C-1
08.99-1	Extração de minerais não metálicos não especificados anteriormente	C-1
09.10-6	Atividades de apoio à extração de petróleo e gás natural	C-1
09.90-4	Atividades de apoio à extração de minerais, exceto petróleo e gás natural	C-1
10.11-2	Abate de reses, exceto suínos	C-2
10.12-1	Abate de suínos, aves e outros pequenos animais	C-2
10.13-9	Fabricação de produtos de carne	C-2
10.20-1	Preservação do pescado e fabricação de produtos do pescado	C-2
10.31-7	Fabricação de conservas de frutas	C-2
10.32-5	Fabricação de conservas de legumes e outros vegetais	C-2
10.33-3	Fabricação de sucos de frutas, hortaliças e legumes	C-2
10.41-4	Fabricação de óleos vegetais em bruto, exceto óleo de milho	C-2
10.42-2	Fabricação de óleos vegetais refinados, exceto óleo de milho	C-2
10.43-1	Fabricação de margarina e outras gorduras vegetais e de óleos não comestíveis de animais	C-2

CNAE	Descrição	Grupo
10.51-1	Preparação do leite	C-2
10.52-0	Fabricação de laticínios	C-2
10.53-8	Fabricação de sorvetes e outros gelados comestíveis	C-2
10.61-9	Beneficiamento de arroz e fabricação de produtos do arroz	C-2
10.62-7	Moagem de trigo e fabricação de derivados	C-2
10.63-5	Fabricação de farinha de mandioca e derivados	C-2
10.64-3	Fabricação de farinha de milho e derivados, exceto óleos de milho	C-2
10.65-1	Fabricação de amidos e féculas de vegetais e de óleos de milho	C-2
10.66-0	Fabricação de alimentos para animais	C-2
10.69-4	Moagem e fabricação de produtos de origem vegetal não especificados anteriormente	C-2
10.71-6	Fabricação de açúcar em bruto	C-2
10.72-4	Fabricação de açúcar refinado	C-2
10.81-3	Torrefação e moagem de café	C-2
10.82-1	Fabricação de produtos à base de café	C-2
10.91-1	Fabricação de produtos de panificação	C-2
10.92-9	Fabricação de biscoitos e bolachas	C-2
10.93-7	Fabricação de produtos derivados do cacau, de chocolates e confeitos	C-2
10.94-5	Fabricação de massas alimentícias	C-2
10.95-3	Fabricação de especiarias, molhos, temperos e condimentos	C-2
10.96-1	Fabricação de alimentos e pratos prontos	C-2
10.99-6	Fabricação de produtos alimentícios não especificados anteriormente	C-2
11.11-9	Fabricação de aguardentes e outras bebidas destiladas	C-2
11.12-7	Fabricação de vinho	C-2
11.13-5	Fabricação de malte, cervejas e chopes	C-2
11.21-6	Fabricação de águas envasadas	C-2
11.22-4	Fabricação de refrigerantes e de outras bebidas não alcoólicas	C-2
12.10-7	Processamento industrial do fumo	C-2
12.20-4	Fabricação de produtos do fumo	C-2
13.11-1	Preparação e fiação de fibras de algodão	C-3
13.12-0	Preparação e fiação de fibras têxteis naturais, exceto algodão	C-3
13.13-8	Fiação de fibras artificiais e sintéticas	C-3
13.14-6	Fabricação de linhas para costurar e bordar	C-3

CNAE	Descrição	Grupo
13.21-9	Tecelagem de fios de algodão	C-3
13.22-7	Tecelagem de fios de fibras têxteis naturais, exceto algodão	C-3
13.23-5	Tecelagem de fios de fibras artificiais e sintéticas	C-3
13.30-8	Fabricação de tecidos de malha	C-3a
13.40-5	Acabamentos em fios, tecidos e artefatos têxteis	C-3
13.51-1	Fabricação de artefatos têxteis para uso doméstico	C-3a
13.52-9	Fabricação de artefatos de tapeçaria	C-3a
13.53-7	Fabricação de artefatos de cordoaria	C-3a
13.54-5	Fabricação de tecidos especiais, inclusive artefatos	C-3a
13.59-6	Fabricação de outros produtos têxteis não especificados anteriormente	C-3a
14.11-8	Confecção de roupas íntimas	C-4
14.12-6	Confecção de peças do vestuário, exceto roupas íntimas	C-4
14.13-4	Confecção de roupas profissionais	C-4
14.14-2	Fabricação de acessórios do vestuário, exceto para segurança e proteção	C-4
14.21-5	Fabricação de meias	C-3a
14.22-3	Fabricação de artigos do vestuário, produzidos em malharias e tricotagens, exceto meias	C-3a
15.10-6	Curtimento e outras preparações de couro	C-5
15.21-1	Fabricação de artigos para viagem, bolsas e semelhantes de qualquer material	C-5a
15.29-7	Fabricação de artefatos de couro não especificados anteriormente	C-5a
15.31-9	Fabricação de calçados de couro	C-5
15.32-7	Fabricação de tênis de qualquer material	C-5
15.33-5	Fabricação de calçados de material sintético	C-5
15.39-4	Fabricação de calçados de materiais não especificados anteriormente	C-5
15.40-8	Fabricação de partes para calçados, de qualquer material	C-5
16.10-2	Desdobramento de madeira	C-6
16.21-8	Fabricação de madeira laminada e de chapas de madeira compensada, prensada e aglomerada	C-6
16.22-6	Fabricação de estruturas de madeira e de artigos de carpintaria para construção	C-6
16.23-4	Fabricação de artefatos de tanoaria e de embalagens de madeira	C-6
16.29-3	Fabricação de artefatos de madeira, palha, cortiça, vime e material trançado não especificados anteriormente, exceto móveis	C-6

CNAE	Descrição	Grupo
17.10-9	Fabricação de celulose e outras pastas para a fabricação de papel	C-7a
17.21-4	Fabricação de papel	C-7a
17.22-2	Fabricação de cartolina e papel-cartão	C-7a
17.31-1	Fabricação de embalagens de papel	C-7
17.32-0	Fabricação de embalagens de cartolina e papel-cartão	C-7
17.33-8	Fabricação de chapas e de embalagens de papelão ondulado	C-7
17.41-9	Fabricação de produtos de papel, cartolina, papel-cartão e papelão ondulado para uso comercial e de escritório	C-7
17.42-7	Fabricação de produtos de papel para usos doméstico e higiênico-sanitário	C-7
17.49-4	Fabricação de produtos de pastas celulósicas, papel, cartolina, papel-cartão e papelão ondulado não especificados anteriormente	C-7
18.11-3	Impressão de jornais, livros, revistas e outras publicações periódicas	C-8
18.12-1	Impressão de material de segurança	C-8
18.13-0	Impressão de materiais para outros usos	C-8
18.21-1	Serviços de pré-impressão	C-8
18.22-9	Serviços de acabamentos gráficos	C-8
18.30-0	Reprodução de materiais gravados em qualquer suporte	C-9
19.10-1	Coquerias	C-1
19.21-7	Fabricação de produtos do refino de petróleo	C-1a
19.22-5	Fabricação de produtos derivados do petróleo, exceto produtos do refino	C-1a
19.31-4	Fabricação de álcool	C-1a
19.32-2	Fabricação de biocombustíveis, exceto álcool	C-10
20.11-8	Fabricação de cloro e álcalis	C-10
20.12-6	Fabricação de intermediários para fertilizantes	C-10
20.13-4	Fabricação de adubos e fertilizantes	C-10
20.14-2	Fabricação de gases industriais	C-10
20.19-3	Fabricação de produtos químicos inorgânicos não especificados anteriormente	C-10
20.21-5	Fabricação de produtos petroquímicos básicos	C-10
20.22-3	Fabricação de intermediários para plastificantes, resinas e fibras	C-10
20.29-1	Fabricação de produtos químicos orgânicos não especificados anteriormente	C-10
20.31-2	Fabricação de resinas termoplásticas	C-10

CNAE	Descrição	Grupo
20.32-1	Fabricação de resinas termofixas	C-10
20.33-9	Fabricação de elastômeros	C-10
20.40-1	Fabricação de fibras artificiais e sintéticas	C-10
20.51-7	Fabricação de defensivos agrícolas	C-10
20.52-5	Fabricação de desinfestantes domissanitários	C-10
20.61-4	Fabricação de sabões e detergentes sintéticos	C-10
20.62-2	Fabricação de produtos de limpeza e polimento	C-10
20.63-1	Fabricação de cosméticos, produtos de perfumaria e de higiene pessoal	C-10
20.71-1	Fabricação de tintas, vernizes, esmaltes e lacas	C-10
20.72-0	Fabricação de tintas de impressão	C-10
20.73-8	Fabricação de impermeabilizantes, solventes e produtos afins	C-10
20.91-6	Fabricação de adesivos e selantes	C-10
20.92-4	Fabricação de explosivos	C-15
20.93-2	Fabricação de aditivos de uso industrial	C-10
20.94-1	Fabricação de catalisadores	C-10
20.99-1	Fabricação de produtos químicos não especificados anteriormente	C-10
21.10-6	Fabricação de produtos farmoquímicos	C-10
21.21-1	Fabricação de medicamentos para uso humano	C-10
21.22-0	Fabricação de medicamentos para uso veterinário	C-10
21.23-8	Fabricação de preparações farmacêuticas	C-10
22.11-1	Fabricação de pneumáticos e de câmaras de ar	C-11
22.12-9	Reforma de pneumáticos usados	C-11
22.19-6	Fabricação de artefatos de borracha não especificados anteriormente	C-11
22.21-8	Fabricação de laminados planos e tubulares de material plástico	C-10
22.22-6	Fabricação de embalagens de material plástico	C-10
22.23-4	Fabricação de tubos e acessórios de material plástico para uso na construção	C-10
22.29-3	Fabricação de artefatos de material plástico não especificados anteriormente	C-10
23.11-7	Fabricação de vidro plano e de segurança	C12
23.12-5	Fabricação de embalagens de vidro	C12
23.19-2	Fabricação de artigos de vidro	C-12
23.20-6	Fabricação de cimento	C-1

CNAE	Descrição	Grupo
23.30-3	Fabricação de artefatos de concreto, cimento, fibrocimento, gesso e materiais semelhantes	C-12
23.41-9	Fabricação de produtos cerâmicos refratários	C-12
23.42-7	Fabricação de produtos cerâmicos não refratários para uso estrutural na construção	C-12
23.49-4	Fabricação de produtos cerâmicos não refratários não especificados anteriormente	C-12
23.91-5	Aparelhamento e outros trabalhos em pedras	C-1
23.92-3	Fabricação de cal e gesso	C-12
23.99-1	Fabricação de produtos de minerais não-metálicos não especificados anteriormente	C-12
24.11-3	Produção de ferro-gusa	C-13
24.12-1	Produção de ferroligas	C-13
24.21-1	Produção de semi acabados de aço	C-13
24.22-9	Produção de laminados planos de aço	C-13
24.23-7	Produção de laminados longos de aço	C-13
24.24-5	Produção de relaminados, trefilados e perfilados de aço	C-13
24.31-8	Produção de tubos de aço com costura	C-13
24.39-3	Produção de outros tubos de ferro e aço	C-13
24.41-5	Metalurgia do alumínio e suas ligas	C-13
24.42-3	Metalurgia dos metais preciosos	C-13
24.43-1	Metalurgia do cobre	C-13
24.49-1	Metalurgia dos metais não ferrosos e suas ligas não especificados anteriormente	C-13
24.51-2	Fundição de ferro e aço	C-13
24.52-1	Fundição de metais não ferrosos e suas ligas	C-13
25.11-0	Fabricação de estruturas metálicas	C-13
25.12-8	Fabricação de esquadrias de metal	C-14
25.13-6	Fabricação de obras de caldeiraria pesada	C-13
25.21-7	Fabricação de tanques, reservatórios metálicos e caldeiras para aquecimento central	C-14
25.22-5	Fabricação de caldeiras geradoras de vapor, exceto para aquecimento central e para veículos	C-14
25.31-4	Produção de forjados de aço e de metais não ferrosos e suas ligas	C-13
25.32-2	Produção de artefatos estampados de metal; metalurgia do pó	C-13

CNAE	Descrição	Grupo
25.39-0	Serviços de usinagem, solda, tratamento e revestimento em metais	C-13
25.41-1	Fabricação de artigos de cutelaria	C-14
25.42-0	Fabricação de artigos de serralheria, exceto esquadrias	C-14
25.43-8	Fabricação de ferramentas	C-14
25.50-1	Fabricação de equipamento bélico pesado, armas de fogo e munições	C-15
25.91-8	Fabricação de embalagens metálicas	C-14
25.92-6	Fabricação de produtos de trefilados de metal	C-13
25.93-4	Fabricação de artigos de metal para uso doméstico e pessoal	C-14
25.99-3	Fabricação de produtos de metal não especificados anteriormente	C-14
26.10-8	Fabricação de componentes eletrônicos	C-14
26.21-3	Fabricação de equipamentos de informática	C-14
26.22-1	Fabricação de periféricos para equipamentos de informática	C-14
26.31-1	Fabricação de equipamentos transmissores de comunicação	C-14
26.32-9	Fabricação de aparelhos telefônicos e de outros equipamentos de comunicação	C-14
26.40-0	Fabricação de aparelhos de recepção, reprodução, gravação e amplificação de áudio e vídeo	C-14
26.51-5	Fabricação de aparelhos e equipamentos de medida, teste e controle	C-14
26.52-3	Fabricação de cronômetros e relógios	C-14
26.60-4	Fabricação de aparelhos eletromédicos e eletroterapêuticos e equipamentos de irradiação	C-14
26.70-1	Fabricação de equipamentos e instrumentos ópticos, fotográficos e cinematográficos	C-14
26.80-9	Fabricação de mídias virgens, magnéticas e ópticas	C-10
27.10-4	Fabricação de geradores, transformadores e motores elétricos	C-14
27.21-0	Fabricação de pilhas, baterias e acumuladores elétricos, exceto para veículos automotores	C-10
27.22-8	Fabricação de baterias e acumuladores para veículos automotores	C-10
27.31-7	Fabricação de aparelhos e equipamentos para distribuição e controle de energia elétrica	C-14
27.32-5	Fabricação de material elétrico para instalações em circuito de consumo	C-14
27.33-3	Fabricação de fios, cabos e condutores elétricos isolados	C-14
27.40-6	Fabricação de lâmpadas e outros equipamentos de iluminação	C-14
27.51-1	Fabricação de fogões, refrigeradores e máquinas de lavar e secar para uso doméstico	C-14

CNAE	Descrição	Grupo
27.59-7	Fabricação de aparelhos eletrodomésticos não especificados anteriormente	C-14
27.90-2	Fabricação de equipamentos e aparelhos elétricos não especificados anteriormente	C-14
28.11-9	Fabricação de motores e turbinas, exceto para aviões e veículos rodoviários	C-14
28.12-7	Fabricação de equipamentos hidráulicos e pneumáticos, exceto válvulas	C-14
28.13-5	Fabricação de válvulas, registros e dispositivos semelhantes	C-14
28.14-3	Fabricação de compressores	C-14
28.15-1	Fabricação de equipamentos de transmissão para fins industriais	C-14
28.21-6	Fabricação de aparelhos e equipamentos para instalações térmicas	C-14
28.22-4	Fabricação de máquinas, equipamentos e aparelhos para transporte e elevação de cargas e pessoas	C-14
28.23-2	Fabricação de máquinas e aparelhos de refrigeração e ventilação para uso industrial e comercial	C-14
28.24-1	Fabricação de aparelhos e equipamentos de ar condicionado	C-14
28.25-9	Fabricação de máquinas e equipamentos para saneamento básico e ambiental	C-14
28.29-1	Fabricação de máquinas e equipamentos de uso geral não especificados anteriormente	C-14a
28.31-3	Fabricação de tratores agrícolas	C-16
28.32-1	Fabricação de equipamentos para irrigação agrícola	C-14
28.33-0	Fabricação de máquinas e equipamentos para a agricultura e pecuária, exceto para irrigação	C-14
28.40-2	Fabricação de máquinas-ferramenta	C-14
28.51-8	Fabricação de máquinas e equipamentos para a prospecção e extração de petróleo	C-14
28.52-6	Fabricação de outras máquinas e equipamentos para uso na extração mineral, exceto na extração de petróleo	C-14
28.53-4	Fabricação de tratores, exceto agrícolas	C-16
28.54-2	Fabricação de máquinas e equipamentos para terraplenagem, pavimentação e construção, exceto tratores	C-14
28.61-5	Fabricação de máquinas para a indústria metalúrgica, exceto máquinas-ferramenta	C-14
28.62-3	Fabricação de máquinas e equipamentos para as indústrias de alimentos, bebidas e fumo	C-14
28.63-1	Fabricação de máquinas e equipamentos para a indústria têxtil	C-14

CNAE	Descrição	Grupo
28.64-0	Fabricação de máquinas e equipamentos para as indústrias do vestuário, do couro e de calçados	C-14
28.65-8	Fabricação de máquinas e equipamentos para as indústrias de celulose, papel e papelão e artefatos	C-14
28.66-6	Fabricação de máquinas e equipamentos para a indústria do plástico	C-14
28.69-1	Fabricação de máquinas e equipamentos para uso industrial específico não especificados anteriormente	C-14
29.10-7	Fabricação de automóveis, camionetas e utilitários	C-16
29.20-4	Fabricação de caminhões e ônibus	C-16
29.30-1	Fabricação de cabines, carrocerias e reboques para veículos automotores	C-16
29.41-7	Fabricação de peças e acessórios para o sistema motor de veículos automotores	C-16
29.42-5	Fabricação de peças e acessórios para os sistemas de marcha e transmissão de veículos automotores	C-16
29.43-3	Fabricação de peças e acessórios para o sistema de freios de veículos automotores	C-16
29.44-1	Fabricação de peças e acessórios para o sistema de direção e suspensão de veículos automotores	C-16
29.45-0	Fabricação de material elétrico e eletrônico para veículos automotores, exceto baterias	C-14
29.49-2	Fabricação de peças e acessórios para veículos automotores não especificados anteriormente	C-16
29.50-6	Recondicionamento e recuperação de motores para veículos automotores	C-16
30.11-3	Construção de embarcações e estruturas flutuantes	C-16
30.12-1	Construção de embarcações para esporte e lazer	C-16
30.31-8	Fabricação de locomotivas, vagões e outros materiais rodantes	C-16
30.32-6	Fabricação de peças e acessórios para veículos ferroviários	C-16
30.41-5	Fabricação de aeronaves	C-16
30.42-3	Fabricação de turbinas, motores e outros componentes e peças para aeronaves	C-16
30.50-4	Fabricação de veículos militares de combate	C-16
30.91-1	Fabricação de motocicletas	C-16
30.92-0	Fabricação de bicicletas e triciclos não motorizados	C-16
30.99-7	Fabricação de equipamentos de transporte não especificados anteriormente	C-16

CNAE	Descrição	Grupo
31.01-2	Fabricação de móveis com predominância de madeira	C-6
31.02-1	Fabricação de móveis com predominância de metal	C-14
31.03-9	Fabricação de móveis de outros materiais, exceto madeira e metal	C-14
31.04-7	Fabricação de colchões	C-10
32.11-6	Lapidação de gemas e fabricação de artefatos de ourivesaria e joalheria	C-12
32.12-4	Fabricação de bijuterias e artefatos semelhantes	C-14a
32.20-5	Fabricação de instrumentos musicais	C-14a
32.30-2	Fabricação de artefatos para pesca e esporte	C-14
32.40-0	Fabricação de brinquedos e jogos recreativos	C-14
32.50-7	Fabricação de instrumentos e materiais para uso médico e odontológico e de artigos ópticos	C-14
32.91-4	Fabricação de escovas, pincéis e vassouras	C-14a
32.92-2	Fabricação de equipamentos e acessórios para segurança e proteção pessoal e profissional	C-4
32.99-0	Fabricação de produtos diversos não especificados anteriormente	C-14a
33.11-2	Manutenção e reparação de tanques, reservatórios metálicos e caldeiras, exceto para veículos	C-14
33.12-1	Manutenção e reparação de equipamentos eletrônicos e ópticos	C-14
33.13-9	Manutenção e reparação de máquinas e equipamentos elétricos	C-14
33.14-7	Manutenção e reparação de máquinas e equipamentos da indústria mecânica	C-14
33.15-5	Manutenção e reparação de veículos ferroviários	C-16
33.16-3	Manutenção e reparação de aeronaves	C-16
33.17-1	Manutenção e reparação de embarcações	C-16
33.19-8	Manutenção e reparação de equipamentos e produtos não especificados anteriormente	C-14
33.21-0	Instalação de máquinas e equipamentos industriais	C-14
33.29-5	Instalação de equipamentos não especificados anteriormente	C-14a
35.11-5	Geração de energia elétrica	C-17
35.12-3	Transmissão de energia elétrica	C-17
35.13-1	Comércio atacadista de energia elétrica	C-17
35.14-0	Distribuição de energia elétrica	C-17
35.20-4	Produção de gás; processamento de gás natural; distribuição de combustíveis gasosos por redes urbanas	C-17

CNAE	Descrição	Grupo
35.30-1	Produção e distribuição de vapor, água quente e ar condicionado	C-17
36.00-6	Captação, tratamento e distribuição de água	C-17
37.01-1	Gestão de redes de esgoto	C-17
37.02-9	Atividades relacionadas a esgoto, exceto a gestão de redes	C-17
38.11-4	Coleta de resíduos não perigosos	C-17
38.12-2	Coleta de resíduos perigosos	C-17
38.21-1	Tratamento e disposição de resíduos não perigosos	C-17
38.22-0	Tratamento e disposição de resíduos perigosos	C-17
38.31-9	Recuperação de materiais metálicos	C-14
38.32-7	Recuperação de materiais plásticos	C-12
38.39-4	Recuperação de materiais não especificados anteriormente	C-12
39.00-5	Descontaminação e outros serviços de gestão de resíduos	C-17
41.10-7	Incorporação de empreendimentos imobiliários	C-29
41.20-4	Construção de edifícios	C-18a
42.11-1	Construção de rodovias e ferrovias	C-18a
42.12-0	Construção de obras de arte especiais	C-18a
42.13-8	Obras de urbanização — ruas, praças e calçadas	C-18a
42.21-9	Obras para geração e distribuição de energia elétrica e para telecomunicações	C-18a
42.22-7	Construção de redes de abastecimento de água, coleta de esgoto e construções correlatas	C-18
42.23-5	Construção de redes de transportes por dutos, exceto para água e esgoto	C-18
42.91-0	Obras portuárias, marítimas e fluviais	C-18
42.92-8	Montagem de instalações industriais e de estruturas metálicas	C-18a
42.99-5	Obras de engenharia civil não especificadas anteriormente	C-18
43.11-8	Demolição e preparação de canteiros de obras	C-18a
43.12-6	Perfurações e sondagens	C-18a
43.13-4	Obras de terraplenagem	C-18a
43.19-3	Serviços de preparação do terreno não especificados anteriormente	C-18a
43.21-5	Instalações elétricas	C-18
43.22-3	Instalações hidráulicas, de sistemas de ventilação e refrigeração	C-18
43.29-1	Obras de instalações em construções não especificadas anteriormente	C-18
43.30-4	Obras de acabamento	C-18

CNAE	Descrição	Grupo
43.91-6	Obras de fundações	C-18a
43.99-1	Serviços especializados para construção não especificados anteriormente	C-18
45.11-1	Comércio a varejo e por atacado de veículos automotores	C-21
45.12-9	Representantes comerciais e agentes do comércio de veículos automotores	C-21
45.20-0	Manutenção e reparação de veículos automotores	C-16
45.30-7	Comércio de peças e acessórios para veículos automotores	C-21
45.41-2	Comércio por atacado e a varejo de motocicletas, peças e acessórios	C-21
45.42-1	Representantes comerciais e agentes do comércio de motocicletas, peças e acessórios	C-21
45.43-9	Manutenção e reparação de motocicletas	C-16
46.11-7	Representantes comerciais e agentes do comércio de matérias-primas agrícolas e animais vivos	C-19
46.12-5	Representantes comerciais e agentes do comércio de combustíveis, minerais, produtos siderúrgicos e químicos	C-22
46.13-3	Representantes comerciais e agentes do comércio de madeira, material de construção e ferragens	C-20
46.14-1	Representantes comerciais e agentes do comércio de máquinas, equipamentos, embarcações e aeronaves	C-19
46.15-0	Representantes comerciais e agentes do comércio de eletrodomésticos, móveis e artigos de uso doméstico	C-19
46.16-8	Representantes comerciais e agentes do comércio de têxteis, vestuário, calçados e artigos de viagem	C-19
46.17-6	Representantes comerciais e agentes do comércio de produtos alimentícios, bebidas e fumo	C-19
46.18-4	Representantes comerciais e agentes do comércio especializado em produtos não especificados anteriormente	C-19
46.19-2	Representantes comerciais e agentes do comércio de mercadorias em geral não especializado	C-19
46.21-4	Comércio atacadista de café em grão	C-20
46.22-2	Comércio atacadista de soja	C-20
46.23-1	Comércio atacadista de animais vivos, alimentos para animais e matérias-primas agrícolas, exceto café e soja	C-20
46.31-1	Comércio atacadista de leite e laticínios	C-20
46.32-0	Comércio atacadista de cereais e leguminosas beneficiados, farinhas, amidos e féculas	C-20

CNAE	Descrição	Grupo
46.33-8	Comércio atacadista de hortifrutigranjeiros	C-20
46.34-6	Comércio atacadista de carnes, produtos da carne e pescado	C-20
46.35-4	Comércio atacadista de bebidas	C-20
46.36-2	Comércio atacadista de produtos do fumo	C-20
46.37-1	Comércio atacadista especializado em produtos alimentícios não especificados anteriormente	C-20
46.39-7	Comércio atacadista de produtos alimentícios em geral	C-20
46.41-9	Comércio atacadista de tecidos, artefatos de tecidos e de armarinho	C-20
46.42-7	Comércio atacadista de artigos do vestuário e acessórios	C-20
46.43-5	Comércio atacadista de calçados e artigos de viagem	C-20
46.44-3	Comércio atacadista de produtos farmacêuticos para uso humano e veterinário	C-20
46.45-1	Comércio atacadista de instrumentos e materiais para uso médico, cirúrgico, ortopédico e odontológico	C-20
46.46-0	Comércio atacadista de cosméticos, produtos de perfumaria e de higiene pessoal	C-22
46.47-8	Comércio atacadista de artigos de escritório e de papelaria; livros, jornais e outras publicações	C-20
46.49-4	Comércio atacadista de equipamentos e artigos de uso pessoal e doméstico não especificados anteriormente	C-20
46.51-6	Comércio atacadista de computadores, periféricos e suprimentos de informática	C-20
46.52-4	Comércio atacadista de componentes eletrônicos e equipamentos de telefonia e comunicação	C-20
46.61-3	Comércio atacadista de máquinas, aparelhos e equipamentos para uso agropecuário; partes e peças	C-20
46.62-1	Comércio atacadista de máquinas, equipamentos para terraplenagem, mineração e construção; partes e peças	C-20
46.63-0	Comércio atacadista de máquinas e equipamentos para uso industrial; partes e peças	C-20
46.64-8	Comércio atacadista de máquinas, aparelhos e equipamentos para uso odonto-médico-hospitalar; partes e peças	C-20
46.65-6	Comércio atacadista de máquinas e equipamentos para uso comercial; partes e peças	C-20
46.69-9	Comércio atacadista de máquinas, aparelhos e equipamentos não especificados anteriormente; partes e peças	C-20
46.71-1	Comércio atacadista de madeira e produtos derivados	C-20
46.72-9	Comércio atacadista de ferragens e ferramentas	C-20

CNAE	Descrição	Grupo
46.73-7	Comércio atacadista de material elétrico	C-20
46.74-5	Comércio atacadista de cimento	C-20
46.79-6	Comércio atacadista especializado de materiais de construção não especificados anteriormente e de materiais de construção em geral	C-20
46.81-8	Comércio atacadista de combustíveis sólidos, líquidos e gasosos, exceto gás natural e GLP	C-22
46.82-6	Comércio atacadista de gás liquefeito de petróleo (GLP)	C-22
46.83-4	Comércio atacadista de defensivos agrícolas, adubos, fertilizantes e corretivos do solo	C-22
46.84-2	Comércio atacadista de produtos químicos e petroquímicos, exceto agroquímicos	C-22
46.85-1	Comércio atacadista de produtos siderúrgicos e metalúrgicos, exceto para construção	C-20
46.86-9	Comércio atacadista de papel e papelão em bruto e de embalagens	C-20
46.87-7	Comércio atacadista de resíduos e sucatas	C-22
46.89-3	Comércio atacadista especializado de outros produtos intermediários não especificados anteriormente	C-20
46.91-5	Comércio atacadista de mercadorias em geral, com predominância de produtos alimentícios	C-20
46.92-3	Comércio atacadista de mercadorias em geral, com predominância de insumos agropecuários	C-20
46.93-1	Comércio atacadista de mercadorias em geral, sem predominância de alimentos ou de insumos agropecuários	C-20
47.11-3	Comércio varejista de mercadorias em geral, com predominância de produtos alimentícios — hipermercados e supermercados	C-21
47.12-1	Comércio varejista de mercadorias em geral, com predominância de produtos alimentícios — minimercados, mercearias e armazéns	C-21
47.13-0	Comércio varejista de mercadorias em geral, sem predominância de produtos alimentícios	C-21
47.21-1	Comércio varejista de produtos de padaria, laticínio, doces, balas e semelhantes	C-21
47.22-9	Comércio varejista de carnes e pescados — açougues e peixarias	C-21
47.23-7	Comércio varejista de bebidas	C-21
47.24-5	Comércio varejista de hortifrutigranjeiros	C-21
47.29-6	Comércio varejista de produtos alimentícios em geral ou especializado em produtos alimentícios não especificados anteriormente; produtos do fumo	C-21
47.31-8	Comércio varejista de combustíveis para veículos automotores	C-22

CNAE	Descrição	Grupo
47.32-6	Comércio varejista de lubrificantes	C-22
47.41-5	Comércio varejista de tintas e materiais para pintura	C-21
47.42-3	Comércio varejista de material elétrico	C-21
47.43-1	Comércio varejista de vidros	C-21
47.44-0	Comércio varejista de ferragens, madeira e materiais de construção	C-21
47.51-2	Comércio varejista especializado de equipamentos e suprimentos de informática	C-21
47.52-1	Comércio varejista especializado de equipamentos de telefonia e comunicação	C-21
47.53-9	Comércio varejista especializado de eletrodomésticos e equipamentos de áudio e vídeo	C-21
47.54-7	Comércio varejista especializado de móveis, colchoaria e artigos de iluminação	C-21
47.55-5	Comércio varejista especializado de tecidos e artigos de cama, mesa e banho	C-21
47.56-3	Comércio varejista especializado de instrumentos musicais e acessórios	C-21
47.57-1	Comércio varejista especializado de peças e acessórios para aparelhos eletroeletrônicos para uso doméstico, exceto informática e comunicação	C-21
47.59-8	Comércio varejista de artigos de uso doméstico não especificados anteriormente	C-21
47.61-0	Comércio varejista de livros, jornais, revistas e papelaria	C-21
47.62-8	Comércio varejista de discos, CDs, DVDs e fitas	C-21
47.63-6	Comércio varejista de artigos recreativos e esportivos	C-21
47.71-7	Comércio varejista de produtos farmacêuticos para uso humano e veterinário	C-21
47.72-5	Comércio varejista de cosméticos, produtos de perfumaria e de higiene pessoal	C-21
47.73-3	Comércio varejista de artigos médicos e ortopédicos	C-21
47.74-1	Comércio varejista de artigos de óptica	C-21
47.81-4	Comércio varejista de artigos do vestuário e acessórios	C-21
47.82-2	Comércio varejista de calçados e artigos de viagem	C-21
47.83-1	Comércio varejista de joias e relógios	C-21
47.84-9	Comércio varejista de gás liquefeito de petróleo (GLP)	C-22
47.85-7	Comércio varejista de artigos usados	C-21

CNAE	Descrição	Grupo
47.89-0	Comércio varejista de outros produtos novos não especificados anteriormente	C-21
47.90-3	Comércio ambulante e outros tipos de comércio varejista	C-21
49.11-6	Transporte ferroviário de carga	C-24d
49.12-4	Transporte metroferroviário de passageiros	C-24d
49.21-3	Transporte rodoviário coletivo de passageiros, com itinerário fixo, municipal e em região metropolitana	C-24c
49.22-1	Transporte rodoviário coletivo de passageiros, com itinerário fixo, intermunicipal, interestadual e internacional	C-24c
49.23-0	Transporte rodoviário de táxi	C-24c
49.24-8	Transporte escolar	C-24c
49.29-9	Transporte rodoviário coletivo de passageiros, sob regime de fretamento, e outros transportes rodoviários não especificados anteriormente	C-24c
49.30-2	Transporte rodoviário de carga	C-24c
49.30-2	Transporte rodoviário de carga	C-24c
49.40-0	Transporte dutoviário	C-24
49.50-7	Trens turísticos, teleféricos e similares	C-24
50.11-4	Transporte marítimo de cabotagem	C-24b
50.12-2	Transporte marítimo de longo curso	C-24b
50.21-1	Transporte por navegação interior de carga	C-24b
50.22-0	Transporte por navegação interior de passageiros em linhas regulares	C-24
50.30-1	Navegação de apoio	C-24a
50.91-2	Transporte por navegação de travessia	C-24
50.99-8	Transportes aquaviários não especificados anteriormente	C-24
51.11-1	Transporte aéreo de passageiros regular	C-24
51.12-9	Transporte aéreo de passageiros não regular	C-24
51.20-0	Transporte aéreo de carga	C-24
51.30-7	Transporte espacial	C-24b
52.11-7	Armazenamento	C- 24
52.12-5	Carga e descarga	C-24
52.21-4	Concessionárias de rodovias, pontes, túneis e serviços relacionados	C-24a
52.22-2	Terminais rodoviários e ferroviários	C-24a
52.23-1	Estacionamento de veículos	C-24a

CNAE	Descrição	Grupo
52.29-0	Atividades auxiliares dos transportes terrestres não especificadas anteriormente	C-24a
52.31-1	Gestão de portos e terminais	C-24a
52.32-0	Atividades de agenciamento marítimo	C-24a
52.39-7	Atividades auxiliares dos transportes aquaviários não especificadas anteriormente	C-24a
52.40-1	Atividades auxiliares dos transportes aéreos	C-24
52.50-8	Atividades relacionadas à organização do transporte de carga	C-24a
53.10-5	Atividades de Correio	C-25
53.20-2	Atividades de malote e de entrega	C-25
55.10-8	Hotéis e similares	C-23
55.90-6	Outros tipos de alojamento não especificados anteriormente	C-23
56.11-2	Restaurantes e outros estabelecimentos de serviços de alimentação e bebidas	C-23
56.12-1	Serviços ambulantes de alimentação	C-23
56.20-1	Serviços de *catering*, bufê e outros serviços de comida preparada	C-23
58.11-5	Edição de livros	C-8
58.12-3	Edição de jornais	C-8
58.13-1	Edição de revistas	C-8
58.19-1	Edição de cadastros, listas e outros produtos gráficos	C-8
58.21-2	Edição integrada à impressão de livros	C-8
58.22-1	Edição integrada à impressão de jornais	C-8
58.23-9	Edição integrada à impressão de revistas	C-8
58.29-8	Edição integrada à impressão de cadastros, listas e outros produtos gráficos	C-8
59.11-1	Atividades de produção cinematográfica, de vídeos e de programas de televisão	C-9
59.12-0	Atividades de pós-produção cinematográfica, de vídeos e de programas de televisão	C-9
59.13-8	Distribuição cinematográfica, de vídeo e de programas de televisão	C-9
59.14-6	Atividades de exibição cinematográfica	C-9
59.20-1	Atividades de gravação de som e de edição de música	C-9
60.10-1	Atividades de rádio	C-9
60.21-7	Atividades de televisão aberta	C-9
60.22-5	Programadoras e atividades relacionadas à televisão por assinatura	C-9

CNAE	Descrição	Grupo
61.10-8	Telecomunicações por fio	C-25
61.20-5	Telecomunicações sem fio	C-25
61.30-2	Telecomunicações por satélite	C-25
61.41-8	Operadoras de televisão por assinatura por cabo	C-25
61.42-6	Operadoras de televisão por assinatura por micro-ondas	C-25
61.43-4	Operadoras de televisão por assinatura por satélite	C-25
61.90-6	Outras atividades de telecomunicações	C-25
62.01-5	Desenvolvimento de programas de computador sob encomenda	C-35
62.02-3	Desenvolvimento e licenciamento de programas de computador customizáveis	C-35
62.03-1	Desenvolvimento e licenciamento de programas de computador não customizáveis	C-35
62.04-0	Consultoria em tecnologia da informação	C-35
62.09-1	Suporte técnico, manutenção e outros serviços em tecnologia da informação	C-35
63.11-9	Tratamento de dados, provedores de serviços de aplicação e serviços de hospedagem na internet	C-35
63.19-4	Portais, provedores de conteúdo e outros serviços de informação na internet	C-35
63.91-7	Agências de notícias	C-8
63.99-2	Outras atividades de prestação de serviços de informação não especificadas anteriormente	C-35
64.10-7	Banco Central	C-28
64.21-2	Bancos comerciais	C-28
64.22-1	Bancos múltiplos, com carteira comercial	C-28
64.23-9	Caixas econômicas	C-28
64.24-7	Crédito cooperativo	C-28
64.31-0	Bancos múltiplos, sem carteira comercial	C-28
64.32-8	Bancos de investimento	C-28
64.33-6	Bancos de desenvolvimento	C-28
64.34-4	Agências de fomento	C-28
64.35-2	Crédito imobiliário	C-28
64.36-1	Sociedades de crédito, financiamento e investimento — financeiras	C-28
64.37-9	Sociedades de crédito ao microempreendedor	C-28
64.40-9	Arrendamento mercantil	C-28

CNAE	Descrição	Grupo
64.50-6	Sociedades de capitalização	C-28
64.61-1	*Holdings* de instituições financeiras	C-28
64.62-0	*Holdings* de instituições não financeiras	C-29
64.63-8	Outras sociedades de participação, exceto *holdings*	C-28
64.70-1	Fundos de investimento	C-28
64.91-3	Sociedades de fomento mercantil — *factoring*	C-28
64.92-1	Securitização de créditos	C-28
64.93-0	Administração de consórcios para aquisição de bens e direitos	C-28
64.99-9	Outras atividades de serviços financeiros não especificadas anteriormente	C-28
65.11-1	Seguros de vida	C-26
65.12-0	Seguros não vida	C-26
65.20-1	Seguros-saúde	C-26
65.30-8	Resseguros	C-26
65.41-3	Previdência complementar fechada	C-26
65.42-1	Previdência complementar aberta	C-26
65.50-2	Planos de saúde	C-26
66.11-8	Administração de bolsas e mercados de balcão organizados	C-27
66.12-6	Atividades de intermediários em transações de títulos, valores mobiliários e mercadorias	C-27
66.13-4	Administração de cartões de crédito	C-28
66.19-3	Atividades auxiliares dos serviços financeiros não especificadas anteriormente	C-27
66.21-5	Avaliação de riscos e perdas	C-27
66.22-3	Corretores e agentes de seguros, de planos de previdência complementar e de saúde	C-27
66.29-1	Atividades auxiliares dos seguros, da previdência complementar e dos planos de saúde não especificadas anteriormente	C-27
66.30-4	Atividades de administração de fundos por contrato ou comissão	C-27
68.10-2	Atividades imobiliárias de imóveis próprios	C-29
68.21-8	Intermediação na compra, venda e aluguel de imóveis	C-29
68.22-6	Gestão e administração da propriedade imobiliária	C-29
69.11-7	Atividades jurídicas, exceto cartórios	C-29
69.12-5	Cartórios	C-29
69.20-6	Atividades de contabilidade, consultoria e auditoria contábil e tributária	C-29

CNAE	Descrição	Grupo
70.10-7	Sedes de empresas e unidades administrativas locais	C-29
70.20-4	Atividades de consultoria em gestão empresarial	C-29
71.11-1	Serviços de arquitetura	C-35
71.12-0	Serviços de engenharia	C-35
71.19-7	Atividades técnicas relacionadas à arquitetura e engenharia	C-35
71.20-1	Testes e análises técnicas	C-32
72.10-0	Pesquisa e desenvolvimento experimental em ciências físicas e naturais	C-32
72.20-7	Pesquisa e desenvolvimento experimental em ciências sociais e humanas	C-32
73.11-4	Agências de publicidade	C-35
73.12-2	Agenciamento de espaços para publicidade, exceto em veículos de comunicação	C-35
73.19-0	Atividades de publicidade não especificadas anteriormente	C-35
73.20-3	Pesquisas de mercado e de opinião pública	C-29
74.10-2	*Design* e decoração de interiores	C-35
74.20-0	Atividades fotográficas e similares	C-9
74.90-1	Atividades profissionais, científicas e técnicas não especificadas anteriormente	C-35
75.00-1	Atividades veterinárias	C-34
77.11-0	Locação de automóveis sem condutor	C-35
77.19-5	Locação de meios de transporte, exceto automóveis, sem condutor	C-35
77.21-7	Aluguel de equipamentos recreativos e esportivos	C-29
77.22-5	Aluguel de fitas de vídeo, DVDs e similares	C-29
77.23-3	Aluguel de objetos do vestuário, joias e acessórios	C-29
77.29-2	Aluguel de objetos pessoais e domésticos não especificados anteriormente	C-29
77.31-4	Aluguel de máquinas e equipamentos agrícolas sem operador	C-35
77.32-2	Aluguel de máquinas e equipamentos para construção sem operador	C-35
77.33-1	Aluguel de máquinas e equipamentos para escritório	C-35
77.39-0	Aluguel de máquinas e equipamentos não especificados anteriormente	C-35
77.40-3	Gestão de ativos intangíveis não financeiros	C-28
78.10-8	Seleção e agenciamento de mão de obra	C-35
78.20-5	Locação de mão de obra temporária	C-35
78.30-2	Fornecimento e gestão de recursos humanos para terceiros	C-35

CNAE	Descrição	Grupo
79.11-2	Agências de viagens	C-29
79.12-1	Operadores turísticos	C-29
79.90-2	Serviços de reservas e outros serviços de turismo não especificados anteriormente	C-29
80.11-1	Atividades de vigilância e segurança privada	C-30
80.12-9	Atividades de transporte de valores	C-30
80.20-0	Atividades de monitoramento de sistemas de segurança	C-30
80.30-7	Atividades de investigação particular	C-30
81.11-7	Serviços combinados para apoio a edifícios, exceto condomínios prediais	C-29
81.12-5	Condomínios prediais	C-35
81.21-4	Limpeza em prédios e em domicílios	C-30
81.22-2	Imunização e controle de pragas urbanas	C-30
81.29-0	Atividades de limpeza não especificadas anteriormente	C-30
81.30-3	Atividades paisagísticas	C-30
82.11-3	Serviços combinados de escritório e apoio administrativo	C-35
82.19-9	Fotocópias, preparação de documentos e outros serviços especializados de apoio administrativo	C-35
82.20-2	Atividades de teleatendimento	C-35
82.30-0	Atividades de organização de eventos, exceto culturais e esportivos	C-35
82.91-1	Atividades de cobrança e informações cadastrais	C-35
82.92-0	Envasamento e empacotamento sob contrato	C-35
82.99-7	Atividades de serviços prestados principalmente às empresas não especificadas anteriormente	C-35
84.11-6	Administração pública em geral	C-33
84.12-4	Regulação das atividades de saúde, educação, serviços culturais e outros serviços sociais	C-33
84.13-2	Regulação das atividades econômicas	C-33
84.21-3	Relações exteriores	C-33
84.22-1	Defesa	C-33
84.23-0	Justiça	C-33
84.24-8	Segurança e ordem pública	C-33
84.25-6	Defesa Civil	C-33
84.30-2	Seguridade social obrigatória	C-33
85.11-2	Educação infantil — creche	C-31
85.12-1	Educação infantil — pré-escola	C-31

CNAE	Descrição	Grupo
85.13-9	Ensino fundamental	C-31
85.20-1	Ensino médio	C-31
85.31-7	Educação superior — graduação	C-31
85.32-5	Educação superior — graduação e pós-graduação	C-31
85.33-3	Educação superior — pós-graduação e extensão	C-31
85.41-4	Educação profissional de nível técnico	C-31
85.42-2	Educação profissional de nível tecnológico	C-31
85.50-3	Atividades de apoio à educação	C-29
85.91-1	Ensino de esportes	C-31
85.92-9	Ensino de arte e cultura	C-31
85.93-7	Ensino de idiomas	C-31
85.99-6	Atividades de ensino não especificadas anteriormente	C-31
86.10-1	Atividades de atendimento hospitalar	C-34
86.21-6	Serviços móveis de atendimento a urgências	C-34
86.22-4	Serviços de remoção de pacientes, exceto os serviços móveis de atendimento a urgências	C-34
86.30-5	Atividades de atenção ambulatorial executadas por médicos e odontólogos	C-34
86.40-2	Atividades de serviços de complementação diagnóstica e terapêutica	C-34
86.50-0	Atividades de profissionais da área de saúde, exceto médicos e odontólogos	C-34
86.60-7	Atividades de apoio à gestão de saúde	C-34
86.90-9	Atividades de atenção à saúde humana não especificadas anteriormente	C-34
87.11-5	Atividades de assistência a idosos, deficientes físicos, imunodeprimidos e convalescentes prestadas em residências coletivas e particulares	C-34
87.12-3	Atividades de fornecimento de infraestrutura de apoio e assistência a paciente no domicílio	C-34
87.20-4	Atividades de assistência psicossocial e à saúde a portadores de distúrbios psíquicos, deficiência mental e dependência química	C-34
87.30-1	Atividades de assistência social prestadas em residências coletivas e particulares	C-34
88.00-6	Serviços de assistência social sem alojamento	C-23
90.01-9	Artes cênicas, espetáculos e atividades complementares	C-9
90.02-7	Criação artística	C-9
90.03-5	Gestão de espaços para artes cênicas, espetáculos e outras atividades artísticas	C-9

CNAE	Descrição	Grupo
91.01-5	Atividades de bibliotecas e arquivos	C-31
91.02-3	Atividades de museus e de exploração, restauração artística e conservação de lugares e prédios históricos e atrações similares	C-31
91.03-1	Atividades de jardins botânicos, zoológicos, parques nacionais, reservas ecológicas e áreas de proteção ambiental	C-31
92.00-3	Atividades de exploração de jogos de azar e apostas	C-35
93.11-5	Gestão de instalações de esportes	C-31
93.12-3	Clubes sociais, esportivos e similares	C-31
93.13-1	Atividades de condicionamento físico	C-31
93.19-1	Atividades esportivas não especificadas anteriormente	C-31
93.21-2	Parques de diversão e parques temáticos	C-35
93.29-8	Atividades de recreação e lazer não especificadas anteriormente	C-35
94.11-1	Atividades de organizações associativas patronais e empresariais	C-29
94.12-0	Atividades de organizações associativas profissionais	C-29
94.20-1	Atividades de organizações sindicais	C-29
94.30-8	Atividades de associações de defesa de direitos sociais	C-29
94.91-0	Atividades de organizações religiosas	C-29
94.92-8	Atividades de organizações políticas	C-29
94.93-6	Atividades de organizações associativas ligadas à cultura e à arte	C-29
94.99-5	Atividades associativas não especificadas anteriormente	C-29
95.11-8	Reparação e manutenção de computadores e de equipamentos periféricos	C-14a
95.12-6	Reparação e manutenção de equipamentos de comunicação	C-14
95.21-5	Reparação e manutenção de equipamentos eletroeletrônicos de uso pessoal e doméstico	C-14
95.29-1	Reparação e manutenção de objetos e equipamentos pessoais e domésticos não especificados anteriormente	C-35
95.29-1	Reparação e manutenção de objetos e equipamentos pessoais e domésticos não especificados anteriormente	C-35
96.01-7	Lavanderias, tinturarias e toalheiros	C-30
96.02-5	Cabeleireiros e outras atividades de tratamento de beleza	C-35
96.03-3	Atividades funerárias e serviços relacionados	C-34
96.09-2	Atividades de serviços pessoais não especificadas anteriormente	C-35
97.00-5	Serviços domésticos	C-35
99.00-8	Organismos internacionais e outras instituições extraterritoriais	C-3

CAPÍTULO VII

EQUIPAMENTO DE PROTEÇÃO INDIVIDUAL (EPI)

I — CONCEITO

O equipamento de proteção individual, denominado usualmente pela sigla EPI, é todo dispositivo ou produto de uso individual utilizado pelo trabalhador, destinado à proteção de riscos suscetíveis de ameaçar a segurança e a saúde dos trabalhadores (subitem 5.1, NR-6). A NR-6 define também o equipamento conjugado de proteção individual como sendo todo aquele composto por vários dispositivos que o fabricante tenha associado contra um ou mais riscos que possam ocorrer simultaneamente e que sejam suscetíveis de ameaçar a segurança e a saúde no trabalho.

Os EPIs constituem importante medida de prevenção de acidentes e doenças de trabalho, contudo, sua adoção deve ser feita após esgotadas todas as alternativas de controle coletivo. A NR-6 exige que o empregador forneça aos empregados EPI adequado ao risco, em perfeito estado de conservação e funcionamento, nas seguintes circunstâncias:

a) sempre que as medidas de ordem geral não oferecerem completa proteção contra os riscos de acidentes de trabalho ou de doenças profissionais e do trabalho;

b) enquanto as medidas de proteção coletiva estiverem sendo implantadas;

c) para atender a situações de emergência.

No mesmo sentido, o art. 166 da CLT dispõe:

> A empresa é obrigada a fornecer aos empregados, gratuitamente, equipamento de proteção individual adequado ao risco e em perfeito estado de conservação e funcionamento, sempre que as medidas de ordem geral não ofereçam completa proteção contra os riscos de acidentes e danos à saúde dos empregados.

II — OBRIGAÇÕES QUANTO AO EPI

2.1. Obrigações do empregador

O subitem 6.6.1 da NR-6 estabelece que cabe ao empregador quanto ao EPI:

a) adquirir o adequado ao risco de cada atividade;

b) exigir seu uso;

c) fornecer ao trabalhador somente o aprovado pelo órgão nacional competente em matéria de segurança e saúde no trabalho;

d) orientar e treinar o trabalhador sobre o uso adequado, sua guarda e conservação;

e) substituir imediatamente, quando danificado ou extraviado;

f) responsabilizar-se pela higienização e manutenção periódica;

g) comunicar ao MTE qualquer irregularidade observada.

h) registrar o seu fornecimento ao trabalhador, podendo ser adotados os livros, fichas ou sistema eletrônico.

O gerenciamento dos EPIs é substancial para o empregador, uma vez que há o controle sistemático dos equipamentos, especialmente daqueles que exigem a comprovação do uso efetivo em juízo e junto aos auditores fiscais, como, por exemplo, protetores auriculares, respiradores, cremes de proteção, entre outros. É frequente o empregador ser condenado a pagar indenizações por falta de prova do uso efetivo dos referidos EPIs. Assim, o dispositivo legal citado, além de outros, deve ser observado rigorosamente. Na letra "h" a norma permite o registro em sistema eletrônico, todavia, é importante cautela nesse tipo de controle, pois, caso não seja bem gerenciado, esse registro poderá ser desconstituído como prova.

2.2. *Obrigações dos empregados*

O subitem 6.7.1 da NR-6 determina que cabe ao empregado, quanto ao EPI:

a) usar, utilizando-o apenas para a finalidade a que se destina;

b) responsabilizar-se pela guarda e conservação;

c) comunicar ao empregador qualquer alteração que o torne impróprio para uso;

d) cumprir as determinações do empregador sobre o uso adequado.

A orientação e o treinamento dos empregados do uso correto do EPI também devem ser comprovados; além disso, nesse treinamento deve ser informado ao empregado a limitação e a importância do uso do EPI.

Vale salientar também que constitui ato faltoso do empregado a recusa injustificada do uso de EPI fornecido pela empresa (art. 158, parágrafo único, alínea "b", da CLT).

2.3. Obrigações do fabricante ou importador

O fabricante nacional ou o importador deverá:

a) cadastrar-se junto ao órgão nacional competente em matéria de segurança e saúde no trabalho;

b) solicitar a emissão do CA;

c) solicitar a renovação do CA quando vencido o prazo de validade estipulado pelo órgão nacional competente em matéria de segurança e saúde do trabalho;

d) requerer novo CA quando houver alteração das especificações do equipamento aprovado;

e) responsabilizar-se pela manutenção da qualidade do EPI que deu origem ao Certificado de Aprovação (CA);

f) comercializar ou colocar à venda somente o EPI portador de CA;

g) comunicar ao órgão nacional competente em matéria de segurança e saúde no trabalho quaisquer alterações dos dados cadastrais fornecidos;

h) comercializar o EPI com instruções técnicas no idioma nacional, orientando sua utilização, manutenção, restrição e demais referências ao seu uso;

i) fazer constar do EPI o número do lote de fabricação;

j) providenciar a avaliação da conformidade do EPI no âmbito do SINMETRO, quando for o caso;

k) fornecer as informações referentes aos processos de limpeza e higienização de seus EPIs, indicando, quando for o caso, o número de higienizações acima do qual é necessário proceder à revisão ou à substituição do equipamento, a fim de garantir que os mesmos mantenham as características de proteção original.

O Anexo II da NR-6 dispõe sobre o cadastramento do fabricante ou importador, enquanto o anexo III fornece o modelo de formulário.

Entre as obrigações do fabricante ou importador destaca-se a manutenção da qualidade do EPI que deu origem ao CA (Certificado de Aprovação). Assim, o auditor fiscal e os profissionais da área de segurança devem observar a qualidade dos EPIs, devendo, inclusive, testá-los em laboratórios no sentido de verificar sua qualidade. Cabe destacar, também, o procedimento de higienização do EPI, onde a norma estabelece que o fabricante deverá indicar o número de higienizações, ou seja, foi estabelecido limite no reaproveitamento do EPI, por meio do procedimento de higienização.

III — CERTIFICADO DE APROVAÇÃO

O EPI não pode ser comercializado ou ser colocado à venda sem o Certificado de Aprovação (CA). O CA possui prazo de validade conforme determina o subitem 6.9.1. Assim, para fins de comercialização, o CA concedido aos EPIs terá as seguintes validades:

a) de 5 (cinco) anos, para aqueles equipamentos com laudos de ensaio que não tenham sua conformidade avaliada no âmbito do SINMETRO;

b) do prazo vinculado à avaliação da conformidade no âmbito do SINMETRO, quando for o caso;

c) de 2 (dois) anos, para os EPIs desenvolvidos até a data da publicação desta Norma, quando não existirem normas técnicas nacionais ou internacionais oficialmente reconhecidas ou laboratório capacitado para realização dos ensaios, sendo que nesses casos os EPIs terão sua aprovação pelo órgão nacional competente em matéria de segurança e saúde no trabalho, mediante apresentação e análise do Termo de Responsabilidade Técnica e da especificação técnica de fabricação, podendo ser renovado até 2006, quando se expirarão os prazos concedidos;

d) de 2 (dois) anos, renováveis por igual período, para os EPI desenvolvidos após a data da publicação desta NR, quando não existirem normas técnicas nacionais ou internacionais, oficialmente reconhecidas, ou laboratório capacitado para realização dos ensaios, caso em que os EPIs serão aprovados pelo órgão nacional competente em matéria de segurança e saúde no trabalho, mediante apresentação e análise do Termo de Responsabilidade Técnica e da especificação técnica de fabricação.

O órgão nacional competente em matéria de segurança e saúde no trabalho, quando necessário e mediante justificativa, poderá estabelecer prazos diversos dos mencionados anteriormente (subitem 6.9.2, NR-6).

Convém ressaltar que todo EPI deverá apresentar, em caracteres indeléveis e bem visíveis, o nome comercial da empresa fabricante, o lote de fabricação e o número do CA, ou, no caso de EPI importado, o nome do importador, o lote de fabricação e o número do CA (subitem 6.9.3 — NR-6).

Na impossibilidade de cumprir o determinado, o órgão nacional competente em matéria de segurança e saúde no trabalho poderá autorizar a forma alternativa de gravação, a ser proposta pelo fabricante ou importador, devendo esta constar do CA (subitem 6.9.3.1 — NR-6).

IV — COMPETÊNCIA DO MINISTÉRIO DO TRABALHO

A NR-6 determina a competência do órgão nacional de segurança e saúde do trabalhador, quanto ao EPI:

— cadastrar o fabricante ou importador de EPI;

— receber e examinar a documentação para emitir ou renovar o CA de EPI;

— estabelecer, quando necessário, os regulamentos técnicos para ensaios de EPI;

— emitir ou renovar o CA e o cadastro de fabricante ou importador;

— fiscalizar a qualidade do EPI;

— suspender o cadastramento da empresa fabricante ou importadora; e

— cancelar o CA.

Cabe destacar, ainda, que o órgão competente MTE, sempre que necessário, poderá requisitar amostras de EPI, identificadas com o nome do fabricante e o número de referência.

V — SELEÇÃO DOS EPIs

A indicação correta do EPI adequado é fundamental na eficiência desse meio de controle. Desse modo, a seleção do EPI exige critérios entre os quais se destacam:

a) Identificação e avaliação dos fatores de risco existentes nos locais de trabalho;

b) Com base nessa avaliação, deve-se selecionar o EPI adequado.

Outro aspecto importante a ser observado é a participação do trabalhador na escolha, pois ninguém melhor que o usuário para avaliar seu equipamento, especialmente no que diz respeito ao conforto. No entanto, muitas vezes, o EPI confortável pode não oferecer proteção adequada. Assim, por exemplo, um protetor auricular de inserção moldável pode ser mais confortável em certas situações do que um protetor tipo concha. No entanto, sua proteção pode ser insuficiente para reduzir a intensidade do ruído abaixo do limite.

O Anexo I da NR-6 estabelece quadro geral orientativo de cada EPI e sua respectiva aplicação de acordo com o fator de risco, conforme transcrito na tabela a seguir:

A — EPI PARA PROTEÇÃO DA CABEÇA	
A.1. Capacete	a) capacete de segurança para proteção contra impactos de objetos sobre o crânio; b) capacete de segurança para proteção contra choques elétricos; c) capacete de segurança para proteção do crânio e face contra agentes térmicos.
A.2. Capuz ou balaclava	a) capuz de segurança para proteção do crânio e pescoço contra riscos de origem térmica; b) capuz de segurança para proteção do crânio, face e pescoço contra respingos de produtos químicos; c) capuz de segurança para proteção do crânio e pescoço contra agentes abrasivos e escoriantes.
B — EPI PARA PROTEÇÃO DOS OLHOS E FACE	
B.1. Óculos	a) óculos para proteção dos olhos contra impactos de partículas volantes; b) óculos para proteção dos olhos contra luminosidade intensa; c) óculos para proteção dos olhos contra radiação ultravioleta; d) óculos para proteção dos olhos contra radiação infravermelha.
B.2. Protetor facial	a) protetor facial para proteção da face contra impactos de partículas volantes; b) protetor facial para proteção da face contra radiação infravermelha; c) protetor facial para proteção dos olhos contra luminosidade intensa; d) protetor facial para proteção da face contra riscos de origem térmica; e) protetor facial para proteção da face contra radiação ultravioleta.
B.3. Máscara de solda	a) máscara de solda para proteção dos olhos e face contra impactos de partículas volantes, radiação ultravioleta, radiação infravermelha e luminosidade intensa.
C — EPI PARA PROTEÇÃO AUDITIVA	
C.1. Protetor auditivo	a) protetor auditivo circum-auricular para proteção do sistema auditivo contra níveis de pressão sonora superiores ao estabelecido na NR-15, Anexos n. 1 e 2; b) protetor auditivo de inserção para proteção do sistema auditivo contra níveis de pressão sonora superiores ao estabelecido na NR-15, Anexos n. 1 e 2; c) protetor auditivo semiauricular para proteção do sistema auditivo contra níveis de pressão sonora superiores ao estabelecido na NR-15, Anexos n. 1 e 2.

D — EPI PARA PROTEÇÃO RESPIRATÓRIA	
D.1. Respirador purificador de ar não motorizado	a) peça semifacial filtrante (PFF1) para proteção das vias respiratórias contra poeiras e névoas; b) peça semifacial filtrante (PFF2) para proteção das vias respiratórias contra poeiras, névoas e fumos; c) peça semifacial filtrante (PFF3) para proteção das vias respiratórias contra poeiras, névoas, fumos e radionuclídeos; d) peça um quarto facial, semifacial ou facial inteira com filtros para material particulado tipo P1 para proteção das vias respiratórias contra poeiras e névoas; e ou P2 para proteção contra poeiras, névoas e fumos; e ou P3 para proteção contra poeiras, névoas, fumos e radionuclídeos; e) peça um quarto facial, semifacial ou facial inteira com filtros químicos e ou combinados para proteção das vias respiratórias contra gases e vapores e ou material particulado.
D.2. Respirador purificador de ar motorizado	a) sem vedação facial tipo touca de proteção respiratória, capuz ou capacete para proteção das vias respiratórias contra poeiras, névoas, fumos e radionuclídeos e ou contra gases e vapores; b) com vedação facial tipo peça semifacial ou facial inteira para proteção das vias respiratórias contra poeiras, névoas, fumos e radionuclídeos e ou contra gases e vapores.
D.3. Respirador de adução de ar tipo linha de ar comprimido	a) sem vedação facial de fluxo contínuo tipo capuz ou capacete para proteção das vias respiratórias em atmosferas com concentração de oxigênio maior que 12,5%; b) sem vedação facial de fluxo contínuo tipo capuz ou capacete para proteção das vias respiratórias em operações de jateamento e em atmosferas com concentração de oxigênio maior que 12,5%; c) com vedação facial de fluxo contínuo tipo peça semifacial ou facial inteira para proteção das vias respiratórias em atmosferas com concentração de oxigênio maior que 12,5%; d) de demanda com pressão positiva tipo peça semifacial ou facial inteira para proteção das vias respiratórias em atmosferas com concentração de oxigênio maior que 12,5%; e) de demanda com pressão positiva tipo peça facial inteira combinado com cilindro auxiliar para proteção das vias respiratórias em atmosferas com concentração de oxigênio menor ou igual que 12,5%, ou seja, em atmosferas Imediatamente Perigosas à Vida e a Saúde (IPVS).
D.4. Respirador de adução de ar tipo máscara autônoma	a) de circuito aberto de demanda com pressão positiva para proteção das vias respiratórias em atmosferas com concentração de oxigênio menor ou igual que 12,5%, ou seja, em atmosferas Imediatamente Perigosas à Vida e a Saúde (IPVS); b) de circuito fechado de demanda com pressão positiva para proteção das vias respiratórias em atmosferas com concentração de oxigênio menor ou igual que 12,5%, ou seja, em atmosferas Imediatamente Perigosas à Vida e a Saúde (IPVS).

D.5. Respirador de fuga	a) respirador de fuga tipo bocal para proteção das vias respiratórias contra gases e vapores e ou material particulado em condições de escape de atmosferas Imediatamente Perigosas à Vida e a Saúde (IPVS).
E — EPI PARA PROTEÇÃO DO TRONCO	
E.1. Vestimentas	a) Vestimentas para proteção do tronco contra riscos de origem térmica; b) vestimentas para proteção do tronco contra riscos de origem mecânica; c) vestimentas para proteção do tronco contra riscos de origem química; d) vestimentas para proteção do tronco contra riscos de origem radioativa; e) vestimentas para proteção do tronco contra riscos de origem meteorológica; f) vestimentas para proteção do tronco contra umidade proveniente de operações com uso de água.
E.2. Colete à prova de balas	Colete à prova de balas de uso permitido para vigilantes que trabalhem portando arma de fogo, para proteção do tronco contra riscos de origem mecânica.
F — EPI PARA PROTEÇÃO DOS MEMBROS SUPERIORES	
F.1. Luvas	a) luvas para proteção das mãos contra agentes abrasivos e escoriantes; b) luvas para proteção das mãos contra agentes cortantes e perfurantes; c) luvas para proteção das mãos contra choques elétricos; d) luvas para proteção das mãos contra agentes térmicos; e) luvas para proteção das mãos contra agentes biológicos; f) luvas para proteção das mãos contra agentes químicos; g) luvas para proteção das mãos contra vibrações; h) luvas para proteção contra umidade proveniente de operações com uso de água; i) luvas para proteção das mãos contra radiações ionizantes.
F.2. Creme protetor	a) creme protetor de segurança para proteção dos membros superiores contra agentes químicos.
F.3. Manga	a) manga para proteção do braço e do antebraço contra choques elétricos; b) manga para proteção do braço e do antebraço contra agentes abrasivos e escoriantes;

<table>
<tr><td></td><td>c) manga para proteção do braço e do antebraço contra agentes cortantes e perfurantes;
d) manga para proteção do braço e do antebraço contra umidade proveniente de operações com uso de água;
e) manga para proteção do braço e do antebraço contra agentes térmicos.</td></tr>
<tr><td>F.4. Braçadeira</td><td>a) braçadeira para proteção do antebraço contra agentes cortantes;
b) braçadeira para proteção do antebraço contra agentes escoriantes.</td></tr>
<tr><td>F.5. Dedeira</td><td>a) dedeira para proteção dos dedos contra agentes abrasivos e escoriantes.</td></tr>
<tr><td colspan="2">G — EPI PARA PROTEÇÃO DOS MEMBROS INFERIORES</td></tr>
<tr><td>G.1. Calçado</td><td>a) calçado para proteção contra impactos de quedas de objetos sobre os artelhos;
b) calçado para proteção dos pés contra agentes provenientes de energia elétrica;
c) calçado para proteção dos pés contra agentes térmicos;
d) calçado para proteção dos pés contra agentes abrasivos e escoriantes;
e) calçado para proteção dos pés contra agentes cortantes e perfurantes;
f) calçado para proteção dos pés e pernas contra umidade proveniente de operações com uso de água;
g) calçado para proteção dos pés e pernas contra respingos de produtos químicos.</td></tr>
<tr><td>G.2. Meia</td><td>a) meia para proteção dos pés contra baixas temperaturas.</td></tr>
<tr><td>G.3. Perneira</td><td>a) perneira para proteção da perna contra agentes abrasivos e escoriantes;
b) perneira para proteção da perna contra agentes térmicos;
c) perneira para proteção da perna contra respingos de produtos químicos;
d) perneira para proteção da perna contra agentes cortantes e perfurantes;
e) perneira para proteção da perna contra umidade proveniente de operações com uso de água.</td></tr>
<tr><td>G.4. Calça</td><td>a) calça para proteção das pernas contra agentes abrasivos e escoriantes;
b) calça para proteção das pernas contra respingos de produtos químicos;</td></tr>
</table>

	c) calça para proteção das pernas contra agentes térmicos; d) calça para proteção das pernas contra umidade proveniente de operações com uso de água.
H — EPI PARA PROTEÇÃO DO CORPO INTEIRO	
H.1. Macacão	a) macacão para proteção do tronco e membros superiores e inferiores contra agentes térmicos; b) macacão para proteção do tronco e membros superiores e inferiores contra respingos de produtos químicos; c) macacão para proteção do tronco e membros superiores e inferiores contra umidade proveniente de operações com uso de água.
H.2. Vestimenta de corpo inteiro	a) vestimenta para proteção de todo o corpo contra respingos de produtos químicos; b) vestimenta para proteção de todo o corpo contra umidade proveniente de operações com água; c) vestimenta condutiva para proteção de todo o corpo contra choques elétricos.
I — EPI PARA PROTEÇÃO CONTRA QUEDAS COM DIFERENÇA DE NÍVEL	
I.1. Dispositivo trava-queda	a) dispositivo trava-queda para proteção do usuário contra quedas em operações com movimentação vertical ou horizontal, quando utilizado com cinturão de segurança para proteção contra quedas.
I.2. Cinturão	a) cinturão de segurança para proteção do usuário contra riscos de queda em trabalhos em altura; b) cinturão de segurança para proteção do usuário contra riscos de queda no posicionamento em trabalhos em altura.
O presente Anexo poderá ser alterado por portaria específica a ser expedida pelo órgão nacional competente em matéria de segurança e saúde no trabalho, após observado o disposto no subitem 6.4.1.	

VI — GERENCIAMENTO DO USO DO EPI

O gerenciamento do uso do EPI constitui uma situação das mais tormentosas para o SESMT das empresas, pois os procedimentos, a documentação e até mesmo o uso efetivo desafiam qualquer programa de segurança e saúde. O gerenciamento do EPI é imprescindível como prova em ações judiciais de indenizações, adicional de insalubridade, entre outras, além de processo administrativo junto ao Ministério do Trabalho e INSS. Assim, esse controle não pode ser feito da mesma forma, por exemplo, do fornecimento de uniforme.

O gerenciamento do EPI é substancial. A base do gerenciamento é obedecer às prescrições previstas na NR-6, que determina o seguinte:

a) o empregador deve adquirir o adequado ao risco de cada atividade. Essa seleção deve ser feita com base em critério técnico, além do conforto. É inadmissível a obrigatoriedade do uso de protetor concha em exposição de ruído de 83 dB (A), em regiões quentes, uma vez que, em geral, os programas de gestão de segurança e saúde, por comodidade, adotam um padrão de protetor auricular para todos os trabalhadores. Desse modo, a padronização é importante; no entanto, deve ser feita com muito cuidado;

b) o empregador deve exigir seu uso. A obrigatoriedade do uso é fundamental na proteção por meio de EPI. Cabe ressaltar que a recusa injustificada do empregado ao uso do Equipamento de Proteção constitui ato faltoso, nos termos do parágrafo único, inciso II, *b*, do art. 158 da CLT. Assim, a lei faculta ao empregador ações coercitivas de obrigar o uso efetivo, não podendo alegar simplesmente que o empregado não quis utilizá-lo;

c) fornecer ao trabalhador somente o EPI aprovado pelo órgão nacional competente em matéria de segurança e saúde no trabalho. Como vimos anteriormente, o requisito para comercialização do EPI é seu Certificado de Aprovação (CA) fornecido pelo órgão competente do Ministério do Trabalho. Desse modo, a ausência desse certificado implica que o equipamento não pode nem ser considerado como EPI;

d) orientar e treinar o trabalhador sobre o uso adequado, a guarda e a conservação. O treinamento e a conscientização do trabalhador sobre a importância do uso do EPI, além da limitação na proteção, é outra ferramenta fundamental no programa de gerenciamento. É necessário também que todo treinamento seja documentado, pois poderá ser usado como meio de prova em processos judiciais e administrativos. Convém ressaltar que em alguns EPIs a forma do uso adequado é simples, enquanto outros apresentam maior dificuldade, devendo, portanto, o treinamento ser adequado a cada situação;

e) substituir imediatamente, quando danificado ou extraviado. Ademais, o empregador no programa de gerenciamento deve estabelecer a periodicidade de troca desses equipamentos. Essa definição pode ser feita por meio do acompanhamento e controle da durabilidade de cada EPI. Quanto ao extravio e à danificação, o trabalhador dever ser orientado durante o treinamento no sentido de comunicar imediatamente o fato para imediata substituição do equipamento. É importante destacar que o fabricante, no manual de instruções, deve informar a periodicidade de troca e a vida útil do EPI (Portaria n. 145, de 28.10.10, do MTE);

f) responsabilizar-se pela higienização e manutenção periódicas. A higienização e manutenção periódicas também dependem de cada tipo de EPI. Assim, por exemplo, a higienização de um protetor auricular tipo concha é bem mais simples do que a de um de inserção. No treinamento é importante enfatizar os procedimentos corretos de higienização do EPI;

g) comunicar ao MTE qualquer irregularidade observada. A empresa deverá realizar o controle de qualidade do EPI, pois pode ocorrer de o fabricante, após a obtenção do Certificado de Aprovação junto ao MTE, não manter a mesma qualidade do lote que foi aprovado nos ensaios. Desse modo, essa comunicação ao MTE é importante, uma vez que, se o novo ensaio concluir que o EPI analisado não atende aos requisitos mínimos especificados em normas técnicas, o órgão nacional competente em matéria de segurança e saúde no trabalho expedirá ato suspendendo a comercialização e a utilização do lote do equipamento referenciado. Finalmente salientamos que outras normas de gerenciamento do uso correto e efetivo do EPI devem ser observadas, entre as quais destacamos as normas previdenciárias.

CAPÍTULO VIII

ERGONOMIA

I — CONCEITO

Segundo a *Ergonomics Research Society* (1949), "Ergonomia é o estudo do relacionamento entre o homem e seu trabalho, equipamento e ambiente e, particularmente, a aplicação dos conhecimentos de anatomia, fisiologia e psicologia na solução dos problemas surgidos desse relacionamento".

Já para Wisner (1987), "Ergonomia é o conjunto dos conhecimentos científicos relacionados ao homem e necessários à concepção de instrumentos, máquinas e dispositivos que possam ser utilizados com o máximo de conforto, segurança e eficiência".

Mais tarde (1994), esse autor reformula seu conceito incluindo o saber do trabalhador no mesmo nível do saber técnico científico e como condição indispensável para o sucesso da ação ergonômica.[1]

Esse conceito, com as devidas adaptações, foi adotado pela NR-17 em seu subitem 17.1, que dispõe:

> Esta Norma Regulamentadora visa a estabelecer parâmetros que permitam a adaptação das condições de trabalho às características psicofisiológicas dos trabalhadores, de modo a proporcionar um máximo de conforto, segurança e desempenho eficiente.

II — LEVANTAMENTO, TRANSPORTE E DESCARGA INDUSTRIAL DE PESO

O art. 198 da CLT estabelece que é de 60 kg (sessenta quilogramas) o peso máximo que um empregado pode remover individualmente, ao passo que à mulher é vedado o serviço com emprego de força muscular superior a 20 (vinte) quilos para trabalho contínuo ou 25 (vinte e cinco) para trabalho ocasional (art. 390 da CLT).

É importante ressaltar que as proibições legais não se aplicam quando a remoção de material é feita por impulsão ou tração de vagonetes sobre trilhos, carros de mão ou quaisquer outros aparelhos mecânicos (arts. 198 e 390, parágrafo único).

(1) *Manual de aplicação da norma regulamentadora n. 17.* 2. ed. Brasília: MTE, SIT, 2002.

Acrescente-se, ainda, que o art. 198 da CLT estabelece que o MTE pode fixar limites diversos e evitar que sejam exigidos do empregado esforço superior às suas forças. Contudo, o MTE, ao regulamentar a matéria, não estabeleceu valores quantitativos para levantamento e transporte de peso, uma vez que tais disposições provavelmente iriam contrariar os artigos da CLT, que determinam limites elevados do ponto de vista técnico. Quanto maior o peso da carga levantada ou transportada pelo trabalhador, mais elevada é a probabilidade de acometimento à sua saúde, tais como lombalgias, hérnias de disco ou problemas de coluna vertebral causados pelo superesforço. Sendo assim, o subitem 17.2.2 da NR-17 dispõe:

> Não deverá ser exigido nem admitido o transporte manual de cargas, por um trabalhador cujo peso seja suscetível de comprometer sua saúde ou sua segurança.

Lembramos que a NIOSH (National Institut for Occupational Safety and Health) desenvolveu uma equação que permite calcular o limite e o peso recomendável, levando-se em conta diversos fatores. Assim, sugerimos aos leitores consultar a obra citada.[2]

Entre outras disposições da NR-17 relativas ao levantamento, ao transporte e à descarga individual de cargas, destacam-se:

1 — Todo trabalhador designado para o transporte manual regular de cargas, que não as leves, deve receber treinamento ou instruções satisfatórias quanto aos métodos de trabalho que deverá utilizar, com vistas a salvaguardar sua saúde e prevenir acidentes.

2 — Com o objetivo de limitar ou facilitar o transporte manual de cargas, deverão ser usados meios técnicos apropriados.

3 — Quando mulheres e trabalhadores jovens forem designados para o transporte manual de cargas, o peso máximo dessas cargas deverá ser nitidamente inferior àquele admitido para os homens, para não comprometer a sua saúde ou a sua segurança.

4 — O transporte e a descarga de materiais feitos por impulsão ou tração de vagonetes sobre trilhos, carros de mão ou qualquer outro aparelho mecânico deverão ser executados de forma que o esforço físico realizado pelo trabalhador seja compatível com sua capacidade de força e não comprometa a sua saúde ou a sua segurança.

5 — O trabalho de levantamento de material feito com equipamento mecânico de ação manual deverá ser executado de forma que o esforço físico realizado pelo trabalhador seja compatível com sua capacidade de força e não comprometa a sua saúde ou a sua segurança.

---

(2) Ob. cit.

III — MOBILIÁRIO DOS POSTOS DE TRABALHO

3.1. Postura em pé

O art. 199 da CLT estabelece que "será obrigatória a colocação de assentos que assegurem a postura correta ao trabalhador, capazes de evitar posições incômodas ou forçadas, sempre que a execução da tarefa exija que trabalhe sentado" ou "quando o trabalho for executado de pé. Os empregados terão à sua disposição assentos para serem utilizados nas pausas que o serviço permitir" (art. 199, parágrafo único, da CLT).

Já o subitem 17.3.1 determina que, sempre que o trabalho puder ser executado na posição sentada, o posto de trabalho deverá ser planejado ou adaptado para essa posição.

A postura mais adequada ao trabalhador é aquela que ele escolhe livremente e que pode ser variada ao longo do tempo. O tempo de manutenção de uma postura deve ser o mais breve possível, pois seus efeitos, eventualmente nocivos, dependem do tempo durante o qual ela será mantida.(3)

Portanto, as normas visam a reduzir a posição do trabalho em pé, devido às seguintes desvantagens:

- tendência à acumulação do sangue nas pernas, o que predispõe ao aparecimento de insuficiência valvular venosa nos membros inferiores, resultando em varizes e sensação de peso nas pernas;
- sensações dolorosas nas superfícies de contato articulares que suportam o peso do corpo (pés, joelhos, quadris);
- a tensão muscular permanentemente desenvolvida para manter o equilíbrio dificulta a execução de tarefas de precisão;
- a penosidade da posição em pé pode ser reforçada se o trabalhador tiver ainda que manter posturas inadequadas dos braços (acima do ombro, por exemplo), inclinação ou torção de tronco ou de outros segmentos corporais;
- a tensão muscular desenvolvida em permanência para manutenção do equilíbrio traz mais dificuldades para a execução de trabalhos de precisão.

A escolha da postura em pé só está justificada nas seguintes condições:

- se a tarefa exige deslocamentos contínuos, como no caso de carteiros e rondantes;
- se a tarefa exige manipulação de cargas com peso igual ou superior a 4,5 kg;

---

(3) Ob. cit.

• se a tarefa exige alcances amplos frequentes, para cima, para frente ou para baixo; no entanto, deve-se tentar reduzir a amplitude desses alcances para que se possa trabalhar sentado;

• quando a tarefa exige operações frequentes em vários locais de trabalho, fisicamente separados;

• quando a tarefa exige a aplicação de forças para baixo, como em empacotamento.

Acrescente-se ainda que o trabalho na posição em pé aumenta e agrava a exposição ao calor em ambientes quentes.

3.2. Posição sentada

Essa posição é preferida pela legislação, sendo as normas técnicas de ergonomia para o esforço postural (estático) e as solicitações sobre as articulações mais limitadas na postura sentada do que na em pé. A postura sentada permite melhor controle dos movimentos, pois assim que o esforço de equilíbrio é reduzido. É, sem sombra de dúvida, a melhor postura para trabalhos que exijam precisão.

As vantagens da posição sentada são:

• baixa solicitação da musculatura dos membros inferiores, reduzindo, assim, a sensação de desconforto e cansaço;

• possibilidade de evitar posições forçadas do corpo;

• menor consumo de energia;

• facilitação da circulação sanguínea pelos membros inferiores.

As desvantagens são:

• pequena atividade física geral (sedentarismo);

• adoção de posturas desfavoráveis: lordose ou cifose excessivas;

• estase sanguínea nos membros inferiores, situação agravada quando há compressão da face posterior das coxas ou da panturrilha contra a cadeira, se esta estiver mal posicionada.

Uma vez adaptado o posto para o trabalho sentado, é preciso observar certos critérios na escolha do assento.

A posição sentada também pode acarretar problemas na região dorsal, se a postura for mantida estática por longo tempo, isto é, se não houver movimentação, alternância da posição sentada e em pé, além do mobiliário adequado conforme as prescrições contidas na NR-17, subitem 17.3.2, conforme transcrição que se segue:

> Para trabalho manual sentado ou que tenha de ser feito em pé, as bancadas, mesas, escrivaninhas e os painéis devem proporcionar ao trabalhador condições de boa postura, visualização e operação e devem atender aos seguintes requisitos mínimos:
>
> • ter altura e características da superfície de trabalho compatíveis com o tipo de atividade, com a distância requerida dos olhos ao campo de trabalho e com a altura do assento;
>
> • ter área de trabalho de fácil alcance e visualização pelo trabalhador;
>
> • ter características dimensionais que possibilitem posicionamento e movimentação adequados dos segmentos corporais.

Esse subitem, com suas alíneas, permite que o auditor-fiscal do trabalho possa exigir qualquer tipo de mobiliário, já que ele deve atender aos requisitos de conforto que contemple tanto a boa postura quanto as exigências da tarefa, aí incluídas uma boa visualização e a movimentação adequada dos vários segmentos corporais, ou seja, acionamento de comandos ou qualquer outra atividade física.

Não resta dúvida de que há dificuldade para se projetar um mobiliário que atenda a todos esses requisitos, mas não é por falta de embasamento legal que se vai deixar de fazê-lo. A consulta a manuais especializados em mobiliário ou a consulta a um ergonomista podem ser de grande valia.

O mesmo pode-se dizer dos subitens 17.3.2.1, 17.3.3, 17.3.4, 17.3.5, 17.4, 17.5 e 17.6: os equipamentos, as condições ambientais e a organização do trabalho também devem ser adaptados às características psicofisiológicas dos trabalhadores e à natureza do trabalho, levando-se em conta também a sensação de conforto, isto é, os trabalhadores têm de ser consultados e deverão aprovar os equipamentos, as condições ambientais e a organização do trabalho, pois só eles podem atestar seu conforto ou não.

IV — EQUIPAMENTOS DOS POSTOS DE TRABALHO

A seleção e adequação dos equipamentos nos postos de trabalho é fundamental, sendo importante a participação do trabalhador na escolha. A NR-17 fixa algumas exigências a serem observadas e pertinentes nas atividades envolvendo datilografia e processamento de dados. Assim, a NR-17 estabelece o seguinte:

> Todos os equipamentos que compõem um posto de trabalho devem ser adequados às características psicofisiológicas dos trabalhadores e à natureza do trabalho a ser executado. A referida norma determina regras específicas para os serviços de digitação, mecanografia e datilografia, devendo ser observado o seguinte:

a) deve ser fornecido suporte adequado para documentos que possa ser ajustado e proporcione boa postura, visualização e operação, evitando movimentação frequente do pescoço e fadiga visual;

b) deve ser utilizado documento de fácil legibilidade sempre que possível, sendo vedada a utilização do papel brilhante ou de qualquer outro tipo que provoque ofuscamento.

Nos equipamentos utilizados no processamento de dados, usados de forma não eventual, deve-se observar o seguinte:

a) condições de mobilidade suficientes para permitir o ajuste da tela do equipamento à iluminação do ambiente, protegendo-a contra reflexos, e proporcionar corretos ângulos de visibilidade ao trabalhador;

b) o teclado deve ser independente e ter mobilidade, permitindo ao trabalhador ajustá-lo de acordo com as tarefas a serem executadas;

c) a tela, o teclado e o suporte para documentos devem ser colocados de maneira que as distâncias olho — tela, olho — teclado e olho — documento sejam aproximadamente iguais;

d) devem ser posicionados em superfícies de trabalho com altura ajustável.

V — ORGANIZAÇÃO DO TRABALHO

Segundo a NR-17, a organização do trabalho deve ser adequada às características psicofisiológicas dos trabalhadores, à natureza do trabalho a ser executado, devendo levar em consideração, no mínimo: a) as normas de produção; b) o modo operatório; c) a exigência do tempo; d) a determinação do conteúdo de tempo; e) o ritmo de trabalho; f) o conteúdo das tarefas.

Com o advento da Revolução Industrial, os trabalhadores passaram a produzir agrupados em um estabelecimento (centro de produção), ou seja, nas fábricas. Logo, para se obter maior eficiência, o trabalho foi dividido em vários centros de produção, de maneira que cada qual era especializado em determinada tarefa. Em busca de maior produtividade, aparece a organização científica do trabalho, com destaque para a proposta de Taylor. Para o taylorismo, o maior rendimento é obtido com divisão de tarefas bem definidas com tempos preestabelecidos. Com o passar do tempo, o modelo científico foi sendo questionado, em razão de vários fatores, tais como: dificuldade do trabalhador em manter a cadência estabelecida pela cronoanálise, especialmente para os mais velhos; dificuldade de manutenção do mesmo ritmo durante toda a jornada; padronização das tarefas (monotonia), entre outros. Ademais, o aparecimento de elevado número de DORT (Distúrbios Osteomusculares Relacionados ao Trabalho) levou os órgãos governamentais a estabelecer normas de organização do trabalho, visando à prevenção de doenças do trabalho.

Entretanto, mesmo com a evolução da ergonomia e as normas sobre a organização do trabalho, temos observado que os estudos ergonômicos envolvendo organização do trabalho ainda são tormentosos para o ergonomista, visto que, na maioria das vezes, o empregador resiste às interferências em sua organização, pois em geral os resultados e benefícios desse estudo não são imediatos.

Nas atividades de processamento eletrônico de dados, a norma estabeleceu algumas regras objetivas sobre o número de toques, a jornada efetiva e as pausas, entre as quais, destacamos:

a) o empregador não deve promover qualquer sistema de avaliação dos trabalhadores envolvidos nas atividades de digitação, baseado no número individual de toques sobre o teclado, inclusive o automatizado, para efeito de remuneração e vantagens de qualquer espécie;

b) o número máximo de toques reais exigidos pelo empregador não deve ser superior a 8 (oito) mil por hora trabalhada, sendo considerado toque real, para efeito desta NR, cada movimento de pressão sobre o teclado;

c) o tempo efetivo de trabalho de entrada de dados não deve exceder o limite máximo de 5 (cinco) horas, sendo que, no período de tempo restante da jornada, o trabalhador poderá exercer outras atividades, observado o disposto no art. 468 da Consolidação das Leis do Trabalho, desde que não exijam movimentos repetitivos nem esforço visual;

d) nas atividades de entrada de dados deve haver, no mínimo, uma pausa de 10 (dez) minutos para cada 50 (cinquenta) minutos trabalhados, não deduzidos da jornada normal de trabalho;

e) quando do retorno ao trabalho, após qualquer tipo de afastamento igual ou superior a 15 (quinze) dias, a exigência de produção em relação ao número de toques deverá ser iniciada em níveis inferiores do máximo estabelecido na alínea "b" e ser ampliada progressivamente.

Com relação à pausa, o art. 72 da CLT dispõe:

> Nos serviços permanentes de mecanografia (datilografia, escrituração ou cálculo), a cada período de 90 minutos de trabalho consecutivo corresponderá um repouso de dez minutos não deduzidos da duração normal de trabalho. Posteriormente, a Súmula n. 346 do TST foi no mesmo sentido desse artigo, fixando o mesmo entendimento:

> Os digitadores, por aplicação analógica do art. 72 da CLT, equiparam-se aos trabalhadores nos serviços de mecanografia (datilografia, escrituração ou cálculo), razão pela qual têm direito a intervalos de descanso de dez (10) minutos a cada noventa (90) minutos de trabalho consecutivo.

Contudo, para o ilustre juiz Sebastião Geraldo de Oliveira, esse entendimento é superado pela aplicação mais benéfica ao trabalhador do intervalo de 10 minutos para cada 50 minutos trabalhados, conforme previsto no subitem 17.6.4 da NR-17.[4]

Outras disposições da NR-17 sobre organização do trabalho são:

Nas atividades que exijam sobrecarga muscular estática ou dinâmica do pescoço, dos ombros, do dorso e dos membros superiores e inferiores, e a partir da análise ergonômica do trabalho, deve ser observado o seguinte:

a) para efeito de remuneração e vantagens de qualquer espécie deve levar em consideração as repercussões sobre a saúde dos trabalhadores;

b) devem ser incluídas pausas para descanso;

c) quando do retorno do trabalho, após qualquer tipo de afastamento igual ou superior a 15 (quinze) dias, a exigência de produção deverá permitir um retorno gradativo aos níveis de produção vigentes na época anterior ao afastamento.

VI — CONDIÇÕES AMBIENTAIS DE TRABALHO

A NR-17 estabelece que as condições ambientais de trabalho devem estar adequadas às características psicofisiológicas dos trabalhadores e à natureza do trabalho a ser executado nos locais onde são executadas atividades que exijam solicitação intelectual e atenção constantes, tais como salas de controle, laboratórios, escritórios, salas de desenvolvimento ou análise de projetos, entre outros. São recomendadas as seguintes condições de conforto:

a) níveis de ruído de acordo com o estabelecido na NBR 10152, norma brasileira registrada no INMETRO;

b) índice de temperatura efetiva entre 20°C (vinte graus centígrados) e 23°C (vinte e três graus centígrados);

c) velocidade do ar não superior a 0,75 m/s;

d) umidade relativa do ar não inferior a 40% (quarenta por cento).

A seguir, será analisado cada agente ambiental mencionado pela norma.

6.1. Ruído

Segundo a NR-17, para as atividades que exijam solicitação intelectual e atenção constantes, tais como salas de controle, laboratórios, escritórios, salas de desenvolvimento ou análise de projetos, entre outras, porém, sem apresentar equivalência com a NBR 10152, o nível de ruído aceitável para efeito de conforto será de 65 dB(A), e a curva de avaliação de ruído (NC) de valor, não superior a 60 dB.

(4) *Proteção jurídica*, p. 301.

A NBR 10152 da ABNT, norma brasileira registrada no INMETRO, estabelece níveis de ruído confortáveis para ambientes diversos, conforme tabela que se segue:

LOCAIS	dB(A)	NC
Hospitais		
Apartamentos, enfermarias, berçários, centros cirúrgicos	35 – 45	30 – 40
Laborátorios, áreas para uso do público	40 – 50	35 – 45
Serviços	45 – 55	40 – 50
Escolas		
Bibliotecas, salas de música, salas de desenho	35 – 45	30 – 40
Salas de aula, laboratórios	40 – 50	35 – 45
Circulação	45 – 55	40 – 50
Hotéis		
Apartamentos	35 – 45	30 – 40
Restaurantes, salas de estar	40 – 50	35 – 45
Portaria, recepção, circulação	45 – 55	40 – 50
Residências		
Dormitórios	35 – 45	30 – 40
Salas de estar	40 – 50	35 – 45
Auditórios		
Salas de concertos, teatros	30 – 40	25 – 30
Salas de conferências, cinemas, salas de uso múltiplo	35 – 45	30 – 35
Restaurantes	40 – 50	35 – 45
Escritórios		
Salas de reunião	30 – 40	25 – 35
Salas de gerência, salas de projetos e de administração	35 – 45	30 – 40
Salas de computadores	45 – 65	40 – 60
Salas de mecanografia	50 – 60	45 – 55
Igrejas e templos (cultos meditativos)	40 – 50	35 – 45
Locais para esporte		
Pavilhões fechados para espetáculos e atividades esportivas	45 – 60	40 – 55

Notas:

a) O valor inferior da faixa representa o nível sonoro para conforto, enquanto o valor superior significa o nível sonoro aceitável para a finalidade.

b) Níveis superiores aos estabelecidos nessa tabela são considerados desconfortáveis, sem, necessariamente, implicar risco de dano à saúde.

Observa-se que os limites para conforto são estabelecidos por curvas de compensação A e NC. A curva de compensação A representa os níveis de ruído ponderado nas frequências conforme explicado no Capítulo III no item Ruído. A curva NC é específica para o conforto e exige a avaliação do nível de ruído nas frequências em banda de oitava, conforme a tabela a seguir:

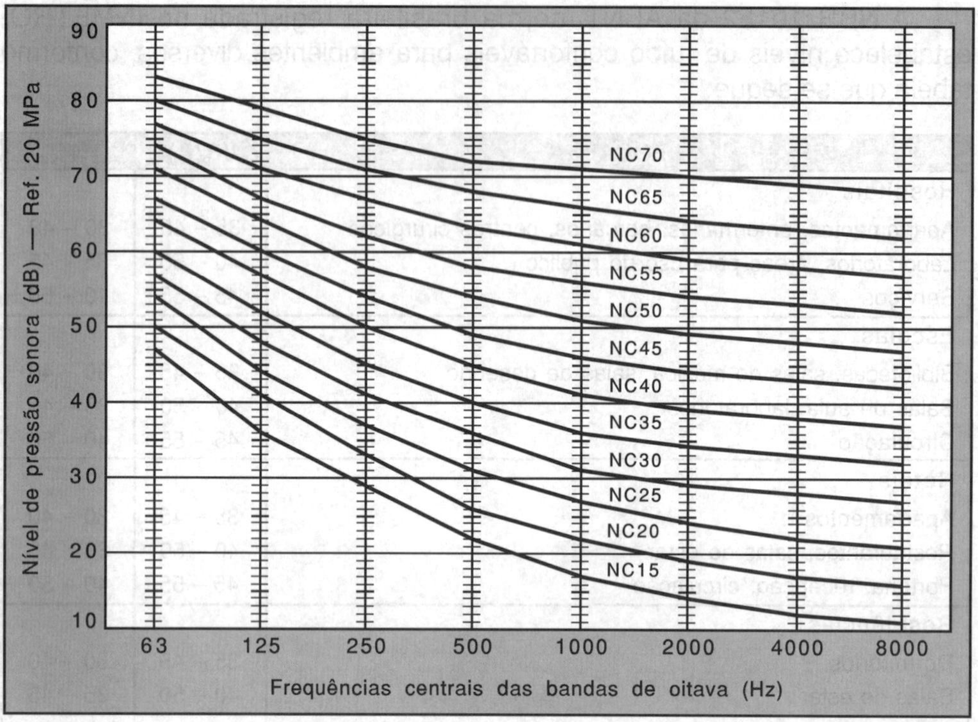

Níveis de Pressão Sonora correspondentes às curvas de avaliação (NC)

Curva	63 Hz dB	125 Hz dB	250 Hz dB	500 Hz dB	1 kHz dB	2 kHz dB	4 kHz dB	8 kHz dB
15	47	36	29	22	17	14	12	11
20	50	41	33	26	22	19	17	16
25	54	44	37	31	27	24	22	21
30	57	48	41	36	31	29	28	27
35	60	52	45	40	36	34	33	32
40	64	57	50	45	41	39	38	37
45	67	60	54	19	46	44	43	42
50	71	64	58	54	51	49	48	47
55	74	67	62	58	56	54	53	52
60	77	71	57	63	61	59	58	57
65	80	75	71	68	66	64	63	62
70	83	79	75	72	71	70	69	68

Com relação à metodologia de avaliação, a NR-17 determina que esta deve ser feita nos postos de trabalho próximos à zona auditiva, e às demais variáveis, na altura do tórax do trabalhador, sendo que o instrumento utilizado é o mesmo medidor de nível de pressão sonora que foi mostrado no Capítulo III.

Convém ressaltar que os níveis estabelecidos pela NR-17 visam ao conforto nos ambientes de trabalho, sendo que a não conformidade não gera o adicional de insalubridade que se encontra regulamentado na NR-15.

Entretanto, os níveis de ruído superiores aos previstos na NR-17 exigem medidas de controle. Essas medidas em geral são adotadas no ambiente, tais como isolamento e enclausuramento de salas, de forma a evitar interferência do ruído de fundo, substituição de equipamentos, como, por exemplo, uma impressora matricial de jato de tinta, entre outras.

6.2. Temperatura efetiva/umidade relativa/velocidade do ar

6.2.1. Temperatura efetiva

Esse índice era adotado até 1978 para caracterização de insalubridade, tendo sido substituído pelo IBUTG (Índice de Bulbo Úmido Termômetro de Globo), que é mais adequado para avaliação ocupacional do calor.

O índice de temperatura efetiva é apropriado para verificação do conforto térmico, sendo sua medição realizada com os seguintes instrumentos:

a) Psicrômetro

Esse instrumento consiste em um termômetro de bulbo úmido e outro de bulbo seco montados paralelamente em um suporte giratório, conforme mostra a figura a seguir:

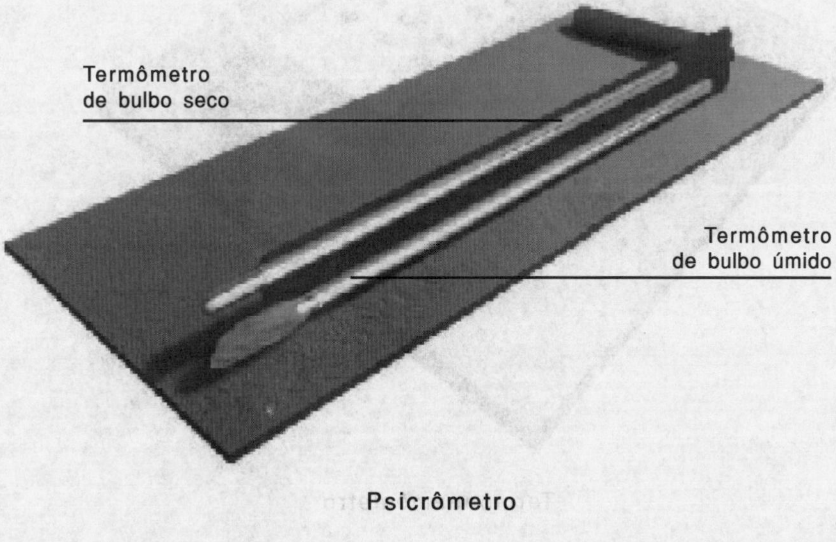

Psicrômetro

b) Anemômetro

Esse instrumento é utilizado para medição da velocidade do ar, conforme mostram as seguintes figuras:

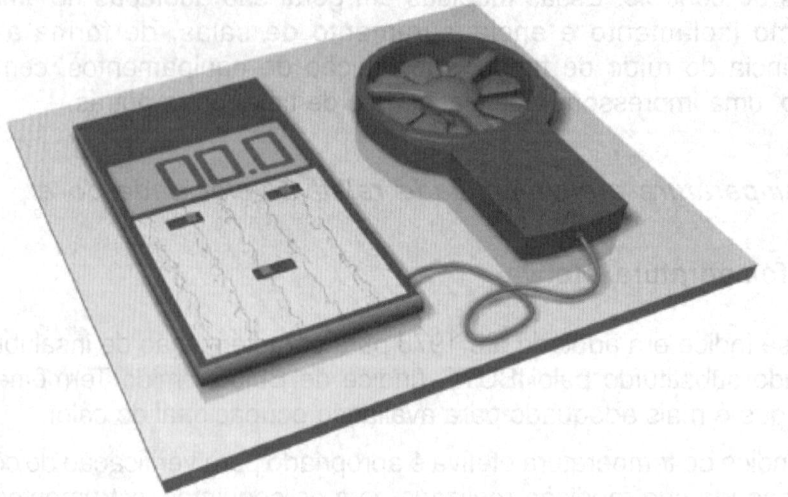

Anemômetro de pá giratória

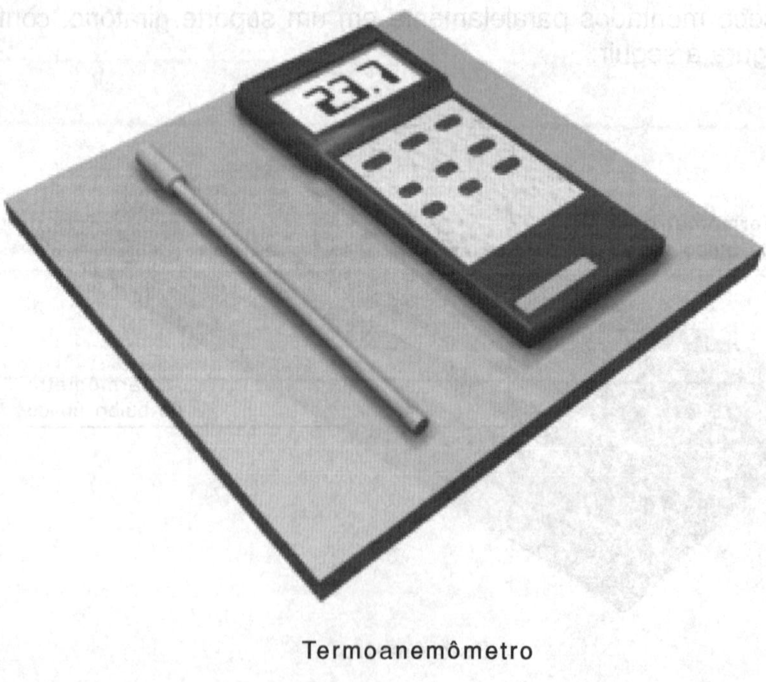

Termoanemômetro

Com os dados de temperatura de bulbo úmido (tbu), temperatura de bulbo seco (tbs) e velocidade do ar, obtém-se o índice de temperatura efetiva, conforme o ábaco que se segue:

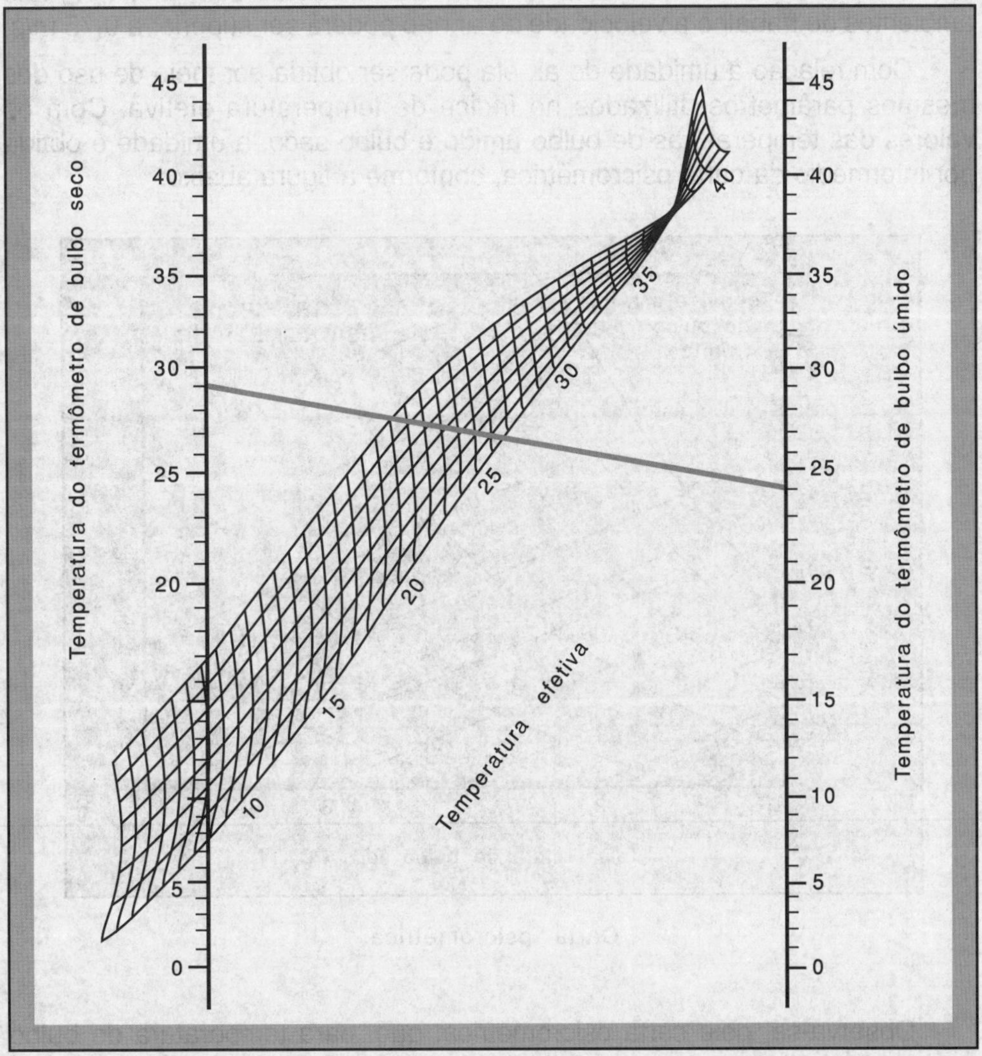

Exemplo: Em uma avaliação de temperatura foram obtidos os seguintes dados:

Tbu = 25 °C

Tbs = 30 °C

V = 0,5 m/s

Com esses dados, conforme marcado no ábaco, o índice de temperatura efetiva é igual a 26,5 °C.

6.2.2. Velocidade e umidade do ar

A velocidade do ar é obtida diretamente com anemômetro ou termoanemômetro, conforme mostrado anteriormente; de acordo com a NR-17, nos ambientes de trabalho a velocidade do ar não poderá ser superior a 0,75 m/s.

Com relação à umidade do ar, ela pode ser obtida por meio de uso dos mesmos parâmetros utilizados no índice de temperatura efetiva. Com os valores das temperaturas de bulbo úmido e bulbo seco, a umidade é obtida por intermédio da carta psicrométrica, conforme a figura abaixo:

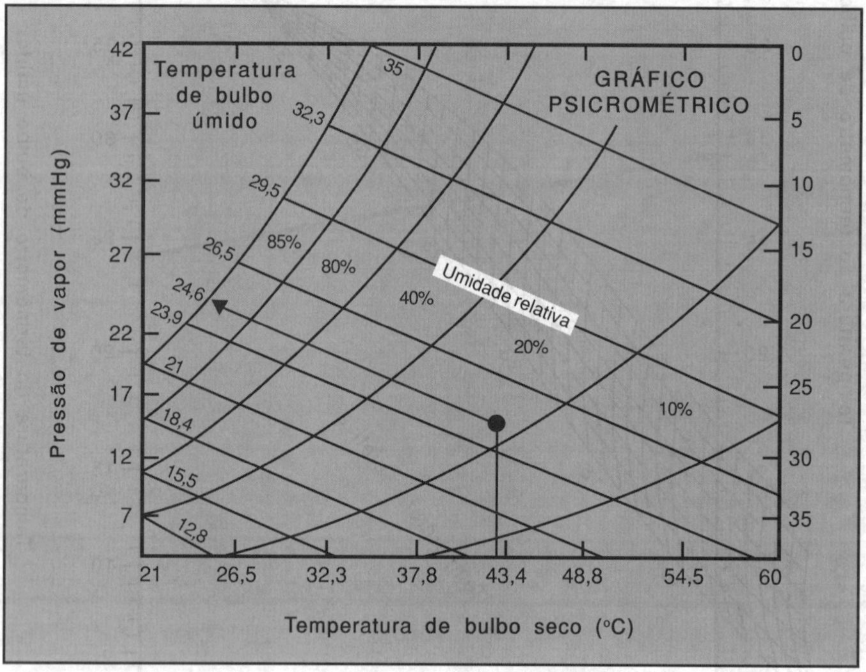

Carta psicrométrica

Observa-se, pela carta psicrométrica, que, para temperatura de bulbo seco de 43,0 °C e temperatura de bulbo úmido de 23,9 °C, a umidade relativa do ar é igual a 21%.

6.3. Iluminação

Para o estudo sobre iluminação é necessário conhecer a natureza da luz. Durante muito tempo foram desenvolvidas várias teorias a respeito da complexa natureza física da luz. Do que se sabe, torna-se possível estabelecer o seguinte:

1ª) a luz é constituída de variados comprimentos de ondas ou de partículas, que são os fótons, ou seja, ela tem comportamento ondulatório ou corpuscular, manifestando-se conforme o caso.

2ª) a luz é uma forma de energia radiante que se manifesta pela capacidade de produzir a sensação da visão. Para o estudo da iluminação, a teoria ondulatória da luz é satisfatória para explicar seus diferentes fenômenos.[5]

6.3.1. Conceitos básicos

Segundo a norma P-TB-32 da Associação Brasileira de Normas Técnicas (ABNT), a luz é definida como a potência radiante que, estimulando o olho humano, produz sensação visual. As propriedades fundamentais da luz são:

a) Propaga-se no vácuo através de ondas;

b) Propaga-se em todas as direções do espaço;

c) Transmite-se a distância.

Essas propriedades, conforme os princípios da física, caracterizam uma radiação.

6.3.2. Características físicas da luz

Entende-se por radiação a transmissão de energia através do espaço, sem necessidade de um suporte material.

Existem diferentes formas de energia resultante da radiação (calor, luz, ondas de rádio, raios X, etc.). Os elementos que diferenciam e caracterizam cada uma delas são os seguintes:

a) Comprimento de onda (λ) — é a distância entre dois pontos que se encontram na mesma posição relativa na curva senoide, que representa uma onda;

b) Período (T) — é o tempo que leva a onda para ocupar duas posições idênticas;

c) Frequência (F) — é o número de períodos por segundo;

d) Velocidade de propagação (V) — é a velocidade com que a onda se propaga no espaço.

---

(5) PILOTTO NETO, Egydio. *Cor e iluminação nos ambientes de trabalho.* São Paulo: Ciência e Tecnologia, 1980.

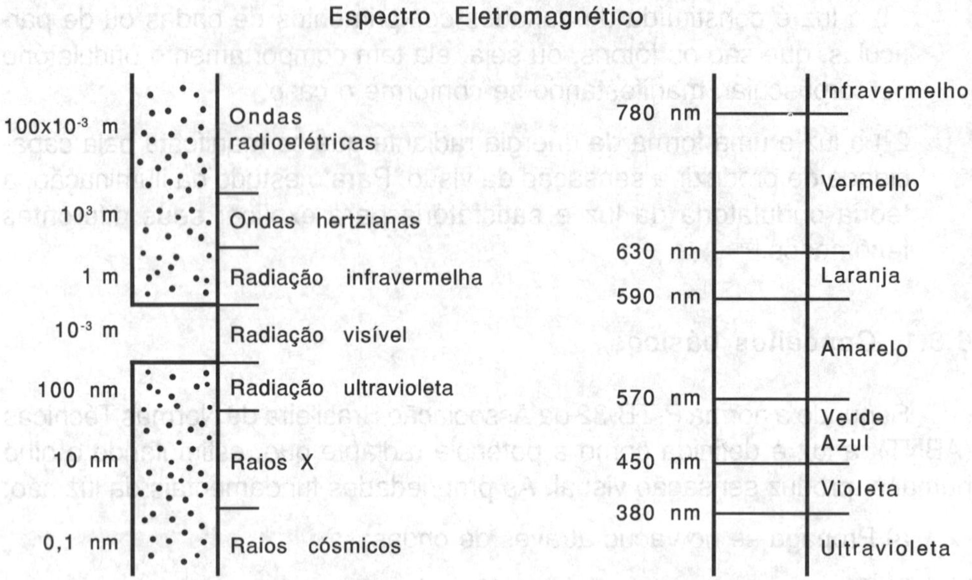

Nanômetro (1nm = 10^{-9} m). Outra unidade para definir comprimentos de onda visíveis é o Ângstron (1 Å = 10^{-10} m).

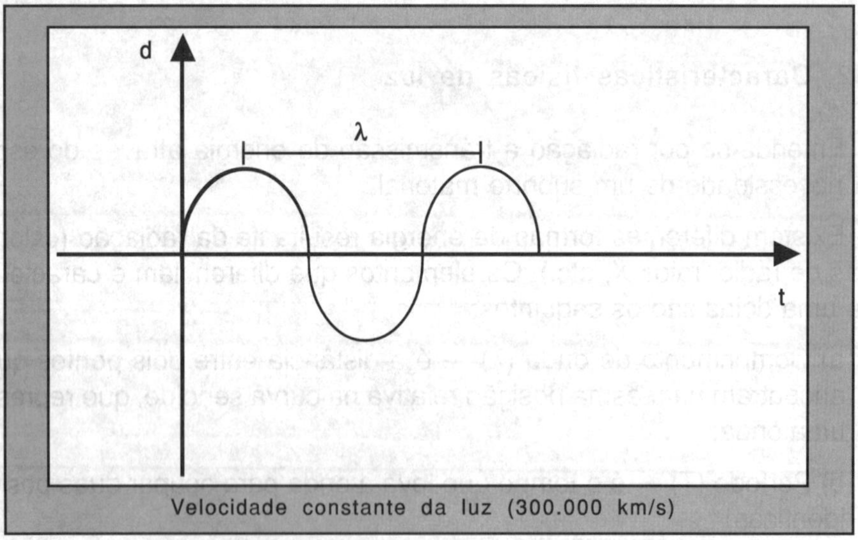

As grandezas que definem o espectro eletromagnético são:

Comprimento de onda = λ

Velocidade da luz = V

Frequência = F

A velocidade da luz no vácuo é igual a 300.000 km/s ou 300.000.000 m/s.

$$\lambda = \frac{V}{F} \quad \text{Logo: } V = \lambda \cdot F$$

Exemplo:

para comprimento de onda λ = 450 nm (namômetro) e

Velocidade da luz = 300.000 km/s

Qual é sua frequência?

1 nm = 1 x 10-9 metros

$$F = \frac{300.000.000 \text{ m/s}}{450 \cdot 10^{-9} \text{ m}} =$$

$$F = \frac{3 \cdot 10^{8}}{450 \cdot 10^{-9}} \cdot \frac{\text{m/s}}{\text{m}} =$$

$$F = 6{,}667 \cdot 10^{14} \cdot \frac{\text{m}}{\text{s}} \cdot \frac{1}{\text{m}} =$$

$$F = 6{,}667 \cdot 10^{12} \cdot \frac{1}{\text{s}} =$$

$$F = 6{,}667 \cdot 10^{12} \text{ Hz (Ultravioleta)}$$

Portanto, as características físicas fundamentais da radiação luminosa são:

— A luz visível é uma parte do espectro das ondas eletromagnéticas compreendidas entre 380 nm e 780 nm.

— A luz se propaga no vazio com uma velocidade de 300.000 km/s, em todas as direções do espaço.

— A luz se propaga segundo uma linha reta, no espectro visível.

— A radiação luminosa é invisível, a menos que seja interceptada por algum meio material que disperse em direção ao olho humano.[(6)]

Outro aspecto importante a ser considerado é que a luz, como uma modalidade de energia, se reflete, é absorvida e se transmite.

(6) Ob. cit.

a) Reflexão

É o fenômeno que consiste na mudança de direção de um raio luminoso, ao incidir em determinada superfície de separação de dois meios homogêneos, sendo devolvido ao meio originário.

A reflexão da luz depende das condições da superfície refletora e do ângulo de incidência dos raios luminosos.

Segundo a lei fundamental da reflexão da luz, o ângulo de incidência é igual ao ângulo de reflexão. Essa lei se cumpre somente quando a superfície é absolutamente lisa e brilhante, como no caso de espelhos.

b) Refração

É um fenômeno segundo o qual a direção dos raios luminosos sofre modificação ao passar de um meio para outro de densidade diferente. Tal fenômeno ocorre devido ao fato de a velocidade da luz ser tanto menor quanto maior for a densidade do meio que atravessa.

c) Absorção

É um fenômeno que ocorre quando uma parte do raio luminoso que incide sobre uma superfície é absorvida, em maior ou menor grau, dependendo das características do material de que é constituído o corpo. A consequência mais importante desse fenômeno é a cor dos corpos.

d) Transmissão

É a característica de deixar passar a luz dos corpos transparentes ou translúcidos. Os três fenômenos — reflexão, absorção e transmissão — estão intimamente ligados.

6.3.3. Unidades de medidas

A constatação, a medição e a comparação de valores das fontes de luz são feitas por meio da luminotécnica.

O padrão escolhido inicialmente recebeu o nome de Vela. Posteriormente, os países industrializados passaram a criar padrões próprios. A diversidade dos padrões tornou-se incompatível com o desenvolvimento e a internacionalização dos estudos e a aplicação da fotometria, além das dificuldades técnicas e multiplicidades de fatores de correção a introduzir para cada um desses valores adotados. Desse modo, formou-se a unidade Candela (Cd).

a) Intensidade luminosa (I) expressa em Candela (Cd)

É a energia radiante emitida por uma fonte de luz. A *candela* corresponde a 1/60 da intensidade luminosa emitida por um centímetro quadrado da superfície do corpo negro, quando da temperatura de fusão da platina (1.770 °C ou 2.046 °C). Intensidade considerada perpendicularmente àquela superfície. É importante observar que uma vela comum tem, em direção horizontal, uma intensidade luminosa de aproximadamente 1 Cd.

b) Fluxo luminoso (Ø)

É um fluxo de luz emitido por uma fonte luminosa puntiforme de intensidade invariável de 1 Cd no interior de um ângulo sólido de 1 esferorradiano que incide numa superfície de 1m². O fluxo luminoso é expresso em lúmens.

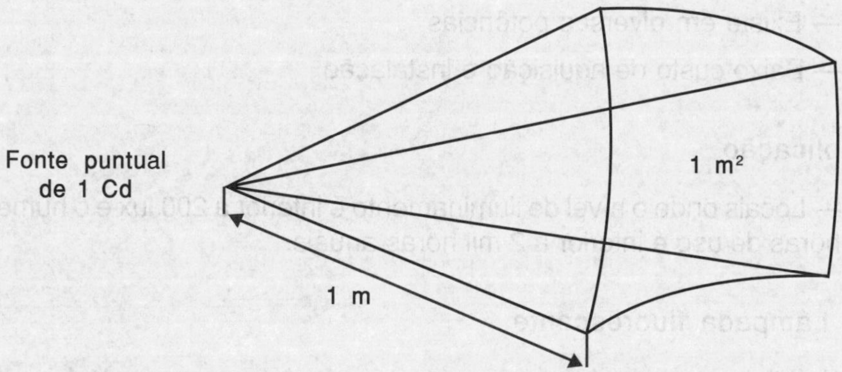

c) Iluminamento

É a densidade de fluxo luminoso sobre uma superfície. Um lux corresponde a 1 lúmem distribuído numa superfície de 1 m². Outra unidade muito usada é o *footcandle,* que corresponde ao fluxo luminoso de 1 lúmem distribuído numa superfície de 1 pé. O iluminamento é expresso em lux.

1 *footcandle* = 10,76 lux

6.3.4. Tipos de iluminação

Em todos os locais de trabalho deverá haver iluminação adequada, natural ou artificial, apropriada à natureza da atividade (art. 175 da CLT).

a) *Natural* — esse tipo de iluminação é obtido por meio de aberturas que favorecem a entrada da luz natural, tais como: janelas, portas, claraboias, telhas translúcidas, entre outras.

b) *Artificial* — é obtida por meio de lâmpadas elétricas. Pode ser direta, indireta, semidireta e semi-indireta. As lâmpadas elétricas utilizadas são: — incandescente, fluorescente, de vapor de mercúrio, mistas e de vapor de sódio.

1 — Lâmpada incandescente

Nesse tipo de lâmpada a luz é obtida por meio do aquecimento de um filamento (tungstênio), até a incandescência, pela passagem da corrente elétrica dele (efeito joule).

a) Características

— Baixo rendimento luminoso

— Pequena vida útil

— Existe em diversas potências

— Baixo custo de aquisição e instalação

b) Aplicação

— Locais onde o nível de iluminamento é inferior a 200 lux e o número de horas de uso é inferior a 2 mil horas anuais.

2 — Lâmpada fluorescente

É obtida por meio da descarga de gás. O elétron que se desloca de um eletrodo a outro se choca com um átomo de vapor de mercúrio, provocando liberação de um elétron em sua órbita. Após um tempo muito breve, o elétron deslocado se reintegra em sua órbita, cedendo energia acumulada no choque em forma de radiações ultravioletas. Essa radiação, que se transmite em todas as direções, ao se chocar com os sais fluorescentes do interior do tubo, se transforma em radiação luminosa.

a) Características

— Elevada eficiência luminosa — pequeno consumo de energia

— Vida útil prolongada na ordem de 7.500 horas

— Não emite grande quantidade de calor, sendo indicada para ambientes climatizados

— Custo inicial maior que o da lâmpada incandescente

— Emite luz próxima do branco

— Baixa luminância, por isso oferece pouca possibilidade de ofuscamento

— Apresenta o inconveniente do efeito estroboscópico

b) Aplicação

— Iluminação interna comercial ou industrial, onde se deseja alto rendimento e longa vida. Indicada para locais de pouca altura, onde seja necessário grande iluminamento.

c) Efeito estroboscópico

As fontes de luz que funcionam em corrente alternada apresentam a característica de uma variação de emissão luminosa de acordo com a variação cíclica da corrente. Como o filamento da lâmpada incandescente retém bastante calor, essa variação não é notada. No caso das lâmpadas fluorescentes, o arco extingue-se totalmente duas vezes por ciclo. Os cristais de fósforo utilizados no revestimento interno da lâmpada retêm a luz por certo tempo, variando conforme o tipo de material fluorescente usado. Como a imagem persiste na retina cerca de um décimo de segundo, a variação na iluminação passa despercebida. Porém quando a peça móvel da máquina se encontra em movimento giratório, a grande velocidade, suas partes brilhantes e escuras podem coincidir, em determinados momentos de sua rotação, com períodos de escurecimento da lâmpada fluorescente, ocasionando o efeito estroboscópico. Esse efeito, resultante da flutuação do fluxo luminoso emitido pela lâmpada, produz uma falsa visão dos movimentos, fazendo parecer que os objetos móveis estão parados, e isso pode provocar acidentes. Para evitar tal fenômeno, instalam-se reatores duplos de alto fator de potência a fim de que as lâmpadas funcionem defasadas.

3 — Lâmpada de vapor de mercúrio

Nesse tipo de lâmpada, a iluminação é obtida da seguinte forma: durante a partida é produzido um arco entre o eletrodo auxiliar e o eletrodo principal para ionizar e vaporizar o mercúrio, criando uma pressão dentro do tubo arco que chega a atingir dezenas de atmosferas. O vapor de mercúrio a alta pressão possibilita a formação de um arco entre os eletrodos principais. O impacto dos elétrons do arco com os átomos de mercúrio libera energia luminosa.

a) Características

— Grande rendimento luminoso e boa duração.

— Preço mais elevado que o de uma lâmpada incandescente de igual potência.

— Lâmpadas de grande potência proporcionam pontos de luz de grande fluxo luminoso.

— Com menos lâmpadas e de menor potência, consegue-se um fluxo luminoso maior do que com lâmpadas incandescentes.

b) Aplicação

— Edifícios industriais de grande altura.

— Iluminação por projetores.

— A lâmpada de vapor de mercúrio de luz branca é inadequada para locais onde se precise de luz parecida com a luz natural.

4 — Lâmpada mista

A luz obtida é resultante do efeito da fluorescência e incandescência.

A luz laranja e vermelha emitida pelo filamento aquecido compensa a falta dessas radiações no fluxo luminoso azulado provindo do tubo de arco, fazendo com que esse tipo seja recomendado para locais onde se necessita de melhor avaliação das cores.

5 — Lâmpadas de vapor de sódio

No interior do tubo existe uma mistura de gás neônio e argônio em baixa pressão, juntamente com uma certa quantidade de sódio metálico puro que, ao ser elevado a uma temperatura de 280°C, emite radiação luminosa. O tubo de descarga é protegido por um invólucro de vidro transparente para evitar grandes variações de temperatura interna.

— As lâmpadas de vapor de sódio emitem uma luz monocromática amarela de grande sensibilidade para a vista. Essa luz só permite distinguir uma gradação de cores que vai do amarelo ao preto, razão pela qual normalmente não são usadas em interiores.

— Devido a sua alta eficiência luminosa e suas características de contraste com a cor das outras luzes, assim como à penetração na neblina, são muito usadas na iluminação de vias públicas e pátios de manobra e armazenagem.

A eficiência luminosa das lâmpadas de vapor de sódio de baixa pressão é da ordem de 100 lúmens/watt e sua vida útil alcança 6.000 horas. O fluxo luminoso de uma lâmpada de 40 watt 40 x 100 = 4000 lúmens.

Existem, ainda, lâmpadas de vapor de sódio de alta pressão, em virtude de o tubo de arco trabalhar em pressão mais elevada do que a do tipo anterior. A vida média dessas lâmpadas é de 18 mil horas com a eficiência de 120 lúmens/watt.

a) Características

— Bom rendimento luminoso e boa duração.

— Apresenta luz monocromática em tom amarelo.

b) Aplicação

— Normalmente não é usada em iluminação de interiores.

— Usadas em pátios, depósitos e fundições.

6.3.5. Avaliação dos níveis de iluminamento

a) Níveis mínimos de iluminação

O subitem 17.5.3.3 da NR-17 dispõe:

Os níveis mínimos de iluminamento a serem observados nos locais de trabalho são os valores de iluminâncias estabelecidas na NBR 5413, norma brasileira registrada no INMETRO.

A NBR 5413 estabelece níveis mínimos de iluminação em lux para diversas atividades. A seguir estão transcritas algumas atividades e os níveis de iluminância estabelecidos nessa norma.

Iluminâncias em lux, por tipo de atividade (valores médios em serviço)

Bancos

— Atendimento ao público .... 300 — 500 — 750

— Máquinas de contabilidade .... 300 — 500 — 750

— Estatística e contabilidade .... 300 — 500 — 750

— Salas de datilógrafas .... 300 — 500 — 750

— Salas de gerentes .... 300 — 500 — 750

Bibliotecas

— Sala de leitura .... 300 — 500 — 750

— Recinto das estantes .... 200 — 300 — 500

— Fichário .... 200 — 300 — 500

Fundições

— Área de carregamento e enchimento .... 100 — 150 — 200

— Fabricação de moldes e machos (trabalho fino) ... 300 — 500 — 750

— Fabricação de moldes e machos (trabalho grosseiro) 150 — 150 — 300

— Moldagem grosseira .... 150 — 200 — 300

— Fundição e classificação de peças fundidas .... 200 — 300 — 500

— Limpeza e acabamento .... 150 — 200 — 300

— Inspeção (material de precisão) .... 750 — 1000 — 1500

— Inspeção (material grosseiro) .... 300 — 500 — 750

Usinas de aço

— Forjas .... 150 — 200 — 300

Laminação:

— Uma fase de laminação, laminação a quente de tiras, laminação a frio de tiras e chapas .... 150 — 200 — 300

— Trefilação de tubos, vergalhões e fios .... 150 — 200 — 300

Fabricação de chapas:

— Estanhagens, galvanização, laminação a frio ...... 150 — 200 — 300

— Salas de máquinas .... 150 — 200 — 300

Inspeção:

— Chapas pretas, chapas laminadas .... 300 — 500 — 750

— Chapas estanhadas e outras superfícies claras .. 300 — 500 — 750

Segundo a NBR-5413, para cada tipo de local ou atividade, três iluminâncias são indicadas, sendo a seleção do valor recomendado feita da seguinte maneira:

— Das três iluminâncias, considerar o valor do meio, devendo esse valor ser utilizado em todos os casos.

— O valor mais alto das três iluminâncias deve ser utilizado quando:

a) a tarefa se apresenta com refletâncias e contrastes bastante baixos;

b) erros são de difícil correção;

c) o trabalho visual é crítico;

d) alta produtividade ou precisão são de grande importância;

e) a capacidade visual do observador está abaixo da média.

Nota: Como exemplo de precisão, pode-se mencionar a leitura simples de um jornal *versus* a leitura de uma receita médica, sendo que a primeira é sem importância; e a segunda, crítica.

— O valor mais baixo das três iluminâncias pode ser usado quando:

a) refletâncias ou contrastes são relativamente altos;

b) a velocidade e/ou precisão não são importantes;

c) a tarefa é executada ocasionalmente.

Recomenda-se aos leitores consultar a NBR-5413 quando da avaliação dos níveis de iluminâncias.

b) Aparelhos de medição/metodologia

O iluminamento é medido por aparelhos comparadores, por fotômetros portáteis e, de modo mais prático, pelos luxímetros que, embora não muito precisos, dão resultados satisfatórios. Esses aparelhos recorrem em geral ao efeito fotoelétrico característico de certos metais ou óxidos metálicos. Os tipos variam segundo o material sensível empregado. A figura abaixo ilustra um luxímetro.

Luxímetro

A medição dos níveis de iluminamento previstos deve ser feita no campo de trabalho onde se realiza a tarefa visual, utilizando-se de luxímetro com fotocélula corrigida para a sensibilidade do olho humano e em função do ângulo de incidência (subitem 17.5.4).

O campo de trabalho é toda região do espaço onde, para qualquer superfície nela situada, exige-se condições de iluminamento apropriadas ao trabalho visual a ser realizado.

Quando não puder ser definido o campo de trabalho, este será um plano horizontal a 0,75 m (setenta e cinco centímetros).

6.3.6. Medidas corretivas

A iluminação adequada dos locais de trabalho é importante, pois proporciona maior velocidade na observação dos detalhes, menor cansaço visual, menor percentual de refugos, melhor conforto e eficiência na execução das tarefas. Assim, para se obter uma boa iluminação, é necessário observar o seguinte:

a) Quantidade de luminárias

Deve ser instalado o número adequado de luminárias a fim de atingir o nível de iluminamento necessário. A quantidade de luminárias necessárias é determinada por meio da elaboração de cálculo de iluminação que leva em consideração todas as variáveis do ambiente que influem na iluminação. É importante posicionar as luminárias de acordo com o *layout*, de forma a aproveitar ao máximo o fluxo luminoso.

b) Distribuição e localização das luminárias

As luminárias devem ser dispostas no ambiente de forma a proporcionar uma iluminação homogênea, devendo ser adequada ao arranjo físico do local. As luminárias devem, ainda, ser localizadas de forma a não criar sombras ou contrastes nos locais onde objetivar a iluminação.

c) Manutenção

Periodicamente, deve ser feita a limpeza das luminárias, para evitar acúmulo de poeira, reduzindo, dessa forma, o fluxo luminoso. A reforma das luminárias ou substituição de lâmpadas queimadas ou com defeito é indispensável para manutenção da boa iluminação.

d) Cores adequadas

As cores das superfícies existentes nos locais de trabalho, tais como tetos, paredes, máquinas, mesas de trabalho, devem ser escolhidas de forma a possuírem uma refletância adequada.

Superfície	Refletância recomendada
Teto	80%
Paredes	60%
Mesas e bancadas	35%
Máquinas e equipamentos	25% a 35%
Pisos	15%

— Definição de refletância:

Define-se refletância de uma superfície como sendo a percentagem de luz refletida, do total incidente sobre essa superfície. A seguir, quadro com refletância de determinadas cores de tetos e paredes:

Refletância
Teto branco — 75%
Teto claro — 50%
Parede branca — 50%
Parede clara — 30 %
Parede escura — 10%

e) Variação brusca do nível de iluminamento

A diferença acentuada entre os níveis de iluminamento de dois locais de trabalho adjacentes pode ocasionar riscos de acidentes. Assim, por exemplo, a iluminação de um local é de 500 lux, enquanto no corredor o nível é de 50 lux. Essa variação brusca deve ser evitada no dimensionamento do sistema de iluminação.

f) Idade do trabalhador

Com o aumento da idade, o trabalhador vai perdendo a acuidade visual e a percepção de pequenos detalhes. Assim, quanto maior a idade do trabalhador, maior será o nível de iluminamento exigido em seu posto de trabalho.

g) Incidência direta de luz

As janelas, claraboias ou coberturas iluminantes, horizontais ou dentes de serras, deverão ser dispostas de maneira que o sol não venha incidir diretamente sobre o local de trabalho, utilizando-se, quando necessário, recursos para evitar o isolamento excessivo, tais como: toldos, venezianas, cortinas. Deve-se aproveitar o máximo da iluminação natural.

h) Dimensionamento de um sistema de iluminação artificial

O dimensionamento de um sistema de iluminação artificial pode ser feito pelo método por ponto ou método lúmens. A seguir vamos mostrar o dimensionamento utilizando-se o método lúmens.

a) Cálculo do fluxo luminoso total (∅)

$$\varnothing = \frac{S \cdot E}{\mu \cdot d}$$

Onde:

S = área do local em metro quadrado.

E = nível mínimo de iluminamento exigido para o local, conforme NBR 5413.

μ = coeficiente de utilização obtido por meio das tabelas. É função das dimensões do local, do tipo de luminária, das cores das paredes e do teto e da altura do foco luminoso. Esse valor deve ser obtido em tabelas dos fabricantes.

d = fator de depreciação obtido em função do tipo de luminária conforme tabelas dos fabricantes.

b) Número de luminárias (N)

$$N = \frac{\varnothing}{FL}$$

Onde:

∅ = fluxo luminoso total

FL = fluxo luminoso da lâmpada obtido de acordo com o tipo de lâmpada e sua potência (tabelas dos fabricantes)

c) Distribuição

Com o número de lâmpadas obtidas e o tipo de luminária escolhido, poderá ser feita a distribuição no local, levando-se em conta a altura, a forma, o *layout*, entre outros.

6.3.7. Qualidade do ar em ambientes climatizados

A ventilação é um meio de controle eficaz para o conforto térmico dos locais de trabalho. A ventilação natural é sempre prioritária, no entanto, quando ela não for suficiente, é necessário a utilização da ventilação artificial. A climatização do ambiente é muito utilizada na obtenção do conforto, contudo, a qualidade do ar é fundamental, pois sua contaminação por poeiras, névoas, fumos, micro-organismos, gases e vapores coloca em risco a saúde dos trabalhadores. Assim, para garantir a qualidade, a Portaria n. 3.523/98, da Agência Nacional de Vigilância Sanitária (ANVISA), estabelece a obrigatoriedade da implantação do Plano de Manutenção, Operação e Controle (PMOC), nos ambientes climatizados de uso coletivo. Já a Resolução n. 176 da ANVISA, atualizada pela Resolução n. 9, de 16.1.03, estabelece orientação técnica e os padrões de qualidade nos ambientes climatizados, conforme transcritos a seguir:

a) Padrões referenciais

A Resolução n. 9 recomenda os seguintes Padrões Referenciais de Qualidade do Ar Interior em ambientes climatizados de uso público e coletivo:

1 — O Valor Máximo Recomendável (VMR) para contaminação microbiológica deve ser 750 ufc/m^3 de fungos, para a relação I/E =1,5, em que I é a quantidade de fungos no ambiente interior e E é a quantidade de fungos no ambiente exterior.

NOTA: A relação I/E é exigida como forma de avaliação em relação ao conceito de normalidade, representado pelo ambiente exterior e pela tendência epidemiológica de amplificação dos poluentes nos ambientes fechados.

1.1 — Quando o VMR for ultrapassado ou a relação I/E for > 1,5, é necessário fazer um diagnóstico de fontes poluentes para uma intervenção corretiva.

1.2 — É inaceitável a presença de fungos patogênicos e toxigênicos.

2 — Os Valores Máximos Recomendáveis para contaminação química são:

2.1 — 1.000 ppm de dióxido de carbono (CO_2), como indicador de renovação de ar externo, recomendado para conforto e bem-estar.

2.2 — 80 g/m^3 de aerodispersoides totais no ar, como indicador do grau de pureza do ar e de limpeza do ambiente climatizado.

NOTA: Pela falta de dados epidemiológicos brasileiros, é mantida a recomendação, como indicador de renovação do ar do valor = 1.000 ppm de dióxido de Carbono (CO_2).

3 — Os valores recomendáveis para os parâmetros físicos de temperatura, umidade, velocidade e taxa de renovação do ar e de grau de pureza do ar deverão estar de acordo com a NBR 6401 — Instalações Centrais de Ar Condicionado para Conforto — Parâmetros Básicos de Projeto da ABNT (Associação Brasileira de Normas Técnicas).

3.1 — a faixa recomendável de operação das temperaturas de bulbo seco, nas condições internas para verão, deverá variar de 23°C a 26°C, com exceção de ambientes de arte que deverão operar entre 21°C e 23°C. A faixa máxima de operação deverá variar de 26,5°C a 27°C, com exceção das áreas de acesso que poderão operar até 28°C. A seleção da faixa depende da finalidade e do local da instalação. Para condições internas para inverno, a faixa recomendável de operação deverá variar de 20°C a 22°C.

3.2 — a faixa recomendável de operação da umidade relativa, nas condições internas para verão, deverá variar de 40% a 65%, com exceção de ambientes de arte, que deverão operar entre 40% e 55% durante todo o ano. O valor máximo de operação deverá ser de 65%, com exceção das áreas de acesso que poderão operar até 70%. A seleção da faixa depende da finalidade e do local da instalação. Para condições internas para inverno, a faixa recomendável de operação deverá variar de 35% a 65%.

3.3 — o Valor Máximo Recomendável (VMR) de operação da Velocidade do Ar, no nível de 1,5 m do piso, na região de influência da distribuição do ar, é de menos 0,25 m/s.

3.4 — a Taxa de Renovação do Ar adequada de ambientes climatizados será, no mínimo, de 27 m^3/hora/pessoa, exceto no caso específico de ambientes com alta rotatividade de pessoas. Nesses casos, a Taxa de Renovação do Ar mínima será de 17 m^3/hora/pessoa, não sendo admitido em qualquer situação que os ambientes possuam uma concentração de CO_2 maior ou igual à estabelecida na Orientação Técnica.

3.5 — a utilização de filtros de classe G1 é obrigatória na captação de ar exterior. O Grau de Pureza do Ar nos ambientes climatizados será obtido utilizando-se, no mínimo, filtros de classe G-3 nos condicionadores de sistemas centrais, minimizando o acúmulo de sujidades nos dutos, assim como reduzindo os níveis de material particulado no ar insuflado.

Os padrões referenciais adotados complementam as medidas básicas definidas na Portaria GM/MS n. 3.523/98, de 28 de agosto de 1998, para efeito de reconhecimento, avaliação e controle da Qualidade do Ar Interior nos ambientes climatizados. Desse modo, poderão subsidiar as decisões do responsável técnico pelo gerenciamento do sistema de climatização, quanto à definição de periodicidade dos procedimentos de limpeza e manutenção dos componentes do sistema, desde que asseguradas as frequências mínimas para os seguintes componentes, considerados como reservatórios, amplificadores e disseminadores de poluentes.

b) Definições

A RE 9 dispõe, para fins desta Orientação Técnica, as seguintes definições, complementares às adotadas na Portaria GM/MS n. 3.523/98:

a) Aerodispersoides: sistema disperso, em um meio gasoso, composto de partículas sólidas e/ou líquidas. O mesmo que aerossol.

b) *Ambiente aceitável*: ambientes livres de contaminantes em concentrações potencialmente perigosas à saúde dos ocupantes ou que apresentem um mínimo de 80% dos ocupantes desses ambientes sem queixas ou sintomatologia de desconforto.

c) *Ambientes climatizados*: são os espaços fisicamente determinados e caracterizados por dimensões e instalações próprias, submetidos ao processo de climatização, por meio de equipamentos.

d) *Ambiente de uso público e coletivo*: espaço fisicamente determinado e aberto à utilização de muitas pessoas.

e) *Ar condicionado*: é o processo de tratamento do ar, destinado a manter os requerimentos de Qualidade do Ar Interior do espaço condicionado, controlando variáveis como temperatura, umidade, velocidade, material particulado, partículas biológicas e teor de dióxido de carbono (CO_2).

f) *Padrão Referencial de Qualidade do Ar Interior*: marcador qualitativo e quantitativo de qualidade do ar ambiental interior, utilizado como sentinela para determinar a necessidade da busca das fontes poluentes ou das intervenções ambientais.

g) *Qualidade do Ar Ambiental Interior*: condição do ar ambiental de interior, resultante do processo de ocupação de um ambiente fechado com ou sem climatização artificial.

h) *Valor Máximo Recomendável:* valor limite recomendável que separa as condições de ausência e de presença do risco de agressão à saúde humana.

Finalmente é importante ressaltar que a RE 9 estabelece a metodologia e a estratégia de avaliação de todos os parâmetros a serem avaliados, além das medidas preventivas, e, portanto, recomendamos a sua consulta.

6.4. Trabalho em teleatendimento/telemarketing

A Portaria n. 9, de 30.3.2007, acrescentou o Anexo II na NR-17, estabelecendo parâmetros mínimos de conforto, segurança e saúde nas atividades de teleatendimento/telemarketing.

Essa portaria determina parâmetros para o mobiliário e os equipamentos dos postos de trabalho, as condições ambientais, a organização do trabalho, a capacitação dos trabalhadores, entre outros. Para alguns parâmetros, como, por exemplo, condições ambientais, havia previsão na NR-17, todavia, a nova Portaria acrescentou os padrões de qualidade do ar nos ambientes climatizados previstos na Resolução RE n. 9 da ANVISA, conforme analisado no item anterior. Além disso, foram incluídas algumas medidas de controle de conforto térmico e acústico, tais como: arranjo físico geral e dos postos de trabalho, pisos e paredes, isolamento acústico do ruído externo, instalação de higrômetros ou outros equipamentos que permitam ao trabalhador acompanhar a temperatura efetiva e a umidade do ar do ambiente de trabalho.

Na parte de mobiliário e equipamentos, a norma detalha as dimensões e os dispositivos, inclusive de *head sets,* que devem ter garantias de higienização e condições operacionais; dispositivos de fácil alcance; ajuste individual do nível sonoro e proteção contra choques acústicos e ruídos indispensáveis de alta intensidade. Essa medida é fundamental no controle e na prevenção de perda auditiva.

Na organização do trabalho, houve avanço quanto ao controle da sobrecarga de trabalho e *stress*, além de inovação em algumas condições, como, por exemplo, assédio moral. Entre os parâmetros previstos, destacamos:

A) Quanto às pausas

— O tempo de trabalho em efetiva atividade de teleatendimento/ telemarketing é de, no máximo, 6 (seis) horas diárias, nele incluídas as pausas, sem prejuízo da remuneração;

— No cálculo do tempo efetivo em atividade de teleatendimento/ telemarketing devem ser computados os períodos que o operador passa no posto de trabalho, os intervalos entre os ciclos laborais e os deslocamentos para solução de questões relacionadas ao trabalho.

— As pausas deverão ser concedidas:

a) fora do posto de trabalho;

b) em 2 (dois) períodos de 10 (dez) minutos contínuos;

c) após os primeiros e antes dos últimos 60 (sessenta) minutos de trabalho em atividade de teleatendimento/telemarketing.

— A instituição de pausas não prejudica o direito ao intervalo obrigatório para repouso e alimentação previsto no § 1º do art. 71 da CLT.

— O intervalo para repouso e alimentação para a atividade de teleatendimento/telemarketing deve ser de 20 (vinte) minutos.

— Para tempos de trabalho efetivo de teleatendimento/telemarketing de até 4 (quatro) horas diárias, deve ser observada a concessão de uma pausa de descanso contínua de 10 (dez) minutos.

— As pausas para descanso devem ser consignadas em registro impresso ou eletrônico, devendo ser disponibilizado para a fiscalização do trabalho no curso da inspeção, sempre que exigido. Além disso, os trabalhadores devem ter acesso aos seus registros de pausas.

— Devem ser garantidas pausas no trabalho imediatamente após operação onde houver ocorrido ameaças, abuso verbal, agressões ou que tenham sido especialmente desgastantes, que permitam ao operador recuperar-se e socializar conflitos e dificuldades com colegas, supervisores ou profissionais de saúde ocupacional especialmente capacitados para tal acolhimento.

— O tempo necessário para a atualização do conhecimento do operador e para o ajuste do posto de trabalho é considerado como parte da jornada normal.

— A participação em quaisquer modalidades de atividade física, quando adotadas pela empresa, não é obrigatória, e a recusa do trabalhador em praticá-la não poderá ser utilizada para efeito de qualquer punição.

— Com o fim de permitir a satisfação das necessidades fisiológicas, as empresas devem permitir que os operadores saiam de seus postos de trabalho a qualquer momento da jornada, sem repercussões sobre suas avaliações e remunerações.

B) Quanto à avaliação de desempenho e produtividade

— Os mecanismos de monitoramento da produtividade, tais como mensagens nos monitores de vídeo, sinais luminosos, cromáticos, sonoros ou indicações do tempo utilizado nas ligações ou de filas de clientes em espera, não podem ser utilizados para aceleração do trabalho e, quando existentes, deverão estar disponíveis para consulta pelo operador, a seu critério.

— Para fins de elaboração de programas preventivos devem ser considerados os seguintes aspectos da organização do trabalho:

1) compatibilização de metas com as condições de trabalho e tempo oferecidas;

2) monitoramento de desempenho;

3) repercussões sobre a saúde dos trabalhadores decorrentes de todo e qualquer sistema de avaliação para efeito de remuneração e vantagens de qualquer espécie;

4) pressões aumentadas de tempo em horários de maior demanda;

5) períodos para adaptação ao trabalho.

C) Quanto ao assédio moral

Segundo o anexo II da NR-17, é vedada a utilização de métodos que causem assédio moral, medo ou constrangimento, tais como:

a) estímulo abusivo à competição entre trabalhadores ou grupos/equipes de trabalho;

b) exigência de que os trabalhadores usem, de forma permanente ou temporária, adereços, acessórios, fantasias e vestimentas com o objetivo de punição, promoção e propaganda;

c) exposição pública das avaliações de desempenho dos operadores.

Ademais, a referida norma estabelece que, com a finalidade de reduzir o *stress* dos operadores, devem ser minimizados os conflitos e as ambiguidades de papéis nas tarefas a executar, estabelecendo-se claramente as diretrizes quanto a ordens e instruções de diversos níveis hierárquicos, autonomia para resolução de problemas, autorização para transferência de chamadas e consultas necessárias a colegas e supervisores.

Os sistemas informatizados devem ser elaborados, implantados e atualizados contínua e suficientemente, de maneira a mitigar sobretarefas como a utilização constante de memória de curto prazo, utilização de anotações precárias, duplicidade e concomitância de anotações em papel e sistema informatizado (subitem 5.15).

As prescrições de diálogos de trabalho não devem exigir que o trabalhador forneça o sobrenome aos clientes, visando a resguardar sua privacidade e segurança pessoal.

Outro ponto importante previsto no Anexo II é a exigência de treinamento sobre os efeitos sobre a saúde e medidas de prevenção nos trabalhos de teleatendimento/telemarketing. A norma define o conteúdo mínimo do curso e sua duração: 4 (quatro) horas na admissão e reciclagem a cada 6 (seis) meses, independentemente de campanhas educativas que sejam promovidas pelos empregadores; além disso, deverá ser distribuído obrigatoriamente material didático impresso com o conteúdo apresentado, devendo o treinamento ser realizado durante a jornada de trabalho.

Finalmente, é importante destacar que a Portaria estabelece a obrigatoriedade de Programas de Saúde Ocupacional e de Prevenção de riscos ambientais, que deverá atender às prescrições contidas na NR-7 e reconhecer também os riscos identificados na análise ergonômica.

6.5. Trabalho dos operadores de checkout

A Portaria de 8.3.2007 acrescentou o anexo I na NR-17, parâmetros e diretrizes mínimas para adequação das condições de trabalho dos operadores de *checkout*, em supermercados, hipermercados e comércio atacadista, entre outros, visando à prevenção dos problemas de saúde e segurança relacionados ao trabalho. Entre os parâmetros, a norma detalha procedimentos e regras, conforme descrito a seguir:

A) Quanto ao posto de trabalho

Nesse item, a norma estabelece as características e dimensões do mobiliário do posto de trabalho, entre as quais, destacam-se:

— devem atender às características antropométricas de 90% dos trabalhadores, respeitando os alcances dos membros e da visão, ou seja, compatibilizando as áreas de visão com a manipulação;

— respeitar os ângulos-limites e as trajetórias naturais dos movimentos, durante a execução das tarefas, evitando a flexão e a torção do tronco;

— garantir um espaço adequado para livre movimentação do operador e colocação da cadeira, a fim de permitir a alternância do trabalho na posição em pé com o trabalho na posição sentada;

— manter uma cadeira de trabalho com assento e encosto para apoio lombar, com estofamento de densidade adequada, ajustáveis à estatura do trabalhador e à natureza da tarefa;

— deve-se colocar apoio para os pés, independentemente da cadeira;

— adotar, em cada posto de trabalho, sistema com esteira eletromecânica para facilitar a movimentação de mercadorias nos *checkouts* com comprimento de 2,70 metros ou mais;

— disponibilizar sistema de comunicação com pessoal de apoio e supervisão;

— manter mobiliário sem quinas vivas ou rebarbas, devendo os elementos de fixação (pregos, rebites, parafusos) ser mantidos de forma a não causar acidentes.

Quanto ao equipamento e às ferramentas utilizadas pelos operadores de *checkout* para o cumprimento de seu trabalho, deve-se:

— escolhê-los de modo a favorecer os movimentos e as ações próprias da função, sem exigência acentuada de força, pressão, preensão, flexão, extensão ou torção dos segmentos corporais;

— posicioná-los no posto de trabalho dentro dos limites de alcance manual e visual do operador, permitindo a movimentação dos membros superiores e inferiores e respeitando a natureza da tarefa.

Em relação ao ambiente físico de trabalho e ao conjunto do posto de trabalho, deve-se:

— manter as condições de iluminamento, ruído, conforto térmico, bem como a proteção contra outros fatores de risco químico e físico, de acordo com o previsto na NR-17 e em outras normas regulamentadoras;

— proteger os operadores de *checkout* contra correntes de ar, vento ou grandes variações climáticas, quando necessário;

— utilizar superfícies opacas, que evitem reflexos incômodos no campo visual do trabalhador.

B) Quanto à manipulação de mercadorias

A norma estabelece várias regras na manipulação de mercadorias, visando a evitar o uso de força muscular excessiva por parte dos operadores de *checkout*, entre as quais, destacam-se:

— negociação do tamanho e do volume das embalagens de mercadorias com fornecedores;

— uso de equipamentos e instrumentos de tecnologia adequada;

— formas alternativas de apresentação do código de barras da mercadoria ao leitor óptico, quando existente;

— disponibilidade de pessoal auxiliar, quando necessário;

— outras medidas que ajudem a reduzir a sobrecarga do operador na manipulação de mercadorias.

O empregador deve adotar medidas para evitar que a atividade de ensacamento de mercadorias se incorpore ao ciclo de trabalho ordinário e habitual dos operadores de *checkout*, tais como manter, no mínimo, um ensacador a cada três *checkouts* em funcionamento; proporcionar condições que facilitem o ensacamento pelo cliente.

Com relação à pesagem de mercadorias pelo operador de *checkout*, só poderá ocorrer quando os seguintes requisitos forem atendidos simultaneamente: balança localizada frontalmente e próxima ao operador; balança nivelada com a superfície do *checkout*; continuidade entre as superfícies do *checkout* e da balança, admitindo-se até dois centímetros de descontinuidade em cada lado da balança; teclado para digitação localizado a uma distância máxima de 45 centímetros da borda interna do *checkout*; número máximo de oito dígitos para os códigos de mercadorias que sejam pesadas. Ademais, no atendimento de pessoas idosas, gestantes, portadoras de deficiências ou que apresentem algum tipo de incapacidade momentânea, a empresa deve disponibilizar pessoal auxiliar, sempre que o operador de caixa solicitar.

C) Quanto à organização do trabalho

A disposição física e o número de *checkouts* em atividade (abertos) e de operadores devem ser compatíveis com o fluxo de clientes, de modo a adequar o ritmo de trabalho às características psicofisiológicas de cada operador, por meio da adoção de, pelo menos, um dos seguintes itens, cuja escolha fica a critério da empresa:

— pessoas para apoio ou substituição, quando necessário;

— filas únicas por grupos de *checkouts*;

— caixas especiais (idosos, gestantes, deficientes, clientes com pequenas quantidades de mercadorias);

— pausas durante a jornada de trabalho;

— rodízio entre os operadores de *checkout* com características diferentes;

— outras medidas que ajudem a manter o movimento adequado de atendimento sem a sobrecarga do operador de *checkout*.

São garantidas saídas do posto de trabalho, mediante comunicação, a qualquer momento da jornada, para que os operadores atendam às suas necessidades fisiológicas, ressalvado o intervalo para refeição previsto na Consolidação das Leis do Trabalho.

É vedado promover, para efeitos de remuneração ou premiação de qualquer espécie, sistema de avaliação do desempenho com base no número de mercadorias ou compras por operador.

É atribuição do operador de *checkout* a verificação das mercadorias apresentadas, sendo-lhe vedada qualquer tarefa de segurança patrimonial.

D) Quanto aos aspectos psicossociais do trabalho

— Todo trabalhador envolvido com o trabalho em *checkout* deve portar um dispositivo de identificação visível, com nome e/ou sobrenome, escolhido pelo próprio trabalhador.

— É vedado obrigar o trabalhador ao uso, permanente ou temporário, de vestimentas ou propagandas ou maquilagem temática, que causem constrangimento ou firam sua dignidade pessoal.

E) Quanto ao treinamento

— Todos os trabalhadores envolvidos com o trabalho de operador de *checkout* devem receber treinamento, cujo objetivo é aumentar o conhecimento da relação entre o seu trabalho e a promoção à saúde. A norma define o conteúdo do treinamento, sendo a carga horária mínima de duas horas, até o trigésimo dia da data da sua admissão, com reciclagem anual e com duração mínima de duas horas, ministrado durante sua jornada de trabalho.

Finalmente, é importante destacar que a Portaria estabelece a obrigatoriedade de Programas de Saúde Ocupacional e de Prevenção de riscos ambientais, que deverá, além das prescrições contidas na NR-7, reconhecer também os riscos identificados na análise ergonômica.

CAPÍTULO IX

INSALUBRIDADE/PERICULOSIDADE APOSENTADORIA ESPECIAL

O art. 7º, XXIII, da CF/88 dispõe: "Adicional de remuneração para as atividades penosas, insalubres ou perigosas, na forma da lei."

A insalubridade e a periculosidade estão definidas pela CLT (Consolidação das Leis do Trabalho), enquanto a penosidade ainda não foi regulamentada. Após a CF/88, a Lei n. 8.112/92, em seu art. 71, estabelece o direito ao adicional de penosidade aos servidores em exercício em zonas de fronteiras ou em localidades cujas condições de vida o justifiquem, nos termos, nas condições e nos limites fixados em regulamento.

Com relação à aposentadoria especial, o art. 201, § 1º, da Constituição Federal dispõe:

> É vedada a adoção de requisitos e critérios diferenciados para a concessão de aposentadoria aos beneficiários do regime geral de previdência social, ressalvados os casos de atividades exercidas sob condições especiais que prejudiquem a saúde ou a integridade física, definidos em lei complementar.

A definição e a caracterização da insalubridade, da periculosidade e da aposentadoria especial, bem como os limites de tolerância e os meios de eliminação e neutralização dos riscos, estão regulamentados na CLT (Consolidação da Leis do Trabalho) e na Lei n. 8.213/91, que passamos a analisar a seguir:

I — INSALUBRIDADE

1.1. Conceito

O art. 189 da CLT define como insalubres as atividades ou operações que, por sua natureza, suas condições ou seus métodos de trabalho, exponham os empregados a agentes nocivos à saúde, acima dos limites de tolerância fixados em razão da natureza e da intensidade do agente e do tempo de exposição aos seus efeitos.

> *Súmula n. 47 TST* — O trabalho executado, em caráter intermitente, em condições insalubres, não afasta, só por essa circunstância, o direito à percepção do respectivo adicional.

1.2. Agentes insalubres

O art. 190 da CLT determina que o Ministério do Trabalho aprovará o quadro das atividades e operações insalubres e adotará normas sobre os critérios de caracterização da insalubridade, os limites de tolerância aos agentes agressivos, os meios de proteção e o tempo máximo de exposição do empregado a esses agentes.

O MTE, por meio da Portaria n. 3.214/78, NR-15, regulamentou a matéria, estabelecendo os critérios de caracterização, o grau de insalubridade, entre outros. Essa norma possui 14 (quatorze) anexos sendo que em cada um deles foram definidos o respectivo agente insalubre e a metodologia de avaliação. Foram estabelecidos critérios de avaliação quantitativa e qualitativa. No primeiro há limite de tolerância fixado, enquanto no segundo a insalubridade é avaliada por meio de inspeção no local.

Súmula n. 460 STF — Para efeito do adicional de insalubridade, a perícia judicial, em reclamação trabalhista, não dispensa o enquadramento da atividade entre as insalubres, que é ato da competência do Ministério do Trabalho.

Orientação Jurisprudencial n. 4 SDI/TST — Adicional de insalubridade. Necessidade de classificação da atividade insalubre na relação oficial elaborada pelo Ministério do Trabalho, não bastando a constatação por laudo pericial. CLT, art. 190. Aplicável.

A) Anexos 1 e 2 — Ruído — Avaliação Quantitativa

Esses anexos estabelecem limites de tolerância em função do tempo de exposição, sendo necessária avaliação quantitativa do ruído para possível caracterização de insalubridade. A insalubridade, quando caracterizada, é de grau médio. No Capítulo III encontram-se a metodologia, os instrumentos utilizados e os critérios de avaliação desse agente insalubre.

B) Anexo 3 — Calor — Avaliação Quantitativa

Esse anexo estabelece limite de tolerância para exposição ao calor em função do tempo de exposição, sendo utilizado o IBUTG (Índice de Bulbo Úmido Termômetro de Globo). Nesse caso, também é necessária avaliação quantitativa do calor, visando à apuração da possível insalubridade, que, se caracterizada, é de grau médio. A metodologia de avaliação encontra-se explicada no Capítulo III.

Orientação Jurisprudencial n. 173 SDI/TST — Adicional de insalubridade. Raios solares. Indevido. Em face da ausência de previsão legal, indevido o adicional de insalubridade ao trabalhador em atividade a céu aberto (art. 195, CLT e NR-15 MTb, Anexo 7).

C) Anexo 4 — Iluminação

Esse anexo foi revogado pela Portaria n. 3.435/90 do MTE, passando esse agente a ser considerado como ergonômico na NR-17. Segundo essa norma, os níveis de iluminância nos ambientes de trabalho devem obedecer aos mínimos recomendados pela NBR 5413 da ABNT (Associação Brasileira de Normas Técnicas). Contudo, a deficiência de iluminação poderá acarretar multa administrativa, sem gerar o adicional de insalubridade.

> *Orientação Jurisprudencial n. 153 SDI/TST* — Adicional de insalubridade. Deficiência de iluminação. Limitação. Somente após 26.2.91 foram, efetivamente, retiradas do mundo jurídico as normas ensejadoras do direito ao adicional de insalubridade por iluminamento deficiente no local de prestação de serviço, como previsto na Portaria n. 3.751 do MTb.

D) Anexo 5 — Radiação Ionizante — Avaliação quantitativa

Nas atividades ou operações em que os trabalhadores ficam expostos a radiações ionizantes, os limites de tolerância são os constantes da Resolução — CNEN (Comissão Nacional de Energia Nuclear) n. 6/73, Normas Básicas de Proteção Radiológica.

Ressalte-se que a Resolução CNEN n. 6/73 foi revogada em 19.7.88, pela Resolução CNEN n. 12/88. Em 11.4.94, a Portaria n. 4 alterou o anexo 5 da NR-15, que passou a considerar que nas atividades ou operações em que os trabalhadores possam ser expostos a radiações ionizantes, os limites de tolerância, os princípios, as obrigações e os controle básicos para a proteção do homem e do seu meio ambiente, contra possíveis efeitos indevidos causados pela radiação ionizante, são os constantes da Norma CNEN — NE-3.01, de julho de 1988, aprovada, em caráter experimental, pela Resolução CNEN n. 12/88 ou por aquela que venha substituí-la.

> *Orientação Jurisprudencial n. 208 SDI/TST* — Radiologista. Gratificação de raios X. Redução. Lei n. 7.923/89. A alteração da gratificação por trabalho com raios X, de quarenta para dez por cento, na forma da Lei n. 7.923/89, não causou prejuízo ao trabalhador porque passou a incidir sobre o salário incorporado com todas as demais vantagens.

E) Anexo 6 — Pressões Hiperbáricas

Esse anexo estabelece as normas de trabalho sob pressão hiperbárica, ou seja, trabalhos em ar comprimido e trabalhos submersos. São estabelecidas várias regras para os trabalhos sob pressão, e seu descumprimento será considerado risco grave e iminente para fins e efeitos previstos na NR-3 da Portaria n. 3.214. Deve-se salientar que, não obstante a empresa cumpra todos os itens constantes da norma, a insalubridade será devida em grau máximo, portanto, inerente à atividade, não ocorrendo neutralização ou eliminação. Aliás, o trabalho sob pressão hiperbárica deveria ser tratado em normas relativas à Segurança do Trabalho, pois não se trata de agente de Higiene do Trabalho. O não cumprimento das normas estabelecidas expõe o empregado a risco de vida; para ele, a nosso ver, o devido adicional seria o de periculosidade.

F) Anexo 7 — Radiação não Ionizante — Avaliação Qualitativa

A norma define como radiação não ionizante o *laser*, as micro-ondas e o ultravioleta, sendo que para esse último a luz negra (comprimento de onda de 320 — 400 namômetros) não é considerada.

Embora a ACGIH (American Conference of Governmental Industrial Hygienists) estabeleça limites de tolerância para esses agentes, a NR-15 adotou critério de avaliação qualitativa (inspeção realizada no local). A insalubridade é de grau médio.

Orientação Jurisprudencial n. 173 SDI/TST — Adicional de insalubridade. Raios solares. Indevido. Em face da ausência de previsão legal, indevido o adicional de insalubridade ao trabalhador em atividade a céu aberto (art. 195, CLT e NR-15 MTb, Anexo 7).

G) Anexo 8 — Vibração — Avaliação Quantitativa

O Anexo 8 determina que as atividades que exponham os trabalhadores, sem a proteção adequada, às vibrações localizadas ou de corpo inteiro serão caracterizadas como insalubres, por meio de perícia realizada no local de trabalho. A perícia, visando à comprovação ou não da exposição, deve tomar por base os limites de tolerância da Organização Internacional para a Normatização (ISO) em suas normas ISO 2631 (corpo inteiro) e ISO/DIS 5349 9 (localizada ou mão e braço) ou suas substitutas. Assim, a possível caracterização da insalubridade exige a avaliação quantitativa desse agente e comparação com os limites de tolerância. A metodologia de avaliação está descrita no Capítulo III, e a insalubridade, quando caracterizada, é de grau médio.

H) Anexo 9 — Frio — Avaliação Qualitativa

O Anexo 9 dispõe: "as atividades ou operações executadas no interior de câmaras frigoríficas, ou em locais que apresentem condições similares, que exponham os trabalhadores ao frio, sem a proteção adequada, serão consideradas insalubres em decorrência de laudo de inspeção realizada em local de trabalho".

Outro dispositivo legal e relativo à exposição ao frio é o estabelecido no art. 253 da CLT, referente a serviços frigoríficos:

Para os empregados que trabalham no interior das câmaras frigoríficas e para os que movimentam mercadorias do ambiente quente ou normal para o frio e vice-versa, depois de 1 (uma) hora e 40 (quarenta) minutos de trabalho contínuo, será assegurado um período de 20 (vinte) minutos de repouso, computado esse intervalo como de trabalho efetivo.

Parágrafo único. Considera-se artificialmente frio para os fins do presente artigo, o que for inferior, na primeira, segunda e terceira zonas climáticas do mapa oficial do Ministério do Trabalho, a 15º (quinze graus), na quarta zona a 12º (doze graus), e na quinta, sexta e sétima zonas a 10º (dez graus).

I) Anexo 10 — Umidade — Avaliação Qualitativa

O Anexo 10 dispõe: "As atividades ou operações executadas em locais alagados ou encharcados, com umidade excessiva, capazes de produzir danos à saúde dos trabalhadores, serão consideradas insalubres em decorrência de laudo de inspeção realizada no local de trabalho. A insalubridade que se caracteriza é de grau médio."

J) Anexo 11 — Gases e Vapores — Avaliação Quantitativa

Esse anexo estabelece limites de tolerância para diversos tipos de gases e vapores, tais como: monóxido de carbono, amônia, gás sulfídrico, ácido clorídrico, tolueno, xileno, etc. Portanto, a possível insalubridade por essas substâncias exige a avaliação quantitativa.

Os graus de insalubridade podem ser mínimo, médio ou máximo, conforme definição contida no quadro de limite de tolerância do Anexo 11 para as respectivas substâncias. A metodologia de avaliação e os limites de tolerância estão descritos no Capítulo III.

K) Anexo 12 — Poeira — Avaliação Quantitativa

Os Anexos 11 e 12 estabelecem limites de tolerância para poeira de asbestos, sílica livre cristalizada, negro de fumo, manganês e chumbo. Portanto, a caracterização exige a avaliação quantitativa desses agentes, e a insalubridade, quando caracterizada, é de grau máximo. A metodologia de avaliação e os limites de tolerância, entre outros, estão descritos no Capítulo III.

L) Anexo 13 — Agentes Químicos — Avaliação Qualitativa

Esse anexo estabelece a insalubridade para diversos agentes químicos: cromo, hidrocarbonetos e outros compostos do carbono, álcalis cáusticos, entre outros. Embora as normas internacionais estabeleçam limites para a grande maioria das substâncias mencionadas, esse anexo não definiu limites estabelecendo a insalubridade em razão da atividade, da operação e da forma de contato. Os graus de insalubridade podem ser mínimo, médio e máximo, conforme definição contida no Anexo 13 para os respectivos agentes e atividades.

Orientação Jurisprudencial n. 171 SDI/TST — Adicional de insalubridade. Óleos minerais. Sentido do termo "manipulação". Para efeito de concessão de adicional de insalubridade não há distinção entre fabricação e manuseio de óleos minerais — Portaria n. 3.214 do Ministério do Trabalho, NR-15, Anexo XIII.

M) Anexo 14 — Agentes Biológicos — Avaliação Qualitativa

Esse anexo estabelece a insalubridade pelo método qualitativo para agentes biológicos, sendo os graus médio ou máximo definidos em função da exposição e natureza do contato com os referidos agentes. Assim, o Anexo 14 dispõe:

Insalubridade de grau máximo

Trabalho ou operações, em contato permanente com:

— pacientes em isolamento por doenças infectocontagiosas, bem como objetos de seu uso, não previamente esterilizados;

— carnes, glândulas, vísceras, sangue, ossos, couros, pelos e dejetos de animais portadores de doenças infectocontagiosas (carbunculose, brucelose, tuberculose);

— esgotos (galerias e tanques);

— lixo urbano (coleta e industrialização).

Insalubridade de grau médio

Trabalhos e operações em contato permanente com pacientes, animais ou com material infectocontagiante em:

— hospitais, serviços de emergência, enfermarias, ambulatórios, postos de vacinação e outros estabelecimentos destinados aos cuidados da saúde humana (aplica-se unicamente ao pessoal que tenha contato com os pacientes, bem como aos que manuseiam objetos de uso desses pacientes, não previamente esterilizados);

— hospitais, ambulatórios, postos de vacinação e outros estabelecimentos destinados ao atendimento e tratamento de animais (aplica-se apenas ao pessoal que tenha contato com tais animais);

— contato em laboratórios, com animais destinados ao preparo de soro, vacinas e outros produtos;

— laboratórios de análise clínica e histopatologia (aplica-se apenas ao pessoal técnico);

— gabinetes de autópsias, de anatomia e histoanatomopatologia (aplica--se somente ao pessoal técnico);

— cemitérios (exumação de corpos);

— estábulos e cavalariças;

— resíduos de animais deteriorados.

Orientação Jurisprudencial n. 170 SDI/TST — Adicional de insalubridade. Lixo urbano. A limpeza em residências e escritórios e a respectiva coleta de lixo não podem ser consideradas atividades insalubres, ainda que constatadas por laudo pericial, porque não se encontram dentre as classificadas como lixo urbano, na Portaria do Ministério do Trabalho.

1.3. Valor do adicional de insalubridade

O art. 192 da CLT estabelece que o exercício de trabalho em condições insalubres, acima dos limites de tolerância fixados pelo MTE, assegura a percepção do adicional respectivamente de 40%, 20% e 10% do salário mínimo da região, segundo se classifiquem nos graus máximo, médio e mínimo.

Conforme mencionado anteriormente, o grau de insalubridade depende do agente ou da forma de exposição. Ademais, o grau não varia de acordo com a intensidade do agente, ou seja, uma concentração de poeira 20 (vinte) vezes superior ao limite de tolerância gera o mesmo grau de insalubridade que uma concentração duas vezes maior.

Com relação à base de cálculo, em que pesem interpretações contrárias sobre a jurisprudência reiterada, o TST define que a base de cálculo incide sobre o salário mínimo, conforme a transcrição que segue:

Súmula n. 228 do TST — O percentual do adicional de insalubridade incide sobre o salário mínimo de que cogita o art. 76 da CLT, salvo as hipóteses previstas no Enunciado n.17.

Súmula n. 17 do TST — O adicional de insalubridade devido a empregado que, por força de lei, convenção coletiva ou sentença normativa, percebe salário profissional será sobre este calculado.

Orientação Jurisprudencial n. 2 da SDI/TST — Adicional de insalubridade. Base de cálculo, mesmo na vigência da CF/88: salário mínimo.

Orientação Jurisprudencial n. 3 da SDI/TST — Adicional de insalubridade. Base de cálculo, na vigência do Decreto-Lei n. 2.351/87: piso nacional de salários.

Orientação Jurisprudencial n. 172 — Adicional de insalubridade ou periculosidade. Condenação. Inserção em folha de pagamento. Condenada ao pagamento do adicional de insalubridade ou periculosidade, a empresa deverá inserir, mês a mês e enquanto o trabalho for executado sob essas condições, o valor correspondente em folha de pagamento.

1.4. Eliminação ou neutralização da insalubridade

A eliminação da insalubridade ocorrerá com medidas que conservem o ambiente dentro dos limites de tolerância ou será neutralizada com o uso de equipamento de proteção individual capaz de reduzir a intensidade do agente a tais limites (art. 191, CLT). A jurisprudência sumulada do TST também considera que a insalubridade pode ser eliminada pelo uso de equipamento individual, conforme a transcrição que segue:

> *Súmula n. 80 TST* — A eliminação da insalubridade, pelo fornecimento de aparelhos protetores aprovados pelo órgão competente do Poder Executivo, exclui a percepção do adicional respectivo.

> *Súmula n. 289 TST* — O simples fornecimento do aparelho de proteção pelo empregador não o exime do pagamento do adicional de insalubridade, cabendo--lhe tomar as medidas que conduzam à diminuição ou eliminação da nocividade, dentre as quais as relativas ao uso efetivo do equipamento pelo empregado.

Acrescente-se ainda que o adicional de insalubridade não é direito adquirido conforme:

> *Súmula n. 248 TST* — A reclassificação ou descaracterização da insalubridade, por ato da autoridade competente, repercute na satisfação do respectivo adicional, sem ofensa a direito adquirido ou ao princípio da irredutibilidade salarial.

II — PERICULOSIDADE

De acordo com as normas jurídicas pertinentes, a periculosidade ocorrerá quando o empregado ficar exposto, em condições de risco à sua integridade física. Embora ocorram situações/agentes até mais perigosos, as referidas normas estabelecem o direito ao adicional somente para 4 (quatro) agentes: explosivo, inflamável, energia elétrica e radiação ionizante.

2.1. Explosivos e inflamáveis

O art. 193 da CLT considera que serão consideradas atividades ou operações perigosas, na forma da regulamentação aprovada pelo Ministério do Trabalho, aquelas que, por sua natureza ou pelos métodos de trabalho, impliquem o contato permanente com inflamáveis ou explosivos em condições de risco acentuado.

a) Explosivo

Segundo a NR-16, são consideradas atividades ou operações perigosas as executadas com explosivos sujeitos a:

a) degradação química ou autocatalítica;

b) ação de agentes exteriores, tais como, calor, umidade, faíscas, fogo, fenômenos sísmicos, choque e atritos.

O Anexo 1, da NR-16, estabelece as atividades e a área de risco que envolvem explosivos, conforme se seguem:

1. São consideradas atividades ou operações perigosas as enumeradas no Quadro n. 1, abaixo:

Atividades e Operações Perigosas com Explosivos — Quadro n. 1

ATIVIDADES	ADICIONAL DE 30%
a) no armazenamento de explosivos	todos os trabalhadores nessa atividade ou que permaneçam na área de risco
b) no transporte de explosivos	todos os trabalhadores nessa atividade
c) na operação de escova dos cartuchos de explosivos	todos os trabalhadores nessa atividade
d) na operação de carregamento de explosivos	todos os trabalhadores nessa atividade
e) na detonação	todos os trabalhadores nessa atividade
f) na verificação de detonações falhadas	todos os trabalhadores nessa atividade
g) na queima e na destruição de explosivos deteriorados	todos os trabalhadores nessa atividade
h) nas operações de manuseio de explosivos	todos os trabalhadores nessa atividade

2. O trabalhador cuja atividade esteja enquadrada nas hipóteses acima discriminadas faz jus ao adicional de 30% (trinta por cento) sobre o salário, sem os acréscimos resultantes de gratificações, prêmios ou participações nos lucros da empresa, sendo-lhe ressalvado o direito de opção por adicional de insalubridade eventualmente devido.

3. São consideradas áreas de risco:

a) locais de armazenagem de pólvoras químicas, artifícios pirotécnicos e produtos químicos usados na fabricação de misturas explosivas ou de fogos de artifício, a área compreendida no Quadro n. 2:

Quadro n. 2

Quantidade armazenada em quilos		Faixa de terreno até a distância máxima
	até 4.500	45 metros
mais de 4.500	até 45.000	90 metros
mais de 45.000	até 90.000	110 metros
mais de 90.000	até 225.000(*)	180 metros

(*) Quantidade máxima que não pode ser ultrapassada.

b) nos locais de armazenagem de explosivos iniciadores, a área compreendida no Quadro n. 3:

Quadro n. 3

Quantidade armazenada em quilos			Faixa de terreno até a distância máxima
	até 20		75 metros
mais de	20	até 200	220 metros
mais de	200	até 900	300 metros
mais de	900	até 2.200	370 metros
mais de	2.200	até 4.500	460 metros
mais de	4.500	até 6.800	500 metros
mais de	6.800	até 9.000(*)	530 metros

* Quantidade máxima que não pode ser ultrapassada.

c) nos locais de armazenagem de explosivos de ruptura e pólvoras mecânicas (pólvora negra e pólvora chocolate ou parda), área de operação compreendida no Quadro n. 4:

Quantidade armazenada em quilos			Faixa de terreno até a distância máxima
	até 23		45 metros
mais de	23	até 45	75 metros
mais de	45	até 90	110 metros
mais de	90	até 135	160 metros
mais de	135	até 180	200 metros
mais de	225	até 270	250 metros
mais de	180	até 225	220 metros

Quantidade armazenada em quilos			Faixa de terreno até a distância máxima
mais de	270	até 300	265 metros
mais de	300	até 360	280 metros
mais de	360	até 400	300 metros
mais de	400	até 450	310 metros
mais de	450	até 680	345 metros
mais de	680	até 900	365 metros
mais de	900	até 1.300	405 metros
mais de	1.300	até 1.800	435 metros
mais de	1.800	até 2.200	460 metros
mais de	2.200	até 2.700	480 metros
mais de	2.700	até 3.100	490 metros
mais de	3.100	até 3.600	510 metros
mais de	3.600	até 4.000	520 metros
mais de	4.000	até 4.500	530 metros
mais de	4.500	até 6.800	570 metros
mais de	6.800	até 9.000	620 metros
mais de	9.000	até 11.300	660 metros
mais de	11.300	até 13.600	700 metros
mais de	13.600	até 18.100	780 metros
mais de	18.100	até 22.600	860 metros
mais de	22.600	até 34.000	1.000 metros
mais de	34.000	até 45.300	1.100 metros
mais de	45.300	até 68.000	1.150 metros
mais de	68.000	até 90.700	1.250 metros
mais de	90.000	até 113.300	1.350 metros

d) quando se tratar de depósitos barricados ou entrincheirados, para o efeito da delimitação de área de risco, as distâncias previstas no Quadro n. 4 podem ser reduzidas à metade;

e) será obrigatória a existência física de delimitação da área de risco, assim entendido qualquer obstáculo que impeça o ingresso de pessoas não autorizadas.

2.2. Inflamáveis

A NR-16 considera como perigosas as atividades ou operações envolvendo líquido inflamável ou gasosos liquefeitos. De acordo com a NR-20, "líquido inflamável" é todo aquele que possua ponto de fulgor inferior a 70 °C (setenta graus centígrados) e pressão de vapor que não exceda 2,8 kg/cm^2 absoluta a 37,7 °C (trinta e sete graus e sete décimos de graus centígrados).

Segundo o subitem 16.6, as operações de transporte de inflamáveis líquidos ou gasosos liquefeitos, em quaisquer vasilhames e a granel, são consideradas em condições de periculosidade, exclusão para o transporte em pequenas quantidades, até o limite de 200 (duzentos) litros para os inflamáveis líquidos e 135 (cento e trinta e cinco) quilos para os inflamáveis gasosos liquefeitos. Já o subitem 16.6.1determina que as quantidades de inflamáveis contidas nos tanques de consumo próprio dos veículos não serão consideradas para efeito da Norma.

Anexo II
Atividades e Operações Perigosas com Inflamáveis

1. São consideradas atividades ou operações perigosas, conferindo aos trabalhadores que se dedicam a essas atividades ou operações, bem como aqueles que operam na área de risco adicional de 30 (trinta) por cento, as realizadas:

Atividade	Adicional de 30%
a) na produção, transporte, processamento e armazenamento de gás liquefeito.	todos os trabalhadores nessas atividades ou que operam na área de risco.
b) no transporte e armazenagem de inflamáveis líquidos e gasosos liquefeitos e de vasilhames vazios não desgaseificados ou decantados.	todos os trabalhadores da área de operação.
c) nos postos de reabastecimento de aeronaves.	todos os trabalhadores nessas atividades ou que operam na área de risco.
d) nos locais de carregamento de navios-tanques, vagões-tanques e caminhões-tanques e enchimento de vasilhames, com inflamáveis líquidos ou gasosos liquefeitos.	todos os trabalhadores nessas atividades ou que operam na área de risco.
e) nos locais de descarga de navios-tanques, vagões-tanques e caminhões-tanques com inflamáveis líquidos ou gasosos liquefeitos ou de vasilhames vazios não desgaseificados ou decantados.	todos os trabalhadores nessas atividades ou que operam na área de risco.

Atividade	Adicional de 30%
f) nos serviços de operações e manutenção de navios-tanque, vagões-tanques, caminhões--tanques, bombas e vasilhames, com inflamáveis líquidos ou gasosos liquefeitos, ou vazios não desgaseificados ou decantados.	todos os trabalhadores nessas atividades ou que operam na área de risco.
g) nas operações de desgaseificação, decantação e reparos de vasilhames não desgaseificados ou decantados.	todos os trabalhadores nessas atividades ou que operam na área de risco.
h) nas operações de testes de aparelhos de consumo do gás e seus equipamentos.	todos os trabalhadores nessas atividades ou que operam na área de risco.
i) no transporte de inflamáveis líquidos e gasosos liquefeitos em caminhão-tanque.	motorista e ajudantes.
j) no transporte de vasilhames (em caminhão de carga), contendo inflamável líquido, em quantidade total igual ou superior a 200 litros, quando não observado o disposto nos subitens 4.1 e 4.2 deste Anexo.	motorista e ajudantes.
l) no transporte de vasilhames (em carreta ou caminhão de carga), contendo inflamável gasosos e líquido, em quantidade total igual ou superior a 135 quilos.	motorista e ajudantes.
m) nas operação em postos de serviço e bombas de abastecimento de inflamáveis líquidos.	operador de bomba e trabalhadores que operam na área de risco.

2. Para os efeitos desta Norma Regulamentadora entende-se como:

I. Serviços de operação e manutenção de embarcações, vagões-tanques, caminhões-tanques, bombas e vasilhames de inflamáveis:

a) atividades de inspeção, calibração, medição, contagem de estoque e colheita de amostra em tanques ou quaisquer vasilhames cheios;

b) serviços de vigilância, de arrumação de vasilhames vazios não desgaseificados, de bombas propulsoras em recintos fechados e de superintendência;

c) atividades de manutenção, reparos, lavagem, pintura de embarcações, tanques, viaturas de abastecimento e de quaisquer vasilhames cheios de inflamáveis ou vazios, não desgaseificados;

d) atividades de desgaseificação e lavagem de embarcações, tanques, viaturas, bombas de abastecimento ou quaisquer vasilhames que tenham contido inflamáveis líquidos;

e) quaisquer outras atividades de manutenção ou operação, tais como: serviço de almoxarifado, de escritório, de laboratório, de inspeção de segurança, de conferência de estoque, de ambulatório médico, de engenharia, de oficinas em geral, de caldeiras, de mecânica, de eletricidade, de soldagem, de enchimento, fechamento e arrumação de quaisquer vasilhames com substâncias consideradas inflamáveis, desde que essas atividades sejam executadas dentro de áreas consideradas perigosas, *ad referendum* do Ministério do Trabalho.

II. Serviços de operação e manutenção de embarcações, vagões-tanques, caminhões-tanques e vasilhames de inflamáveis gasosos liquefeitos:

a. atividades de inspeção nos pontos de vazamento eventual no sistema de depósito de distribuição e de medição de tanques pelos processos de escapamento direto;

b. serviços de superintendência;

c. atividades de manutenção das instalações da frota de caminhões-tanques, executadas dentro da área e em torno dos pontos de escapamento normais ou eventuais;

d. atividades de decantação, desgaseificação, lavagem, reparos, pinturas e areação de tanques, cilindros e botijões cheios de GLP;

e. quaisquer outras atividades de manutenção ou operações, executadas dentro das áreas consideradas perigosas pelo Ministério do Trabalho.

III. Armazenagem de inflamáveis líquidos, em tanques ou vasilhames:

a. quaisquer atividades executadas dentro da bacia de segurança dos tanques;

b. arrumação de tambores ou latas ou quaisquer outras atividades executadas dentro do prédio de armazenamento de inflamáveis ou em recintos abertos e com vasilhames cheios inflamáveis ou não desgaseificados ou decantados.

IV. Armazenagem de inflamáveis gasosos liquefeitos, em tanques ou vasilhames:

a) arrumação de vasilhames ou quaisquer outras atividades executadas dentro do prédio de armazenamento de inflamáveis ou em recintos abertos e com vasilhames cheios de inflamáveis ou vazios não desgaseificados ou decantados.

V. Operações em postos de serviço e bombas de abastecimento de inflamáveis líquidos:

a) atividades ligadas diretamente ao abastecimento de viaturas com motor de explosão.

VI. Outras atividades, tais como: manutenção, lubrificação, lavagem de viaturas, mecânica, eletricidade, escritório de vendas e gerência, *ad referendum* do Ministério do Trabalho.

VII. Enchimento de quaisquer vasilhames (tambores, latas), com inflamáveis líquidos:

a) atividades de enchimento, fechamento e arrumação de latas ou caixas com latas.

VIII. Enchimento de quaisquer vasilhames (cilindros, botijões) com inflamáveis gasosos liquefeitos:

a) atividades de enchimento, pesagem, inspeção, estiva e arrumação de cilindros ou botijões cheios de GLP;

b) outras atividades executadas dentro da área considerada perigosa, *ad referendum* do Ministério do Trabalho.

3. São consideradas áreas de risco:

Atividade	Área de risco
a) poços de petróleo em produção de gás.	círculo com raio de 30 metros, no mínimo, com centro na boca do poço.
b) unidade de processamento das refinarias.	faixa de 30 metros de largura, no mínimo, contornando a área de operação.
c) outros locais de refinaria onde se realizam operações com inflamáveis em estado de volatilização ou possibilidade de volatilização decorrente de falha ou defeito dos sistemas de segurança e fechamento das válvulas.	faixa de 15 metros de largura, no mínimo, contornando a área de operação.
d) tanques de inflamáveis líquidos.	toda a bacia de segurança.
e) tanques elevados de inflamáveis gasosos.	círculo com raio de 3 metros com centro nos pontos de vazamento eventual (válvula registros, dispositivos de medição por escapamento, gaxetas).
f) carga e descarga de inflamáveis líquidos contidos em navios, chatas e batelões.	afastamento de 15 metros da beira do cais, durante a operação, com extensão correspondente ao comprimento da embarcação.
g) abastecimento de aeronaves.	toda a área de operação.
h) enchimento de vagões-tanques e caminhões-tanques com inflamáveis líquidos.	círculo com raio de 15 metros com centro nas bocas de enchimento dos tanques.
i) enchimento de vagões-tanques e caminhões-tanques inflamáveis gasosos liquefeitos.	círculo com 7,5 metros centro nos pontos de vazamento eventual (válvula e registros).
j) enchimento de vasilhames com inflamáveis gasosos liquefeitos.	círculos com raio de 15 metros com centro nos bicos de enchimentos.
l) enchimento de vasilhames com inflamáveis líquidos, em locais abertos.	círculo com raio de 7,5 metros com centro nos bicos de enchimento.
m) enchimento de vasilhames com inflamáveis líquidos, em recinto fechado.	toda a área interna do recinto.
n) manutenção de viaturas-tanques, bombas e vasilhames que continham inflamável líquido.	local de operação, acrescido de faixa de 7,5 metros de largura em torno dos seus pontos externos.

Atividade	Área de risco
o) desgaseificação, decantação e reparos de vasilhames não desgaseificados ou decantados, utilizados no transporte de inflamáveis.	local da operação, acrescido de faixa de 7,5 metros de largura em torno dos seus pontos externos.
p) testes em aparelhos de consumo de gás e seus equipamentos.	local da operação, acrescido de faixa de 7,5 metros de largura em torno dos seus pontos extremos.
q) abastecimento de inflamáveis.	toda a área de operação, abrangendo, no mínimo, círculo com raio de 7,5 metros com centro no ponto de abastecimento e o círculo com raio de 7,5 metros com centro na bomba de abastecimento da viatura e faixa de 7,5 metros de largura para ambos os lados da máquina.
r) armazenamento de vasilhames que contenham inflamáveis líquidos ou vazios não desgaseificados ou decantados, em locais abertos.	faixa de 3 metros de largura em torno dos seus pontos externos.
s) armazenamento de vasilhames que contenham inflamáveis líquidos ou vazios não desgaseificados, ou decantados, em recinto fechado.	toda a área interna do recinto.
t) carga e descarga de vasilhames contendo inflamáveis líquidos ou vasilhames vazios não desgaseificados ou decantados, transportados por navios, chatas ou batelões.	afastamento de 3 metros da beira do cais, durante aoperação, com extensão correspondente ao comprimento da embarcação.

4 — Não caracterizam periculosidade, para fins de percepção de adicional;[(1)]

4.1 — o manuseio, a armazenagem e o transporte de líquidos inflamáveis em embalagens certificadas, simples, compostas ou combinadas, desde que obedecidos os limites consignados no Quadro I abaixo, independentemente do número total de embalagens manuseadas, armazenadas ou transportadas, sempre que obedecidas as Normas Regulamentadoras expedidas pelo Ministério do Trabalho e Emprego, a Norma NBR 11564/91 e a legislação sobre produtos perigosos relativa aos meios de transporte utilizados;

4.2 — o manuseio, a armazenagem e o transporte de recipientes de até cinco litros, lacrados na fabricação, contendo líquidos inflamáveis, independentemente do número total de recipientes manuseados, armazenados ou transportados, sempre que obedecidas as Normas Regulamentadoras expedidas pelo Ministério do Trabalho e Emprego e a legislação sobre produtos perigosos relativa aos meios de transporte utilizados.

(1) Acrescentado pela Portaria n. 545/00 do MTE, de 10.7.2000.

CAPACIDADE MÁXIMA PARA EMBALAGENS DE LÍQUIDOS INFLAMÁVEIS				
EMBALAGEM COMBINADA				
Embalagem interna	Embalagem externa	Grupo de embalagens(*) I	Grupo de embalagens(*) II	Grupo de embalagens(*) III
Tambores				
	Metal	250 kg	400 kg	400 kg
	Plástico	250 kg	400 kg	400 kg
	Madeira Compensada	150 kg	400 kg	400 kg
	Fibra	75 kg	400 kg	400 kg
Caixas				
Recipientes de	Aço ou alumínio	250 kg	400 kg	400 kg
Vidro: mais de 5 e até 10 litros;	Madeira natural ou compensada	150 kg	400 kg	400 kg
Plástico: mais de	Madeira aglomerada	75 kg	400 kg	400 kg
5 e até 30 litros;	Papelão	75 kg	400 kg	400 kg
Metal: mais de	Plástico flexível	60 kg	60 kg	60 kg
5 e até 40 litros.	Plástico rígido	150 kg	400 kg	400 kg
Bombonas				
	Aço ou alumínio	120 kg	120 kg	120 kg
	Plástico	120 kg	120 kg	120 kg
EMBALAGEM SIMPLES				
		Grupo de embalagens(*) I	Grupo de embalagens(*) II	Grupo de embalagens(*) III
Tambores				
Aço, tampa não removível		250 L		
Aço, tampa removível		250 L(**)	450 L	450 L
Alumínio, tampa não removível		250 L		
Alumínio, tampa removível		250 L(**)		
Outros materiais, tampa não removível		250 L		
Outros materiais, tampa removível		250 L(**)		
Plástico, tampa não removível		250 L		
Plástico, tampa removível		250 L(**)		

EMBALAGEM SIMPLES			
	Grupo de embalagens(*) I	Grupo de embalagens(*) II	Grupo de embalagens(*) III
Bombonas			
Aço, tampa não removível	60 L		
Aço, tampa removível	60 L(**)		
Alumínio, tampa não removível	60 L		
Alumínio, tampa removível	60 L(**)	60 L	60 L
Outros materiais, tampa não removível	60 L		
Outros materiais, tampa removível	60 L(**)		
Plástico, tampa não removível	60 L		
Plástico, tampa removível	60 L(**)		
EMBALAGEM COMPOSTAS			
	Grupo de embalagens(*) I	Grupo de embalagens(*) II	Grupo de embalagens(*) III
Plástico com tambor externo de aço ou alimínio	250 L		
Plástico com tambor externo de fibra, plástico ou compensado	120 L	60 L	60 L
Plástico com engradado ou caixa externa de aço ou alumínio ou madeira externa ou caixa externa de compensado ou de cartão ou de plástico rígido	60 L		
Vidro com tambor externo de aço, alumínio, fibra, compensado, plástico flexível ou em caixa de aço, alumínio, madeira, papelão ou compensado	60 L	60 L	60 L

(*) Conforme definições NBR 11564 — ABNT.

(**) Somente para substâncias com viscosidade maior que 200 mm² /seg.

Orientação Jurisprudencial n. 385 SDI/TST. ADICIONAL DE PERICULOSIDADE. DEVIDO. ARMAZENAMENTO DE LÍQUIDO INFLAMÁVEL NO PRÉDIO. CONSTRUÇÃO VERTICAL. (DEJT divulgado em 9, 10 e 11.6.2010)

É devido o pagamento do adicional de periculosidade ao empregado que desenvolve suas atividades em edifício (construção vertical), seja em pavimento igual ou distinto daquele onde estão instalados tanques para armazenamento de líquido inflamável, em quantidade acima do limite legal, considerando-se como área de risco toda a área interna da construção vertical.

2.3. Energia elétrica

A Lei n. 7.369/85 instituiu o direito ao adicional de periculosidade para energia elétrica, tendo sido regulamentada pelo Decreto n. 93.412/86, que estabelece as hipóteses de atividades, operações e áreas de risco que oferecem risco à integridade física e, por via de consequência, o adicional devido. Esse Decreto está transcrito a seguir:

> Art. 1º São atividades em condições de periculosidade de que trata a Lei n. 7.369, de 20 de setembro de 1985, aquelas relacionadas no Quadro Atividades/Área de Risco, anexo a este Decreto.
>
> Art. 2º É exclusivamente suscetível de gerar direito à percepção da remuneração adicional de que trata o art. 1º da Lei n. 7.369, de 20 de setembro de 1985, o exercício das atividades constantes do quadro anexo, desde que o empregado, independentemente do cargo, categoria ou ramo da empresa:
>
> I — permaneça habitualmente em área de risco, executando ou aguardando ordens, e em situação de exposição contínua, caso em que o pagamento do adicional incidirá sobre o salário da jornada de trabalho integral;
>
> II — ingresse, de modo intermitente e habitual, em área de risco, caso em que o adicional incidirá sobre o salário do tempo despendido pelo empregado na execução de atividade em condições de periculosidade ou do tempo à disposição do empregador, na forma do inciso I deste artigo.
>
> § 1º O ingresso ou a permanência eventual em área de risco não geram direito ao adicional de periculosidade.
>
> § 2º São equipamentos ou instalações elétricas em situação de risco aquelas de cujo contato físico ou exposição aos efeitos da eletricidade possam resultar incapacitação, invalidez permanente ou morte.
>
> § 3º O fornecimento pelo empregador dos equipamentos de proteção a que se refere o disposto no art. 166 da Consolidação das Leis do Trabalho ou a adoção de técnicas de proteção ao trabalhador eximirão a empresa do pagamento do adicional, salvo quando não for eliminado o risco resultante da atividade do trabalhador em condições de periculosidade.
>
> Art. 3º O pagamento do adicional de periculosidade não desobriga o empregador de promover as medidas de proteção ao trabalhador, destinadas à eliminação ou neutralização da periculosidade, nem autoriza o empregado a desatendê-las.
>
> Art. 4º Cessado o exercício da atividade ou eliminado o risco, o adicional de periculosidade poderá deixar de ser pago.
>
> § 1º A caracterização do risco ou da sua eliminação far-se-á através de perícia, observando o disposto no art. 195 e parágrafos da Consolidação das Leis do Trabalho.
>
> Art. 5º Os empregados que exercerem atividades em condições de periculosidade serão especialmente credenciados e portarão identificação adequada.

Art. 6º Este Decreto entra em vigor na data de sua publicação, revogados o Decreto n. 92.212, de 26 de dezembro de 1985, e demais disposições em contrário.

Brasília, em 14 de outubro de 1986; 165º da Independência e 98º da República.

JOSÉ SARNEY

Anexo do Decreto n. 93.412, de 14.10.86

Quadro de Atividades/Áreas de Risco

Atividade	Área de risco
1 — Atividades de contrução, operação e manutenção de redes e linhas aéreas de alta e baixa tensão integrantes de sistemas elétricos de potência, energizados ou desenergizados, mas com possibilidade de energização, acidental ou por falha operacional, incluindo:	1 — Estruturas, condutores e equipamentos de linhas aéreas de transmissão, subtransmissão e distribuição, incluindo plataformas e cestos aéreos usados para execução dos trabalhos.
1.1 — Montagem, instalação, substituição, conservação, reparos, ensaios e de testes: verificação, inspeção, levantamento, supervisão e fiscalização: fusíveis, condutores, para-raios, postes, torres, chaves, muflas e isoladores, transformadores capacitores, medidores, reguladores de tensão, religadores seccionalizadores, carrier (onda portadora via linhas de transmissão), cruzetas, relé e braço de iluminação pública, aparelho de medição gráfica, bases de concreto ou alvenaria de torres, postes e estrutura de sustentação de redes e linhas aéreas e demais componentes das redes aéreas. 1.2 — Corte e poda de árvores. 1.3 — Ligações e cortes de consumidores. 1.4 — Manobras aéreas e subterrâneas de redes e linhas. 1.5 — Manobras em subestação. 1.6 — Testes de curto em linhas de transmissão. 1.7 — Manutenção de fontes de alimentação de sistemas de comunicação. 1.8 — Leitura em consumidores de alta tensão. 1.9 — Aferição em equipamentos de medição. 1.10 — Medidas de resistências, lançamento e instalação de cabo contrapeso.	— Pátio e salas de operação de subestações. — Cabines de distribuição. — Estruturas, condutores e equipamentos de redes de tração elétrica incluindo escadas, plataformas e cestos aéreos usados para execução dos trabalhos.

Atividade	Área de risco
1.11 — Medidas de campo elétrico, radiointerferência e correntes induzidas. 1.12 — Testes elétricos e instalações de terceiros e faixas de linhas de transmissão (oleodutos, gasodutos etc.). 1.13 — Pintura de estruturas e equipamentos. 1.14 — Verificação, inspeção, inclusive aérea, fiscalização, levantamento de dados e supervisão de serviços técnicos.	
2 — Atividades de construção, operação e manutenção de redes e linhas subterrâneas de alta e baixa tensão integrantes de sistemas elétricos de potência, energizados ou desenergizados, mas com possibilidade de energização acidental ou por falha operacional, incluindo:	2 — Valas, bancos de dutos, canaletas, condutores, recintos internos de caixas, poços de inspeção, câmaras, galerias, túneis, estruturas terminais e áreas de superfície correspondentes.
2.1 — Montagem, instalação, substituição, manutenção e reparos de: barramentos, transformadores, disjuntores, chaves e seccionadoras, condensadores, chaves a óleo, transformadores para instrumentos, cabos subterrâneos e subaquáticos, painéis, circuitos elétricos, contatos, muflas e isoladores e demais componentes de redes subterrâneas. 2.2 — Construção civil, instalação, substituição e limpeza de: valas, bancos de dutos, dutos, condutos, canaletas, galerias, túneis, caixas ou poços de inspeção, câmaras. 2.3 — Medição, verificação, ensaios,testes, inspeção, fiscalização, levantamento de dados e supervisão de serviços técnicos.	— Áreas submersas em rios, lagos e mares.
3 — Atividades de inspeção, testes, ensaios, calibração, medição e reparos em equipamentos e materiais elétricos, eletrônicos, eletromecânicos e de segurança individual e coletiva em sistemas elétricos de potência de alta e baixa tensão.	3 — Áreas das oficinas e laboratórios de testes e manutenção elétrica, eletrônica e letromecânica onde são executados testes ,ensaios, calibração e reparos de equipamentos energizados ou possíveis de energizamento acidental. — Sala de controle e casas de máquinas de usinas e unidades geradoras. — Pátios e salas de operação, subestações, inclusive consumidoras. — Salas de ensaios elétricos de alta tensão. — Sala de controle dos centros de operações.

Atividade	Área de risco
4 — Atividades de construção, operação e manutenção nas usinas, unidades geradoras, subestações e cabines de distribuição em operações, integrantes de sistemas de potência, energizados ou desenergizados com possibilidade de voltar a funcionar ou energizar-se acidentalmente ou por falha operacional, incluindo:	4 — Pontos de medição e cabines de distribuição, inclusive de consumidores. — Salas de controles, casa de máquinas, barragens de usinas e unidades geradoras.
4.1 — Montagem, desmontagem, operação e conservação de: medidores, relés, chaves, disjuntores e religadores, caixas de controle, cabos de força, cabos de controle, barramentos, baterias e carregadores, transformadores, sistemas anti-incêndio e de resfriamento, bancos de capacitores, reatores, reguladores, equipamentos eletrônicos, eletrônicos mecânicos e eletroeletrônicos, painéis, para-raios, áreas de circulação, estruturas-suporte e demais instalações e equipamentos elétricos. 4.2 — Construção de: valas de dutos, canaletas, bases de equipamentos, estruturas, condutos e demais instalações. 4.3 — Serviços de limpeza, pintura e sinalização de instalações e equipamentos elétricos. 4.4 — Ensaios, testes, medições, supervisão, fiscalizações e levantamentos de circuitos e equipamentos elétricos, eletrônicos de telecomunicação e telecontrole.	— Pátios e salas de operações de subestações, inclusive consumidoras.
5 — Atividades de treinamento em equipamentos ou instalações energizadas ou desenergizadas descritas nos itens mas com possibilidade de energização acidental ou por falha operacional.	5 — Todas as áreas descritas nos itens anteriores.

Súmula n. 361 do TST — Adicional de periculosidade. Eletricitários. Exposição intermitente. O trabalho exercido em condições perigosas, embora de forma intermitente, dá direito ao empregado a receber o adicional de periculosidade de forma integral, tendo em vista que a Lei n. 7.369/85 não estabeleceu qualquer proporcionalidade em relação ao seu pagamento (Res. n. 83, DJ de 20.8.98).

Orientação Jurisprudencial n. 324 SDI/TST — Adicional de Periculosidade. Sistema Elétrico de Potência. Decreto n. 93.412/86, art. 2º, § 1º, DJ 9.12.2003. É assegurado o adicional de periculosidade apenas aos empregados que trabalham em sistema elétrico de potência em condições de risco ou que o façam com equipamentos e instalações elétricas similares, que ofereçam risco equivalente, ainda que em unidade consumidora de energia elétrica.

Orientação Jurisprudencial n. 347 do SDI/TST — Adicional de periculosidade. Sistema elétrico de potência. Lei n. 7.369, de 20.9.1985, regulamentada pelo Decreto n. 93.412, de 14.10.1986. Extensão do direito aos cabistas, instaladores e reparadores de linhas e aparelhos em empresa de telefonia. DJ 25.4.2007.

É devido o adicional de periculosidade aos empregados cabistas, instaladores e reparadores de linhas e aparelhos de empresas de telefonia, desde que, no exercício de suas funções, fiquem expostos a condições de risco equivalente ao do trabalho exercido em contato com sistema elétrico de potência.

2.4. Radiação ionizante

O adicional de periculosidade por esse agente foi instituído pela Portaria n. 3.393/87. Por ser criado por Portaria, a doutrina e a jurisprudência tendem a considerá-la ilegal; por essa razão, a Portaria n. 496 do MTE, de 11.12.02, a revogou. Contudo, a Portaria n. 518 de 4 de abril de 2003, revogou a Portaria n. 496, voltando a vigorar, portanto, o adicional de periculosidade por radiação ionizante.

A caracterização da periculosidade por esse agente ocorre quando a atividade ou operação enquadra-se no quadro atividade/área de risco da Portaria n. 518/03.

Portaria n. 518, de 4 de abril de 2003

"Revoga a Portaria n. 496, de 11 de dezembro de 2002".

O MINISTRO DO TRABALHO E EMPREGO, no uso das competências que lhe conferem o art. 87, parágrafo único, II da Constituição da República Federativa do Brasil e o disposto no art. 200, *caput*, inciso VI e parágrafo único, c/c os arts. 193 e 196, todas da Consolidação das Leis do Trabalho (CLT), aprovada pelo Decreto-lei n. 5.452, de 1º de maio de 1943, e CONSIDERANDO que qualquer exposição do trabalhador a radiações ionizantes ou substâncias radioativas é potencialmente prejudicial à sua saúde;

CONSIDERANDO, ainda, que o presente estado da tecnologia nuclear não permite evitar ou eliminar o risco em potencial oriundo das tais atividades;

Resolve:

Art. 1º Adotar como atividades de risco em potencial concernentes a radiações ionizantes ou Operações Perigosas, aprovado pela Comissão Nacional de Energia Nuclear — CNEN, a que se refere o ANEXO da presente Portaria.

Art. 2º O trabalho nas condições enunciadas no quadro a que se refere o art. 1º assegura ao empregado o adicional de periculosidade de que trata o § 1º do art. 193 da Consolidação das Leis do Trabalho — CLT, aprovada pelo Decreto-lei n. 5.452, de 1º de maio de 1943.

Art. 3º A Secretaria de Inspeção do Trabalho, no prazo de 60 (sessenta) dias, fará revisão das Normas Regulamentadoras pertinentes, em especial da NR 16 — Atividades e Operações Perigosas, aprovada pela Portaria GM/MTb n. 3.214, de 8 de junho de 1978, com as alterações que couber, e baixará, na forma do artigo 9º, inciso I, do Decreto n. 2.210, de 22 de abril de 1997, e do parágrafo único do art. 200 da CLT, incluindo normas específicas de segurança para atividades ora adotadas.

Art. 4º Revoga-se a Portaria n. 496, de 11 de dezembro de 2002.

Art. 5º Esta portaria entra em vigor na data de sua publicação.

Jaques Wagner

Atividades e Operações Perigosas com Radiações Ionizantes ou Substâncias Radioativas

Atividade	Área de risco
1. Produção, utilização, processamento, transporte, guarda, estocagem, e manuseio de materiais radioativos, selados e não selados, de estado físico e forma química quaisquer, naturais ou artificiais, incluindo:	Minas e depósitos de materiais radioativos Plantas-piloto e usinas de beneficiamento de minerais radioativos. Outras áreas sujeitas a risco potencial devido às radiações ionizantes.
1.1 Prospecção, mineração, operação, beneficiamento e processamento de minerais radioativos.	Lixiviação de minerais radioativos para a produção de concentrados de urânio e tório. Purificação de concentrados e conversão em outras formas para uso como combustível nuclear.
1.2 Produção, transformação e tratamento de materiais nucleares para o ciclo do combustível nuclear.	Produção de fluoretos de urânio para a produção de hexafluoreto e urânio metálico. Instalações para enriquecimento isotópico e reconversão. Fabricação do elemento combustível nuclear. Instalações para armazenamento dos elementos combustíveis usados. Instalações para o retratamento do combustível irradiado. Instalações para o tratamento e deposições, provisórias e finais, dos rejeitos radioativos naturais e artificiais.
1.3 Produção de radioisótopos para uso em medicina, agricultura agropecuária, pesquisa científica e tecnológica.	Laboratórios para a produção de radioisótopos e moléculas marcadas.
1.4 Produção de Fontes Radioativas.	Instalações para tratamento do material radioativo e confecção de fontes.

Atividade	Área de risco
	Laboratórios de testes, ensaios e calibração de fontes, detectores e monitores de radiação, com fontes radioativas.
1.5 Testes, ensaios e calibração de detectores e monitores de radiação com fontes de radiação.	Laboratórios de ensaios para materiais radioativos. Laboratórios de radioquímica.
1.6 Descontaminação de superfícies, instrumentos, máquinas, ferramentas, utensílios de laboratório, vestimentas e de quaisquer outras áreas ou bens duráveis contaminados com material radioativo.	Laboratórios para descontaminação de peças e materiais radioativos. Coleta de rejeitos radioativos em instalações, prédios e em áreas abertas. Lavanderia para roupas contaminadas. Transporte de materiais e rejeitos radioativos, condicionamento, estocagens e sua deposição.
1.7 Separação isotópica e processamento radioquímico.	Instalações para tratamento, condicionamento, contenção, estabilização, estocagem e deposição de rejeitos radioativos. Instalações para retenção de rejeitos radioativos.
1.8 Manuseio, condicionamento, liberação, monitoração, estabilização, inspeção, retenção e deposição de rejeitos radioativos.	Sítio de rejeitos. Instalações para estocagem de produtos radioativos para posterior aproveitamento.
2. Atividades de operação e manutenção de reatores nucleares, incluindo:	Edifícios de reatores. Edifícios de estocagem de combustível.
2.1 Montagem, instalação, substituição e inspeção de elementos combustíveis.	Instalações de tratamento e estocagem de rejeitos radioativos.
2.2 Manutenção de componentes integrantes do reator e dos sistemas hidráulicos mecânicos e elétricos, irradiados, contaminados ou situados em áreas de radiação.	Instalações para tratamento de água de reatores e separação e contenção de produtos radioativos. Salas de operação de reatores. Salas de amostragem de efluentes radioativos.
2.3 Manuseio de amostras irradiadas.	Laboratórios de medidas de radiação.
2.4 Experimentos utilizando canais de irradiação.	Outras áreas sujeitas a risco potencial às radiações ionizantes passíveis de serem atingidas por dispersão de produtos voláteis.
2.5 Medição de radiação, levantamento de dados radiológicos e nucleares, ensaios, testes, inspeções, fiscalização e supervisão de trabalhos técnicos.	Laboratórios semiquentes e quentes. Minas de urânio e tório. Depósitos de minerais radioativos e produtos do tratamento de minerais radioativos.

Atividade	Área de risco
2.6 Segregação, manuseio, tratamento, acondicionamento e armazenamento de rejeitos radioativos.	Coletas de materiais e peças radioativas, materiais contaminados com radioisótopos e águas radioativas.
3. Atividades de operação e manutenção de aceleradores de partículas, incluindo:	Áreas de irradiação de alvos.
3.1 Montagem, instalação, substituição e manutenção de componentes irradiados ou contaminados.	Oficinas de manutenção de componentes irradiados ou contaminados. Salas de operação de aceleradores.
3.2. Processamento de alvos irradiados.	Laboratórios para tratamento de alvos irradiados e separação de radioisótopos.
3.3 Experimentos com feixes de partículas.	Laboratórios de testes com radiação e medidas nucleares.
3.4 Medição de radiação, levantamento de dados radiológicos e nucleares, testes, inspeções e supervisão de trabalhos técnicos.	Áreas de tratamento e estocagem de rejeitos radioativos.
3.5 Segregação, manuseio, tratamento, acondicionamento e armazenamento de rejeitos radioativos.	Laboratórios de processamento de alvos irradiados.
4. Atividades de operação com aparelhos de raios X, com irradiadores de radiação gama, radiação beta ou radiação de nêutrons, incluindo:	Salas de irradiação e de operação de aparelhos de raios X e de irradiadores gama, beta ou nêutrons.
4.1 Diagnóstico médico e odontológico.	Laboratórios de testes, ensaios e calibração com as fontes de radiação descritas.
4.2 Radioterapia.	
4.3 Radiografia industrial, gamagrafia e neutronradiografia.	Manuseio de fontes.
4.4 Análise de materiais por difratometria.	Manuseio do equipamento.
4.5 Testes, ensaios e calibração de detectores e monitores de radiação.	Manuseio de fontes e amostras radioativas.
4.6 Irradiação de alimentos.	Manuseio de fontes e instalações para a irradiação de alimentos.
4.7 Esterilização de instrumentos médico-hospitalares.	Manuseio de fontes e instalações para a operação.
4.8 Irradiação de espécimes minerais e biológicos.	Manuseio de amostras irradiadas.
4.9 Medição de radiação, levantamento de dados radiológicos, ensaios, testes, inspeções, fiscalização de trabalhos técnicos.	Laboratórios de ensaios e calibração de fontes e materiais radioativos.

Atividade	Área de risco
5. Atividades de medicina nuclear.	Salas de diagnóstico e terapia com medicina nuclear.
5.1 Manuseio e aplicação de radioisótopos para diagnóstico médico e terapia.	Enfermaria de pacientes, sob treinamento com radioisótopos. Enfermaria de pacientes contaminados com radioisótopos em observação e sob tratamento de descontaminação.
5.2 Manuseio de fontes seladas para aplicação em braquiterapia.	Área de tratamento e estocagem de rejeitos radioativos.
5.3 Obtenção de dados biológicos de pacientes com radioisótopos incorporados.	Manuseio de materiais biológicos contendo radioisótopos ou moléculas marcadas.
5.4 Segregação, manuseio, tratamento, acondicionamento e estocagem de rejeitos radioativos.	Laboratórios para descontaminação e coleta de rejeitos radioativos.
6. Descomissionamento de instalações nucleares e radioativas, que inclui:	Áreas de instalações nucleares e radioativas contaminadas e com rejeitos.
6.1 Todas as descontaminações radioativas inerentes.	Depósitos provisórios e definitivos de rejeitos radioativos.
6.2 Gerenciamento dos rejeitos radioativos existentes, ou sejam: tratamento e acondicionamento dos rejeitos líquidos, sólidos, gasosos e aerossóis; transporte e deposição dos mesmos.	Instalações para contenção de rejeitos radioativos. Instalações para asfaltamento de rejeitos radioativos. Instalações para cimentação de rejeitos radioativos.
7. Descomissionamento de minas, moinhos e usinas de tratamento de minerais radioativos.	Tratamento de rejeitos minerais. Repositório de rejeitos naturais (bacia de contenção de rádio e outros radioisótopos). Deposição de gangas e rejeitos de mineração.

Orientação Jurisprudencial n. 345 do SDI/TST. Adicional de Periculosidade. Radiação Ionizante ou Substância Radioativa. Devido. DJ 22.6.2005. A exposição do empregado à radiação ionizante ou à substância radioativa enseja a percepção do adicional de periculosidade, pois a regulamentação ministerial (Portarias do Ministério do Trabalho ns. 3.393, de 17.12.1987, e 518, de 7.4.2003), ao reputar perigosa a atividade, reveste-se de plena eficácia, porquanto expedida por força de delegação legislativa contida no art. 200, *caput*, e inciso VI, da CLT. No período de 12.12.2002 a 6.4.2003, enquanto vigeu a Portaria n. 496 do Ministério do Trabalho, o empregado fez jus ao adicional de insalubridade.

2.5. Bombeiro Civil — Adicional de periculosidade

A Lei n. 11.901, de 12.1.09, assegura ao Bombeiro Civil o direito ao adicional de periculosidade de 30% (trinta por cento) do salário mensal sem os acréscimos resultantes de gratificações, prêmios ou participações nos lucros da empresa (art. 6º,III).

Segundo o art. 2º da referida Lei, considera-se Bombeiro Civil aquele que, habilitado nos termos desta Lei, exerça, em caráter habitual, função remunerada e exclusiva de prevenção e combate a incêndio, como empregado contratado diretamente por empresas privadas ou públicas, sociedades de economia mista, ou empresas especializadas em prestação de serviços de prevenção e combate a incêndio.

2.6. Valor do adicional de periculosidade

O valor do adicional de periculosidade é 30% do salário sem acréscimos resultantes de gratificações, prêmios ou participação dos lucros da empresa (art. 193 da CLT), sendo que o empregado poderá optar pelo adicional de insalubridade que porventura lhe seja devido.

Súmula n. 132 TST — O adicional-periculosidade pago em caráter permanente integra o cálculo de indenização (ex-Prejulgado n. 3).

Súmula n. 191 TST — O adicional de periculosidade incide, apenas, sobre o salário básico, e não sobre este acrescido de outros adicionais.

Orientação Jurisprudencial n. 279 SDI/TST — Adicional de periculosidade. Eletricitários. Base de cálculo. Lei n. 7.369/85, art. 1º. Interpretação. O adicional de periculosidade dos eletricitários deverá ser calculado sobre o conjunto de parcelas de natureza salarial.

2.7. Exposição eventual, intermitente e permanente

A definição da exposição eventual, intermitente ou permanente em condições de periculosidade é muito controvertida na doutrina e na jurisprudência. O Tribunal Superior do Trabalho, por meio das Súmulas ns. 361 e 364 e Orientação Jurisprudencial n. 5, uniformizou o seguinte entendimento:

Súmula n. 361 do TST — Adicional de periculosidade. Eletricitários. Exposição intermitente. O trabalho exercido em condições perigosas, embora de forma intermitente, dá direito ao empregado a receber o adicional de periculosidade de forma integral, tendo em vista que a Lei n. 7.369/85 não estabeleceu qualquer proporcionalidade em relação ao seu pagamento (Res. n. 83, DJ de 20.8.98).

Súmula n. 364 do TST — Adicional de periculosidade. Exposição eventual, permanente e intermitente.

I — Faz jus ao adicional de periculosidade o empregado exposto permanentemente ou que, de forma intermitente, sujeita-se a condições de risco. Indevido, apenas, quando o contato dá-se de forma eventual, assim considerado o fortuito, ou o que, sendo habitual, dá-se por tempo extremamente reduzido.

II — A fixação do adicional de periculosidade, em percentual inferior ao legal e proporcional ao tempo de exposição ao risco, deve ser respeitada, desde que pactuada em acordos ou convenções coletivos.

Orientação Jurisprudencial n. 5 da SDI/TST — Adicional de periculosidade. Exposição permanente e intermitente. Inflamáveis e/ou explosivos. Direito ao adicional integral (convertida no Enunciado n. 361/TST).

Orientação Jurisprudencial n. 279 da SDI/TST — Adicional de periculosidade. Eletricitários. Base de cálculo. Lei n. 7.369/85, art. 1º. Interpretação. O adicional de periculosidade dos eletricitários deverá ser calculado sobre o conjunto de parcelas de natureza salarial.

III — PERÍCIA DE INSALUBRIDADE E PERICULOSIDADE

Segundo o art. 195 da CLT, a caracterização e classificação da insalubridade e da periculosidade, segundo as normas do Ministério do Trabalho, far-se-ão por meio de perícia a cargo de Médico do Trabalho ou Engenheiro do Trabalho, registrado no Ministério do Trabalho.

§ 1º É facultado às empresas e aos sindicatos das categorias profissionais interessadas requererem ao Ministério do Trabalho a realização de perícia em estabelecimento ou setor deste, com o objetivo de caracterizar e classificar ou delimitar as atividades insalubres ou perigosas.

§ 2º Arguida em juízo insalubridade ou periculosidade, seja por empregado, seja por Sindicato, em favor de grupo de associados, o juiz designará perito habilitado na forma deste artigo, e, onde não houver, requisitará perícia ao órgão competente do Ministério do Trabalho.

Portanto, a perícia visando à caracterização da insalubridade é obrigatória, podendo ser extrajudicial ou judicial.

3.1. Perícia extrajudicial

Conforme o art. 195, § 1º, da CLT, as empresas e os sindicatos da categoria podem requerer ao MTE a perícia de insalubridade e periculosidade. No entanto, atualmente, devido ao volume de perícias, dificilmente o Ministério do Trabalho atende ao requerimento.

Outra forma de perícia é a extrajudicial, aquela acordada por meio da negociação coletiva. Assim, o acordo coletivo estipula a realização de perícia por intermédio de perito escolhido pelas partes. Essa forma de perícia, a nosso ver, é a melhor, pois, além de desafogar a Justiça, permite ao perito desenvolver trabalho mais científico, realizando coleta de todos os agentes químicos e análise detalhada dos outros agentes, pois, normalmente, nesse tipo de perícia, os honorários são antecipados de forma a cobrir o custo elevado dessa prova. Ademais, os representantes e peritos das partes podem participar de forma efetiva nos trabalhos periciais.

3.2. Perícia judicial

Quando arguida em juízo, o juiz nomeia um perito (engenheiro de segurança do trabalho ou médico do trabalho) para apuração da possível insalubridade ou periculosidade. As regras para realização dessa prova são definidas pela Lei n. 5.584/70 e nos arts. 420 a 439 do Código de Processo Civil, conforme transcrição a seguir:

Art. 420. A prova pericial consiste em exame, vistoria ou avaliação.
Vide *art. 195 da CLT.*

Parágrafo único. O juiz indeferirá a perícia quando:

I — a prova do fato não depender do conhecimento especial de técnico;

II — for desnecessária em vista de outras provas produzidas;

III — a verificação for impraticável.

Art. 421. O juiz nomeará o perito, fixando de imediato o prazo para a entrega do laudo.

§ 1º Incumbe às partes, dentro em 5 (cinco) dias, contados da intimação do despacho de nomeação do perito:

I — indicar o assistente técnico;

II — apresentar quesitos.

§ 2º Quando a natureza do fato o permitir, a perícia poderá consistir apenas na inquirição pelo juiz do perito e dos assistentes, por ocasião da audiência de instrução e julgamento a respeito das coisas que houverem informalmente examinado ou avaliado.

Art. 422. O perito cumprirá escrupulosamente o encargo que lhe foi cometido, independentemente de termo de compromisso. Os assistentes técnicos são de confiança da parte, não sujeitos a impedimento ou suspeição.

Art. 423. O perito pode escusar-se (art. 146), ou ser recusado por impedimento ou suspeição (art. 138, III); ao aceitar a escusa ou julgar procedente a impugnação, o juiz nomeará novo perito.

Art. 424. O perito pode ser substituído quando:

I — carecer de conhecimento técnico ou científico;

II — sem motivo legítimo, deixar de cumprir o encargo no prazo que lhe foi assinado.

Parágrafo único. No caso previsto no inciso II, o juiz comunicará a ocorrência à corporação profissional respectiva, podendo, ainda, impor multa ao perito, fixada tendo em vista o valor da causa e o possível prejuízo decorrente do atraso no processo.

Art. 425. Poderão as partes apresentar, durante a diligência, quesitos suplementares. Da juntada dos quesitos aos autos dará o escrivão ciência à parte contrária.

Art. 426. Compete ao juiz:

I — indeferir quesitos impertinentes;

II — formular os que entender necessários ao esclarecimento da causa.

Art. 427. O juiz poderá dispensar prova pericial quando as partes, na inicial e na contestação, apresentarem sobre as questões de fato pareceres técnicos ou documentos elucidativos que considerar suficientes.

Art. 428. Quando a prova tiver de realizar-se por carta, poderá proceder-se à nomeação de perito e indicação de assistentes técnicos no juízo, ao qual se requisitar a perícia.

Art. 429. Para o desempenho de sua função, podem o perito e os assistentes técnicos utilizar-se de todos os meios necessários, ouvindo testemunhas, obtendo informações, solicitando documentos que estejam em poder de parte ou em repartições públicas, bem como instruir o laudo com plantas, desenhos, fotografias e outras quaisquer peças.

Art. 430. *(Revogado pela Lei n. 8.455, de 24.08.92.)*

Art. 431. *(Revogado pela Lei n. 8.455, de 24.08.92.)*

Art. 431-A. As partes terão ciência da data e local designados pelo juiz ou indicados pelo perito para ter início a produção da prova. *(Incluído pela Lei n. 10.358, de 27.12.2001)*

Art. 431-B. Tratando-se de perícia complexa, que abranja mais de uma área de conhecimento especializado, o juiz poderá nomear mais de um perito e a parte indicar mais de um assistente técnico. *(Incluído pela Lei n. 10.358, de 27.12.2001)*

Art. 432. Se o perito, por motivo justificado, não puder apresentar o laudo dentro do prazo, o juiz conceder-lhe-á, por uma vez, prorrogação, segundo o seu prudente arbítrio.

Vide *arts. 427 e 433.*

Parágrafo único. *(Revogado pela Lei n. 8.455, de 24.08.92.)*

Art. 433. O perito apresentará o laudo em cartório, no prazo fixado pelo juiz, pelo menos 20 (vinte) dias antes da audiência de instrução e julgamento.

...

Parágrafo único. Os assistentes técnicos oferecerão seus pareceres no prazo comum de 10 (dez) dias, após intimadas as partes da apresentação do laudo. *(Redação dada pela Lei n. 10.358, de 27.12.2001)*

Art. 434. Quando o exame tiver por objeto a autenticidade ou a falsidade de documento, ou for de natureza médico-legal, o perito será escolhido, de preferência, entre os técnicos dos estabelecimentos oficiais especializados. O juiz autorizará a remessa dos autos, bem como do material sujeito a exame, ao diretor do estabelecimento.

Parágrafo único. Quando o exame tiver por objeto a autenticidade de letra e firma, o perito poderá requisitar, para efeito de comparação, documentos existentes em repartições públicas; na falta destes, poderá requerer ao juiz que a pessoa, a quem se atribuir a autoria do documento, lance em folha de papel, por cópia, ou sob ditado, dizeres diferentes, para fins de comparação.

Art. 435. A parte, que desejar esclarecimento do perito e do assistente técnico, requererá ao juiz que mande intimá-lo a comparecer à audiência, formulando desde logo as perguntas, sob forma de quesitos.

Parágrafo único. O perito e o assistente técnico só estarão obrigados a prestar os esclarecimentos a que se refere este artigo, quando intimados 5 (cinco) dias antes da audiência.

Art. 436. O juiz não está adstrito ao laudo pericial, podendo formar a sua convicção com outros elementos ou fatos provados nos autos.

Art. 437. O juiz poderá determinar, de ofício ou a requerimento da parte, a realização de uma nova perícia, quando a matéria não lhe parecer suficientemente esclarecida.

Art. 438. A segunda perícia tem por objeto os mesmos fatos sobre que recaiu a primeira e destina-se a corrigir eventual omissão ou inexatidão dos resultados a que esta conduziu.

Art. 439. A segunda perícia rege-se pelas disposições estabelecidas para a primeira.

Parágrafo único. A segunda perícia não substitui a primeira, cabendo ao juiz apreciar livremente o valor de uma e outra.

Art. 790-B da CLT — A responsabilidade pelo pagamento dos honorários periciais é da parte sucumbente na pretensão objeto da perícia, salvo se beneficiária de justiça gratuita.

Art. 826 da CLT — É facultado a cada uma das partes apresentar um perito ou técnico. *(Vide Lei n. 5.584, de 26.6.70, DOU 29.6.70)*

Art. 827 da CLT — O juiz ou presidente poderá arguir os peritos compromissados ou os técnicos, e rubricará, para ser junto ao processo, o laudo que os primeiros tiverem apresentado.

Art. 3º da Lei n. 5.584/70. Os exames periciais serão realizados por perito único designado pelo juiz, que fixará o prazo para entrega do laudo.

Parágrafo único. Permitir-se-á a cada parte a indicação de um assistente, cujo laudo terá que ser apresentado no mesmo prazo assinado para o perito, sob pena de ser desentranhado dos autos.

Acrescentam-se ainda os enunciados (súmulas) e precedentes do SDI pertinentes às perícias de insalubridade e periculosidade, conforme se segue:

Orientação Jurisprudencial n. 165 da SDI/TST — Perícia. Engenheiro ou médico. Adicional de insalubridade e periculosidade. Válido art. 195 da CLT. O art. 195 da CLT não faz qualquer distinção entre o médico e o engenheiro para efeito de caracterização de insalubridade e periculosidade, bastando para a elaboração do laudo seja o profissional devidamente qualificado.

Orientação Jurisprudencial n. 165 da SDI/TST — Adicional de insalubridade. Perícia. Local de trabalho desativado. A realização de perícia é obrigatória para a verificação de insalubridade. Quando não for possível sua realização, como em caso de fechamento da empresa, poderá o julgador utilizar-se de outros meios de prova.

Súmula n. 293 do TST — A verificação mediante perícia de prestação de serviços em condições nocivas, considerado agente insalubre diverso do apontado na inicial, não prejudica o pedido de adicional de insalubridade.

Súmula n. 341 do TST — Honorários periciais. Assistente técnico. A indicação do perito assistente é faculdade da parte, a qual deve responder pelos respectivos honorários, ainda que vencedora no objeto da perícia.

Orientação Jurisprudencial n. 387 da SDI1/TST — HONORÁRIOS PERICIAIS. BENEFICIÁRIO DA JUSTIÇA GRATUITA. RESPONSABILIDADE DA UNIÃO PELO PAGAMENTO. RESOLUÇÃO N. 35/2007 DO CSJT. OBSERVÂNCIA. (DEJT divulgado em 9, 10 e 11.6.2010). A União é responsável pelo pagamento dos honorários de perito quando a parte sucumbente no objeto da perícia for beneficiária da assistência judiciária gratuita, observado o procedimento disposto nos arts. 1º, 2º e 5º da Resolução n. 35/2007 do Conselho Superior da Justiça do Trabalho — CSJT.

IV — APOSENTADORIA ESPECIAL

Instituída no Brasil pela Lei n. 3.807, de 26.8.60, como modalidade de aposentadoria especial por tempo de serviço, várias alterações ocorreram ao longo do tempo.

Inicialmente, foi regulamentado pelo Decreto n. 53.831/64, que definia como especiais as atividades insalubres, perigosas e penosas de acordo com a categoria profissional ou exposição ao agente agressivo à saúde, conforme quadros constantes do Decreto. Após várias mudanças a partir desse regulamento, destaca-se o Decreto n. 83.080/79, que, da mesma forma do anterior, estabeleceu como especiais as atividades insalubres, perigosas e penosas por categoria profissional e exposição aos agentes agressivos à saúde, tendo sido excluídos alguns profissionais e agentes. Nesses dois decretos, a caracterização do direito à aposentadoria especial é feita por meio de avaliação qualitativa, exceto referente à exposição ao ruído com limites de 80 dB e 90 dB, conforme definido nos Decretos ns. 53.831/64 e 83.080/79, respectivamente. Esses decretos foram revogados em 1997 pelo Decreto n. 2.172/97, sendo que, atualmente, está vigorando o Decreto n. 3.048/99.

4.1. Conceito

Segundo o art. 57 da Lei n. 8.213/91, fica estabelecido que a aposentadoria especial será devida, uma vez cumprida a carência exigida, ao segurado que tiver trabalhado sujeito a condições especiais que prejudiquem a saúde ou a integridade física, durante 15 (quinze), 20 (vinte) ou 25 (vinte e cinco) anos, conforme dispuser a lei. (Redação dada pela Lei n. 9.032, de 28.4.95)

O segurado deverá comprovar, além do tempo de trabalho, exposição aos agentes nocivos químicos, físicos, biológicos ou associação de agentes prejudiciais à saúde ou à integridade física, pelo período equivalente ao exigido para a concessão do benefício. (Redação dada pela Lei n. 9.032, de 28.4.95)

Portanto, a aposentadoria especial ocorrerá quando o trabalhador ficar exposto aos agentes físicos, químicos, biológicos ou houver associação de agentes prejudiciais à saúde ou à integridade física.

4.2. Caracterização

Os agentes capazes de gerar o direito à aposentadoria especial estão mencionados no anexo IV do Decreto n. 3.048/99, conforme transcrição que se segue:

Regulamento da Previdência Social

Anexo IV

Classificação dos Agentes Nocivos

Código	Agente nocivo	Tempo de exposição
1.0.0	AGENTES QUÍMICOS O que determina o direito ao benefício é a exposição do trabalhador ao agente nocivo presente no ambiente de trabalho e no processo produtivo, em nível de concentração superior aos limites de tolerância estabelecidos. O rol de agentes nocivos é exaustivo, enquanto que as atividades listadas, nas quais pode haver a exposição, é exemplificativa. (Redação dada pelo Decreto, n. 3.265, de 1999)	
1.0.1	ARSÊNIO E SEUS COMPOSTOS a) extração de arsênio e seus compostos tóxicos; b) metalurgia de minérios arsenicais; c) utilização de hidrogênio arseniado (arsina) em sínteses orgânicas e no processamento de componentes eletrônicos; d) fabricação e preparação de tintas e lacas; e) fabricação, preparação e aplicação de inseticidas, herbicidas, parasiticidas e raticidas com a utilização de compostos de arsênio;	25 anos

Código	Agente nocivo	Tempo de exposição
	f) produção de vidros, ligas de chumbo e medicamentos com a utilização de compostos de arsênio; g) conservação e curtume de peles, tratamento e preservação da madeira com a utilização de compostos de arsênio.	
1.0.2	ASBESTOS a) extração, processamento e manipulação de rochas amiantíferas; b) fabricação de guarnições para freios, embreagens e materiais isolantes contendo asbestos; c) fabricação de produtos de fibrocimento; d) mistura, cardagem, fiação e tecelagem de fibras de asbestos.	20 anos
1.0.3	BENZENO E SEUS COMPOSTOS TÓXICOS a) produção e processamento de benzeno; b) utilização de benzeno como matéria-prima em sínteses orgânicas e na produção de derivados; c) utilização de benzeno como insumo na extração de óleos vegetais e álcoois; d) utilização de produtos que contenham benzeno, como colas, tintas, vernizes, produtos gráficos e solventes; e) produção e utilização de clorobenzenos e derivados; f) fabricação e vulcanização de artefatos de borracha; g) fabricação e recauchutagem de pneumáticos.	25 anos
1.0.4	BERÍLIO E SEUS COMPOSTOS TÓXICOS a) extração, trituração e tratamento de berílio; b) fabricação de compostos e ligas de berílio; c) fabricação de tubos fluorescentes e de ampolas de raios X; d) fabricação de queimadores e moderadores de reatores nucleares; e) fabricação de vidros e porcelanas para isolantes térmicos; f) utilização do berílio na indústria aeroespacial.	25 anos
1.0.5	BROMO E SEUS COMPOSTOS TÓXICOS a) fabricação e emprego do bromo e do ácido brômico.	25 anos
1.0.6	CÁDMIO E SEUS COMPOSTOS TÓXICOS a) extração, tratamento e preparação de ligas de cádmio; b) fabricação de compostos de cádmio; c) utilização de eletrodos de cádmio em soldas; d) utilização de cádmio no revestimento eletrolítico de metais; e) utilização de cádmio como pigmento e estabilizador na indústria do plástico; f) fabricação de eletrodos de baterias alcalinas de níquel-cádmio.	25 anos

Código	Agente nocivo	Tempo de exposição
1.0.7	CARVÃO MINERAL E SEUS DERIVADOS a) extração, fabricação, beneficiamento e utilização de carvão mineral, piche, alcatrão, betume e breu; b) extração, produção e utilização de óleos minerais e parafinas; c) extração e utilização de antraceno e negro de fumo; d) produção de coque.	25 anos
1.0.8	CHUMBO E SEUS COMPOSTOS TÓXICOS a) extração e processamento de minério de chumbo; b) metalurgia e fabricação de ligas e compostos de chumbo; c) fabricação e reformas de acumuladores elétricos; d) fabricação e emprego de chumbo-tetraetila e chumbo-tetrametila; e) fabricação de tintas, esmaltes e vernizes à base de compostos de chumbo; f) pintura com pistola empregando tintas com pigmentos de chumbo; g) fabricação de objetos e artefatos de chumbo e suas ligas; h) vulcanização da borracha pelo litargírio ou outros compostos de chumbo; i) utilização de chumbo em processos de soldagem; j) fabricação de vidro, cristal e esmalte vitrificado; l) fabricação de pérolas artificiais; m) fabricação e utilização de aditivos à base de chumbo para a indústria de plásticos.	25 anos
1.0.9	CLORO E SEUS COMPOSTOS TÓXICOS a) fabricação e emprego de defensivos organoclorados; b) fabricação e emprego de cloroetilaminas (mostardas nitrogenadas); c) fabricação e manuseio de bifenis policlorados (PCB); d) fabricação e emprego de cloreto de vinil como monômero na fabricação de policloreto de vinil (PVC) e outras resinas e como intermediário em produções químicas ou como solvente orgânico; e) fabricação de policloroprene; f) fabricação e emprego de clorofórmio (triclorometano) e de tetracloreto de carbono.	25 anos
1.0.10	CROMO E SEUS COMPOSTOS TÓXICOS a) fabricação, emprego industrial, manipulação de cromo, ácido crômico, cromatos e bicromatos; b) fabricação de ligas de ferro-cromo; c) revestimento eletrolítico de metais e polimento de superfícies cromadas; d) pintura com pistola utilizando tintas com pigmentos de cromo; e) soldagem de aço inoxidável.	25 anos

Código	Agente nocivo	Tempo de exposição
1.0.11	DISSULFETO DE CARBONO a) fabricação e utilização de dissulfeto de carbono; b) fabricação de viscose e seda artificial (raiom); c) fabricação e emprego de solventes, inseticidas e herbicidas contendo dissulfeto de carbono; d) fabricação de vernizes, resinas, sais de amoníaco, de tetracloreto de carbono, de vidros óticos e produtos têxteis com uso de dissulfeto de carbono.	25 anos
1.0.12	FÓSFORO E SEUS COMPOSTOS TÓXICOS a) extração e preparação de fósforo branco e seus compostos; b) fabricação e aplicação de produtos fosforados e organofosforados (sínteses orgânicas, fertilizantes e praguicidas); c) fabricação de munições e armamentos explosivos.	25 anos
1.0.13	IODO a) fabricação e emprego industrial do iodo.	25 anos
1.0.14	MANGANÊS E SEUS COMPOSTOS a) extração e beneficiamento de minérios de manganês; b) fabricação de ligas e compostos de manganês; c) fabricação de pilhas secas e acumuladores; d) preparação de permanganato de potássio e de corantes; e) fabricação de vidros especiais e cerâmicas; f) utilização de eletrodos contendo manganês; g) fabricação de tintas e fertilizantes.	25 anos
1.0.15	MERCÚRIO E SEUS COMPOSTOS a) extração e utilização de mercúrio e fabricação de seus compostos; b) fabricação de espoletas com fulminato de mercúrio; c) fabricação de tintas com pigmento contendo mercúrio; d) fabricação e manutenção de aparelhos de medição e de laboratório; e) fabricação de lâmpadas, válvulas eletrônicas e ampolas de raios X; f) fabricação de minuterias, acumuladores e retificadores de corrente; g) utilização como agente catalítico e de eletrólise; h) douração, prateamento, bronzeamento e estanhagem de espelhos e metais; i) curtimento e feltragem do couro e conservação da madeira; j) recuperação do mercúrio; l) amalgamação do zinco. m) tratamento a quente de amálgamas de metais; n) fabricação e aplicação de fungicidas.	25 anos

Código	Agente nocivo	Tempo de exposição
1.0.16	NÍQUEL E SEUS COMPOSTOS TÓXICOS a) extração e beneficiamento do níquel; b) niquelagem de metais; c) fabricação de acumuladores de níquel-cádmio.	25 anos
1.0.17	PETRÓLEO, XISTO BETUMINOSO, GÁS NATURAL E SEUS DERIVADOS a) extração, processamento, beneficiamento e atividades de manutenção realizadas em unidades de extração, plantas petrolíferas e petroquímicas; b) beneficiamento e aplicação de misturas asfálticas contendo hidrocarbonetos policíclicos.	25 anos
1.0.18	SÍLICA LIVRE a) extração de minérios a céu aberto; b) beneficiamento e tratamento de produtos minerais geradores de poeiras contendo sílica livre cristalizada; c) tratamento, decapagem e limpeza de metais e fosqueamento de vidros com jatos de areia; d) fabricação, processamento, aplicação e recuperação de materiais refratários; e) fabricação de mós, rebolos e de pós e pastas para polimento; f) fabricação de vidros e cerâmicas; g) construção de túneis; h) desbaste e corte a seco de materiais contendo sílica.	25 anos
1.0.19	OUTRAS SUBSTÂNCIAS QUÍMICAS GRUPO I — ESTIRENO; BUTADIENO-ESTIRENO; ACRILONITRILA; 1-3 BUTADIENO; CLOROPRENO; MERCAPTANOS, n-HEXANO, DIISOCIANATO DE TOLUENO (TDI); AMINAS AROMÁTICAS a) fabricação e vulcanização de artefatos de borracha; b) fabricação e recauchutagem de pneus. GRUPO II — AMINAS AROMÁTICAS, AMINOBIFENILA, AURAMINA, AZATIOPRINA, BIS (CLORO METIL) ÉTER, 1-4 BUTANODIOL, DIMETANOSULFONATO (MILERAN), CICLOFOSFAMIDA, CLOROAMBUCIL, DIETILESTIL-BESTROL, ACRONITRILA, NITRONAFTILAMINA 4-DIMETIL-AMINOAZOBENZENO, BENZOPIRENO, BETA-PROPIOLACTONA, BISCLOROETILETER, BISCLOROMETIL, CLOROMETILETER, DIANIZIDINA, DICLOROBENZIDINA, DIETILSULFATO, DIMETILSULFATO, ETILENOAMINA, ETILENOTIUREIA, FENACETINA, IODETO DE METILA, ETILNITROSURÉIAS, METILENO-ORTOCLOROANILINA (MOCA), NITROSAMINA, ORTOTOLUIDINA, OXIME-TALONA, PROCARBAZINA, PROPANOSULTONA, 1-3-BUTADIENO, ÓXIDO DE ETILENO,	25 anos

Código	Agente nocivo	Tempo de exposição
	ESTILBENZENO, DIISOCIANATO DE TOLUENO (TDI), CREOSOTO, 4-AMINODIFENIL, BENZIDINA, BETANAFTILAMINA, ESTIRENO, 1-CLORO-2, 4 - NITRODIFENIL, 3-POXIPROPANO a) manufatura de magenta (anilina e ortotoluidina); b) fabricação de fibras sintéticas; c) sínteses químicas; d) fabricação da borracha e espumas; e) fabricação de plásticos; f) produção de medicamentos; g) operações de preservação da madeira com creosoto; h) esterilização de materiais cirúrgicos.	
2.0.0	AGENTES FÍSICOS Exposição acima dos limites de tolerância especificados ou às atividades descritas.	
2.0.1	RUÍDO a) exposição a Níveis de Exposição Normalizados (NEN) superiores a 85 dB(A). (Redação dada pelo Decreto n. 4.882, de 2003)	25 anos
2.0.2	VIBRAÇÕES a) trabalhos com perfuratrizes e marteletes pneumáticos.	25 anos
2.0.3	RADIAÇÕES IONIZANTES a) extração e beneficiamento de minerais radioativos; b) atividades em minerações com exposição ao radônio; c) realização de manutenção e supervisão em unidades de extração, tratamento e beneficiamento de minerais radioativos com exposição às radiações ionizantes; d) operações com reatores nucleares ou com fontes radioativas; e) trabalhos realizados com exposição aos raios Alfa, Beta, Gama e X, aos nêutrons e às substâncias radioativas para fins industriais, terapêuticos e diagnósticos; f) fabricação e manipulação de produtos radioativos; g) pesquisas e estudos com radiações ionizantes em laboratórios.	25 anos
2.0.4	TEMPERATURAS ANORMAIS a) trabalhos com exposição ao calor acima dos limites de tolerância estabelecidos na NR-15, da Portaria n. 3.214/78.	25 anos
2.0.5	PRESSÃO ATMOSFÉRICA ANORMAL a) trabalhos em caixões ou câmaras hiperbáricas; b) trabalhos em tubulões ou túneis sob ar comprimido; c) operações de mergulho com o uso de escafandros ou outros equipamentos.	25 anos

Código	Agente nocivo	Tempo de exposição
3.0.0	BIOLÓGICOS Exposição aos agentes citados unicamente nas atividades relacionadas.	
3.0.1	MICRO-ORGANISMOS E PARASITAS INFECTOCONTAGIOSOS VIVOS E SUAS TOXINAS (Redação dada pelo Decreto n. 4.882, de 2003) a) trabalhos em estabelecimentos de saúde em contato com pacientes portadores de doenças infectocontagiosas ou com manuseio de materiais contaminados; b) trabalhos com animais infectados para tratamento ou para o preparo de soro, vacinas e outros produtos; c) trabalhos em laboratórios de autópsia, de anatomia e anátomo-histologia; d) trabalho de exumação de corpos e manipulação de resíduos de animais deteriorados; e) trabalhos em galerias, fossas e tanques de esgoto; f) esvaziamento de biodigestores; g) coleta e industrialização do lixo.	25 anos
4.0.0	ASSOCIAÇÃO DE AGENTES Nas associações de agentes que estejam acima do nível de tolerância, será considerado o enquadramento relativo ao que exigir menor tempo de exposição. (Redação dada pelo Decreto n. 4.882, de 2003)	
4.0.1	FÍSICOS, QUÍMICOS E BIOLÓGICOS a) mineração subterrânea cujas atividades sejam exercidas afastadas das frentes de produção.	20 anos
4.0.2	FÍSICOS, QUÍMICOS E BIOLÓGICOS a) trabalhos em atividades permanentes no subsolo de minerações subterrâneas em frente de produção.	15 anos

Analisando o quadro, observa-se o seguinte:

1) Agentes químicos

O direito à aposentadoria especial ocorrerá quando a exposição ao agente químico for superior ao limite de tolerância, sendo o rol dos agentes exaustivo e as atividades listadas exemplificativas. Assim, por exemplo, se a concentração de poeira de sílica livre de um trabalhador de terraplenagem for superior ao limite de tolerância, mesmo que haja previsão expressa dessa atividade no código 1.0.18, o direito à aposentadoria será devido.

2) Agentes físicos

No mesmo sentido, o direito à aposentadoria por riscos ocorrerá quando a exposição acontecer exclusivamente nas atividades relacionadas, sem o pressuposto da intensidade ou a concentração do agente ser superior ao limite de tolerância.

3) Agentes biológicos e associação de agentes

Nesses agentes, a caracterização da atividade como especial será devida quando a exposição ocorrer exclusivamente nas atividades relacionadas; acima do nível de tolerância, será considerado o enquadramento relativo ao que exigir menor tempo de exposição. (Redação dada pelo Decreto n. 4.882, de 2003).

Com relação aos limites de tolerância, as normas previdenciárias, exceto para o agente ruído, não foram definidas. As instruções normativas estabelecem que as avaliações quantitativas e qualitativas serão baseadas nos limites da NR-15, Portaria n. 3.214/78 ou ACGIH quando não houver limites definidos na NR-15 ou outros que venham a ser estabelecidos em negociação coletiva, desde que mais rigorosos do que os critérios técnicos legais estabelecidos.

No único agente (ruído) que a norma previdenciária definiu limite, ela o fez de forma conflitante com a NR-15 e ACGIH, ao estabelecer limite de 90 dB(A) em vez de 85 dB(A). Todavia, o Decreto n. 4.882/03 uniformizou o procedimento determinando que a aposentadoria será devida quando a exposição for superior a 85 dB(A).

4.3. Laudos Técnicos de Condições Ambientais e de Trabalho (LTCAT)

A comprovação da efetiva exposição do segurado aos agentes nocivos será feita mediante formulário, na forma estabelecida pelo Instituto Nacional do Seguro Social (INSS), emitido pela empresa ou seu preposto, com base em laudo técnico de condições ambientais do trabalho expedido por médico do trabalho ou engenheiro de segurança do trabalho nos termos da legislação trabalhista (art. 58, § 1º, da Lei n. 8.213/91, com redação dada pela Lei n. 9.732, de 11.12.98).

> § 2º Do laudo técnico referido no parágrafo anterior deverão constar informação sobre a existência de tecnologia de proteção coletiva ou individual que diminua a intensidade do agente agressivo a limites de tolerância e recomendação sobre a sua adoção pelo estabelecimento respectivo. (Redação dada pela Lei n. 9.732, de 11.12.98)

§ 3º A empresa que não mantiver laudo técnico atualizado com referência aos agentes nocivos existentes no ambiente de trabalho de seus trabalhadores ou que emitir documento de comprovação de efetiva exposição em desacordo com laudo estará sujeita à penalidade prevista no art. 133 desta Lei. (Parágrafo acrescentado ao art. 58 da Lei n. 8.213/91 pela Lei n. 9.528, de 10.12.97).

Observa-se, portanto, que, da mesma forma que o art. 195 da CLT, o laudo técnico para comparação da exposição ao risco ambiental deverá ser feito por engenheiro de segurança do trabalho ou médico do trabalho.

O Decreto n. 3.048/99 e as instruções normativas do INSS determinam que o laudo técnico deve conter os seguintes elementos:

I — dados da empresa;

II — setor de trabalho, descrição dos locais e dos serviços realizados em cada setor, com pormenização do ambiente de trabalho e das funções, passo a passo, desenvolvidas pelo segurado;

III — condições ambientais de local de trabalho;

IV — registro dos agentes nocivos, concentração, intensidade, tempo de exposição e metodologias utilizadas conforme o caso;

V — em se tratando de agentes químicos, deverá ser informado o nome da substância ativa, não sendo aceitas citações de nomes comerciais, podendo ser anexada a respectiva ficha toxicológica;

VI — duração do trabalho que expôs o trabalhador aos agentes nocivos;

VII — informação sobre a existência e aplicação efetiva de Equipamentos de Proteção Individual (EPI), a partir de 14 de dezembro de 1998, ou Equipamentos de Proteção Coletiva (EPC), a partir de 13 de outubro de 1996, que neutralizem ou atenuem os efeitos da nocividade dos agentes em relação aos limites de tolerância estabelecidos, devendo constar também:

A) Se a utilização do EPC ou EPI reduz a nocividade do agente nocivo de modo a atenuar ou neutralizar seus efeitos em relação aos limites de tolerância legais estabelecidos;

B) As especificações a respeito dos EPCs e dos EPIs utilizados, listando os Certificados de Aprovação (CA) e, respectivamente, os prazos de validade, a periodicidade das trocas e o controle de fornecimento aos trabalhadores;

C) A perícia médica poderá exigir a apresentação do monitoramento biológico do segurado quando houver dúvidas quanto à real eficiência da proteção individual do trabalhador.

VIII — métodos, técnicas, aparelhagens e equipamentos utilizados para a elaboração do LTCAT;

IX — conclusão do médico do trabalho ou do engenheiro de segurança do trabalho responsável pela elaboração do laudo técnico, devendo conter informação clara e objetiva a respeito dos agentes nocivos, referente à potencialidade de causar prejuízo à saúde ou à integridade física do trabalhador;

X — especificação se o signatário do laudo técnico é ou foi contratado da empresa, à época da confecção do laudo, ou, em caso negativo, se existe documentação formal de sua contratação como profissional autônomo para subscrição do laudo;

X — data e local da inspeção técnica da qual resultou o laudo técnico.

Do laudo técnico deverá constar informação sobre a existência de tecnologia de proteção coletiva, de medidas de caráter administrativo ou de organização do trabalho, ou de tecnologia de proteção individual, que elimine, minimize ou controle a exposição a agentes nocivos aos limites de tolerância, respeitado o estabelecido na legislação trabalhista (§ 3º do Decreto n. 3.048/99, alterado pelo Decreto n. 4.882, de 18.11.2003 — DOU 19.11.2003).

Vale ressaltar que as normas previdenciárias determinam que poderão ser aceitos, em substituição ao LTCAT, ou ainda de forma complementar a este, os seguintes documentos:

— Laudos técnico-periciais emitidos por determinação da Justiça do Trabalho, em ações trabalhistas, acordos ou dissídios coletivos;

— Laudos emitidos pela Fundação Jorge Duprat Figueiredo de Segurança e Medicina do Trabalho (Fundacentro);

— Laudos emitidos pelo Ministério do Trabalho e Emprego (MTE), ou, ainda, pelas Delegacias Regionais do Trabalho (DRT);

— Laudos individuais acompanhados de autorização escrita da empresa para efetuar o levantamento, quando o responsável técnico não for seu empregado;

— Os programas PPRA, PGR, PCMAT e PCMSO.

4.4. Eliminação e neutralização do agente — Descaracterização

Até 2.6.98, a concessão da aposentadoria especial era independente do uso de EPI (Equipamento de Proteção Individual) ou EPC (Equipamento de Proteção Coletiva). A partir dessa data, a Ordem de Serviço n. 600 estabeleceu que, se do laudo técnico constar a informação de que o uso do equipamento de proteção individual ou coletivo elimina ou neutraliza a presença do agente nocivo, não caberá o enquadramento da atividade como especial.

Posteriormente, a Lei n. 9.732, de 11.12.98, que deu nova redação ao art. 58 da Lei n. 8.213, estabeleceu que o laudo técnico deve conter informações sobre a existência de proteção coletiva e individual que diminua a intensidade do agente agressivo a limite de tolerância e recomendação sobre sua adoção no estabelecimento. A regulamentação e as instruções normativas do INSS em vigor reiteram que o EPC ou EPI descaracterizam o direito a aposentadoria especial, desde que sejam capazes de reduzir a intensidade do agente abaixo do limite de tolerância, devendo, no caso do EPI, a empresa informar o CA, o fator de proteção, os prazos de validade, a periodicidade de trocas e o controle de fornecimento aos trabalhadores.

Cabe salientar, no entanto, que no caso do ruído a Justiça tem entendido que a proteção auditiva não descaracteriza o direito à aposentadoria especial.[(2)]

4.5. Contribuição adicional

A Lei n. 9.752/98 deu nova redação ao art. 58, § 6º, da Lei n. 8.213/91, estabelecendo contribuição adicional para financiamento da aposentadoria de que trata o inciso II, do art. 22 da Lei n. 8.212/91, cujas alíquotas serão acrescidas da seguinte forma:

a) 12% da remuneração para as atividades com aposentadoria especial de 15 anos;

b) 9% da remuneração para as atividades com aposentadoria especial de 20 anos;

c) 6% da remuneração para as atividades com aposentadoria especial de 25 anos.

Portanto, a partir dessa lei, o financiamento da aposentadoria especial será feita pelo empregador.

4.6. Perfil Profissiográfico Previdenciário (PPP)

Em 10.12.97, foi acrescido, pela Lei n. 9.528, o § 4º da Lei n. 8.213, que exige que as empresas elaborem e mantenham atualizado o perfil profissiográfico que abrange as atividades desenvolvidas pelo trabalhador e forneçam a este, quando da rescisão do contrato de trabalho, cópia autêntica do documento. Esse perfil é o histórico laboral do trabalhador na empresa, devendo ser elaborado com base no LTCAT (Laudo Técnico das Condições Ambientais do Trabalho). As instruções normativas do INSS fornecem o modelo desse perfil e determinam que ele deve ser mantido atualizado em meio eletrônico e, por ocasião do risco contratual, impresso e entregue ao trabalhador.

---

(2) SÚMULA n. 9 — TURMA DE UNIFORMIZAÇÃO DAS DECISÕES DAS TURMAS RECURSAIS DOS JUIZADOS ESPECIAIS FEDERAIS. Aposentadoria Especial — Equipamento de Proteção Individual. O uso de Equipamento de Proteção Individual (EPI), ainda que elimine a insalubridade, no caso de exposição a ruído, não descaracteriza o tempo de serviço especial prestado.

A finalidade principal desse LTCAT e do PPP é instruir os processos de aposentadoria especial junto ao INSS, evitando que o trabalhador seja prejudicado na obtenção do benefício, devido à falta de dados da exposição aos riscos ambientais, como ocorre frequentemente em empresas extintas, falidas ou que não possuíam dados da exposição ocupacional da época. A seguir, o modelo do Perfil Profissiográfico Previdenciário fornecido pelo INSS:

Perfil Profissiográfico Previdenciário (PPP)

I. SEÇÃO DE DADOS ADMINISTRATIVOS				
1. CNPJ do Domicílio Tributário/CEI		2. Nome Empresarial		3. CNAE
4. Nome do Trabalhador		5. BR/PDH		6. NIT
7. Data de Nascimento	8. Sexo (F/M)	9. CTPS (N., Série e UF)	10. Data de Admissão	11. Regime Revezamento

12. CAT REGISTRADA			
12.1. Data do Registro	12.2. Número da CAT	12.1. Data do Registro	12.2. Número da CAT

13. LOTAÇÃO E ATRIBUIÇÃO						
13.1. Período	13.2. CNPJ/CEI	13.3. Setor	13.4. Cargo	13.5. Função	13.6. CBO	13.7. Cód. GFIP
__/__/__ a __/__/__						
__/__/__ a __/__/__						
__/__/__ a __/__/__						
__/__/__ a __/__/__						
__/__/__ a __/__/__						
__/__/__ a __/__/__						

14. PROFISSIOGRAFIA	
14.1. Período	14.2. Descrição das Atividades
__/__/__ a __/__/__	
__/__/__ a __/__/__	
__/__/__ a __/__/__	
__/__/__ a __/__/__	
__/__/__ a __/__/__	
__/__/__ a __/__/__	

II. SEÇÃO DE REGISTROS AMBIENTAIS

15. EXPOSIÇÃO A FATORES DE RISCOS

15.1. Período	15.2. Tipo	15.3. Fator de risco	15.4. Itens Concentração	15.5. Técnica Utilizada	15.6. EPC Eficaz (S/N)	15.7. EPI Eficaz (S/N)	15.8. CA EPI
__/__/__ a __/__/__							
__/__/__ a __/__/__							
__/__/__ a __/__/__							
__/__/__ a __/__/__							
__/__/__ a __/__/__							
__/__/__ a __/__/__							

15.9. Atendimento aos requisitos das NR-6 e NR-9 do MTE pelos EPI informados	(SIM/NÃO)
Foi tentada a implementação de medidas de proteção coletiva, de caráter administrativo ou de organização do trabalho, optando-se pelo EPI por inviabilidade técnica, insuficiência ou interinidade, ou ainda em caráter complementar ou emergencial.	
Foram observadas as condições de funcionamento e do uso ininterrupto do EPI ao longo do tempo, conforme especificação técnica do fabricante, ajustada às condições de campo.	
Foi observado o prazo de validade, conforme Certificado de Aprovação — CA do MTE.	
Foi observada a periodicidade de troca definida pelos programas ambientais, comprovada mediante recibo assinado pelo usuário em época própria.	
Foi observada a higienização.	

16. RESPONSÁVEL PELOS REGISTROS AMBIENTAIS

16.1. Período	16.2. NIT	16.3. Registro do Conselho de Classe	16.4. Nome do Profissional Legalmente habilitado
__/__/__ a __/__/__			
__/__/__ a __/__/__			
__/__/__ a __/__/__			
__/__/__ a __/__/__			
__/__/__ a __/__/__			
__/__/__ a __/__/__			

III. SEÇÃO DE RESULTADOS DE MONITORAÇÃO BIOLÓGICA

17. EXAMES MÉDICOS, CLÍNICOS E COMPLEMENTARES (Quadros I e II, da NR-7)

17.1. Data	17.2. Tipo	17.3. Natureza	17.4. Exame (R/S)	17.5. Indicação de Resultados
__/__/____			( ) Normal	( ) Alterado ( ) Estável ( ) Agravamento ( ) Ocupacional

__/__/____			( ) Normal	( ) Alterado ( ) Estável ( ) Agravamento ( ) Ocupacional
__/__/____			( ) Normal	( ) Alterado ( ) Estável ( ) Agravamento ( ) Ocupacional
__/__/____			( ) Normal	( ) Alterado ( ) Estável ( ) Agravamento ( ) Ocupacional

18. RESPONSÁVEL PELA MONITORAÇÃO BIOLÓGICA			
18.1. Período	18.2. NIT	18.3. Registro do Conselho de Classe	18.4. Nome do Profissional Legalmente habilitado

IV. RESPONSÁVEIS PELAS INFORMAÇÕES

Declaramos, para todos os fins de direito, que as informações prestadas neste documento são verídicas e foram transcritas fielmente dos registros administrativos, das demonstrações ambientais e dos programas médicos de responsabilidade da empresa. É de nosso conhecimento que a prestação de informações falsas neste documento constitui crime de falsificação de documento público, nos termos do art. 297 do Código Penal e, também, que tais informações são de caráter privativo do trabalhador, constituindo crime, nos termos da Lei n. 9.029/95, práticas discriminatórias decorrentes de sua exigibilidade por outrem, bem como de sua divulgação para terceiros, ressalvado quando exigida pelos órgãos públicos competentes.

19. DATA EMISSÃO PPP	20. REPRESENTAÇÃO LEGAL DA EMPRESA	
__/__/____	20.1 — NIT (Carimbo)	20.2 — Nome ____________ (Assinatura)

OBSERVAÇÕES

Instruções de Preenchimento

Campo	Descrição	Instrução de preenchimento
I. SEÇÃO DE DADOS ADMINISTRATIVOS		
1	CNPJ do Domicílio Tributário/CEI	CNPJ relativo ao estabelecimento escolhido como domicílio tributário, nos termos do art. 127 do CTN, no formato XXXXXXXX/XXXX-XX; ou Matrícula no Cadastro Específico do INSS (Matrícula CEI) relativa à obra realizada por Contribuinte Individual ou ao estabelecimento escolhido como domicílio tributário que não possua CNPJ, no formato XX.XXX.XXXXX/XX, ambos compostos por caracteres numéricos.
2	Nome empresarial	Até 40 (quarenta) caracteres alfanuméricos.
3	CNAE	Classificação Nacional de Atividades Econômicas da empresa, completo, com 7 (sete) caracteres numéricos, no formato XXXXXX-X, instituído pelo IBGE através da Resolução CONCLA n. 07, de 16.12.2002. A tabela de códigos CNAE-Fiscal pode ser consultada na Internet, no site <www.cnae.ibge.gov.br>.
4	Nome do trabalhador	Até 40 (quarenta) caracteres alfabéticos.
5	BR/PDH	BR — Beneficiário Reabilitado; PDH — Portador de Deficiência Habilitado; NA — Não Aplicável. Preencher com base no art. 93, da Lei n. 8.213, de 1991, que estabelece a obrigatoriedade do preenchimento dos cargos de empresas com 100 (cem) ou mais empregados com beneficiários reabilitados ou pessoas portadoras de deficiência, habilitadas, na seguinte proporção: I — até 200 empregados....2%; II — de 201 a 500....3%; III — de 501 a 1.000....4%; IV — de 1.001 em diante....5%.
6	NIT	Número de Identificação do Trabalhador com 11 (onze) caracteres numéricos, no formato XXX.XXXXX.XX-X. O NIT corresponde ao número do PIS/PASEP/CI sendo que, no caso de Contribuinte Individual (CI), pode ser utilizado o número de inscrição no Sistema Único de Saúde (SUS) ou na Previdência Social.
7	Data do nascimento	No formato DD/MM/AAAA.
8	Sexo (F/M)	F — Feminino; M — Masculino.

Campo	Descrição	Instrução de preenchimento
9	CTPS (n. série e UF)	Número, com 7 (sete) caracteres numéricos, Série, com 5 (cinco) caracteres numéricos e UF, com 2 (dois) caracteres alfabéticos, da Carteira de Trabalho e Previdência Social.
10	Data de admissão	No formato DD/MM/AAAA.
11	Regime de revezamento	Regime de Revezamento de trabalho, para trabalhos em turnos ou escala, especificando tempo trabalhado e tempo de descanso, com até 15 (quinze) caracteres alfanuméricos. Exemplo: 24 x 72 horas; 14 x 21 dias; 2 x 1 meses. Se inexistente, preencher com NA — Não Aplicável.
12	CAT registrada	Informações sobre as Comunicações de Acidente do Trabalho registradaspela empresa na Previdência Social, nos termos do art. 22 da Lei n. 8.213, de 1991, do art. 169 da CLT, do art. 336 do RPS, aprovado pelo Dec. n. 3.048, de 1999, do item 7.4.8, alínea "a" da NR-07 do MTE e dos itens 4.3.1 e 6.1.2 do Anexo 13-A da NR-15 do MTE, disciplinado pela Portaria MPAS n. 5.051, de 1999, que aprova o Manual de Instruções para Preenchimento da CAT.
12.1	Data do registro	No formato DD/MM/AAAA.
12.2	Número da CAT	Com 13 (treze) caracteres numéricos, com formato XXXXXXXXXX-X/XX. Os dois últimos caracteres correspondem a um número sequencial relativo ao mesmo acidente, identificado por NIT, CNPJ e data do acidente.
13	Lotação e atribuição	Informações sobre o histórico de lotação e atribuições do trabalhador, porperíodo. A alteração de qualquer um dos campos — 13.2 a 13.7 — implica, obrigatoriamente, a criação de nova linha, com discriminação do período,repetindo as informações que não foram alteradas.
13.1	Período	Data de início e data de fim do período, ambas no formato DD/MM/AAAA. No caso de trabalhador ativo, a data de fim do último período não deverá ser preenchida.
13.2	CNPJ/CEI	Local onde efetivamente o trabalhador exerce suas atividades. Deverá ser informado o CNPJ do estabelecimento de lotação do trabalhador ou da empresa tomadora de serviços, no formato XXXXXXXX/XXXX-XX; ou Matrícula CEI da obra ou do estabelecimento que não possua CNPJ, no formato XX.XXX.XXXXX/XX, ambos compostos por caracteres numéricos.

Campo	Descrição	Instrução de preenchimento
13.3	Setor	Lugar administrativo na estrutura organizacional da empresa, onde o trabalhador exerce suas atividades laborais, com até 15 (quinze) caracteres alfanuméricos.
13.4	Cargo	Cargo do trabalhador, constante na CTPS, se empregado ou trabalhador avulso, ou constante no Recibo de Produção e Livro de Matrícula, se cooperado, com até 30 (trinta) caracteres alfanuméricos.
13.5	Função	Lugar administrativo na estrutura organizacional da empresa, onde o trabalhador tenha atribuição de comando, chefia, coordenação, supervisão ou gerência. Quando inexistente a função, preencher com NA — Não Aplicável, com até 30 (trinta) caracteres alfanuméricos.
13.6	CBO	Classificação Brasileira de Ocupação vigente à época, com seis caracteres numéricos: 1 — No caso de utilização da tabela CBO relativa a 1994, utilizar a CBO completa com cinco caracteres, completando com "0" (zero) a primeira posição; 2 — No caso de utilização da tabela CBO relativa a 2002, utilizar a CBO completa com seis caracteres. Alternativamente, pode ser utilizada a CBO, com 5 (cinco) caracteres numéricos, conforme Manual da GFIP para usuários do SEFIP, publicado por Instrução Normativa da Diretoria Colegiada do INSS: 1 — No caso de utilização da tabela CBO relativa a 1994, utilizar a CBO completa com cinco caracteres; 2 — No caso de utilização da tabela CBO relativa a 2002, utilizar a família do CBO com quatro caracteres, completando com "0" (zero) a primeira posição. A tabela de CBO pode ser consultada na Internet, no site <www.mtecbo.gov.br>. OBS.: Após a alteração da GFIP, somente será aceita a CBO completa, com seis caracteres numéricos, conforme a nova tabela CBO relativa a 2002.
13.7	Código de ocorrência da GFIP	Código Ocorrência da GFIP para o trabalhador, com dois caracteres numéricos, conforme Manual da GFIP para usuários do SEFIP, publicado por Instrução Normativa da Diretoria Colegiada do INSS.
14	Profissiografia	Informações sobre a profissiografia do trabalhador, por período. A alteração do campo 14.2 implica, obrigatoriamente, a criação de nova linha, com discriminação do período.
14.1	Período	Data de início e data de fim do período, ambas no formato DD/MM/AAAA. No caso de trabalhador ativo, a data de fim do último período não deverá ser preenchida.

Campo	Descrição	Instrução de preenchimento
14.2	Descrição das atividades	Descrição das atividades, físicas ou mentais, realizadas pelo trabalhador, por força do poder de comando a que se submete, com até 400 (quatrocentos) caracteres alfanuméricos. As atividades deverão ser descritas com exatidão, e de forma sucinta, com a utilização de verbos no infinitivo impessoal.
	II. SEÇÃO DE REGISTROS AMBIENTAIS	
15	Exposição a fatores de risco	Informações sobre a exposição do trabalhador a fatores de riscos ambientais, por período, ainda que estejam neutralizados, atenuados ou exista proteção eficaz. Facultativamente, também poderão ser indicados os fatores de riscos ergonômicos e mecânicos. A alteração de qualquer um dos campos — 15.2 a 15.8 — implica, obrigatoriamente, a criação de nova linha, com discriminação do período, repetindo as informações que não foram alteradas. OBS.: Após a implantação da migração dos dados do PPP em meio magnético pela Previdência Social, as informações relativas aos fatores de riscos ergonômicos e mecânicos passarão a ser obrigatórias.
15.1	Período	Data de início e data de fim do período, ambas no formato DD/MM/AAAA. No caso de trabalhador ativo, a data de fim do último período não deverá ser preenchida.
15.2	Tipo	F — Físico; Q — Químico; B — Biológico; E — Ergonômico/Psicossocial, M — Mecânico/de Acidente, conforme classificação adotada pelo Ministério da Saúde, em "Doenças Relacionadas ao Trabalho: Manual de Procedimentos para os Serviços de Saúde", de 2001. A indicação do Tipo "E" e "M" é facultativa. O que determina a associação de agentes é a superposição de períodos com fatores de risco diferentes.
15.3	Fator de risco	Descrição do fator de risco, com até 40 (quarenta) caracteres alfanuméricos. Em se tratando do Tipo "Q", deverá ser informado o nome da substância ativa, não sendo aceitas citações de nomes comerciais.
15.4	Intensidade/ Concentração	Intensidade ou Concentração, dependendo do tipo de agente, com até 15 (quinze) caracteres alfanuméricos. Caso o fator de risco não seja passível de mensuração, preencher com NA — Não Aplicável.

Campo	Descrição	Instrução de preenchimento
15.5	Técnica utilizada	Técnica utilizada para apuração do item 15.4, com até 40 (quarenta) caracteres alfanuméricos. Caso o fator de risco não seja passível de mensuração, preencher com NA — Não Aplicável.
15.6	EPC eficaz (S/N)	S — Sim; N — Não, considerando se houve ou não a eliminação ou a neutralização, com base no informado nos itens 15.2 a 15.5, assegurada as condições de funcionamento do EPC ao longo do tempo, conforme especificação técnica do fabricante e respectivo plano de manutenção.
15.7	EPI eficaz (S/N)	S — Sim; N — Não, considerando se houve ou não a atenuação, com base no informado nos itens 15.2 a 15.5. 1 — da hierarquia estabelecida no item 9.3.5.4 da NR-9 do MTE (medidas de proteção coletiva, medidas de caráter administrativo ou de organização do trabalho e utilização do EPI, nesta ordem, admitindo-se a utilização de EPI somente em situações de inviabilidade técnica, insuficiência ou interinidade à implementação do EPC, ou ainda em caráter complementar ou emergencial); 2 — das condições de funcionamento do EPI ao longo do tempo, conforme especificação técnica do fabricante ajustada às condições de campo; 3 — prazo de validade, conforme Certificado de Aprovação do MTE; 4 — da peridiodicidade de troca definida pelos programas ambientais, devendo esta ser comprovada mediante recibo; 5 — dos meios de higienização.
15.8	C.A. EPI	Número do Certificado de Aprovação do MTE para o Equipamento de Proteção Individual referido no campo 15.7, com 5 (cinco) caracteres numéricos. Caso não seja utilizado EPI, preencher com NA — Não Aplicável.
16	Responsável pelos registros ambientais	Informações sobre os responsáveis pelos registros ambientais, por período.
16.1	Período	Data de início e data de fim do período, ambas no formato DD/MM/AAAA. No caso de trabalhador ativo sem alteração do responsável, a data de fim do último período não deverá ser preenchida.
16.2	NIT	Número de Identificação do Trabalhador com 11 (onze) caracteres numéricos, no formato XXX.XXXXX.XX-X. O NIT corresponde ao número do PIS/PASEP/CI sendo que, no caso de Contribuinte Individual (CI), pode ser utilizado o número de inscrição no Sistema Único de Saúde (SUS) ou na Previdência Social.

Campo	Descrição	Instrução de preenchimento
16.3	Registro do Conselho de Classe	Número do registro profissional no Conselho de Classe, com 9 (nove) caracteres alfanuméricos, no formato XXXXXX-X/XX ou XXXXXXX/XX. A parte "-X" corresponde à D – Definitivo ou P – Provisório. A parte "/XX" deve ser preenchida com a UF, com 2 (dois) caracteres alfabéticos. A parte numérica deverá ser completada com zeros à esquerda.
16.4	Nome do profissional legalmente habilitado	Até 40 (quarenta) caracteres alfabéticos.
III. SEÇÃO DE RESULTADOS DE MONITORAÇÃO BIOLÓGICA		
17	Exames médicos clínicos e complementares	Informações sobre os exames médicos obrigatórios, clínicos e complementares, realizados para o trabalhador, constantes nos Quadros I e II, da NR-07 do MTE.
17.1	Data	No formato DD/MM/AAAA.
17.2	Tipo	A — Admissional; P — Periódico; R — Retorno ao Trabalho; M — Mudança de Função; D — Demissional.
17.3	Natureza	Natureza do exame realizado, com até 50 (cinquenta) caracteres alfanuméricos. No caso dos exames relacionados no Quadro I da NR-07, do MTE, deverá ser especificada a análise realizada, além do material biológico coletado.
17.4	Exame (R/S)	R — Referencial; S — Sequencial.
17.5	Indicação de resultados	Preencher Normal ou Alterado. Só deve ser preenchido Estável ou Agravamento no caso de Alterado em exame Sequencial. Só deve ser preenchido Ocupacional ou Não Ocupacional no caso de Agravamento. OBS.: No caso de Natureza do Exame "Audiometria", a alteração unilateral poderá ser classificada como ocupacional, apesar de a maioria das alterações ocupacionais serem constatadas bilateralmente.
18	Responsável pela monitoração biológica	Informações sobre os responsáveis pela monitoração biológica, por período.
18.1	Período	Data de início e data de fim do período, ambas no formato DD/MM/AAAA. No caso de trabalhador ativo sem alteração do responsável, a data de fim do último período não deverá ser preenchida.
18.2	NIT	Número de Identificação do Trabalhador com 11 (onze) caracteres numéricos, no formato XXX.XXXXX.XX-X.

Campo	Descrição	Instrução de preenchimento
18.3	Registro do Conselho de Classe	O NIT corresponde ao número do PIS/PASEP/CI sendo que, no caso de Contribuinte Individual (CI), pode ser utilizado o número de inscrição no Sistema Único de Saúde (SUS) ou na Previdência Social. Número do registro profissional no Conselho de Classe, com 9 (nove) caracteres alfanuméricos, no formato XXXXXX-X/XX ou XXXXXXX/XX. A parte "-X" corresponde à D — Definitivo ou P — Provisório. A parte "/XX" deve ser preenchida com a UF, com 2 (dois) caracteres alfabéticos. A parte numérica deverá ser completada com zeros à esquerda.
18.4	Nome do profissional legalmente habilitado	Até 40 (quarenta) caracteres alfabéticos.
IV. RESPONSÁVEIS PELAS INFORMAÇÕES		
19	Data de emissão do PPP	Data em que o PPP é impresso e assinado pelos responsáveis, no formato DD/MM/AAAA.
20	Representante legal da empresa	Informações sobre o Representante Legal da empresa, com poderes específicos outorgados por procuração.
20.1	NIT	Número de Identificação do Trabalhador com 11 (onze) caracteres numéricos, no formato XXX.XXXXX.XX-X. O NIT corresponde ao número do PIS/PASEP/CI sendo que, no caso de contribuinte individual (CI), pode ser utilizado o número de inscrição no Sistema Único de Saúde (SUS) ou na Previdência Social.
20.2	Nome	Até 40 caracteres alfabéticos.
	Carimbo e assinatura	Carimbo da Empresa e Assinatura do Representante Legal.
	Observações	Devem ser incluídas neste campo, informações necessárias à análise do PPP, bem como facilitadoras do requerimento do benefício, como por exemplo, esclarecimento sobre alteração de razão social da empresa, no caso de sucessora ou indicador de empresa pertencente a grupo econômico. É facultada a inclusão de informações complementares ou adicionais ao PPP.

CAPÍTULO X

PROGRAMAS DE SEGURANÇA E SAÚDE DO TRABALHO

I — CONSIDERAÇÕES GERAIS

Os programas de segurança e saúde do trabalhador têm evoluído bastante nos últimos anos. Essa evolução está relacionada•à exigência legal ou à sua integração aos programas de qualidade e meio ambiente implementados dentro das empresas.

Os principais programas exigidos pela legislação são: NR-9 — PPRA (Programa de Prevenção de Riscos Ambientais), NR-7 — PCMSO (Programa de Controle Médico e Saúde Ocupacional), NR-18 — PCMAT (Programa de Condições de Meio Ambiente de Trabalho), NR-22 — PGR (Programa de Gerenciamento de Riscos). Quanto aos programas ainda não regulamentados, destacam-se: o sistema de gestão de segurança e saúde do trabalhador sugerido pela BS 8800 e OHSAS (Occupational Health and Safety Assessment Series) 18001.

Desse modo, passamos a analisar de forma sintetizada os programas de segurança e saúde do trabalhador.

II — PROGRAMA DE PREVENÇÃO DE RISCOS AMBIENTAIS (PPRA)

Iniciaremos com o PPRA, que, conforme comentado anteriormente, é um programa de higiene ocupacional. Esse programa foi instituído pela Portaria n. 25, de 25.12.95, que deu nova redação à NR-9 da Portaria n. 3.214/78. Esse programa é restrito ao reconhecimento, à avaliação e ao controle dos agentes físicos, químicos e biológicos. Logo, embora haja tendência de outros agentes serem incluídos, especialmente os ergonômicos, a NR-9 limitou a sua aplicação nos riscos precitados, nos termos de seus subitens 9.1.5.1, 9.1.5.2 e 9.1.5.3. Deve-se ressaltar, também, que o PPRA não se confunde com o mapa de risco; enquanto o primeiro é um programa de higiene ocupacional, o segundo é uma inspeção qualitativa realizada pelo próprio trabalhador em seu posto de trabalho, levando-se em consideração os agentes químicos, físicos, biológicos, ergonômicos e mecânicos.

O PPRA é um programa fundamental na melhoria das condições de trabalho e prevenção das doenças ocupacionais, desde que bem elaborado e apoiado numa política prevencionista comprometida com os objetivos do programa. Contudo, lamentavelmente, boa parte dos empregadores possui visão totalmente distorcida do programa, transformando-o apenas em um documento a ser exibido ao auditor fiscal. Vale lembrar que os profissionais da área de segurança e medicina contribuem bastante também para essa situação, porque orientam e interpretam equivocadamente a norma.

É comum determinada empresa nos consultar para realização de avaliação ambiental afirmando que seu PPRA venceu. Ora, o PPRA não vence, o empregador deve estabelecer, implementar e assegurar o cumprimento desse programa, como atividade permanente (subitem 9.4.1, NR-9). O que a norma determina é que pelo menos uma vez ao ano, e sempre que necessário, deverá ser efetuada uma análise global do PPRA, para avaliação do seu desenvolvimento e realização dos ajustes necessários e estabelecimento de novas metas e prioridades (subitem 9.2.1.1, NR-9).

Examinando a NR-9, verifica-se a definição clara e didática do procedimento de implementação e execução do programa, conforme análise a seguir.

2.1. Estrutura do PPRA

Segundo a NR-9, o PPRA deverá ser registrado em documento-base que contenha os aspectos estruturais do programa, tais como planejamento anual, metas, cronogramas de execução, periodicidade de revisão do programa, que, segundo a norma, deverá ser realizado pelo menos uma vez ao ano. Portanto, esse documento é o registro administrativo do PPRA e deverá ser elaborado com base no desenvolvimento do programa pela administração da empresa ou instituição juntamente com o SESMT, uma vez que as ações dependem da política da mesma em relação à saúde e segurança do trabalhador. O PPRA deverá conter, no mínimo:

A) Planejamento anual com estabelecimento de metas, prioridades e cronograma

Entende-se como meta a situação à qual pretende-se chegar após a implantação do PPRA e do implemento das ações de controle, podendo haver mais de uma, conforme as situações encontradas no ambiente de trabalho. Como se pode perceber, as metas poderão ser várias, bem como as ações desencadeadas para alcançá-las, portanto, é imperioso priorizar as metas — bem como suas ações — e que se estabeleça um prazo determinado para o alcance do objetivo.

B) Estratégia e metodologia de ação

Nesse item deverá ser informado o modo como se pretende alcançar a meta, no prazo estipulado, assim como o método de trabalho a ser empregado.

C) Forma de registro, manutenção e divulgação dos dados

Aqui, busca-se resguardar as informações obtidas no desenvolvimento do PPRA de forma sistematizada, podendo ser informatizada, visando à sua possível utilização futura, já que esses dados têm de ser preservados por 20 anos. Com relação à divulgação das informações, a própria NR já fixa alguns parâmetros: a CIPA deverá ter cópia do documento-base e alterações; todo e qualquer trabalhador ou seu representante, bem como a autoridade competente, deverá ter disponível o registro de dados.

D) Periodicidade e forma de avaliação do desenvolvimento do PPRA

A NR já estabelece que deverá ser efetuada, sempre que for necessário e pelo menos uma vez ao ano, uma análise global do PPRA, visando a ajustes necessários e estabelecimento de metas e prioridades.

Cumpre salientar que, conforme comentado, várias empresas distorcem a aplicação da NR-9, limitando-se ao PPRA apenas a elaboração desse documento sem nenhum dado técnico de avaliação ambiental ou de medidas de controle, utilizando o documento somente para exibição ao MTE, se solicitado.

Outro aspecto importante a ser considerado é que muitas empresas solicitam seu consultor para elaborar seu PPRA. Ora, o cronograma, as metas, a forma de divulgação, entre outros fatores deverão ser feitos, pelo SESMT juntamente com a direção da empresa, pois a implantação dessas ações depende da política de orçamentos, do planejamento, dos recursos financeiros e técnicos e da política da empresa em relação à saúde e segurança.

2.2. Desenvolvimento do PPRA

Constitui a parte mais importante do programa, uma vez que a análise e as avaliações nos postos de trabalho fornecerão subsídios para o controle dos riscos ambientais porventura existentes.

O desenvolvimento consiste nas seguintes etapas:

A) Antecipação

A antecipação consiste na identificação dos riscos e adoção de medidas de controle na fase de instalação do estabelecimento ou setor da empresa. Assim, por exemplo, nessa fase poderão ser previstos o isolamento e a segregação de determinada fonte poluidora. É no planejamento das instalações que a adoção das medidas de controle é mais econômica e eficiente.

A antecipação consiste em análise de projetos de novas instalações, novos métodos ou processos de trabalho ou de modificação dos já existentes, visando a identificar riscos potenciais, bem como a adotar medidas de controle para sua eliminação ou redução.

B) Reconhecimento

O reconhecimento consiste na identificação qualitativa dos riscos ambientais em cada posto de trabalho, das principais fontes geradoras, da caracterização da exposição, das medidas de controle existentes, entre outros. Essa fase deve ser realizada com bastante critério, pois, além de subsidiar o planejamento das avaliações quantitativas dos agentes ambientais, pode levar à adoção imediata de medidas de controle nas situações de risco grave e iminente.

Para essa fase, alguns requisitos são essenciais:

• conhecimento das diferentes formas em que se apresentam os agentes ambientais e dos riscos peculiares a cada atividade profissional;

• conhecimento das características intrínsecas e propriedades tóxicas dos materiais utilizados;

• conhecimento dos processos e das operações industriais, desde o recebimento da matéria-prima até o produto final acabado, incluindo possíveis subprodutos indesejáveis.

Para se obter um levantamento eficaz nessa fase, é necessário que seja previamente estabelecida uma sistemática de operações que garanta a melhor cobertura possível dos riscos ambientais.

Para tanto, deverá ser estudado inicialmente um roteiro adequado para que todos os processos sejam analisados, estabelecendo-se o fluxo do processo produtivo e as interfaces e interferências nos locais de trabalho a serem avaliados.

A partir dessa fase, inclusive, deverão ser utilizadas planilhas que conterão os dados necessários à documentação do reconhecimento. Segundo a NR-9, subitem 9.3.3, o reconhecimento deve conter os seguintes itens, quando aplicáveis:

a) a sua identificação;

b) a determinação e localização das possíveis fontes geradoras;

c) a identificação das possíveis trajetórias e dos meios de propagação dos agentes no ambiente de trabalho;

d) a identificação das funções e determinação do número de trabalhadores expostos;

e) a caracterização das atividades e do tipo da exposição;

f) a obtenção de dados existentes na empresa, indicativos de possível comprometimento da saúde decorrente do trabalho;

g) os possíveis danos à saúde relacionados aos riscos identificados, disponíveis na literatura técnica;

h) a descrição das medidas de controle já existentes.

C) Avaliação quantitativa

A avaliação quantitativa deverá sempre ser realizada para:

— comprovar o controle da exposição ou a inexistência dos riscos identificados na etapa de reconhecimento;

— dimensionar a exposição dos trabalhadores;

— subsidiar o equacionamento de medidas de controle.

Essa etapa é substancial no PPRA. Portanto, deve ser adotada estratégia de avaliação quantitativa dos agentes ambientais, conforme comentado nos capítulos anteriores. As avaliações quantitativas e qualitativas subsidiam as medidas de controle mais adequadas, os exames médicos específicos a serem realizados, bem como a comprovação ou não da exposição ao risco para a elaboração do PPP (Perfil Profissiográfico Previdenciário).

Convém salientar que os dados da avaliação quantitativa devem ser comparados com os limites da NR-15, ou, na ausência destes, os valores limites de exposição ocupacional adotados pela *American Conference of Governmental Industrial Higyenists* (ACGIH), ou aqueles que venham a ser estabelecidos em negociação coletiva de trabalho, desde que mais rigorosos do que os critérios técnico-legais estabelecidos.

D) Medidas de controle

As medidas de controle visam a eliminar, minimizar ou controlar os riscos ambientais e devem ser aplicadas nas seguintes situações:

a) quando for identificado, na etapa de antecipação, risco potencial à saúde;

b) quando for constatado, na fase de reconhecimento, risco evidente à saúde;

c) quando os resultados das avaliações quantitativas da exposição dos trabalhadores excederem os valores dos limites previstos na NR-15, ou, na ausência destes, os valores de limites de exposição ocupacional adotados pela ACGIH, ou aqueles que venham a ser estabelecidos em negociação coletiva de trabalho, desde que mais rigorosos do que os critérios técnico-legais estabelecidos;

d) quando, por meio do controle médico da saúde, ficar caracterizado o nexo causal entre danos observados na saúde dos trabalhadores e a situação de trabalho a que eles ficam expostos.

Segundo a NR-9, as medidas de controle poderão ser de ordem coletiva, administrativa ou de organização do trabalho e por uso de EPI.

Para a adoção de medidas de controle deverá ser seguida uma hierarquia na implantação, dando prioridade às medidas de caráter coletivo, e dentro destas, às que eliminem ou reduzam a utilização ou a formação de agentes prejudiciais à saúde.

As medidas de caráter individual devem ser utilizadas como complementação às relativas ao ambiente, ou seja, serão adotadas somente quando comprovada a inviabilidade técnica de adoção de medidas coletivas ou quando estas não forem suficientes ou se encontrarem em fase de estudo ou implementação e, também, quando medidas administrativas ou de organização do trabalho não forem suficientes. No caso de adoção de equipamento de proteção individual deverão ser considerados:

a) adequação do EPI ao risco;

b) orientação e treinamento sobre o correto uso;

c) estabelecimento de normas de procedimento, de forma a tornar o uso efetivo e obrigatório;

d) controle médico.

Ora, essa interpretação é equivocada, pois a norma exige avaliação sistemática e repetitiva, devendo a frequência do monitoramento ser em função dos dados obtidos. Logo, determinado agente deverá ser avaliado todo mês, enquanto outro, com base no tratamento estatístico dos dados, poderá ser avaliado a cada 3 (três) anos.

E) Nível de ação

Segundo a NR-9, considera-se nível de ação o valor acima do qual devem ser iniciadas ações preventivas de forma a minimizar a probabilidade de que as exposições a agentes ambientais ultrapassem os limites de exposição. As ações devem incluir o monitoramento periódico da exposição, a informação aos trabalhadores e o controle médico.

A NR-9 determina que o nível de ação para os agentes químicos é a metade do limite de exposição ocupacional, enquanto para o ruído a dose é de 0,5 (dose superior a 50%), correspondente ao nível equivalente de 80 dB (A).

F) Monitoramento

O monitoramento da exposição dos trabalhadores e das medidas de controle deverá consistir em avaliação realizada de forma sistemática e repetitiva, sempre que houver qualquer modificação operacional ou funcional. Devem-se definir grupos homogêneos de risco, estratégias de medição e tratamento estatístico dos dados. Assim, o empregador realizou a avaliação quantitativa dos agentes ambientais, por exemplo, em janeiro, e 1 (um) ano depois avaliou tudo novamente, pois a validade dos dados expirou.

2.3. Registro dos dados

O registro dos dados deverá ser mantido pelo empregador ou pela instituição, de forma a constituir um histórico técnico e administrativo do desenvolvimento do PPRA, e deverá ser mantido por um período mínimo de 20 anos. Esse período foi fixado para instrução de processos de aposentadoria especial e possíveis indenizações por doenças do trabalho.

2.4. Responsabilidades

A elaboração do PPRA deverá envolver tanto a participação do empregador, por meio do comprometimento no cumprimento do programa como atividade permanente da empresa, quanto dos empregados, colaborando e participando na execução do PPRA e seguindo as orientações recebidas nos treinamentos, auxiliando também na detecção de situações que possam colocar em risco a saúde dos trabalhadores.

O diagrama de bloco abaixo ilustra todas as etapas do PPRA.

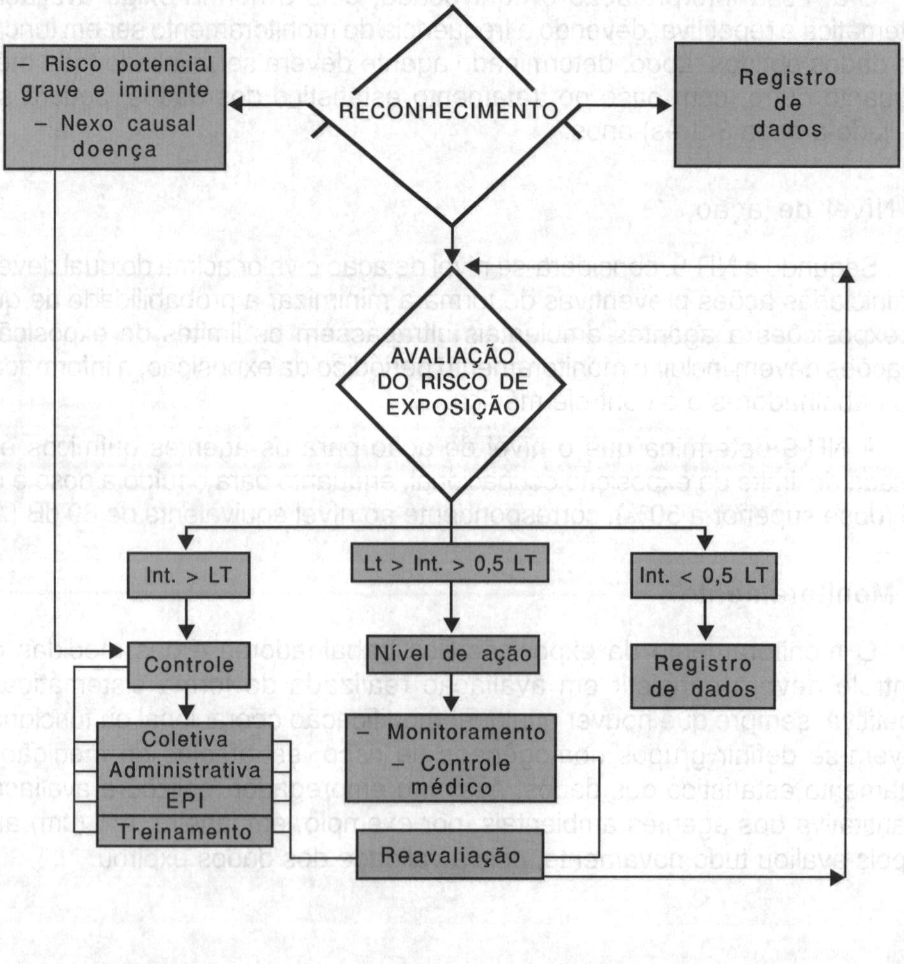

III — PROGRAMA DE CONTROLE MÉDICO DE SAÚDE OCUPACIONAL (PCMSO)

Esse programa foi instituído pela Portaria n. 24, de 29.12.94, que deu nova redação à NR-7 da Portaria n. 3.214/78. Seu objetivo é a promoção e preservação da saúde do conjunto de seus trabalhadores. O PCMSO é parte integrante do conjunto mais amplo de iniciativa da empresa no campo da saúde dos trabalhadores, devendo ser articulado com o disposto nas demais NRs (subitem 7.2.1). É importante ressaltar que o PCMSO complementa o PPRA. Logo, o reconhecimento, a avaliação e o controle dos riscos ambientais somente são eficazes com subsídios dos exames médicos. Aliás, a NR-9 determina que, se ficar caracterizado por meio de exame médico o nexo causal entre os danos observados na saúde dos trabalhadores e a situação de trabalho a que eles ficam expostos, as medidas de controle deverão ser implantadas independentemente de avaliação quantitativa. Assim, por exemplo, o empregado exposto a chumbo em concentração abaixo do limite pode apresentar alterações em seu limite biológico, exigindo, dessa forma, o controle.

Da mesma maneira, o planejamento e a implantação do PCMSO deverão ser baseados nas identificações e nas avaliações dos riscos (subitem 7.2.4).

3.1. Responsabilidades relativas ao PCMSO

a) Do empregador

Segundo a NR-9, compete ao empregador garantir a elaboração e efetuar a implementação do PCMSO, bem como zelar pela sua eficácia, custear sem ônus para o empregado todos os procedimentos relacionados ao PCMSO, indicar, entre os médicos dos Serviços Especializados em Engenharia de Segurança e Medicina do Trabalho (SESMT) da empresa, um coordenador responsável pela execução do PCMSO. No caso de a empresa estar desobrigada de manter médico do trabalho, de acordo com a NR-4, deverá o empregador indicar médico do trabalho, empregado ou não da empresa, para coordenar o PCMSO.

b) Médico coordenador

Ao contrário do PPRA, a NR-7 define que o PCMSO deverá ser coordenado por médico do trabalho, a menos que não exista na localidade o referido profissional.

Ficam desobrigadas de indicar médico coordenador as empresas de grau de risco 1 e 2, segundo o Quadro 1 da NR-4, com até 25 (vinte e cinco) empregados, e aquelas de grau de risco 3 e 4, segundo o Quadro 1 da NR-4, com até 10 (dez) empregados (subitem 7.3.1.1).

As empresas com mais de 25 (vinte e cinco) empregados e até 50 (cinquenta) empregados, enquadradas no grau de risco 1 ou 2, segundo o Quadro 1 da NR-4, poderão estar desobrigadas de indicar médico coordenador em decorrência de negociação coletiva (subitem 7.3.1.1.1).

As empresas com mais de 10 (dez) empregados e com até 20 (vinte) empregados, enquadradas no grau de risco 3 ou 4, segundo o Quadro 1 da NR-4, poderão estar desobrigadas de indicar médico do trabalho coordenador em decorrência de negociação coletiva, assistida por profissional do órgão regional competente em segurança e saúde no trabalho (subitem 7.3.1.1.2).

Por determinação do Delegado Regional do Trabalho, com base no parecer técnico conclusivo da autoridade regional competente em matéria de segurança e saúde do trabalhador, ou em decorrência de negociação coletiva, as empresas previstas no item 7.3.1.1 e subitens anteriores poderão ter a obrigatoriedade de indicação de médico coordenador, quando suas condições representarem potencial de risco grave aos trabalhadores (subitem 7.3.1.1.3).

As atribuições do médico coordenador são:

a) realizar os exames médicos previstos no item 7.4.1 ou encaminhar esses exames a profissional médico familiarizado com os princípios da patologia ocupacional e suas causas, bem como com o ambiente, as condições de trabalho e os riscos a que está ou será exposto cada trabalhador da empresa a ser examinado;

b) se encarregar dos exames complementares previstos nos quadros anexos da NR-7 profissionais e/ou entidades devidamente capacitados, equipados e qualificados.

3.2. Desenvolvimento do PCMSO

a) Exames médicos

O PCMSO deve incluir, entre outros, a realização obrigatória dos exames médicos:

a) admissional — que deverá ser realizado antes que o trabalhador assuma suas atividades.

b) periódico — que segundo a NR-7 será de acordo com os intervalos mínimos de tempo abaixo discriminados:

— Para trabalhadores expostos a riscos ou a situações de trabalho que impliquem o desencadeamento ou agravamento de doença ocupacional, ou, ainda, para aqueles que sejam portadores de doenças crônicas, os exames deverão ser repetidos:

1) a cada ano ou a intervalos menores, a critério do médico encarregado, ou se notificado pelo médico agente da inspeção do trabalho, ou, ainda, como resultado de negociação coletiva de trabalho;

2) de acordo com a periodicidade especificada no Anexo n. 6 da NR-15, para os trabalhadores expostos a condições hiperbáricas;

— Para os demais trabalhadores:

1) anual, quando menores de 18 (dezoito) anos e maiores de 45 (quarenta e cinco) anos de idade;

2) a cada dois anos, para os trabalhadores entre 18 (dezoito) anos e 45 (quarenta e cinco) anos de idade.

b) Retorno ao trabalho

O exame médico de retorno ao trabalho deverá ser realizado obrigatoriamente no primeiro dia da volta ao trabalho de empregado ausente por período igual ou superior a 30 (trinta) dias por motivo de doença ou acidente, de natureza ocupacional ou não, ou parto.

c) Mudança de função

O exame médico de mudança de função será obrigatoriamente realizado antes da data da mudança. Segundo a NR-7, entende-se por mudança de função toda e qualquer alteração de atividade, posto de trabalho ou de setor que implique a exposição do trabalhador a risco diferente daquele a que estava exposto antes da mudança.

d) Demissional

Segundo o subitem 7.4.3.5 da NR-7, o exame médico demissional será obrigatoriamente realizado até a data da homologação, desde que o último exame médico ocupacional tenha sido realizado há mais de:

- 135 (centro e trinta e cinco) dias para as empresas de graus de risco 1 e 2, segundo o Quadro I da NR-4;
- 90 (noventa) dias para as empresas de graus de risco 3 e 4, segundo o Quadro I da NR-4.

A NR-7 estabelece ainda que:

As empresas enquadradas nos graus de risco 1 ou 2, segundo o Quadro I da NR-4, poderão ampliar o prazo de dispensa da realização do exame demissional em até mais 135 (cento e trinta e cinco) dias, em decorrência de negociação coletiva, assistida por profissional indicado de comum acordo entre as partes ou por profissional do órgão regional competente em segurança e saúde no trabalho (subitem 7.4.3.5.1).

As empresas enquadradas nos graus de risco 3 ou 4, segundo o Quadro I da NR-4, poderão ampliar o prazo de dispensa da realização do exame demissional em até mais 90 (noventa) dias, em decorrência de negociação coletiva assistida por profissional indicado de comum acordo entre as partes ou por profissional do órgão regional competente em segurança e saúde no trabalho (subitem 7.4.3.5.2).

Por determinação do Delegado Regional do Trabalho, com base em parecer técnico conclusivo da autoridade regional competente em matéria de segurança e saúde do trabalhador, ou em decorrência de negociação coletiva, as empresas poderão ser obrigadas a realizar o exame médico demissional independentemente da época de realização de qualquer outro exame, quando suas condições representarem potencial de risco grave aos trabalhadores (subitem 7.4.3.5.3).

3.3. *Tipos de exames*

Os exames médicos consistem em: avaliação clínica, que abrange anamnese ocupacional e exame físico mental na periodicidade estabelecida anteriormente, e exames complementares.

Os exames complementares devem ser realizados nos trabalhadores cujas atividades envolvam exposição a riscos ambientais, tais como: ruído, aerodispersoides, gases e vapores, entre outros. Exemplos: a) empregado exposto a ruído. Exame médico: audiometria. b) empregado exposto a poeira. Exame médico: telerradiografia do tórax. Os referidos exames devem ser executados e interpretados com base nos critérios dos quadros I e II anexos à NR-7 e ser realizados na seguinte periodicidade:

A avaliação dos indicadores biológicos do Quadro I da NR-7 deverá ser, no mínimo, semestral, podendo ser reduzida a critério do médico coordenador ou por notificação do médico agente da inspeção do trabalho, ou mediante negociação coletiva de trabalho.

Para os trabalhadores expostos a agentes químicos não constantes dos Quadros I e II da NR-7, outros indicadores biológicos poderão ser monitorizados, dependendo de estudo prévio dos aspectos de validade toxicológica, analítica e de interpretação desses indicadores (subitem 7.4.2.2).

Outros exames complementares usados normalmente em patologia clínica para avaliar o funcionamento de órgãos e sistemas orgânicos podem ser realizados, a critério do médico coordenador ou encarregado, ou por notificação do médico agente da inspeção do trabalho, ou ainda decorrente de negociação coletiva de trabalho (subitem 7.4.2.3.).

3.4. *Atestado de Saúde Ocupacional*

Segundo a NR-7, para cada exame médico realizado, o médico emitirá o Atestado de Saúde Ocupacional (ASO) em duas vias. A primeira fica arquivada no local de trabalho do trabalhador, inclusive na frente de trabalho ou no canteiro de obras, à disposição da fiscalização do trabalho. A segunda via será obrigatoriamente entregue ao trabalhador. O subitem 7.4.4.3 da NR-7 determina os itens mínimos que deverá conter o ASO.

Os dados obtidos nos exames médicos, incluindo avaliação clínica e exames complementares, as conclusões e as medidas aplicadas deverão ser registrados em prontuário clínico individual, que ficará sob a responsabilidade do médico-coordenador do PCMSO (subitem 7.4.5).

Da mesma forma que o PPRA, os registros deverão ser mantidos por período mínimo de 20 (vinte) anos após o desligamento do trabalhador.

Havendo substituição do médico a que se refere o item 7.4.5, os arquivos deverão ser transferidos para seu sucessor (subitem 7.4.5.2).

3.5. Planejamento anual do PCMSO

O PCMSO deverá obedecer a um planejamento em que estejam previstas as ações de saúde a serem executadas durante o ano, devendo estas ser objeto de relatório anual (subitem 7.4.6).

O relatório anual deverá discriminar, por setores da empresa, o número e a natureza dos exames médicos, incluindo avaliações clínicas e exames complementares, estatísticas de resultados considerados anormais, assim como o planejamento para o próximo ano.

O relatório anual deverá ser apresentado e discutido na CIPA, quando existente na empresa, de acordo com a NR-5, sendo sua cópia anexada ao livro de atas daquela comissão (subitem 7.4.6.2).

O relatório anual do PCMSO poderá ser armazenado na forma de arquivo informatizado, desde que este seja mantido de modo a proporcionar o imediato acesso por parte do agente da inspeção do trabalho (subitem 7.4.6.3).

As empresas desobrigadas de indicar médico coordenador ficam dispensadas de elaborar o relatório anual.

3.6. Procedimentos de avaliação médica

Sobre os procedimentos a serem adotados pelo médico coordenador do PCMSO ou encarregado, de acordo com a avaliação médica, a NR-7 dispõe:

> Sendo verificada, através da avaliação clínica do trabalhador e/ou dos exames constantes do Quadro I da presente NR, apenas exposição excessiva (EE ou SC+) ao risco, mesmo sem qualquer sintomatologia ou sinal clínico, deverá o trabalhador ser afastado do local de trabalho, ou do risco, até que esteja normalizado o indicador biológico de exposição e as medidas de controle nos ambientes de trabalho tenham sido adotadas.

Sendo constatada a ocorrência ou o agravamento de doenças profissionais, através de exames médicos que incluam os definidos nesta NR; ou sendo verificadas alterações que revelem qualquer tipo de disfunção de órgão ou sistema biológico, através dos exames constantes dos Quadros I (apenas aqueles com interpretação SC) e II, e do item 7.4.2.3 da presente NR, mesmo sem sintomatologia, caberá ao médico-coordenador ou encarregado:

a) solicitar à empresa a emissão da Comunicação de Acidente do Trabalho (CAT);

b) indicar, quando necessário, o afastamento do trabalhador da exposição ao risco, ou do trabalho;

c) encaminhar o trabalhador à Previdência Social para estabelecimento de nexo causal, avaliação de incapacidade e definição da conduta previdenciária em relação ao trabalho;

d) orientar o empregador quanto à necessidade de adoção de medidas de controle no ambiente de trabalho.

Finalmente, a NR-7 determina que todo estabelecimento deverá estar equipado com material necessário à prestação dos primeiros socorros, considerando-se as características da atividade desenvolvida; manter esse material guardado em local adequado e aos cuidados de pessoa treinada para esse fim.

IV — RELAÇÃO ENTRE LTCAT, PPRA E PPP

São frequentes as dúvidas dos profissionais de segurança e medicina do trabalho, além de outros envolvidos direta e indiretamente com a matéria, sobre a finalidade e aplicação correta do LTCAT, PPRA e PPP. Assim, passamos a analisá-los de forma objetiva, visando a dirimir algumas dúvidas.

a) Laudo Técnico das Condições Ambientais de Trabalho (LTCAT)

O LTCAT consiste no reconhecimento e na avaliação quantitativa e qualitativa dos agentes ambientais (físicos, químicos e biológicos), visando a caracterizar o possível risco e equalizar as medidas de controle. Dessa forma, na elaboração do laudo, é necessário medir ruído, vibração, poeira, calor, entre outros. Essa avaliação deverá ser feita por grupos homogêneos de exposição, e os agentes ambientais devem ser monitorados de acordo com a estratégia de avaliação dos agentes ambientais a ser definida pelo higienista ocupacional.

a) Portanto, esse laudo é basicamente o mesmo realizado para fins de PPRA. No entanto, dependendo da finalidade do laudo, ou seja, atender às normas previdenciárias ou PPRA, algumas adequações devem ser feitas no tocante à metodologia de avaliação e caracterização da exposição.

b) No desenvolvimento do PCMSO, a norma exige a realização de diversos tipos de exames médicos. Os dados das avaliações quantitativas e qualitativas do LTCAT servirão de base para o médico coordenador do programa definir os exames médicos específicos, bem como a sua periodicidade. Assim, por exemplo, se na avaliação quantitativa de poeira contendo sílica livre cristalizada a concentração superar o limite de tolerância, o médico irá indicar o exame de telerradiografia do tórax.

c) No desenvolvimento do PPRA, a norma exige o reconhecimento, a avaliação e o controle dos agentes físicos, químicos e biológicos. Ora, a quantificação desses agentes é feita na elaboração do LTCAT, que subsidiará a empresa na escolha da medida de controle mais adequada, além da definição do cronograma com metas, prioridades e prazos de implantação. Assim, por exemplo, a seleção de protetor auricular adequado exige o conhecimento do nível equivalente de ruído a que o trabalhador está exposto.

d) O PPP (Perfil Profissiográfico Previdenciário) foi instituído pela Lei n. 9.528/97, que deu nova redação ao art. 58 da Lei n. 8.213/91. Esse documento se constitui do histórico laboral do trabalhador e deve conter informações administrativas e dados da exposição ocupacional aos agentes ambientais e de controle médico realizados. Assim, o pressuposto básico na informação da exposição aos agentes ambientais é avaliação quantitativa e qualitativa dos agentes ambientais constantes do LTCAT.

O diagrama de bloco a seguir ilustra a interface desse documento.

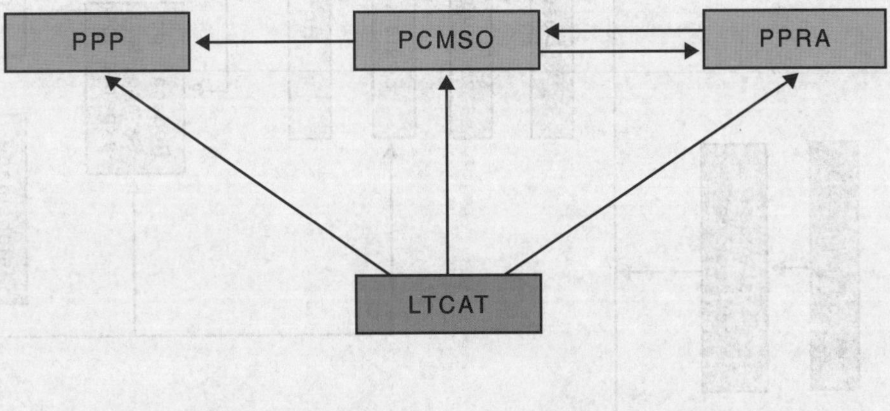

V — PROGRAMA DE CONSERVAÇÃO AUDITIVA (PCA)

O Programa de Conservação Auditiva é restrito ao agente ruído, podendo ser integrante do PPRA ou feito em separado, especialmente nas empresas onde a exposição a esse agente é mais severa. O diagrama de blocos a seguir ilustra as etapas do PCA.

Programa de Conservação do Controle Auditivo

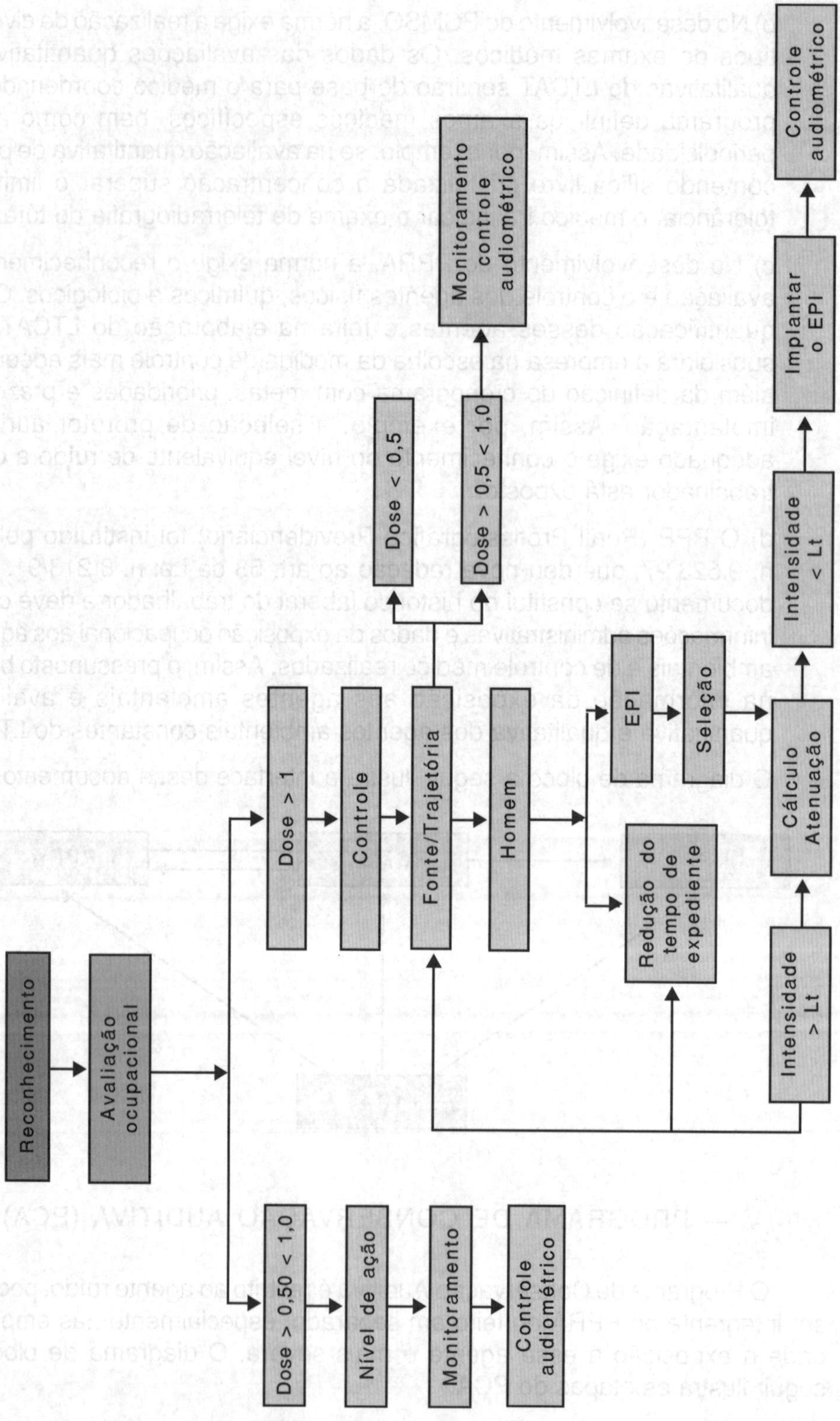

5.1. Reconhecimento

Esse é o primeiro passo. Ou seja, identificar os postos de trabalho onde há possível exposição ao ruído.

5.2. Avaliação ocupacional do ruído

Nessa fase será feita avaliação sistemática e repetitiva dos níveis de ruído, definindo a dose e o LEQ em cada posto de trabalho (grupo homogêneo da exposição).

5.3. Dose > 0,5 < 1,0

Nesse caso, a NR-9 exige "Nível de Ação". Segundo o subitem 9.3.6.1, esse nível representa o valor acima do qual devem ser iniciadas as ações preventivas, de forma a minimizar a probabilidade de que as exposições a ruído ultrapassem os limites. As ações devem incluir o monitoramento periódico da exposição, a informação ao trabalhador e o controle médico.

5.4. Dose >1,0

Nesse caso, devem-se, prioritariamente, estudar medidas de controle na fonte e na trajetória. Se essas medidas forem suficientes para reduzir a intensidade do ruído abaixo do limite (dose < 0,50), devem-se apenas monitorar os riscos periodicamente. Se essas medidas não forem suficientes para reduzir a dose a < 1, devem-se adotar medidas de controle no homem, tais como limitação do tempo de exposição e o uso de EPIs. No caso dos EPIs, após a seleção deve-se calcular sua atenuação, conforme explicado anteriormente. Caso sua atenuação reduza a intensidade abaixo do Limite de Tolerância, deve ser implantado o seu uso. O treinamento para uso correto, a substituição periódica, a higienização, a obrigatoriedade do uso efetivo, entre outros, são medidas necessárias na busca da eficiência de EPIs. Lembramos que o uso parcial do protetor auricular reduz significantemente sua atenuação. Caso o EPI não seja suficiente para reduzir a exposição a dose < 1,0, deve-se limitar o tempo de exposição ou adotar medidas de controle na fonte ou trajetória.

Finalmente, o controle médico, especialmente os exames audiométricos, irá verificar a eficiência das medidas de controle adotadas. A audiometria deve ser realizada na admissão, nas demissão, nas mudanças de função e periodicamente, conforme preceitua a NR-7 da Portaria n. 3.214.

VI — PROGRAMA DE PROTEÇÃO RESPIRATÓRIA (PPR)

Esse programa é restrito à exposição a agentes químicos e tem como base legal a Instrução Normativa n. 1, de 11.4.94. Segundo essa norma, na implantação do PPP o empregador deverá seguir, além do disposto nas normas regulamentadoras, no que couber, as recomendações da FUNDACENTRO contidas na publicação intitulada programa de proteção respiratória — recomendação, seleção e uso de respiradores, e também as normas brasileiras, quando houver, expedidas no âmbito do Conselho Nacional de Metrologia, Normalização e Qualidade Industrial (CONMETRO).

Na exposição a poeira, gases e vapores, fumos e névoas, quando não for possível o controle de engenharia (enclausuramento, ventilação, substituição, entre outros), ou enquanto essas medidas estiverem sendo implantadas ou em situações de emergência, devem ser usados respiradores apropriados.

Segundo a publicação da FUNDACENTRO, no PPR mínimo aceitável deve haver referência explícita, no mínimo, aos tópicos: administração do programa, existência de procedimentos operacionais escritos, exame médico do candidato ao uso de respirador, seleção de respiradores, treinamento, uso de barba, ensaios de vedação, manutenção, inspeção, higienização e guarda dos respiradores, uso de respiradores para fugas emergenciais, resgates e avaliação periódica do programa.[1]

a) Administração do programa

Segundo a FUNDACENTRO, o empregador deve atribuir a uma só pessoa a responsabilidade e a autoridade pelo PPR. Sendo que essa pessoa deve possuir conhecimentos de proteção respiratória suficientes para administrar o programa.

b) Procedimentos operacionais escritos

A empresa deve estabelecer procedimentos operacionais escritos, abrangendo o programa completo de uso de respiradores.

c) Limitações fisiológicas e psicológicas dos usuários de respiradores

A responsabilidade de determinar se uma pessoa tem ou não condições médicas para usar o respirador cabe ao médico. Segundo a FUNDACENTRO, o administrador do programa deve informá-lo sobre:

a) o tipo de respirador para uso rotineiro e de emergências;

b) as atividades típicas no trabalho; condições ambientais, frequência e duração da atividade que exige o uso do respirador;

c) as substâncias contra as quais o respirador deve ser usado, incluindo a exposição provável a uma atmosfera com deficiência de oxigênio;

d) seleção dos respiradores.

---

(1) TORLONI, Maurício (Coord.). *Programa de proteção respiratória, seleção e uso de respiradores.* São Paulo: Fundacentro, 2002.

A seleção do tipo de respirador deve ser feita de acordo com a natureza da operação ou do processo perigoso, do tipo de risco respiratório, devendo ser observado o seguinte: propriedades físicas, deficiência de oxigênio, efeitos fisiológicos sobre o organismo, concentração permitida para o aerossol e a concentração IPVS (Imediatamente Perigosa à Vida ou à Saúde) estabelecida para a substância. Além disso, deve ser observado também o seguinte:

— A localização da área de risco em relação à área mais próxima que possui ar respirável.

— O tempo durante o qual o respirador deve ser usado.

— As atividades que os trabalhadores desenvolvem em área de risco.

— As características e as limitações para os diversos tipos de respiradores.

— Fator de proteção atribuído aos diversos tipos de respiradores, conforme tabelas a seguir.

Quadro I
Fatores de Proteção Atribuídos (a)
(Adaptado do Quadro I da IN n. 1, de 11.4.1994)

Tipo de respirador	Tipo de cobertura das vias respiratórias			
	Com vedação facial		Sem vedação facial (f)	
	Peça semi-facial (b)	Peça facial inteira (b)	Capuz e capacete	Outros
A. Purificador de ar				
— não motorizado	10	100	—	—
— motorizado	50	1000	1000	25
B. De adução de ar				
B1. linha de ar comprimido				
— de demanda sem pressão positiva	10	100	—	—
— de demanda com pressão positiva			—	—
— de fluxo contínuo	50	1000	1000	25
B2. máscara autônoma				
(circuito aberto ou fechado)	50	1000	—	—
— de demanda sem pressão positiva (c)	10	100	—	—
— de demanda com pressão positiva	—	(e)		

Observações:

a) O fator de proteção atribuído não é aplicável para respiradores de fuga; b) Inclui a peça quarto facial, a peça semifacial filtrante (PFF) e as peças semifaciais de elastômeros; c) A máscara autônoma de demanda não deve ser usada para situações de emergência, como incêndios; d) Os fatores de proteção apresentados são de respiradores com filtros P3 ou sorbentes (cartuchos químicos pequenos ou grandes). Com filtros classe P2, deve-se usar fator de proteção atribuído 100, devido às limitações do filtro; e) Embora esses respiradores de pressão positiva sejam considerados os que proporcionam

maior nível de proteção, alguns estudos que simulam as condições de trabalho concluíram que nem todos os usuários alcançaram o fator de proteção 10.000. Com base nesses dados, embora limitados, não se pode adotar um fator de proteção definitivo para esse tipo de respirador. Para planejamento de situações de emergência, nas quais as concentrações dos contaminantes possam ser estimadas, deve-se usar um fator de proteção atribuído não maior que 10.000; f) Ver definição no anexo 1.
Nota: Para combinação de respiradores, como, por exemplo, respirador de linha de ar comprimido equipado com um filtro purificador de ar na peça facial, o fator de proteção a ser utilizado é o do respirador que está em uso.

Quadro II — Recomendações de EPI para Sílica Cristalina

Concentração ambiental	Equipamento
Até 10 vezes o limite de tolerância	Respirador com peça semifacial ou peça semifacial filtrante. Filtros P1, P2 ou P3, de acordo com o diâmetro aerodinâmico das partículas.
Até 50 vezes o limite de tolerância	Respirador com peça facial inteira com filtro P2 ou P3(1). Respirador motorizado com peça semifacial e filtro P2. Linha de ar fluxo contínuo e peça semifacial. Linha de ar de demanda e peça semifacial com pressão positiva.
Até 100 vezes o limite de tolerância	Respirador com peça facial inteira com filtro P2 ou P3(1). Linha de ar de demanda com peça facial inteira. Máscara autônoma de demanda
Até 1000 vezes o limite de tolerância	Respirador motorizado com peça facial inteira e filtro P3. Capuz ou capacete motorizado e filtro P3. Linha de ar fluxo contínuo e peça facial inteira. Linha de ar de demanda e peça facial inteira com pressão positiva. Máscara autônoma de pressão positiva.
Maior que 1000 vezes o limite de tolerância	Linha de ar de demanda e peça facial inteira com pressão positiva e cilindro de fuga. Máscara autônoma de pressão positiva.

Quadro III — Recomendações de EPI para Asbestos

Concentração ambiental	Equipamento
Até 2 fibras/cm³	Respirador com peça semifacial com filtro P2 ou peça semifacial filtrante.
Até 10 fibras/cm³	Respirador com peça semifacial com filtro P3. Respirador motorizado com peça semifacial e filtros P2. Linha de ar de demanda com peça semifacial e pressão positiva.
Até 100 fibras/cm³	Respirador com peça facial inteira com filtro P3. Linha de ar de fluxo contínuo com peça facial inteira. Linha de ar de demanda. Máscara autônoma de demanda.
Até 200 fibras/cm³	Respirador motorizado com peça facial inteira e filtro P3. Linha de ar fluxo contínuo com peça facial inteira. Linha de ar de demanda com peça facial inteira e pressão positiva. Capuz ou capacete motorizado com filtro P3. Linha de ar fluxo contínuo com capuz ou capacete.
Maior que 200 fibras/cm³	Linha de ar fluxo contínuo com peça facial inteira e cilindro de escape. Linha de ar de demanda com peça facial inteira, pressão positiva e cilindro de escape. Máscara autônoma de demanda com pressão positiva.

d) Treinamento

Segundo o manual da FUNDACENTRO, cada usuário de respirador deve receber treinamento (e reciclagem), que deve incluir explanação e discussão sobre:

a) o risco respiratório e o efeito sobre o organismo humano, se o respirador não for usado de modo correto;

b) as medidas de controle coletivo e administrativo que estão sendo adotadas e a necessidade do uso de respiradores para proporcionar a proteção adequada;

c) as razões que levaram à seleção de um tipo específico de respirador;

d) o funcionamento, as características e as limitações do respirador selecionado;

e) o modo de colocar o respirador e de verificar se ele está colocado corretamente no rosto;

f) o modo correto de usar o respirador durante a realização do trabalho;

g) os cuidados de manutenção, inspeção e guarda, quando não estiver em uso;

h) o reconhecimento de situações de emergência e a forma de enfrentá-las;

i) as exigências legais sobre o uso de respiradores para certas substâncias.

e) Ensaio de vedação

Antes de ser fornecido um respirador para uma pessoa, ela deve ser submetida ao ensaio de vedação para verificar se aquele respirador proporciona boa vedação ao rosto. Após esse teste preliminar, toda vez que for colocar ou ajustar o respirador no rosto, ela deve fazer a verificação da vedação (ver Anexo 4).

f) Manutenção, inspeção, higienização e guarda

A manutenção deve ser realizada de acordo com as instruções do fabricante e obedecer a um procedimento que garanta a cada usuário um respirador limpo, higienizado e em boas condições de uso. O usuário deve examinar o respirador antes de colocá-lo, para verificar se está em boas condições de uso. O respirador deve ser guardado em local adequado e limpo.

g) Respiradores de fuga

Em uma área em que podem ocorrer situações de emergência devido a riscos potenciais, os usuários do respirador de fuga deverão ser treinados quanto ao seu uso. As pessoas que não realizam tarefas nessa área, ou os visitantes, devem receber instruções breves sobre o seu uso. Para essas pessoas, não são obrigatórios o treinamento detalhado e o exame médico para verificar a compatibilidade com o respirador. Para mais detalhes sobre a elaboração do PPR, os leitores devem consultar a publicação da FUNDACENTRO citada.

VII — PROGRAMA DE GERENCIAMENTO DE RISCO (PGR)

O PGR é um programa específico para mineração previsto na NR-22 da Portaria n. 3.214. Esse programa é mais amplo, pois, além dos riscos físicos, químicos e biológicos, a ergonomia, os riscos decorrentes de energia elétrica, entre outros, também serão contemplados. Assim, o subitem 22.3.7 da NR-22 estabelece que a empresa ou o permissionário de lavra garimpeira devem elaborar e implantar o PGR, incluindo, no mínimo, os relacionados a:

a) riscos físicos, químicos e biológicos;

b) atmosferas explosivas;

c) deficiências de oxigênio;

d) ventilação;

e) proteção respiratória, de acordo com a Instrução Normativa n. 1, de 11.4.94, da Secretaria de Segurança e Saúde no Trabalho;

f) investigação e análise de acidentes do trabalho;

g) ergonomia e organização do trabalho;

h) riscos decorrentes do trabalho em altura, em profundidade e em espaços confinados;

i) riscos decorrentes da utilização de energia elétrica, máquinas, equipamentos, veículos e trabalhos manuais;

j) equipamentos de proteção individual de uso obrigatório, observando-se no mínimo o constante na Norma Regulamentadora n. 6;

k) estabilidade do maciço;

l) plano de emergência;

m) outros resultantes de modificações e introduções de novas tecnologias.

Convém ressaltar que, segundo a NR-22, as empresas que implantarem o PGR desobrigam-se da exigência do PPR.

7.1. Desenvolvimento do PGR

Segundo o subitem 22.3.7.1 da NR-22:

a) antecipação e identificação de fatores de risco, levando-se em conta, inclusive, as informações do Mapa de Risco elaborado pela CIPAMIN, quando houver;

b) avaliação dos fatores de risco e da exposição dos trabalhadores;

c) estabelecimento de prioridades, metas e cronograma;

d) acompanhamento das medidas de controle implementadas;

e) monitorização da exposição aos fatores de riscos;

f) registro e manutenção dos dados por, no mínimo, vinte anos;

g) avaliação periódica do programa.

Observa-se que o PGR deve conter basicamente as mesmas etapas do PPRA, ou seja, antecipação e identificação de fatores de risco, avaliação dos fatores de risco e da exposição dos trabalhadores; que pode ser quantitativa e qualitativa, controle e monitoramento, devendo ser estabelecidos as prioridades, as metas e o cronograma. Ademais, o registro e a manutenção dos dados e a avaliação periódica do programa são idênticos ao previsto no PPRA, sendo que as alterações e complementações deverão ser apresentadas e discutidas no CIPAMIM, para o acompanhamento das medidas de controle (subitem 22.3.7.1.1).

7.2. Nível de ação

O subitem 22.3.7.1.2 dispõe que:

O Programa de Gerenciamento de Riscos deve considerar os níveis de ação acima dos quais devem ser desenvolvidas ações preventivas, de forma a minimizar a probabilidade de ultrapassagem dos limites de exposição ocupacional, implementando-se medidas para o monitoramento periódico da exposição, informação dos trabalhadores e o controle médico, observadas as seguintes definições:

a) limites de exposição ocupacional são os valores de limites de tolerância previstos na Norma Regulamentadora n. 15 ou, na ausência destes, valores-limites de exposição ocupacional adotados pela *American Conference of Governmental Industrial Higyenists* (ACGIH) ou valores que venham a ser estabelecidos em negociação coletiva, desde que mais rigorosos que os acima referenciados;

b) níveis de ação para agentes químicos são os valores de concentração ambiental correspondentes à metade dos limites de exposição, conforme definidos na alínea "a" anterior;

c) níveis de ação para ruído são os valores correspondentes à dose de 0,5 (dose superior a cinquenta por cento), conforme critério estabelecido na Norma Regulamentadora n. 15, Anexo I, item 6.

Esse dispositivo da NR-22 repetiu as regras contidas na NR-9 para o nível de ação. Portanto, finalizando, é forçoso concluir que o PGR é o PPRA mais amplo.

VIII — PROGRAMA DE CONDIÇÕES E MEIO AMBIENTE DE TRABALHO NA INDÚSTRIA DA CONSTRUÇÃO (PCMAT)

O PCMAT é um programa de gerenciamento de riscos específicos para a indústria da construção civil. Da mesma forma que o PGR é um programa mais amplo abrangendo todos os fatores de risco, inclusive aqueles previstos no PPRA, conforme determina o subitem 18.3.1.1 da NR-18.

O PCMAT é obrigatório nos estabelecimentos com 20 (vinte) empregados ou mais (subitem 18.3.1). Na elaboração e implementação do PPRA, a NR-9 determina que poderá ser feito pelo SESMT ou por uma pessoa, ou equipe de pessoas que, a critério do empregador, sejam capazes de desenvolvê-lo, ao passo que, na elaboração e execução do PCMAT, o subitem 18.3.2 da NR-18 estabelece que esse mister é de responsabilidade do profissional habilitado na área de segurança do trabalho.

Segundo a NR-18, devem integrar o PCMAT os seguintes documentos:

a) memorial sobre condições e meio ambiente de trabalho nas atividades e operações, levando-se em consideração riscos de acidentes e de doenças do trabalho e suas respectivas medidas preventivas;

b) projeto de execução das proteções coletivas em conformidade com as etapas de execução da obra;

c) especificação técnica das proteções coletivas e individuais a serem utilizadas;

d) cronograma de implantação das medidas preventivas definidas no PCMAT;

e) *layout* inicial do canteiro de obras, contemplando, inclusive, previsão de dimensionamento das áreas de vivência;

f) programa educativo contemplando a temática de prevenção de acidentes e doenças do trabalho, com sua carga horária.

IX — SISTEMAS DE GESTÃO DE SAÚDE E SEGURANÇA OCUPACIONAIS

Nos últimos anos tem crescido a implantação do sistema de gestão de saúde e segurança. Esse sistema é bem mais amplo do que os anteriores, uma vez que, em algumas ocasiões, integra também os programas de qualidade e meio ambiente. As orientações básicas do sistema de gestão de saúde e segurança estão contidas na norma britânica BS (British Standard) 8800 e OSHAS (Occupational Health and Safety Assessment Series).

9.1. Definições

As normas precitadas apresentam definições semelhantes dos termos utilizados no sistema de gestão de saúde e segurança ocupacional conforme se segue:

a) Acidente

Evento não desejado que acarrete morte, problema de saúde, lesão, danos ou outros prejuízos.

b) Auditoria

Exame sistemático e, sempre que possível, independente, destinado a determinar se as atividades e os resultados correlatos estão em conformidade com disposições planejadas e se essas disposições são implementadas eficazmente e apropriadas para a realização da política e dos objetivos da organização.

NOTA: A palavra "independente", aqui, não significa, necessariamente, externa à organização.

c) Fatores externos

Forças alheias ao controle da organização com impacto sobre questões de saúde e segurança e com os quais se tenha de lidar dentro de um horizonte temporal apropriado, tais como regulamentos e normas industriais.

d) Perigo

Fonte ou situação com potencial de provocar danos em termos de ferimentos humanos ou problemas de saúde (veja 3.8), danos à propriedade, ao ambiente ou uma combinação disso.

e) Identificação de perigo

O processo de reconhecer que um perigo (veja 3.4) existe e definir suas características.

f) Objetivos de saúde e segurança

Os objetivos em termos de desempenho de S&SO (Segurança e Saúde Ocupacional) que uma organização estabelece para si mesma como metas a serem atingidas e que devem ser quantificados sempre que viável.

g) Vigilância de saúde

A monitoração da saúde das pessoas, a fim de detectar sinais ou sintomas de problemas de saúde relacionados com o trabalho, de modo que medidas possam ser tomadas para eliminar, ou reduzir, a probabilidade de danos ulteriores.

h) Problema de saúde

A saúde deteriorada, o que é julgado como tendo sido causado, ou piorado, pela atividade ou pelo ambiente de trabalho de uma pessoa.

i) Incidente

Evento não previsto que tem o potencial de conduzir a acidentes.

j) Fatores internos

Forças dentro da organização que podem afetar a sua capacidade de realizar a política de saúde e segurança, tais como reorganização ou cultura internas.

k) Sistema de gerenciamento

Conjunto, em qualquer nível de complexidade, de pessoal, recursos e procedimentos, em que os componentes interagem de maneira organizada, de modo a permitir que se realize determinada tarefa ou que se atinja — ou se mantenha — determinado resultado.

l) Organização

Grupo ou estabelecimento organizado, como, por exemplo, um negócio, uma empresa, uma repartição governamental, entidade caritativa ou sociedade. No caso de entidades que tiverem mais de um local de operação, cada um desses lugares poderá ser definido como sendo uma organização.

m) Risco

A combinação da probabilidade e consequência de ocorrer um evento perigoso especificado.

n) Avaliação de riscos

O processo global de estimar a magnitude do risco e decidir se ele é tolerável ou aceitável.

o) Levantamento da situação

A avaliação formal do sistema de gerenciamento para saúde e segurança ocupacionais.

Uma exigência detalhada de desempenho, quantificada sempre que viável, pertinente à organização, oriunda dos objetivos de saúde e segurança (veja 3.6), que precise ser cumprida para que esses objetivos sejam atingidos.

9.2. Elementos do sistema de gestão de saúde e segurança ocupacional

Os elementos que compõem o sistema de gestão dependem da natureza da atividade, dos tamanho da organização, dos perigos e das condições com as quais opera. A BS — 8800 fornece os elementos de gestão, saúde e segurança ocupacional bem-sucedida conforme ilustrado na figura abaixo.

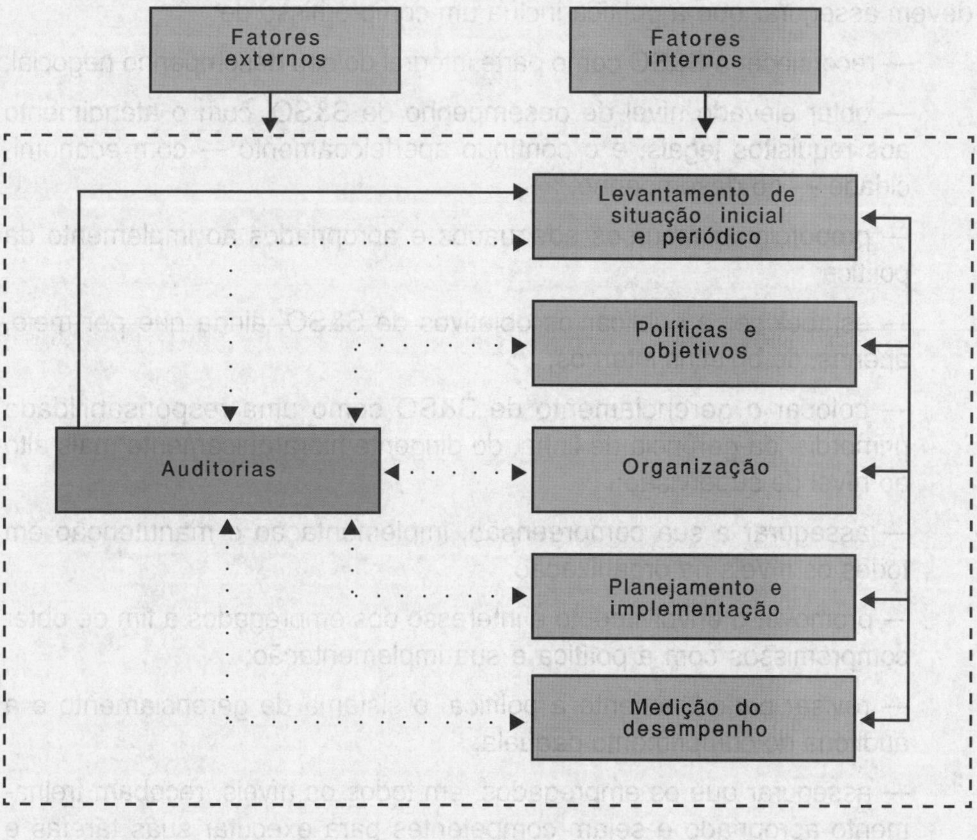

Convenções ⟶ ◄ · · · ► Elo de informação fronteira - - - - - de S&SO

Portanto, esses elementos constituem a referência para implantação dos sistemas. De forma simplificada, os objetivos de cada elemento serão os seguintes:

a) Levantamento inicial

É a etapa inicial da implantação do sistema de gestão de saúde e segurança ocupacional. Seu objetivo é diagnosticar a situação prevencionista em que a empresa se encontra e com esses dados estabelecer a base do programa. A BS — 8800, em seus anexos, fornece informações orientativas do levantamento inicial.

b) Política de saúde e segurança ocupacional

O programa de saúde e segurança ocupacional só será bem-sucedido se a alta direção da empresa estiver comprometida com a política prevencionista. Segundo a BS — 8800, aqueles que têm poder na organização (gerência) devem assegurar que a política inclua um compromisso de:

— reconhecer a S&SO como parte integral do seu desempenho negocial;

— obter elevado nível de desempenho de S&SO, com o atendimento aos requisitos legais, e o contínuo aperfeiçoamento — com economicidade — do desempenho;

— proporcionar recursos adequados e apropriados ao implemento da política;

— estabelecer e publicar os objetivos de S&SO, ainda que por meio, apenas, de boletins internos;

— colocar o gerenciamento de S&SO como uma responsabilidade primordial da gerência de linha, do dirigente hierarquicamente mais alto ao nível de supervisão;

— assegurar a sua compreensão, implementação e manutenção em todos os níveis na organização;

— promover o envolvimento e interesse dos empregados a fim de obter compromissos com a política e sua implementação;

— revisar periodicamente a política, o sistema de gerenciamento e a auditoria do cumprimento daquela;

— assegurar que os empregados, em todos os níveis, recebam treinamento apropriado e sejam competentes para executar suas tarefas e suas responsabilidades.

c) Organização

1) Responsabilidades

A responsabilidade quanto ao sistema de segurança e saúde repousa especialmente na alta gerência, sendo recomendável atribuir a uma pessoa da alta administração a responsabilidade de garantir a implantação e o fundamento do programa. Ademais, todos os níveis da organização também devem ser comprometidos com o programa.

2) Dispositivos organizacionais

As normas definem a importância da integração do sistema de saúde e segurança ocupacional em todas as atividades da empresa. O anexo da BS — 8800 orienta a maneira dessa integração.

3) Documentação

É o elemento chave para o sucesso de qualquer programa de segurança e saúde ocupacional, conforme orientações contidas em todos os programas PPRA, PCMSO, PGR, entre outros, os registros, a documentação de dados de avaliação e os exames são fundamentais, devendo inclusive ser mantidos no mínimo por 20 anos.

d) Planejamento e implantação

O planejamento da atividade do programa de saúde e segurança ocupacional, com estabelecimento claro de desempenho, definindo o que deve ser feito, quando deve ser feito, quem é o responsável e o desfecho desejado, é primordial para o êxito do programa.

A avaliação de risco, incluindo identificações de perigos, bem como os requisitos legais e outros aplicáveis ao sistema de gestão de saúde e segurança ocupacional. A empresa deverá estabelecer procedimentos de identificação e análise de risco e controle. A BS — 8800 fornece metodologia e critério de interpretação de análise do risco, devendo, portanto, ser consultada pelos leitores.

e) Medição do desempenho

A medição do desempenho é uma forma importantíssima de provar informações sobre a eficácia do sistema de gerenciamento de saúde e segurança ocupacional. A empresa deverá estabelecer procedimentos adequados na medição de desempenho do programa conforme as orientações contidas nas normas precitadas.

f) Auditoria

As auditorias periódicas possibilitam a avaliação mais profunda e crítica de todos os elementos do sistema de gerenciamento de saúde e segurança ocupacional. Devem ser conduzidas por pessoas competentes e independentes, embora possam ser designadas pessoas da própria empresa. As auditorias precisam ser rigorosas, no entanto, sua abordagem deve ser adaptada ao tamanho da empresa e à natureza de seus perigos.

Finalmente, recomenda-se aos leitores, quando da implantação do sistema de gestão de saúde e segurança ocupacional, a consulta das normas pertinentes, especialmente a BS 8800 e a OSHAS 18000.

BIBLIOGRAFIA

ABHO — Associação Brasileira de Higienistas Ocupacionais. Tradução TLV_s e BEI_s: Threshold himit Values and Biological Exposure — Indices — ACGIH. São Paulo, 2010.

ASTETE, Martin G. W.; KITAMURA, S. *Manual prático de avaliação de barulho industrial.* São Paulo: Fundacentro, 1978.

CAMPOS, Armando Augusto Martins. *CIPA — Comissão Interna de Prevenção de Acidentes:* uma nova abordagem. 11. ed. atual. São Paulo: Senac, 2007.

CICCO, Francesaco M. G. F. de; FANTAZZINI, Luiz Mário. *Introdução à engenharia de segurança de sistemas.* São Paulo: Fundacentro, 1979.

CIPA. Qualidade do ar de interiores. *Caderno informativo de prevenção de acidentes,* n. 255, ano XXII, 2000.

COSTA, Armando Casimiro; FERRARI, Irany; MARTINS, Melchíades Rodrigues. *Consolidação das Leis do Trabalho.* 29. ed. São Paulo: LTr, 2002.

CUNHA, Irlon Ângelo da. *Exposição ocupacional à vibração em mãos e braços em marmorarias no município de São Paulo* — Proposição de procedimento alternativo de medição. São Paulo: Ver, 2006. p. 153.

ENCICLOPEDIA DE MEDICINA, HIGIENE Y SEGURIDAD DEL TRABAJO. V. I. A-K. *Ministerio de Trabajo.* Instituto Nacional de Prevision. Edición espanola, copyright. Oficina Internacional del Trabajo, 1974 y 1975.

________. V. II. L-Z. *Ministerio de Trabajo.* Instituto Nacional de Prevision. Edición espanola, copyright. Oficina Internacional del Trabajo, 1974 y 1975.

________. *Curso de engenharia de segurança.* V. IV. São Paulo.

________. Norma ISO 5349-1:2001 e Norma ISO 2631-1:1997.

FANTAZZINI, Mário Luiz. *Revista Proteção,* n. 77, nov. 2002.

FUNDACENTRO. *Caminhos da análise de acidentes do trabalho.* Brasília: MTE, SIT, 2003.

________. *Curso de engenharia de segurança do trabalho.* V. 4. São Paulo, p. 1.017.

________. *Curso para engenheiros de segurança*. V. 3. São Paulo, 1974. p. 663.

________. *Equipamentos de proteção individual*. 2. ed. rev. São Paulo: Fundacentro, 1983. p. 92.

________. *Introdução à higiene ocupacional*. São Paulo, 2001.

GANA SOTO, José Manuel Osvaldo *et al*. *Riscos químicos*. São Paulo: FUNDACENTRO, 1980. p. 100.

GERGES, Samir N. Y. Protetores auditivos. Florianópolis, 2003.

________. *Ruído:* fundamentos e controle. 2. ed. Curso de controle de ruído industrial. Florianópolis: NR Consultoria e Treinamento, 2000.

GOELZER, Berenice. *Avaliação de sobrecarga térmica no ambiente de trabalho*. ABPA, v. 2. São Paulo.

GONÇALVES, Edwar Abreu. *Manual de segurança e saúde no trabalho*. São Paulo: LTr.

INTERNACIONAL ORGANIZATION FOR STANDARDIZATION. *Mechanical vibration and shock* — Evaluation of human exposure to whole-body vibration — Part I: General reginments. Geneva, 1997.

_____. *550 5349. Mechanical vibration* — guidelines for the measurement and assessment of human exposure to hand transmitted vibration. Geneva, 1986.

LATANCE JÚNIOR, Sérgio. *CIPA*: organização e administração. NR-5 comentada e atualizada. São Paulo: LTr, 2001.

MACEDO, Ricardo. *Manual de higiene do trabalho na indústria*. Lisboa: Fundação Calouste Gulbenkian, 1988.

_____. American conference of governmental industrial hygienists. *Industrial ventilation*. A manual of recommended practice for design. 14. ed. 1976.

MAGRINI, Rui de Oliveira. *Riscos de acidentes na operação de caldeiras*. São Paulo: Fundacentro, 1984.

MANUFACTURING CHEMISTS ASSOCIATION. *Guia para rotulagem preventiva de produtos químicos perigosos*. Trad. Fundacentro. São Paulo, 1980 (série técnica H3).

MARTINEZ, Wladimir Novaes. *Aposentadoria especial em 420 perguntas e respostas*. 2. ed. São Paulo: LTr, 2001.

MESQUITA, A. L. S. *et al*. *Engenharia de ventilação industrial*. São Paulo: Edgard Blucher, CETESB, 1977. p. 442.

MET. *Instrução Normativa n. 1,* de 11 de abril de 1994.

MINISTÉRIO DO TRABALHO E EMPREGO. *Introdução à higiene ocupacional.* São Paulo: Fundacentro, 2001.

_______. *Manual de aplicação da norma regulamentadora n. 17.* 2. ed. Brasília: SIT, 2002.

_______. *Manual de auditoria em segurança e saúde no setor mineral.* DSST, 2002.

_______. *Manual de segurança, higiene e medicina do trabalho rural.* Nível superior. São Paulo: Fundacentro, 1978.

_______. *Manual técnico de caldeiras e vasos de pressão.* Brasília: MTb, SSST, 1996.

_______. *Portaria n. 3.214*, de 8.6.78.

MONTICUCO, Deogledes; KOPELOWICZ, Mauro. *Acessos temporários de madeira.* Ministério do Trabalho — SSMT — Secretaria de Segurança e Medicina do Trabalho. São Paulo: Fundacentro, 1987 (Série engenharia civil — n. 2)

NORMA de Higiene Ocupacional — NHO 03 — Método de ensaio — Análise gravimétrica de aerodispersoides sólidos coletados sobre filtros e membrana. Fundacentro, 2001.

NORMA de Higiene Ocupacional — NHO 04 — Método de ensaio — Método de coleta e análise de fibras em locais de trabalho. Análise de microscopia de contraste de fase. Fundacentro, 2001.

NORMA de Higiene Ocupacional — NHO 05 — Procedimento Técnico — Avaliação da exposição ocupacional aos raios X no serviço de radiologia. Fundacentro, 2001.

NORMA DE HIGIENE OCUPACIONAL — NHO 06 — Procedimento Técnico — Avaliação da exposição ocupacional ao calor. Fundacentro, 2002.

Occupational Health and Safety Assessment Series — OHSAS 18001:1999

_______. 18001: 1999 BS 8800 — 1996 — Guideto Occupational Health and Safety Management Systems.

OLIVEIRA, Sebastião Geraldo de. *Proteção jurídica à saúde do trabalhador.* 4. ed. rev., ampl. e atual. São Paulo: LTr, 2002.

PILOTTO NETO, Egydio. *Cor e iluminação nos ambientes de trabalho.* São Paulo: Ciência e Tecnologia, 1980.

Programa de Proteção Respiratória — Recomendações, seleção e uso de respiradores. São Paulo: Fundacentro, 1994.

REIS, Jorge Santos; FREITAS, Roberto de. *Segurança em eletricidade.* São Paulo: Fundacentro, 1980.

SALIBA, Tuffi Messias; CORRÊIA, Márcia Angelim Chaves. *Insalubridade e periculosidade:* aspectos técnicos e práticos. 6. ed. atual. São Paulo: LTr, 2001.

SALIBA, Tuffi Messias; SALIBA, Sofia C. Reis. *Legislação de segurança, acidente do trabalho e saúde do trabalhador.* São Paulo: LTr, 2002.

SALIBA, Tuffi Messias. *Manual prático de avaliação e controle de poeira e outros particulados* – PPRA. 3. ed. São Paulo: LTr, 2007.

SALIBA, Tuffi Messias. *Manual prático de higiene ocupacional e PPRA* — Avaliação e controle dos riscos ambientais. São Paulo: LTr, 2005.

TORLONI, Maurício (Coord.). *Programa de proteção respiratória, seleção e uso de respiradores.* São Paulo: FUNDACENTRO, 2002.

VIEIRA SOBRINHO, Fernando. 1954 — *Ventilação local exaustora em galvanoplastia.* Colaboração Francisco Kulcsar Neto *et al.* São Paulo: Fundacentro, 1996.

WELLS ASTETE, Martin; GIAMPAOLI, Eduardo; ZIDAN, Leila Nadim. *Riscos Físicos.* São Paulo: Fundacentro, 1993.

ZOCCHIO, Álvaro; PEDRO, Luiz Carlos Ferreira. *Segurança em trabalhos com maquinaria.* São Paulo: LTr, 2002.

Produção Gráfica e Editoração Eletrônica: RLUX
Projeto de Capa: ANHANGUERA EDUCACIONAL
Impressão: ORGRAFIC GRÁFICA E EDITORA